Wess Stafford
mit Dean Merrill

Liebe, die ankommt

Wess Stafford ist seit 1977 Mitarbeiter und seit 1993 Präsident und geschäftsführender Direktor von Compassion International. Als Sohn von Missionaren wuchs er teils in einem afrikanischen Dorf, in einem international geführten Internat an der Elfenbeinküste und einem Indianerreservat in den USA auf. Er studierte auf mehreren amerikanischen Universitäten und promovierte im Fach Kommunikationswissenschaften.

Dean Merrill ist Autor und Pastor. Aus seiner Feder stammen mittlerweile mehr als 30 Bücher.

WESS STAFFORD
DEAN MERRILL

Liebe,
die ankommt

Warum jedes Kind zählt –
und auch kleine Schritte
die Welt verändern

Vorwort von Michael W. Smith

Aus dem Englischen von Britta Gabrian

MIX
Papier aus verantwor-
tungsvollen Quellen
FSC® C006701
www.fsc.org

Verlagsgruppe Random House FSC-DEU-0100
Das für dieses Buch verwendete FSC®-zertifizierte Papier *Enso Classic 95*
liefert Stora Enso, Finnland.

Die amerikanische Originalausgabe erschien unter dem Titel
Too Small to Ignore by Dr. Wess Stafford with Dean Merrill
Copyright © 2007 by Compassion International, Inc.
Published by WaterBrook Press, an imprint of The Crown Publishing Group,
a division of Random House, Inc.
12265 Oracle Bouledvard, Suite 200, Colorado Springs, Colorado 80921 USA
Published in association with the literary agency of
Mark Sweeney & Associates, 28540 Altessa Way, Bonita Springs, FL 34135
International rights contracted through:
Gospel Literature International
P. O. Box 4060, Ontario, California 91761-1003 USA
This translation published by arrangement with
WaterBrook Press, an imprint of The Crown Publishing Group,
a division of Random House, Inc.
© der deutschen Ausgabe 2012 by Gerth Medien GmbH, Asslar,
in der Verlagsgruppe Random House GmbH, München

Die Bibelzitate wurden folgenden Bibelübersetzungen entnommen:
Hoffnung für alle (*Hfa), © 1986, 1996, 2002 by Biblica Inc.™, Colorado Springs, USA.
Übersetzt und herausgegeben durch: Brunnen Verlag Basel, Schweiz.
Gute Nachricht Bibel (*GNB), revidierte Fassung, © 2000 Deutsche Bibelgesellschaft,
Stuttgart.
Lutherbibel (keine besondere Kennzeichnung), revidierter Text 1984, durchgesehene
Ausgabe in neuer Rechtschreibung, © 1999 Deutsche Bibelgesellschaft, Stuttgart.

1. Auflage 2012
Bestell-Nr. 816736
ISBN 978-3-86591-736-2
Umschlaggestaltung: Hanni Plato
Umschlagfoto: © Compassion International, Inc.
Satz: Marcellini Media GmbH, Wetzlar
Druck und Verarbeitung: CPI – Ebner & Spiegel, Ulm
Printed in Germany

Um die Persönlichkeitsrechte der erwähnten Kindheitsfreunde des Autors
zu wahren, wurden seitens des Autors die Namen verändert. Ebenso wurden die Namen
der erwähnten Internatsmitarbeiter der Missionsgesellschaft verändert.
Alle Begebenheiten und Erzählungen beruhen auf persönlichen Erlebnissen des Autors.

Gewidmet meinem Vater Kenneth Stafford (1925–2003)
in liebevoller Erinnerung

Dieses Buch war eine Reise, die wir zusammen begonnen
haben, immer mittwochs morgens am Küchentisch
seines Häuschens im Wald bei einer großen Tasse Kaffee.
Ich musste es allein vollenden. Er war ein demütiger,
weiser und liebenswerter Diener Gottes, der sich leiden-
schaftlich für Gottes Königreich eingesetzt hat.
Sein Respekt und seine tiefe Liebe zu den Armen sowie
sein Mitgefühl für alle Leidenden haben seinen kleinen Sohn
geprägt und inspiriert.

Inhalt

Vorwort

Mein Leben definiert sich nicht über Musik. Musik ist meine Berufung. Mein Leben ist geprägt durch meine Beziehung zu Gott, durch meine Familie – meine schöne Frau Debbie und unsere fünf großartigen Kinder.

Mein Freund und Bruder in Christus, Dr. Wess Stafford, ist mit mir seelenverwandt. Seit 1993, ungefähr ebenso lange, wie ich ihn kenne, ist Wess als Präsident und geschäftsführender Direktor von Compassion International tätig. Aber auch dieser warmherzige und äußerst mitfühlende Mann definiert sich nicht durch seine Berufung.

Wie ich, so möchte auch Wess gesehen werden als Mensch, der mit Gott lebt, und als Mann, der seine Frau und seine Kinder liebt. Ich glaube, seine Frau Donna und seine zwei Töchter Jenny und Katie würden sagen, seine höchste Priorität und größte Erfüllung sind es, ein gottesfürchtiger Ehemann und Vater zu sein.

In *Liebe, die ankommt* macht sich Wess mit Leidenschaft und Überzeugungskraft zum Anwalt der Kinder auf Gottes Erde. Er ermahnt uns, die wir den Leib Christi bilden, uns nicht der Unterlassungssünde strafbar zu machen, indem wir unserer Verantwortung Kindern gegenüber – den verletzlichsten unter uns – ausweichen. Und er fordert uns heraus, unser Verhalten zu ändern. Staffords Botschaft ist so einfach wie tiefgründig.

Kinder, die kleinsten und schwächsten Mitglieder unserer menschlichen Gesellschaft, bezahlen oft den höchsten Preis für die Sünden unserer gefallenen Welt. Dennoch nehmen sie bei den großen Institutionen unserer Welt die geringste Priorität ein. Wir müssen heute anfangen, unseren Kindern die Zeit, die Aufmerksamkeit, den Respekt und die Hingabe zu widmen, die sie verdienen und die unser Gott von uns verlangt.

Ich glaube, dass Wess das gebrochene Herz unseres himmlischen

Vaters teilt. Ihn schmerzen die Schuld und der Missbrauch, die an den Kleinsten dieser Welt begangen werden. Er erinnert uns daran, dass Jesus sich mit der deutlichen Aufforderung an die Erwachsenen richtet, die Kleinen zu beschützen; denn Jesus wusste, dass sie dem Missbrauch durch die Welt schutzlos ausgeliefert sein würden, wenn sie nicht wertgeschätzt, ernährt und respektiert werden.

In über 25 Jahren der Arbeit für das Wohl von Kindern auf der ganzen Welt ist Wess – wie ich glaube – zu einer umwälzenden Erkenntnis gelangt: Der Grund dafür, dass Kinder bei den großen Institutionen dieser Welt einen so geringen Stellenwert einnehmen, ist eine unsichtbare Schlacht – ein spiritueller Krieg – der über jedem einzelnen Kind tobt.

Der Grund für diesen Kampf ist klar. Nachforschungen haben ergeben, dass die große Mehrheit der Menschen, die im Laufe ihres Lebens Christen werden, sich im Kindesalter bekehrt, gewöhnlich vor dem 14. Lebensjahr. Wenn ein Mensch in seiner Jugend Jesus noch nicht als seinen persönlichen Retter angenommen hat – das ergaben die Studien –, beträgt die Wahrscheinlichkeit, dass er Jesus jemals kennenlernen wird, nur 23 Prozent.

Kinder verdienen es, zu wissen, dass sie geschätzt werden, dass sie wichtig sind und, was *am allerwichtigsten* ist, dass sie *Jesus* etwas bedeuten!

In dem Buch wird offenkundig, dass die Kinder, die in Armut leben, also die „geringsten unter ihnen", Wess' Herz gewonnen haben, und das aus gutem Grund. Als Sohn von Missionarseltern wuchs Wess in einem entlegenen, bettelarmen westafrikanischen Dorf auf, was ihm dazu verhalf, tiefen Respekt und ehrliche Liebe für die Armen und deren Kinder zu entwickeln.

Ebenso wie Wess bin ich fest davon überzeugt, dass wir eine weitreichende Verpflichtung haben, uns für die Armen und deren Kinder einzusetzen. Unsere gemeinsame Überzeugung findet ihre Begründung in über 2000 Bibelstellen, die die Liebe unseres himmlischen Vaters zu den Armen offenlegen und seine Anhänger – Sie und mich – drängen, für ihre Belange einzutreten. Ich stimme auch darin überein, dass die Größe des Problems der Armut uns leicht verzagen lässt. Wir Gläubigen tun oft gar nichts aus dem einen Grund: Wir wissen nicht, was wir tun sollen.

1994 bat mich Compassion, ein Botschafter ihrer Organisation zu werden. Zu diesem Zeitpunkt wollte ich einfach nur ein Kind als Pate unterstützen und die Arbeit der Organisation beobachten. Also tat ich zunächst dies.

Jahrelang hatte ich die Behauptung aufrechterhalten, dass Kinder, egal wo sie leben, die gleichen Grundbedürfnisse haben: Sie haben das gleiche Bedürfnis zu spielen, sie gehen in gleicher Weise miteinander um und ihre Sehnsucht nach Bestätigung und Liebe ist die gleiche. Aber diese Gleichheit endet, wo absolute Armut ihre Situation bestimmt. Als ich die Arbeit von Compassion in Ecuador besuchte, sah ich mich zum ersten Mal direkt mit der Realität von Armut konfrontiert. Und ich war überwältigt.

Ich war gar nicht in der Lage, all das, was ich sah, hörte und roch, zu verarbeiten. Hatte ich kurz zuvor noch zu Hause meine eigenen gesunden und behüteten Kinder im Arm gehalten, so lag in Südamerika ein Baby in meinem Arm, das wahrscheinlich nicht mehr lange zu leben hatte.

Als ich dann mehrere Compassion-Projekte besuchte, wobei ich auch mein Patenkind Gavi und die Qualität der Arbeit dieses Kinderhilfswerks kennenlernte, war ich überzeugt von seiner Seriosität. Bei den Kindern, die die Projekte besuchten, spürte ich eine tiefe Freude trotz der allgegenwärtigen Armut. Diese Kinder besaßen nichts, aber sie vertrauten in allem auf Gott, und sie waren glücklich.

Nach meiner Reise nach Ecuador beschloss ich, Botschafter von Compassion zu werden. Und weil es um die Sache Gottes geht, ist es mir ein Anliegen, über dieses Kinderhilfswerk zu sprechen und über die Kinder, die mit der Arbeit unterstützt werden. Seitdem haben meine Familie und ich über Compassion drei weitere wunderbare Kinder als Paten unterstützt. Was für eine unglaubliche Erfahrung. Jedes dieser Kinder hat unser Leben tief berührt.

Anders als in meinem Beruf, der mich die meiste Zeit des Jahres als christlichen Sänger ins Rampenlicht rückt, stehen meine Kinder selten im Blickpunkt. Aber es wird Zeit, dass sich das ändert. Und durch Wess Stafford und dieses beeindruckende Buch wird es das auch. Wenn Sie dieses Buch lesen, wird es Ihr Herz verändern und Ihnen helfen, den Stellenwert von Kindern in Gottes Königreich zu verstehen.

Michael W. Smith

Danksagungen

Mir gefällt die alte Redensart: „Wenn du eine Schildkröte auf einem Zaunpfahl findest, dann weißt du, dass sie dort nicht von alleine hingekommen sein kann." Der Gedanke lässt mich schmunzeln, denn er trifft so verblüffend auf meine eigene Lebenssituation zu. Ich bin Gott zu Dank verpflichtet für seinen Weg, den er mit mir gegangen ist, und für die vielen Menschen, deren Einflüsse auf mein Leben mich auf meinen speziellen Zaunpfahl gehoben und mich befähigt haben, dieses Buch zu schreiben.

Auf diesen Seiten werde ich davon sprechen, dass Kinder in ihrem Leben erfahren müssen, dass sie sich meistens am untersten Ende der Leiter befinden. Die zwei Menschen, die bei mir auf der obersten Leitersprosse stehen, sind für mich die wichtigsten Kinder der Welt – meine geliebten Töchter Jenny und Katie. Danke, dass ihr so selbstlos euren „Dadou" mit den leidenden Kindern dieser Welt geteilt habt. Während ihr zu bemerkenswerten jungen Frauen herangewachsen seid, die Gott lieben, und während ihr selbst mitfühlende Herzen für die Armen entwickelt habt, habt ihr mich gleichzeitig inspiriert, mein Herz geformt und mich über alle Maßen gesegnet. Ich bin so unglaublich stolz auf euch beide. Ihr schenkt mir Liebe, Freude und eine außergewöhnliche Freundschaft, die mir guttut. Ich bete, dass eure vielen Opfer euch selbst zum Segen werden mögen.

Meine innige Wertschätzung gilt meiner wunderbaren Frau Donna, ohne deren Glauben an mich und ihre eigene Hingabe an Compassion International ich nicht tun könnte, was ich heute tue. Du hast diesen Ehemann mit all seinen Schwächen 26 Ehejahre lang geduldig geliebt und ermutigt. Wenn ich – wie so oft – von zu Hause fort war, hast du selbstlos deine Liebe über unsere Kinder ausgegossen. Schon bevor wir uns trafen, warst du eine hingebungsvolle Compassion-Patin. Du hast über die Jahre hinweg dein Herz, deine Zeit und deine Talente Hunderttausenden von

Compassion-Kindern gewidmet – in deiner ruhigen Art, hinter den Kulissen. Ich bin in meinem Leben so dankbar für deine unermessliche Unterstützung, einschließlich deiner großzügigen Beiträge zu diesem Buch. Du hast den Weg dieses Projekts mit mir geteilt, oft unter Tränen der Trauer, aber auch Tränen der Freude. Ich bin reich gesegnet durch unsere liebevolle Partnerschaft – ganz zu schweigen von deinen eigenen Fähigkeiten, zu schreiben und zu redigieren!

Ich bin überwältigt von Wertschätzung gegenüber meiner Schwester und liebsten Freundin, Carol Deaville, die den Weg mit mir gegangen ist und die sich jetzt voll und ganz einsetzt, um als treu sorgende Krankenschwester und Pastorenfrau anderen Menschen deren Leiden zu erleichtern. Ihr Ehemann Gary ist Gottes perfektes Gegenstück zu ihr, und ihre Töchter Bonnie und Debbie sind ihre größte Freude.

Es ist sehr schade, dass meine Mutter Marjorie Stafford, die an Alzheimer leidet, dieses Buch niemals lesen wird, das ihren Mut, ihre Treue und Liebe zu ihrem Herrn bezeugt. Sie gehörte einer großen Generation von missionarischen Pionieren an, die den Komfort und die Sicherheit ihres Zuhauses aufgaben, um Gott unter den widrigsten Umständen im „tiefsten Afrika" zu dienen. Immer werde ich ihr Vorbild und ihre sanfte Liebe in respektvoller Erinnerung behalten.

Großen Dank schulde ich der Organisation, die ich die Ehre habe zu leiten. Ich bin nicht der Gründer von Compassion International, aber wenn es vor mehr als 30 Jahren, als ich dort anfing, noch kein solches Werk gegeben hätte, hätte ich ein ebensolches selbst ins Leben gerufen – so nahe steht Compassion meinem Herzen und meinen Werten. Mein Vorgänger in der Position des Direktors, Reverend Wally Erickson, war ein bemerkenswerter Leiter. Wally, ich werde dir immer dafür dankbar sein, dass du damals mich, einen jungen, mageren Mitarbeiter in Haiti, wertgeschätzt und an mich geglaubt hast. Danke, dass du siebzehn Jahre vor deiner Pensionierung begonnen hast, mich zu fördern und geduldig auf meine eigene Rolle als Leiter vorzubereiten. Compassions engagierter Vorstand unter der Leitung von Ron Lehmann hat mich in den vergangenen 13 Jahren begleitet. Dabei haben sie mir keine Ruhe gelassen und mich unermüdlich immer wieder gedrängt, dieses Buch zu schreiben. Ohne eure Ermutigung und Unterstützung wäre dieses Buch heute noch ganz oben auf meiner To-Do-Liste!

Compassion wird geleitet von einem herausragenden Team von geschäftsführenden Direktoren, die mit Leidenschaft ihrem Herrn dienen durch ihre Arbeit. Es ist mir eine Ehre, an ihrer Seite meinen Dienst tun zu dürfen. Mein besonderer Dank geht dabei an meine beiden stellvertretenden Direktoren David Dahlin und Ed Anderson, weil sie mir unter die Arme gegriffen und in den Zeiten meiner Abwesenheit die Leitung der Organisation in brillanter Weise übernommen haben. Ebenfalls möchte ich den stellvertretenden Direktoren Charlie Dokmo, Mark Hanlon, Larry Lemmon, Paul Moede, Tony Neeves, Dawn Rowley, Jeff Wood und Mark Yeadon dafür danken, dass sie so bereitwillig und kompetent einen größeren Anteil der Last getragen haben, während ich mich eine Zeit lang zurücknehmen durfte, um dieses Buch zu schreiben. Ebenso dankbar bin ich für die gewissenhafte administrative Unterstützung, die ich von Angie Lathrop, Charey Neal und Laurie Struck erhalten habe. Ihnen ist es gelungen, mein Arbeitsleben zu organisieren, während ich versucht habe, die Herausforderungen des Schreibens und die Leitung von Compassion International unter einen Hut zu bringen.

Tiefen Dank empfinde ich für die Compassion-Paten und alle Mitarbeiter weltweit, die die Sprache meines Herzens über all die Jahre verstanden und mich gedrängt haben, alles in einem Buch niederzuschreiben. Besonderer Dank geht an Peg und Jon Campbell sowie Doug und Vee Stepelton, die mir durch ihre große Gastfreundschaft gedient haben. Meine Wertschätzung dafür, dass ihr mir so großzügig euer schönes Zuhause geöffnet habt, kann ich gar nicht angemessen in Worte fassen. Bei euch fand ich die perfekten Oasen des Friedens und der Zuflucht, wo ich in Ruhe schreiben konnte.

Vielen Dank sage ich meinem Koautoren Dean Merrill, der mir zugehört, mich angestoßen und herausgefordert hat. Er hat sein beträchtliches Talent eingesetzt, um alles in eine sinnvolle Reihenfolge zu bringen. Danke, dass du mich immer wieder zur

Arbeit angehalten und mich daran erinnert hast, dass „die letzte Inspiration der Abgabetermin ist". Ich schätze dein sanftes, geduldiges Wesen und dein Herz für Gott. Dankbar bin ich auch dem Verlag WaterbookPress, der binnen eines einzigen Mittagessens die Dringlichkeit und Vision dieses Buches erkannt hat. Danke, Don Pape und Bruce Nygren, dafür, dass ihr an mich geglaubt habt, und für euren Eifer, dieses Buch Menschen zugänglich zu machen, die die Welt für die Geringsten unter uns verbessern können.

Den Menschen in meinem afrikanischen Dorf Nielle werde ich niemals vergelten können, was sie für mich getan haben. Obwohl alle Erwachsenen und die meisten meiner Freunde aus Kindertagen inzwischen gestorben sind, werde ich immer ihre Liebe, ihren Mut und ihre Leiden in meinem Herzen tragen. Mein Wesen wurde geprägt durch ihre „Perlen der Armut". Alles, was ich wissen muss, um das weltweit agierende Kinderhilfswerk Compassion zu leiten, habe ich von diesen Menschen gelernt.

In gleicher Weise bin ich der Generation von heldenhaften Missionaren zu Dank verpflichtet, die zur gleichen Zeit wie meine Eltern in Afrika ihren Dienst getan haben. Ihr wart meine „Tanten und Onkel" in einer weit entfernten Welt. Durch euch habe ich gelernt zu verstehen, was Opferbereitschaft, Stärke und Gnade bedeuten, selbst wenn man unter Druck steht. Bei euch konnte ich erleben, wie es aussieht, wenn fromme Menschen sich selbst verströmen aus Liebe zu anderen. Dank an euch für eure Umarmungen, eure Gebete und eure Freundlichkeit. Ihr ahnt nicht, wie sehr sie von dem kleinen Wesley geschätzt wurden.

Und schließlich meine Freunde aus dem Internat: Ihr werdet immer meine Helden sein. Ihr wart damals tapfer und mitfühlend und habt mit bemerkenswerter Stärke und Entschlossenheit aus Liebe zu euren Eltern, ihrer Mission und den Seelen der Afrikaner auf eure schmalen Schultern geladen, was immer euch aufgebürdet wurde. Keiner eurer Schreie ist ungehört verhallt: Unsere Tränen haben Gott das Herz gebrochen. Euch erwartet eine noch unvorstellbare, großartige Belohnung. Ich bete dafür, dass ich unsere gemeinsame Geschichte gut erzählt habe und dass ihr dadurch einen gewissen Trost und Frieden erfahren werdet, der nur von Gott kommen kann. Ich danke euch für all eure Freundlichkeit mir gegenüber, und ich bin stolz darauf, euer Bruder zu sein. Vor vielen Jahren war ich der Erste, der das Schweigen der Lämmer brach. Heute, ein halbes Jahrhundert später, habe ich es wieder getan – aber dieses Mal nicht zu meinem eigenen Schutz, sondern mit dem tiefen Wunsch, dass sich eine so tragische Geschichte niemals wiederholen wird. Möge diese gemeinsame Reise euch mit zurücknehmen in eure Kindheit, um euch von dort aus vorwärtszubewegen im gemeinsamen Kampf für die Kinder von heute.

Einleitung:
Das große Versäumnis

Eines späten Abends kehrte D. L. Moody, der große amerikanische Evangelist des 19. Jahrhunderts, von einer Versammlung, auf der er gesprochen hatte, nach Hause zurück. Seine Frau schlief bereits. Als ihr erschöpfter Mann zu Bett ging, drehte sie sich zu ihm um und murmelte: „Wie ist es heute Abend gelaufen?"

„Ziemlich gut", antwortete er. „Zweieinhalb Bekehrte."

Seine Frau lag einen Moment lang still und dachte über seine Antwort nach. Dann lächelte sie schließlich. „Das ist süß", antwortete sie. „Wie alt war das Kind?"

„Nein, nein, nein", antwortete Moody. „Es waren zwei Kinder und ein Erwachsener! Die Kinder haben noch ihr ganzes Leben vor sich. Das Leben des Erwachsenen ist schon halb vorbei."

Ich möchte Sie fragen, was für ein Bild vor Ihrem geistigen Auge erschienen ist, als Sie soeben von „zweieinhalb Bekehrten" gelesen haben? Haben Sie sich dasselbe vorgestellt wie Emma Moody: zwei Erwachsene, die vor einem großen Saal stehen, mit einem Kind daneben? Seien Sie ehrlich.

Wenn es so ist, brauchen Sie sich nicht schlecht zu fühlen – Sie gehören zur überwältigenden Mehrheit. Und ganz ehrlich, ich auch. Ich hatte zehn Jahre lang bei Compassion International gearbeitet, einer Organisation, die Kinder in den Blickpunkt rückt, als ich diese Geschichte zum ersten Mal hörte, und selbst ich saß da und stellte mir zwei Erwachsene und ein Kind vor.

Inzwischen tue ich das nicht mehr ... und davon handelt eigentlich dieses Buch.

Wenn ich zu Ihnen sage: „Verschränken Sie Ihre Arme", so werden Sie normalerweise Ihre rechte Hand auf Ihren linken

Oberarm legen und Ihre linke Hand in die rechte Ellbogenbeuge. Das fühlt sich für Sie normal an. Natürlich könnten Sie ebenso gut Ihre linke Hand auf Ihren rechten Oberarm legen, aber das wäre ein eigenartiges Gefühl. (Versuchen Sie es; Sie werden verstehen, was ich meine.)

Ihr natürliches Verhaltensmuster zu verändern, ist ein gutes Beispiel dafür, was man unter Paradigmenwechsel versteht. Dieser Ausdruck bezeichnet eine neue Sicht der Realität – außerhalb der üblichen Denkbahnen – so wie D. L. Moodys einzigartiger Blickwinkel für die Welt seiner Zuhörer. Er hörte den Rhythmus eines fernen Trommlers und marschierte in dessen Takt. Gegenüber seinen Zeitgenossen war er ganz klar außer Tritt. Und er wäre es heute noch in Bezug auf die Prioritäten, Perspektiven und Gepflogenheiten der heutigen Welt, sowohl der säkularen als auch der christlichen.

In welchem Rahmen auch immer, Kinder scheinen ein Mandat zweiter Klasse zu haben. Egal, woran unsere Gesellschaft krankt: Die heftigsten Auswirkungen treffen immer ihre schwächsten Glieder, unsere Kinder! Schwach, hilflos, unschuldig, verletzlich und zutraulich sind sie die Opfer, die sich förmlich anbieten, vernachlässigt, verletzt und auf übelste Weise missbraucht zu werden. Was auch immer schiefläuft, die Kleinen bezahlen den höchsten Preis.

Wenn Hunger und Elend über ein Volk hereinbrechen, wenn die Erwachsenen *hungern* und schwächer werden, sind es die Kinder, die als Erste *verhungern*. Wenn Epidemien ausbrechen mit all ihren Schrecken und es den Erwachsenen sehr schlecht geht, sind gewöhnlich die Ersten, die *sterben*, die Kinder. Wenn Kriege ausbrechen – wegen ethnischer Konflikte oder wegen Grenzlinien, die jemand im Staub gezogen hat –, dann zahlen die Jüngsten den tragischsten Preis. In den Kriegen der letzten zehn Jahre haben mehr Kinder ihr Leben verloren als Soldaten.[1] Weit mehr Kinder wurden in Kriegen verletzt oder dauerhaft verstümmelt. Aber selbst Jahre nach dem letzten Gewehrschuss oder Granateneinschlag gehen die Tragödien weiter, wenn Landminen und mit Sprengfallen versehene Spielzeuge weiterhin unschuldige Kinder terrorisieren, verletzen und töten.

Für Tausende von Jahren war das rituelle Opfern von Kindern tabu. Tragischerweise wird es dennoch täglich auf unserer Welt praktiziert. Wir opfern Kinder auf den Altären unserer verwerflichsten Sünden. Wenn die Krankheit Pornografie ihre übelste und zerstörerischste Form annimmt, wird sie zur Kinderpornografie. Wenn Prostitution ihre kränkste und perverseste Form annimmt, wird sie zur Kinderprostitution.

Selbst in unserem allernächsten Umfeld werden Kinder zu Opferlämmern, wenn unsere Familien auseinanderbrechen, indem letztlich sie alles erdulden müssen: Vernachlässigung, Wut, Streitigkeiten und schließlich Scheidung.

Kinder machen sich häufig Vorwürfe für das Zerbrechen der Ehe ihrer Eltern und tragen lebenslang tiefe Narben in ihren unschuldigen Seelen.

Unsere verletzlichsten Mitmenschen sind zur Wegwerfware der Welt geworden. Kinder sind so anfällig für die verheerenden Auswirkungen von Armut, dass 55 Prozent der Sterbefälle bei Kindern unserer Welt auf Mangelernährung zurückzuführen sind.[2] Das ist umso tragischer, als wir hören, dass die Erde ausreichend Nahrung hervorbringen kann, um jeden Mann, jede Frau und jedes Kind mit 2720 Kalorien pro Tag zu versorgen. Das ist mehr, als wir je benötigen.[3] Während also Gott seinen Teil zu unserem Wohlergehen beigetragen hat, indem er eine Welt erschaffen hat, die in der Lage ist, uns mit dem zu versorgen, was wir brauchen, haben wir unseren Beitrag als Verwalter dieser Welt noch längst nicht in vollem Umfang geleistet: Wir lassen die Ärmsten und Bedürftigsten dieser Welt im Abseits stehen – unsere Kinder.

So alarmierende Statistiken scheinen uns schier zu erdrücken. Wir sind wie gelähmt angesichts der ungeheuren Größe des Problems. Es ist ein bisschen so, als würden wir die Kinder von der falschen Seite eines Fernrohrs aus betrachten. Sie erscheinen verschwommen und jenseitig. Aber erinnern Sie sich an den Schock und den Stich im Herzen, den Sie gefühlt haben, als Sie die Türme des World Trade Centers zusammenbrechen und auf die Straßen New Yorks haben stürzen sehen? Damals verloren beinahe dreitausend unschuldige Menschen ihr Leben. Es war einer der schwärzesten Momente in der Geschichte, ein Tag, der uns im Gedächtnis haften bleiben wird. Wir werden noch unseren Enkelkindern genau sagen können, wo wir uns befanden, als wir von dieser Tragödie ungekannten Ausmaßes erfuhren. An diesem Tag wankte die ganze Erde und kam zum Stillstand. Nichts anderes schien mehr von Bedeutung zu sein.

Nun stellen Sie sich für einen Moment mit mir zusammen vor, was gewesen wäre, wenn eine weitere Katastrophe gleichen Ausmaßes nur drei Stunden später beim Sears Tower in Chicago passiert wäre. Plötzlich hätten sich die Menschen an den Mikrophonen und hinter den Kameras überschlagen, um über dieses neue Desaster zu berichten. Und was wäre gewesen, wenn während des Zusammentragens aller Informationen über die Ereignisse in Chicago bereits neue Nachrichten hereingekommen wären über *weitere* dreitausend unschuldige Opfer, die in einem albtraumartigen Angriff auf Denver umgekommen seien? Hätten nicht unsere Staatschefs und die führenden Politiker der Welt erklärt, dass nichts anderes auf diesem Planeten von Bedeutung sei, bis wir nicht dieses Blutbad beendet hätten? Genug ist genug!

Aber wenn sich – während sich die Welt an diesem düsteren 11. September weiterdrehte – der Verlust von Menschenleben im Abstand von jeweils drei Stunden in gleicher Größenordnung fortgesetzt hätte – Los Angeles ... dann Honolulu ... Tokio ... Bangkok ... Kalkutta ... Moskau ... schließlich London –, dann hätte die Erde gebebt und wäre mit einem Knirschen zum Stillstand gekommen, um nie wieder so zu sein wie vorher. Das möchte man doch meinen, oder?

Tatsächlich passierte etwas Ähnliches an diesem tragischen Tag: *Dreißigtausend unserer kleinen unschuldigen Kinder unter fünf Jahren wurden von uns genommen.*[4] Traurigerweise ereignete sich ein Verlust gleicher Größenordnung am 10. September und ebenso wieder am 12. September und seither jeden einzelnen Tag aufs Neue. Keine Mikrophone, Kameras und Satellitenschüsseln bringen diese schockierende Realität in unsere Wohnzimmer, so wie sie es am 11. September taten. Und dennoch geschieht das Unvorstellbare tagtäglich. Immer mehr dieser kleinen Kinder ohne Kraft und ohne Stimme siechen leise dahin und gleiten schließlich in die Arme ihres tief betrübten himmlischen Vaters, verloren gegangen in einer Welt, die ihrer nicht würdig ist, einer Welt, die ihr Herz verloren hat.

Da Kinder keine politische Durchsetzungsmöglichkeit haben, geschweige denn ein Mitspracherecht in globalen Angelegenheiten, lassen sie sich leicht an den Rand drängen. Da sie nicht wählen dürfen, haben sie wenig Einfluss auf die politischen Mächte, die in ihrem Interesse handeln sollten. Alle Gesellschaftsgruppen scheinen herausgefunden zu haben, wie man für die eigenen individuellen und kollektiven Rechte protestiert, marschiert und aufwiegelt. Aber haben Sie jemals Kinder gesehen, die eine Protestveranstaltung abhalten? Haben Sie jemals gesehen, wie sie Transparente durch die Straßen tragen? Ich würde denken, nein.

Sie hätten viele legitime Gründe zu protestieren, aber sie sind ohne Macht und Stimme. Unser Egoismus und unsere Gier sind schuld, dass die Kinder den höchsten Preis zahlen. Aber Kinder leiden stumm.

Auf all meinen Reisen durch die Welt habe ich nirgendwo eine Ruhmeshalle für Kinder angetroffen, wo die Vorkämpfer und Helden aus der jungen Generation geehrt würden. Es darf daher nicht sonderlich verwundern, dass von den Machthabern sehr wenig an die Kinder heruntergereicht wird.

Aber stimmt es wirklich, dass Kinder nichts zu bieten haben? Fragen Sie eine beliebige Mutter oder einen Vater, der seine Kleinen am Abend ins Bett bringt. Fragen Sie einen beliebigen Lehrer, der eine Karte zum Valentinstag geschenkt bekommt, gebastelt aus Pappe mit Glitzer darauf und viel zu viel Klebstoff.

Kinder mögen materiell nicht viel zu geben haben, aber sie schenken großzügig alles, was sie haben, denjenigen, die sie lieb haben und an die sie glauben: Umarmungen beim Zubettgehen mit Armen und Beinen gleichzeitig; Ganzkörperknuddeln unter Gekicher und Gelächter: unbezahlbar! Ein Sturm von feuchten Küssen auf Ihrer Wange; das Drücken Ihrer Hand, das verrät: *Ich habe Angst, aber ich vertraue dir!* Kleine, weiche Hände, gefaltet zum einfachen, ernsthaften Gebet, das wie Parfum direkt zum

Herzen Gottes aufsteigt. Diese Dinge sind unbezahlbar. Sie sind *mehr als genug*.

Wenige Geschenke auf Erden sind so erstaunlich wie die Liebe eines Kindes. Die Fürsprecher der Kinder dieser Welt kennen tief in ihren Herzen die Wahrheit der Redensart: „Am größten ist derjenige, der sich hinunterbeugt, um einem Kind zu helfen."

Leider kann sich auch die Kirche nicht ausnehmen von dem Vorwurf der Vernachlässigung und des Missbrauchs von Kindern. Sie mag es vermieden haben, offenkundige Sünden zu begehen – tragischerweise nicht immer –, aber wir sind ebenso der verborgenen Unterlassungssünden schuldig. Selten habe ich eine größere Kirchen- oder Missionstagung besucht, die Kinder im Blickpunkt hatte.

Vor einigen Jahren besuchte ich eine internationale Konferenz, die das Ziel hatte, gemeinsame Visionen, Strategien, Programme und Prioritäten zu entwickeln, um die Welt bis zum Jahr 2000 zu Jesus zu bringen. Ich gehörte nicht zu den vorgesehenen Rednern; die Redezeiten waren reserviert für eine exklusive Gruppe von Missions- und Gemeindeleitern. Jedem standen am Rednerpult fünfzehn Minuten zur Verfügung, um die wesentlichen Merkmale seiner Tätigkeit aufzuzeigen. Die Zeit bei dieser drei Tage dauernden Tagung war so kostbar, dass eine Glocke geläutet wurde, wenn die Redezeit abgelaufen war, damit der Ablaufplan eingehalten werden konnte.

Ich reiste an – enthusiastisch, das Notebook unter dem Arm –, um die besten Gedanken zu sammeln, was wir alle tun könnten in unserem großen, gemeinsamen Bemühen, die Welt für Christus zu gewinnen. Welche strategische Rolle könnte mein Kinderhilfswerk in dieser aufregenden Bewegung spielen? Ich saß erwartungsvoll da, während die ersten Redner ihre Argumente vorbrachten für das, was sie taten und warum sie es taten.

Beim dritten Redner fiel mir auf, dass ich noch nichts notiert hatte. Nicht *ein* christlicher Leiter hatte irgendetwas über Kinder gesagt und darüber, wie man sie in dieser letzten Stunde der

Menschheitsgeschichte für den Glauben an Jesus Christus gewinnen könnte. Ich begann, eine Strichliste zu führen, wie oft die Redner in ihren visionären Vorträgen die Wörter „Kind" oder „Kinder" benutzten. Während die Stunden dahinflossen, verließ mich allmählich der Mut: Kinder kamen offenbar in den Köpfen dieser großen Leiter gar nicht erst vor!

Gegen Ende der Konferenz hatte ich die Wörter „Kind" und „Kinder" insgesamt nur zwölfmal gehört – und niemals im Zusammenhang mit einer speziellen Strategie, wie man sie mit dem Evangelium erreichen könnte. Sie wurden stattdessen in einen Topf geworfen mit der größeren Gruppe „jeder Mann, jede Frau und jedes Kind". Ich war voller Verzweiflung und platzte fast, für die Kinder einzutreten, die ja nicht für sich selber sprechen können. Das Programmheft wies aus, dass es im letzten Teil der Konferenz offen zugängliche Mikrofone für „zusätzliche Fragen oder Anmerkungen" geben würde. Ich konnte es kaum erwarten, die Chance zu ergreifen, eine Rede über das große Versäumnis der Konferenz zu halten.

Zu meiner Bestürzung war die Konferenz – trotz der tönenden Glocke – zeitlich aus dem Ruder gelaufen, und diese letzte Diskussionsrunde musste gestrichen werden. Was ich gehofft hatte, sagen zu können, wenn ich an diesem Tag die Chance bekommen hätte, war Folgendes:

Meine Damen und Herren, schenken Sie mir für einen kurzen Moment Ihre Aufmerksamkeit. Schließen Sie einmal alle die Augen und stellen sich die riesige Menge von Menschen vor, die Sie mit Gottes Botschaft erreichen wollen. Sie haben wortgewandt gesprochen über die Bedürfnisse des „10/40-Fensters", jener Region zwischen dem 10. und dem 40. nördlichen Breitengrad: Wer sind diese Individuen, die Asien und Afrika bevölkern, die nichts über das Erlösungswerk Christi wissen und es nötig haben, die Heilsbotschaft zu hören? Wie sieht diese Zielgruppe aus? Lassen Sie mich Ihnen eines sagen: Wenn in Ihrer geistigen Vorstellung von dieser Menschenmenge nicht jeder Zweite ein Kind ist, dann wird Ihre Mühe vergebens sein!

Gut die Hälfte der Weltbevölkerung – in den Entwicklungsländern noch mehr – sind Kinder und Jugendliche. Dennoch wurden sie in keiner der auf der Konferenz vorgetragenen Strategien auch nur im Mindesten berücksichtigt. Glauben Sie mir, in Anbetracht dessen wäre der große amerikanische Erweckungsprediger des 19. Jahrhunderts D. L. Moody explodiert.

Welcher Anteil Ihres Gemeindebudgets widmet sich der christlichen Kinderarbeit? Wenn es mehr als 15 % sind, so ist Ihre Gemeinde eine Ausnahme. Welcher Prozentsatz des Missionsbudgets Ihrer Gemeinde wird für weltweiten Dienst an Kindern ausgegeben? Wenn es mehr als 10 % sind, dann ist das schon außergewöhnlich.

Haben Sie jemals eine größere Radio- oder Fernsehsendung oder auch nur einen einzelnen Bericht gehört oder gesehen über Kinderevangelisation? Haben Sie jemals ein Exemplar Ihrer christlichen Lieblingszeitschrift in der Hand gehabt, das sich ausschließlich um Kinder drehte? Für welchen Bereich innerhalb der Gemeinde lassen sich in Ihrer ortsansässigen Gemeinde am schwersten Freiwillige finden? Oft sind es die Bereiche des Kindergottesdienstes und der Kleinkinderbetreuung.

Können Sie mir einen einzigen missionarischen Leiter nennen, der bekannt ist als ein ausgesprochener Verfechter der Anliegen von Kindern? Ich kenne keinen. Die christlichen Gemeinden können angesichts dieses großen Versäumnisses einfach nicht ihre Hände in Unschuld waschen.

Was all dies so dringend macht, ist, dass Studien ergeben haben, dass beinahe zwei Drittel der Menschen, die ein Leben mit Jesus Christus beginnen, dies vor dem achtzehnten Lebensjahr tun.[5] Mit anderen Worten, stellen Sie zwanzig beliebige Christen in eine Reihe: dreizehn von ihnen werden Christus als ihren Retter angenommen haben, als sie noch ein Kind oder Jugendlicher waren. Tatsächlich zeigen Untersuchungen, dass wenn Menschen Jesus bis zum Alter von einundzwanzig Jahren noch nicht angenommen haben, die Wahrscheinlichkeit, dass sie es jemals tun werden, nur 23 Prozent beträgt. Dennoch investieren wir nur eine milde Gabe in den offeneren und langfristig wertvolleren Teil der Ernte.

Jede größere Bewegung im Laufe der Weltgeschichte hat die strategische Bedeutung von Kindern erkannt. Bei den Nazis gab es die Hitlerjugend. Die chinesischen Kommunisten hatten ihre Rotgardisten. Die Taliban in Afghanistan und Pakistan haben zweckentfremdete Madrasas (Schulen), wo ihrer Jugend der Extremismus eingeimpft wird. Das große Versäumnis scheint allein auf Seiten der Christen zu liegen.

Eines der ersten Dinge, die Kinder in ihren ersten Schultagen lernen, ist, in einer Reihe zu stehen. In ihrem Bestreben, es recht zu machen, werden sie gut darin. Die Tragödie ist, dass sie sich in der Gesellschaft allzu oft am Ende der Reihe wiederfinden. Und dort werden sie bleiben, während andere, Größere, Einflussreichere und Wohlhabendere vor sie springen. Die meisten von uns erinnern sich an den größten Rabauken in der Klasse, der uns mit einem spöttischen Lächeln zur Seite schieben konnte, weil wir ihm nichts entgegenzusetzen hatten. Das ist es, was Kindern in der heutigen Welt ständig passiert. Es muss etwas getan werden um ihretwillen!

Wir können nicht behaupten, dass die Bibel uns darüber im Unklaren lässt, wie wertvoll Kinder unserem allmächtigen Gott sind. Nicht nur, dass er sie mit einer Liebe liebt, die wir nicht einmal ansatzweise verstehen können, sondern er respektiert und glaubt an sie. Die Bibel erzählt nicht wenige Geschichten, in denen Gott eine so wichtige Aufgabe zu erledigen hatte, dass er einfach keinen Erwachsenen damit betrauen konnte. Nur ein Kind konnte das leisten! Jesus sprach eine mächtige und zugleich erschreckende Warnung aus, um die Kleinen vor Schmähungen und Verletzungen zu bewahren, die die Menschheit ihnen antun könnte, wenn Kinder nicht ausreichend wertgeschätzt, respektiert und ernährt würden. Nie erhielten die Jünger eine wütendere Standpauke als für ihren Versuch, Kinder von ihrem Herrn abzuhalten.

Natürlich lieben die heutigen Eltern in den jeweiligen Kulturen ihre Kinder genauso sehr. Natürlich trauern Mütter, wenn sie den Tod eines Kindes zu beklagen haben. Natürlich würden sie auch heute alle Zeit, Mühe und Kraft einsetzen um ihrer Kinder willen. Welcher Vater, welche Mutter hat nicht diese erstaunliche Flut von Liebe erfahren, die das Herz vereinnahmt, wenn man ein neugeborenes Kind auf dem Arm hält? Binnen Sekunden wird man von der Liebe zu diesem Kind in den Bann gezogen.

Was ist also eigentlich das Problem? Ich habe über fünfunddreißig Jahre im Dienst für Kinder auf der ganzen Welt verbracht. Manche von ihnen leiden große Armut, während andere im Luxus schwelgen. Oft habe ich mir die Frage gestellt, was der Grund dafür ist, dass Kinder so einen geringen Stellenwert bei den großen christlichen wie weltlichen Institutionen haben, die alle in irgendeiner Weise das Ziel haben, die Welt zu kontrollieren. Tief in mir drin ist die Erkenntnis gereift, dass über jedem einzelnen Kind ein unsichtbarer Kampf, ein geistlicher Krieg, tobt. Er ist über uns und unter uns, und er trägt in sich die ganze Wut der Feinde, Himmel und Hölle. Kinder mögen von Regierungen und Kirchen ignoriert werden, nicht aber von Satan oder dem allmächtigen Gott.

Zunächst müssen wir uns vor Augen halten, dass Satan das Herz Gottes kennt. Es ist die größte Freude Satans und seine höchste Priorität, alles in seiner Macht Stehende zu tun, um die Macht Elohims, des Schöpfers des Himmels und der Erde, zu brechen. Denken Sie daran: Als Luzifer war Satan ein Zeuge des Schöpfungsprozesses. Ich kann mir vorstellen, wie der einstige himmlische Chefengel mit großem Interesse beobachtete, wie der Geist Gottes über einer dunklen, formlosen Welt schwebte. Er sah die glanzvolle Ankunft des Lichts. Er beobachtete mit Staunen die Schöpfung von Erde und Meer, Pflanzen und Tieren – das ganze Schöpfungswerk Jahwes. Es frustrierte und ärgerte ihn, die große Freude und Befriedigung Gottes zu sehen nach Vollendung des erstaunlichen Werks seiner Hände.

Immer Ausschau haltend nach einer Möglichkeit für einen Angriff fand Satan diese in dem Moment, als Gott aus dem Staub der Erde einen Menschen formte nach seinem eigenen Bild und diesem dann seinen eigenen Atem einblies. Etwas an diesem krönenden Teil der Schöpfung bewegte Gott mit einer tiefen Liebe. Satan sah dies und wusste, dass er einen Angriffspunkt gefunden hatte. Alles, was er tun musste, war, die Menschheit anzugreifen und hoffentlich zu zerstören. Er startete seinen strategischen Feldzug als Schlange im Garten Eden und kämpft seither für sein Ziel.

Im Moment einer Geburt steht der ganze Himmel mit angehaltenem Atem voller Erwartung still und bricht dann in Jubel und Lobpreis aus. Jedes Kind wird in diese Welt geboren, geliebt und mit jeder Menge Potenzial ausgestattet, um Gottes Herz zu erfreuen. Eine kleine Flamme flackert tief in dem Wesen des Kindes. Sie spiegelt Wert und Würde wider, geschaffen als Ebenbild des allmächtigen Gottes.

Mittlerweile stehen Satan und seine bösen Heerscharen bereit, um sich auf dieses Leben zu stürzen und es zu zerstören, so schnell und gründlich wie möglich, weil sie wissen, wie sehr das das Herz Gottes treffen würde. Der ganze Himmel und die ganze Erde stehen bereit und richten sich auf das neugeborene Leben aus, jedoch aus völlig verschiedenen Gründen. Beide haben Pläne für dieses kleine Wesen.

Angesichts dieses beängstigenden Krieges zwischen Himmel und Hölle scheint es geradezu widersinnig, dass Kinder scheinbar für uns Erwachsene so unwichtig sind. Während der ganze Himmel aufsteht und jubelt bei jedem Kind, das geboren wird, und die gesamte Hölle losstürmt, um es zu zerstören, gehen wir unbedacht weiter unserem Leben und unseren Diensten nach, ohne uns der tobenden Schlacht bewusst zu sein, geschweige denn der strategischen Wichtigkeit der Kinder, die täglich um uns herum sind. Was ist zu tun?

Es beginnt jetzt, hier und mit Ihnen! Es beginnt mit dem allernächsten Kind, das Gott dir über den Weg schickt. Jede Begegnung mit einem Kind ist ein göttlicher Termin. Bei jedem einzelnen Kind haben Sie die Macht, es aufzurichten oder es zu zerbrechen.

Ein Leben kann angestoßen werden mit nur einem einzigen Satz, einem ermutigenden Wort oder einer freundlichen Geste.

Der Geist eines kleinen Kindes ist etwa so wie nasser Zement. Wenn ein Kind klein ist, kann man mühelos einen Eindruck hinterlassen, der lebenslang bleiben kann.

Wenn Sie ein positives, produktives Glied der Gesellschaft sind, dann könnte ich wetten, dass Sie das jemandem verdanken und dass das lange her ist. Nehmen Sie sich einen Moment Zeit, um über Ihre Kindheit nachzudenken. Wer hat an Sie geglaubt, bevor Sie selbst an sich geglaubt haben? War es Ihre Mutter oder Ihr Vater? War es ein Lehrer? Ihr Sporttrainer? Ihre Großmutter?

Wer hat gesagt: „Das ist aber ein tolles Bild, das du da gemalt hast!", und heute verdienen Sie Ihr Geld als Künstler?

Wer hat gesagt: „Du hast eine hübsche Stimme; dein Lied hat mir gefallen!", und heute leben Sie vom Gesang oder haben viel Freude daran, für andere zu singen?

Wer hat gesagt: „In dem Krippenspiel warst du der beste Josef, den ich je gesehen habe. Ich dachte wirklich, du wärest der echte Josef!", und heute arbeiten Sie als Schauspieler?

Die Quellen meines Selbstwertes waren meine Eltern und die Mitglieder eines kleinen afrikanischen Stammes an der nördlichen Elfenbeinküste. Obwohl sie in vielerlei Hinsicht unter Armut litten, nahmen mich diese liebevollen Menschen bei sich auf als einen ihrer Söhne und ernährten mich, wenn der Zement meiner Seele nass war. In diesem Buch werde ich Ihnen mehr darüber erzählen, wie es war, in diesem Dorf aufzuwachsen. Dort wurde täglich nach dem Motto gelebt: „Es braucht ein Dorf, um ein Kind großzuziehen."

Leider ist auch das Gegenteil wahr. Es braucht nicht mehr als ein einziges unfreundliches Wort, einen einzelnen Akt der Grausamkeit oder des Missbrauchs, um ein Leben zu zerstören! Dies wiederum weiß Satan nur allzu gut. Wenn ich im Laufe der Jahre diese Gedanken mit Menschen geteilt habe, dann standen ihnen oft die Tränen in den Augen. Sie können sich gut daran erinnern, wer sie als Kind beinahe zerstört hätte.

Tragischerweise fällt es meist leichter, die destruktive Person zu benennen, als jemand, der das Leben positiv beeinflusst hat. Irgendwer hat Ihnen irgendwo gesagt, Sie seien hässlich. Irgendwer

hat gesagt, Sie seien dumm, ungeschickt, wertlos oder ungezogen –
und die Worte haben eine Verletzung in Ihrer Seele hinterlassen,
mit der Sie immer noch zu kämpfen haben.

Auch Sie haben den Schmerz, der einmal Ihrer Seele zugefügt
wurde, auf eine der beiden folgenden Weisen verarbeitet: Entweder haben Sie die vorausgegangenen Kränkungen als gerechtfertigt wahrgenommen und ihnen damit erlaubt, Sie zu definieren. Dann haben Sie resigniert und erwarten nicht mehr das *Beste*
für Ihr Leben. Oder Sie haben es zum unaufgebbaren Ziel Ihres
Lebens gemacht, unter Beweis zu stellen, dass der Vorwurf nicht
berechtigt war. Dann sind Sie ein absoluter Leistungsmensch
geworden, ehrgeizig, wetteifernd, dabei vielleicht aber zutiefst
unglücklich. Dies alles kann resultieren aus dem einen Akt der
Grausamkeit dieser einen Person. Wenn Sie ein solcher Mensch
sind, dann sind die wichtigsten Fragen, die Sie sich stellen können: Was versuche ich zu beweisen und wem und warum? Dieser
mentale Vorgang könnte Ihnen helfen, die Wahrheit zu erkennen
und Sie vielleicht zu befreien.

Glauben Sie mir, nichts durchkreuzt die Bemühungen Satans,
ein kleines Leben zu zerstören, mehr als die rechtzeitige Intervention eines Erwachsenen, der den Selbstwert der Kleinen aufbaut
und ihm das sichere Gefühl verleiht, geliebt zu sein. Der Weg der
Zerstörung kann mit Ihnen enden. Sie können entscheiden, wie
ich es getan habe, dass Sie ein Instrument der Gnade in den Händen Gottes sein wollen. Jede Begegnung mit einem Kind, das mir
über den Weg läuft, sei es in der Schlange im Supermarkt, in der
Kirche oder auf dem Sportplatz, betrachte ich als eine göttliche
Verabredung, als eine Gelegenheit, das Kind zu erhöhen – wenn
auch nur für einen kurzen Moment. Es könnte genau der entscheidende Moment sein, ein Leben erst in Gang zu bringen oder
einen Menschen wieder aufzubauen, der gerade heute Freundlichkeit braucht.

Sie werden es erst in der Ewigkeit erfahren, aber ein einzelner
Akt der Freundlichkeit von Ihnen könnte nicht nur das kleine
Leben verändern, das da vor Ihnen steht; er könnte darüber hin-
aus über Generationen weiterwirken. Ein lieber Freund von mir,
Danny Cook, wusste aus Erzählungen seiner Familie, dass seine

Vorfahren 1620 auf dem Schiff *Mayflower* nach Amerika gekommen waren als Teil dieser mutigen Gruppe von Pilgern. Heute, fast vier Jahrhunderte später, umfasst seine Familie eine Reihe engagierter vollzeitlicher Mitarbeiter im Dienst des Evangeliums.

Eines Tages beschloss Danny, seinen Familienstammbaum zu untersuchen, um zu entdecken, was erreicht worden war. Er erwartete eine glorreiche Reihe von herausragenden Männern und Frauen vorzufinden, die bis direkt vor seine Türschwelle reichte. Aber als er die Spur bis ins 18. und 19. Jahrhundert verfolgte, war er erschrocken über die Abwärtsspirale. Er entdeckte Kriminalität, Suizide, Gefängnisstrafen und sogar Geisteskrankheiten. Er begann sich zu fragen, wie um alles in der Welt diese Familie schließlich zu ihren gottesfürchtigen Wurzeln zurückgelangt war.

Dann stieß Danny auf das Leben seiner Urgroßmutter. Aus ihrem Nachruf erfuhr er, dass sie Christus im zarten Alter von acht Jahren als ihren Retter angenommen hatte. Sie wurde bekannt für ihre Liebe zu Jesus und dafür, dass sie Loblieder sang, wo immer sie war. Sie war eine Frau des ernsthaften Gebets und erzog ihre Kinder dazu, Gott zu lieben. Von diesem Zeitpunkt an veränderte sich die Geschichte der Generationen. Das Leben dieser einen Frau im Glauben und in Freude im vorigen Jahrhundert veränderte den Kurs der gesamten Familie Cook nachhaltig, bis in die heutige Zeit hinein.

Ich frage mich, was dieses kleine Mädchen zu Christus geführt hat? Die Person, die mit diesem Kind niedergekniet ist vor so langer Zeit, hatte keine Ahnung, dass dies ein Schlüsselereignis im Leben einer ganzen Familie sein würde. Der düstere Niedergang wurde umgedreht durch ein einfaches Gebet.

Ein kleiner Kieselstein, von Ihnen in einen Teich geworfen, sprich: in das Leben eines Kindes hinein, kann an der Wasseroberfläche Wellen schlagen, die sich ausbreiten und viele weitere Menschen erreichen. Ich bin überzeugt, dass der Himmel voll ist von solch wunderbaren Überraschungen für diejenigen, die im Stillen treu und sensibel waren.

Wenn Gott Ihnen ein Kind in den Weg stellt, und Sie sind zu beschäftigt, um entweder positiven oder negativen Einfluss auszuüben ..., dann haben Sie genau Letzteres getan! Sie haben zum

Ausdruck gebracht, dass das Kind keine Rolle spielt und nicht wichtig ist.

Ich habe nie jemand getroffen, der wirklich eine Vision für Kinder hat und bei dem nicht eine starke Geschichte dieser Perspektive zu Grunde liegt. Ich bin keine Ausnahme. In den folgenden Kapiteln werde ich Ihnen die Geschichte meiner Kindheit erzählen, wie ich in einem entlegenen, von Armut gebeutelten afrikanischen Dorf groß geworden bin, wie ich den Albtraum Internat überlebt habe, wie ich mit dem Schock und zugleich der Herausforderung fertig werden musste, als Jugendlicher an einen völlig anderen Ort zurückkehren zu müssen, nämlich nach Amerika … und schließlich davon, wie ich begonnen habe, ein Anwalt der Kinder zu werden.

Teil eins

1 | *Nicht irgendwann, sondern heute*

Kindheit – wir durchleben sie nur ein einziges Mal. Es gibt keine zweite Chance. Und doch bestimmen die Erfahrungen der ersten Lebensjahre die Qualität unseres gesamten restlichen Lebens. Was wir in dieser frühesten Phase denken, fühlen, erfahren und durchmachen, beeinflusst ganz entscheidend unser ganzes weiteres Leben.

Während wir heranreifen, verschwinden unsere ersten paar Lebensjahre fast vollständig aus unserem Gedächtnis. Wie bei den Erwachsenen in den Peter-Pan-Geschichten scheinen bei uns im Erwachsenenalter alle Spuren der Erinnerung daran, wie wir uns als kleines Kind gefühlt haben, aus dem Gedächtnis getilgt zu sein. Das Leben scheint sich mit jeder neuen Generation selbst zu erneuern. Wenn uns die Hebamme im Kreißsaal das kleine Bündel Freude in die Arme legt, will es uns in dieser ersten zutiefst bewegenden Minute so scheinen, als müssten wir völlig neu lernen, worum es in der Kindheit überhaupt geht. Warum schreien Babys? Wieso haben sie von sich aus den Drang, loszukrabbeln und die Welt zu erkunden? Warum wehren sie sich so verzweifelt dagegen, einfach loszulassen und einzuschlafen? Wir wissen so wenig und haben schon so vieles wieder vergessen.

Zu viele von uns neigen dazu, die Kindheit als eine Art Auftakt zum richtigen Leben anzusehen, eine heikle Zeitphase, die lediglich überlebt werden muss, damit man in das eigentliche „Geschäft" einsteigen kann: ein rechtmäßiges, mitarbeitendes Glied der menschlichen Gesellschaft zu sein. Das ist die Denkweise, die uns dazu veranlasst, von Kindern als der „Welt von morgen" zu sprechen oder der „Zukunft der Kirche". So nobel diese Phrasen klingen mögen, sie rücken letztlich nur den Wert von Kindern in den Bereich des „Irgendwann". Irgendwann wird man ihnen mehr Wert beimessen. Irgendwann werden sie eine Rolle spielen. Aber nicht heute.

Unsere Ausrede ist vielleicht, dass kein Lebewesen im Tierreich sein Leben verletzlicher beginnt als ein neugeborenes Mitglied des Homo sapiens, das ständig auf Schutz und Ernährung angewiesen ist. Ein Antilopenbaby kann bereits eine Stunde nach seiner Geburt herumflitzen und selbst dem schnellsten seiner Fressfeinde davonlaufen. Selbst innerhalb der gefährlichen ersten sechzig Minuten kann das Antilopenkitz sich perfekt tarnen und ist geschützt, weil es praktisch keinen Eigengeruch hat. Danach kommt die kleine Antilope schon ganz gut selbst zurecht.

Ein frisch aus dem Ei geschlüpftes Krokodilbaby hat sowohl alle Merkmale seiner Furcht einflößenden Eltern als auch alle Instinkte und Überlebenstechniken, die nötig sind, damit es seinen Weg in die Sümpfe finden und umgehend mit seiner lebenslangen Jagd auf Beute beginnen kann. Den meisten Vögeln wächst innerhalb eines Monats, nachdem sie im Nest geschlüpft sind, ihr vollständiges Gefieder und sie werden flügge. Die Jungen von Raubtieren wie Löwen, Geparden oder Hyänen sollten möglichst innerhalb eines Jahres selbstständig sein, bevor ihre Mütter die nächste Generation zur Welt bringen und sie plötzlich abgelehnt, angegriffen und vertrieben werden. Sie müssen schnell erwachsen werden!

Nicht so das Menschenkind. Die Kreatur, die dazu bestimmt ist, intelligenter und smarter als alle Tiere zu sein, ist bei der Geburt ein hilfloser Säugling. Das Kind durchläuft einige lange Jahre der Verletzlichkeit und braucht einfach alles. Nahrung, Schutz, Hygiene, sanitäre Anlagen, Wärme und ein Dach über dem Kopf müssen zur Verfügung stehen. Was hat Gott sich dabei gedacht? Selbst Affenbabys haben die Kraft und den Überlebensinstinkt, sich beharrlich am Fell der Mutter festzuklammern, wenn diese rennt, springt oder sich im Dschungel hoch über dem Boden von Ast zu Ast schwingt. Niemals habe ich ein Affenbaby vom Rücken seiner Mutter herunterpurzeln sehen.

Während Kinder überall auf der Welt in demselben Zustand geboren werden, war ich immer fasziniert davon, wie stark jede Gesellschaft an ihrer eigenen Auffassung von Kindheit festhält.

Jede entwirft unterschiedliche Antworten zu Fragen wie: Was ist ein Kind? Wie lange dauert die Kindheit? Welche Rolle spielen Kinder in welchem Alter?

Wie bereits erwähnt, habe ich meine Kindheit in zwei der gegensätzlichsten Gesellschaften dieser Erde erlebt. Auf der einen Seite des Spektrums war das entlegene kleine Dorf an der Elfenbeinküste in Westafrika, wo das Leben einfach war, primitiv, seit Jahrhunderten unverändert, nur einen Schritt entfernt von der Steinzeit. Aber durch eine Reise von nur wenigen Tagen wurde ich plötzlich entwurzelt und ins andere Extrem der menschlichen Gesellschaft verpflanzt – in die schnelllebige, ultramoderne westliche Welt, und innerhalb dieser nicht einfach irgendwohin, sondern in ihr Epizentrum von Wahnsinn, Materialismus und Wettbewerb: New York City!

Ich bin wohlgemerkt nicht auf Mitgefühl aus. Aus beiden Extremen habe ich viel gelernt. Ich möchte Sie einladen zu einer Reise in meine Vergangenheit, zurück in meine ersten Stunden als Teenager „im Land der Freien und der Heimat der Tapferen", wie es in der amerikanischen Nationalhymne heißt. Es war ein heißer, schwüler Sommertag …

Colaflaschen und Teddybären

„Hey, Kid, was sagst du?" Mit einer eindrucksvollen Geste präsentierte der kleine, schmierige Schaubudenbesitzer in einem der Vergnügungsparks der Halbinsel Coney Island in Brooklyn seinen Stand. Seine wachsamen Eidechsenaugen funkelten durch das Drahtgestell seiner Brille.

Ich verstand jedes Wort seiner Frage, aber ich hatte keinen Schimmer, was er meinte. In dem Dorf, in dem ich aufgewachsen war – zusammen mit meinen Eltern, die Missionare waren, und meiner älteren Schwester –, bezog sich das Wort *kid* meistens auf ein Ziegenbaby. Was hätte ich sagen sollen? Ich war völlig verblüfft. Wurde in diesem Land, so weit weg von dem, was ich für das Zentrum der Welt gehalten hatte, etwa jedes „Kid" angewiesen, etwas zu sagen? Ging es um irgendeine Art von Erkennungszeichen, einen Code, um den Überblick zu behalten über so viele Kinder in dieser riesigen Stadt New York?

„Ich, ich weiß nicht, was ich sagen soll", stammelte ich schließlich beschämt.

Dieser Mann war erst der zweite Amerikaner, der mir begegnet war, seit ich an diesem Tag von Bord der SS Rotterdam gegangen war. Seine Schroffheit erinnerte mich an den ersten Amerikaner, einen Taxifahrer in Manhattan. Dieser hatte während einer viertelstündigen Fahrt alles in Frage gestellt, was mir etwas bedeutete: Weisheiten, die ich von dem Häuptling des Dorfes und von Dorfältesten gelernt hatte – an den Abenden, wenn wir um das Lagerfeuer herum saßen – und nicht zu vergessen von meinen Eltern. Während wir durch bevölkerte Straßen mit Wolkenkratzern rasten, grub sich der Frust des Taxifahrers tief in das zarte Gemüt von Amerikas neuestem Vierzehnjährigen ein. Die Hupe ertönte nicht zum freundlichen Gruß, und – wie ich später erfuhr – handelte es sich bei dem Zeichen, das der Taxifahrer mit der linken Hand zu seinem Fenster hinaus machte, auch nicht um eine warmherzige Geste. Das Umschalten der Ampel von Grün auf Rot rief bei ihm eine Tirade von Wörtern hervor, die ich für Englisch hielt, die ich aber mit Sicherheit in der Missionsgesellschaft niemals gehört hatte. Mein Instinkt riet mir, mich zurückzuhalten. Es gab hier vieles, was ich nicht verstand.

Auch auf dem zentralen Weg des Vergnügungsparks von Coney Island bewegte ich mich immer noch mit Vorsicht. Der widerliche Mann schnauzte: „Du weißt nicht, was du sagen sollst? Du *Stupido* (spanisch für ‚Dummer‘), willst du einen von diesen kolossalen Teddybären oder nicht? Alles, was du tun musst, ist diese Flaschen kaputt kriegen. Das ist leicht!"

Ich musterte ihn, als ob ich Beute im Dschungel taxieren würde. War er gefährlich? Er trug ein Barett, so wie die französischen Offiziere, deren Konvois gelegentlich mit ihren Jeeps in unser staubiges Dorf bretterten, irgendwelche Befehle bellten und Antworten forderten auf verwirrende Fragen. Ich mochte diesen Kläffer nicht, verstand ihn nicht, und ich traute seinen verschlagenen Augen und seiner krächzenden Stimme nicht. Ich wich vor ihm zurück, so wie ich es bei einer Begegnung mit einem Panther getan hätte.

Aus sicherer Entfernung begann ich, den knallbunten Stand zu beobachten. Er war in lauten, sich beißenden Farben gestrichen. Ungefähr fünf Meter hinter der Theke gab es drei wackelige Regalbretter mit aufgereihten Colaflaschen darauf. Auf dem Boden lagen Glasscherben, die knirschten, wenn der Mann sich vorwärts- oder rückwärtsbewegte, während er alle Leute bedrängte, die vorübergingen. Vorn auf der Theke lag ein halbes Dutzend Schleudern; daneben stand ein großes Glas mit farbenprächtigen Murmeln.

Meine Augen blieben an den Schleudern hängen. Das musste ich mir genauer ansehen. Endlich! In der lärmenden, grellen, überfüllten Stadt entdeckte ich hier etwas Vertrautes. Seit ich sechs Jahre alt war, hing jede Nacht am Pfosten meines Kinderbetts eine Schleuder. Das Erste, was ich jeden Morgen tat, war, die Schleuder von dort zu nehmen und sie mir um den Hals zu hängen. Für die Jungen in meinem Dorf waren Schleudern nicht nur Spielzeuge; sie waren selbst gemachte Waffen, Statussymbole und „Kleidung". Ich musste lächeln, als ich daran dachte, dass für einige meiner von Armut betroffenen afrikanischen Spielkameraden die umgehängten Schleudern tatsächlich das Einzige waren, was sie anhatten.

„Drei Schuss! Fünfundzwanzig Cent! Komm näher heran!" Die Staccato-Ausbrüche des Bellers rissen mich zurück in die Realität New Yorks. Das rasche Hin- und Herschalten zwischen diesen zwei radikal verschiedenen Welten würde für mich in den nächsten Monaten zu einer Art Lebensstil werden. Solche plötzlichen Übergänge machten mich oft sprachlos, so lange, bis ich mich entschieden hatte, welche meiner vier Sprachen ich benutzen sollte. Dioula? Senari? Französisch? Nein, es musste ja Englisch sein, meine schwächste Sprache.

Hoch oben zu beiden Seiten des Standes hingen die schönsten Teddybären, die ich je gesehen hatte. In Afrika hatte ich während der Mittagspause Winnie-Puuh-Bücher gelesen, und diese Bären hier waren genau so, wie ich mir Puuh, den Bären, vorgestellt hatte. Sie waren groß und beeindruckend wie ausgewachsene männliche Paviane. Der Mann mochte abstoßend sein, aber er wusste ganz klar, was er zu bieten hatte: die größten und besten Gewinne am zentralen Weg des Vergnügungsparks.

Eine Gruppe von Jungen in meinem Alter kam vorbei und erfuhr die gleiche Behandlung durch meinen „Peiniger". Sie beäugten die großen Preise, befingerten unbeholfen die Schleudern und drängten sich in der Nähe der Theke zusammen. Sie zeigten auf die Gewinne, schlugen sich gegenseitig mit der Faust auf die Arme und beratschlagten, ob sie die Chance nutzen sollten.

Schließlich schoben sie einen kleineren Jungen vor. Dieser legte zögerlich seinen Vierteldollar auf die Theke. Ich sah sofort, dass er keinen Schimmer hatte, was er tun sollte. Als er den Griff der Schleuder in die linke Hand nahm, konnte ich seine Nervosität erkennen. Mit verzerrtem Gesicht und zusammengekniffenen Augen drückte er mit den Fingern seiner rechten Hand den Lederstreifen an seiner Ausbuchtung zusammen und zog zittrig das Gummiband nach hinten.

Ich duckte mich, weil ich nicht sicher war, ob als Nächstes die Murmel losfliegen würde oder ob sich die Gabel der Schleuder in seine Nasenlöcher bohren würde. Glücklicherweise ließ der Junge das richtige Ende zuerst los. Die Kugel schleppte sich mühsam vorwärts, um dann dumpf an der leinenen Rückwand des Standes aufzuschlagen. Die nächsten beiden Versuche verliefen ebenso erfolglos. Unter dem Gelächter und den spöttischen Bemerkungen der Umstehenden zog sich der Junge in seine Gruppe zurück. Ich grinste.

Ein weiterer Junge probierte es, dann ein dritter. Der Standbesitzer verhöhnte sie unbarmherzig. „Drei lausige Flaschen. Was ist so schwierig daran? *Come on*, ist keiner von euch Manns genug?" Ich dachte an die höhnischen Worte des Riesen Goliath vor seinem Fall. Die Jungen schüttelten die Köpfe. Mit hängenden Schultern schlichen sie davon. Das war offensichtlich kein Spaß mehr; so etwas durfte ganz einfach nicht geschehen.

Als die Zuschauer weggingen, stand ich wieder ohne Tarnung da, den Blicken des Budenbesitzers ausgesetzt. Nur ich und dieser knirpsige Goliath mit dem großen Mund und den großen Gewinnen.

„Hey, du! Magerer Junge! Wovor hast du Angst? *Come on, probier's!*" Ich konnte alle seine Beleidigungen hinnehmen, bis auf die eine, dass ich Angst hätte. In meinem Dorf hätte eine solche Herausforderung jeden von uns jungen Kriegern provoziert, schier alles zu tun.

Ich näherte mich dem Mann und deutete auf die Preise, die über uns hingen. „Was muss ich dafür tun?"

„Du nimmst diese Schleuder und drei Murmeln aus dem Glas. Du schießt. Du triffst drei Flaschen. Du gewinnst den Preis!"

Wer ist jetzt hier der Stupido?, dachte ich. Zu Hause in meinem Dorf war jeder Junge ein Schleudervirtuose. Wir waren stolz darauf, Paviane aus den Maisfeldern zu vertreiben, Vieh zu hüten, giftige Schlangen zu töten und Eidechsen, die dumm genug waren, ihren Kopf über eine Lehmmauer herauszustrecken, empfindlich zu treffen – und all das mit Steinen, abgeschossen mit chirurgischer Präzision. Ich war vielleicht nicht ganz so geschickt wie meine afrikanischen Freunde, aber ich konnte ganz gut mithalten.

Während ich die Herausforderung dieser Bude abschätzte, dachte ich: *Wo liegt das Problem? Da muss ein Trick dabei sein, um es schwierig zu machen. Die Flaschen sind nicht weiter als fünf Meter entfernt. Sie schwingen nicht an einem Seil oder so etwas – sie sind fest an ihrem Platz. Vielleicht sind sie unzerbrechlich?*

Aber warum dann all das Glas auf dem Boden? Die Sache ist einfach!

Auf unserer Ozeanüberquerung hatte ich geübt, amerikanische Münzen zu erkennen. Jetzt zog ich einen Vierteldollar aus meiner Tasche. Ich erinnerte mich an die Zeit, als Münzen und Papiergeld in unser Dorf kamen, um unsere Kaurimuscheln zu ersetzen. Wir waren nicht sicher, ob man dieser neuen Währung trauen konnte. Wie konnte etwas wertvoll sein, wenn man es verbrennen oder schmelzen konnte?

Umgeben vom Lärm des Vergnügungsparks hob ich die Schleuder auf. Sie fühlte sich in meiner Hand angenehm und vertraut an – wie ein alter Freund.

„Muss ich sie halten wie die anderen Jungen?", fragte ich. Vielleicht war das die Falle?

„Nee, halt es, wie du willst, *Kid*. Zieh einfach zurück und triff die Flasche. Ist das so schwierig?"

Ich begann, meinen linken Daumen und Zeigefinger mit dem Gummiband der Schleuder zu umwickeln, und vergrub den Griff tief in meiner Handfläche, denn das garantiert Stabilität. Das wusste ich. Durch diese Verschlingung bildete die Schleuder eine Verlängerung meines Arms.

Der Mann kicherte. „Ich hab noch nie jemand gesehn, der sie so hält! Wenn du dich verletzt – ich kann nix dafür!"

Ich nahm eine glänzende Murmel aus dem Glas. Das würde sogar noch leichter, als ich gedacht hatte. Anders als die unregelmäßig geformten Steine, die wir im Dorf benutzen mussten, die noch einer extra Berechnung bedurften, bevor man sie losfeuern konnte, würden diese total glatten und perfekt runden Murmeln garantiert gerade und genau fliegen.

Ich erhob die Schleuder, zog das Gummiband zurück, und mit einer kleinen ruckenden Bewegung des Handgelenks – *pling!* – explodierte die Flasche am Ende der Flugbahn. Die Glasscherben sprangen in alle Richtungen. Der Mann starrte mich an, während er sich Glasstückchen aus dem Haar und von der Kleidung bürstete.

„Wow, Anfängerglück, was?", brummelte er hoffnungsvoll.

„Oder auch nicht", antwortete ich, während ich eine weitere Kugel herausholte. *Batsch!* Herunter fiel die zweite Flasche. Hinter mir begann sich eine Menschenmenge zu bilden.

„Ich schätze, du hast das schon mal gemacht, Kid", zischte der Mann.

„Ja, also, wir machen das da, wo ich herkomme!", antwortete ich. Damit nahm ich meine dritte Murmel und zermalmte die dritte Flasche. Die Menge jubelte. Der kleine Goliath fuhr zusammen.

Erfolg – mein erster in Amerika! Meine Kumpel aus dem Dorf hätten sich gekugelt vor Lachen, dass das Ergebnis einer so mickrigen Herausforderung eine so große Belohnung war.

„Okay, ich nehme den großen braunen Bären mit der schwarzen Nase, ganz da oben!", sagte ich und deutete hinauf.

„Nicht so schnell, nicht so schnell!", grinste der Beller höhnisch. „So geht das nicht. Ich habe gesagt, du gewinnst einen Preis, aber nicht den *Hauptgewinn*." Mit einem sarkastischen Augenflackern zog er unter der Theke einen lausigen, kleinen Bären hervor, ungefähr zehn Zentimeter groß.

Ich fühlte mich blamiert. Er hatte mich doch ausgetrickst. „Ähm", stammelte ich, „was muss ich tun, um den Hauptgewinn zu kriegen?"

„Oh, da musst du dich hocharbeiten. Noch ein Vierteldollar, noch mal drei Kugeln. Das geht in Stufen, weißt du das nicht, Kid? Woher kommst du?"

Nun, ich hatte solche Betrügereien erlebt bei Handwerkern von den Dioulas im nächsten Dorf die Straße hinunter. Ich warf einen weiteren Vierteldollar auf die Theke. *Pau, pau, pau.* Drei weitere Colaflaschen zerbarsten.

„*Okay*, jetzt will ich den Großen da", verkündete ich in einem etwas schärferen Tonfall.

Der Mann warf seinen Kopf in den Nacken und lachte schallend. „Gut gemacht, du Ass. Jetzt kriegst du diesen hier." Er zog einen Bären von dreißig Zentimetern hervor. Als ich empört die Hand in meine Tasche steckte, um nach einer weiteren Münze zu fischen, hielt er inne.

„Warte einen verdammten Moment! Du wirst mir noch die ganzen Flaschen kaputt schießen, was, *Kid?*"

Ich nickte und starrte nun *ihn* aus Augenschlitzen an, strotzend vor Entschlossenheit.

Die Realität holte den Typen ein. Er konnte absehen, was passieren würde. Das magere kleine „Kid" würde alle seine Colaflaschen zerschmettern. Wenn er mich alle vier Stufen seines Spielchens durchlaufen lassen würde, könnte er zwar einen lausigen Dollar verdienen, aber der Verlust an Flaschen und Bären wäre größer. Und wenn ich mich entschlösse, weiterzumachen, wäre sein Inventar, mit dem er seine nächsten Opfer austricksen könnte, erheblich reduziert.

Er holte eine Stange hervor und angelte meinen Teddy vom Haken – den großen braunen mit der schwarzen Nase. „So, Kid, nimm einfach den verdammten Bären und geh mir aus den Augen!", fuhr er mich an.

Ich grinste, während ich mit meinem Preis loszog. Die Zuschauer waren einen Moment wie gebannt, dann begannen sie, sich über die Szene zu amüsieren, die sich soeben vor ihnen abgespielt hatte. Sie brachen in wilde Begeisterungsrufe aus und klatschten Beifall.

Was für ein eigenartiges und wunderbares Land, diese Vereinigten Staaten von Amerika. Ich kam, sah und siegte.

Beste Freunde

Als ich zu der nahe gelegenen Kirche zurücklief, wo meine Eltern ein ganztägiges Missionstreffen zum Thema „Neuorientierung in Amerika" besuchten, trug ich meinen riesigen Preis huckepack. Ich hätte ebenso gut ein erfolgreicher Jäger sein können, der ein ganzes Dorf ernähren musste.

Meine Mutter drehte die Augen gen Himmel und setzte ihren *„Was hast du jetzt wieder angestellt?"*-Blick auf. Während die Sitzung weiterlief, wanderten meine Gedanken fünftausend Meilen über den Atlantik hin zu meinem kleinen Dorf Nielle. Der heiße, staubige Ort lag fünfhundert Meilen landeinwärts, ungefähr so weit, wie jemand sich höchstens auf dem waschbrettartigen Holperpfad, den wir Straße nannten, vorgewagt hätte. Lastwagen waren hier so selten, dass es ein Highlight des Tages darstellte, wenn sich einer durch unsere Siedlung aus Lehmhütten hindurchmühte. Wir Kinder rannten üblicherweise in einer johlenden Schar nebenher, so lange winkend und juchzend, bis der Laster rumpelnd das Dorf verließ und uns in einer sich wirbelnden Wolke von rotem Staub zurückließ, der sich innerhalb der nächsten Stunde über uns und alles andere herabsenken würde.

Die meiste Zeit waren meine Schwester Carol und ich die einzigen weißen Kinder im Umkreis einer Tagesreise. Hautfarbe spielte keine große Rolle. Wir sangen mit großer Begeisterung: „Jesus liebt alle, alle Kinder ... rote, gelbe, schwarze, weiße ... Jesus liebt die kleinen Kinder auf der Welt." Tatsächlich sahen wir auch die meiste Zeit des Tages im Wesentlichen gleich aus, nämlich sehr rot und staubig.

Meine Mutter erzählte uns einmal, dass sie als junge Frau gebetet hatte: „Herr, bitte berufe mich nicht zur Missionarin. Aber wenn du es doch tun solltest, dann lass es bitte nicht Afrika sein!" Nun, dies war nicht nur Afrika, sondern der entlegenste, unattraktivste Außenposten, den man sich vorstellen konnte. Das halbe Jahr lang herrschte tagsüber gewöhnlich eine Hitze von 43 Grad Celsius bei knochentrockener Luft. Wenn man aus dem Haus trat, fühlte es sich so an, als wenn man einen Backofen öffnet, um nachzusehen, ob der Kuchen fertig ist. Die Hitzeschwaden konnten einen auf seinem Weg stoppen wie eine glühende Wand. Dann kam die Regenzeit, was einen täglichen tropischen Niederschlag bedeutete, der den Staub für die übrigen sechs Monate in ein Meer von klebrigem Matsch verwandelte.

Als wir das erste Mal in Nielle ankamen, war ich gerade einmal sechs Jahre alt. Es gab keinen elektrischen Strom und kein fließend Wasser. Das Plumpsklo mit zwei Löchern befand sich am Ende eines unheimlichen, von Schlangen bevölkerten Weges. Man musste mit den Füßen aufstampfen, um alle Arten von Skorpionen und anderem Getier zu verscheuchen, die in der Nacht herumkreuchten. Kurz gesagt, dieser Ort wäre für ein Mädchen aus der Stadt der schlimmste Albtraum gewesen – für einen kleinen Jungen wie mich stellte er ein Paradies dar.

Hier, in diesem gottesfürchtigen Missionarshaushalt, im fernen Herzen Afrikas unter den sehr armen Kindern, denen ich später als Erwachsener einmal dienen sollte, wurde mein Herz geformt und zärtlich genährt. Wie ich bereits erwähnte, glaubten wir wirklich, Nielle sei das Zentrum der Welt. Nicht wir lebten an einem entlegenen Ort, sondern alles andere auf dem Planeten Erde war furchtbar weit entfernt. Die unbefestigte Straße brachte Lastwagen von weit her. Radioprogramme wehten von exotischen Orten zu uns herein. Frankreich, die Heimat unserer Kolonialherren, lag (glücklicherweise) auf einem ganz anderen Kontinent. Keiner der Dorfbewohner hatte sich jemals weit fortgewagt, obwohl die Straße sich weitere dreißig Kilometer nordwärts zog bis zu der Landesgrenze zur Republik Mali, dann weiterführte durch die flache, grasbewachsene Savanne, um sich dann in der Weite der Sahara endgültig zu verlieren.

Während ich auf meinem Stuhl in der New Yorker Gemeinde ständig unruhig meine Sitzposition veränderte, wusste ich genau, was meine Freunde im Zentrum der Welt gerade taten. Es war das Ende der Regenzeit und es gab Tiere in Hülle und Fülle. Ich konnte Padubeh sehen, wie er grazil in gebückter Haltung durch das drei Meter hohe Elefantengras glitt, während er sich an eine Gazelle heranpirschte. Er war der Gutaussehende, den alle Mädchen bewunderten, und stets zu Späßen aufgelegt.

Padubeh hatte kohlrabenschwarze Haut, so schwarz, dass sie fast ins Bläuliche ging. Wenn er lächelte, schimmerten seine blendend weißen Zähne wie ein Leuchtfeuer in der Nacht. Er war ein großartiger Jäger und schien immer zur rechten Zeit am rechten Ort zu sein; er konnte denken wie seine Beute. Oft war es Padubeh, der abends selbstbewusst dem Dorf zustrebte mit einem Kaninchen über der Schulter.

Kolzana war mit Sicherheit ganz in seiner Nähe. Wie alle anderen Jungen hatte auch er drei waagerechte Narben auf jeder Wange, wie Schnurrhaare von Katzen, die ihm geritzt worden waren, als er noch sehr klein war, um ihn als männliches Mitglied des Stammes der Senufo zu kennzeichnen. Es waren Ehrennarben, und Kolzanas passten perfekt in sein hübsches Gesicht. Ich wünschte, ich hätte sie auch. In meinen Augen war ich ein Senufo.

Tatsächlich betete ich jeden Abend: „Herr, wenn du mich liebst, lass mich aufwachen und schwarz sein, so wie jeder andere auch." Ich hatte es satt, von den anderen gehänselt zu werden, weil ich das Wild verscheuchte, wenn wir jagten. „Der Affe hat dein weißes Gesicht gesehen und ist abgehauen!", pflegten sie zu schimpfen. Morgen für Morgen kontrollierte ich als Erstes meinen Arm, um dann jedes Mal enttäuscht festzustellen, dass ich einen weiteren Tag lang weiß war.

Ich erinnere mich, dass ich einmal in der Fahrerkabine unseres offenen Pick-ups zwischen Kolzanas Beinen saß. Wir hatten beide unsere Ellbogen zum Seitenfenster hinausgehängt. Ich betrachtete die Farbe seines Arms und die meines eigenen, inzwischen dunkel geworden durch die tropische Sonne. Zu meiner großen Freude hatten beide fast dieselbe Farbe. In dieser Nacht dankte ich Gott dafür, dass er auf mysteriöse Weise seine Wunder tat. Wenn ich jetzt bloß noch Senufo-Narben bekommen könnte!

Während alle anderen Jungen des Dorfes meine Brüder waren, war Alezye mehr als das. Er war mein Held, mein Seelenverwandter. Ich bewunderte alles an ihm, wollte genau so sein wie er, und ich hätte alles für ihn getan. Seine Brüder waren Alezana und Alebeh. Ihre Namen waren nach Tradition der Senufo vom Namen ihrer Mutter abgeleitet, die Ale hieß. Die Endung „-zye" deutete auf den „erstgeborenen Sohn von Ale" hin, während „-zana" den zweitgeborenen bezeichnete, „-beh" den drittgeborenen und so weiter.

Es war dem biblischen Muster von „Josua, der Sohn des Nun" oder „David, der Sohn von Jesse" nicht unähnlich, nur in unserem Fall wurde der Name an den der Mutter angefügt statt an den des Vaters. Das war sehr sinnvoll in Nielles polygamer Gesellschaft. Es war besser als eine Adresse; ich wusste genau, wer die Mütter meiner Freunde waren, nicht nur die Väter.

Alezye mit seinem muskulösen Körperbau war immer der Stärkste unter uns. Er konnte in jeder Hand einen vollen Wassereimer tragen, um die jungen Bäume zu gießen, die mein Vater als Schattenspender gepflanzt hatte, während ich mit gespreizten Beinen daherwackelte mit nur einem Eimer dazwischen, mich anstrengte und ihn schwappend absetzte, sobald ich dachte, mir brächen gleich die Finger ab.

Ich bin nicht sicher, um wie viel Alezye älter war als ich, aber es mussten fünf oder sechs Jahre sein. Niemand wusste es so genau. Präzise Geburtstage wurden in unserem Dorf nicht registriert, sehr zum Leidwesen der französischen Amtspersonen, die uns unablässig wegen solcher Kleinigkeiten heimsuchten. Niemand besaß so etwas wie eine Geburtsurkunde. Einen von meinen Freunden zu fragen, wie viele Jahre er alt sei, wäre so albern gewesen, wie wenn ich Sie fragen würde, wie viele Karotten sie im letzten Jahr gegessen haben. Sie würden einfach antworten müssen: „Na ja, es waren schon einige, aber keine Ahnung, wie viele." So war es mit den Lebensjahren bei den Senufo. Sie können Ihnen nur sagen, dass sie „vor der großen Flut" geboren wurden oder „nach der großen Heuschreckenplage".

Wenn irgendeiner aus unserem Dorf im Leben in Nielle oder irgendwo sonst es zu etwas bringen sollte, wussten wir alle, dass es Alezye sein würde. Er war einer der Ersten, der die Botschaft des Evangeliums für sich annahm und „den Jesusweg nahm", wie die Afrikaner es ausdrückten. Tag für Tag saß er mit meinem Vater in dem heißen Blechschuppen mit Stapeln von Bibelübersetzungen um sich herum, schwitzte reichlich und half meinem Vater, die Heilige Schrift in die Sprache Senari zu übersetzen. Er war so klug. Noch bevor mein Vater die schwierige Intonation der Sprache gelernt hatte, war es Alezye, der sich couragiert mit meinem Vater zusammen in neue Dörfer wagte, um die Geschichten aus der Bibel und Vaters Botschaften von Gottes Liebe und Rettung zu dolmetschen.

Als tonale Sprache war Senari ein Minenfeld für Fettnäpfchen. Falsche Aussprache konnte lustig sein oder verhängnisvoll. Die Wörter für „Mutter" und für „Kuh" waren so gut wie identisch, ebenso die Wörter für „Vater" (naàwì) und für „Skorpion" (náwa). Zweifellos hat uns Alezye vor mehr Peinlichkeiten bewahrt, als uns jemals bewusst war.

Immer war er freundlich und großzügig. Zusammen bauten wir ein Baumhaus in einem der wenigen Bäume, die hoch genug waren, dort in der ebenen Savanne eine solche Konstruktion zu tragen. Wenn wir zusammen jagten, folgte ich ihm, indem ich meine Füße genau in seine Fußspuren setzte, während wir uns in Feld und Sumpf an unsere Beute heranschlichen. Er brachte mir bei, wie man Tiere verfolgen und identifizieren konnte. Mit der Schleuder war er ein Experte und brachte mir sorgfältig bei, mit dieser Waffe zu schießen. Wie er gelacht und mir auf die Schulter geklopft hätte nach meinem Sieg im Vergnügungspark!

Er war eins mit der Natur; er verstand sie, liebte und respektierte sie. Er setzte seine Fähigkeiten ein, um das Dorf vor gefährlichen Tieren zu schützen, es zu bewachen, damit Tiere es nicht zerstören konnten, und er jagte die Tiere, die seiner Familie als Nahrung dienen konnten. Er brachte mir bei, mich im Gras oder in einem Baum zu verstecken und den Ruf verschiedener Vogelarten nachzuahmen, wenn sie vorüberflogen. Flog ein Hornvogel vorbei, so imitierte Alezye dessen Ruf so perfekt, dass der Vogel sofort einen weiten Bogen flog und in dem Baum über unseren Köpfen landete. Flog eine Fruchttaube vorüber, war der Klang zwar anders, aber das Ergebnis war dasselbe.

Es war Alezye, der eine Mixtur aus Limettensaft und der weißen Milch bereitete, die aus einem Schnitt in einen Gummibaum heraussickerte. Sie ergab eine erstaunlich hartnäckige Art von Kleber, den wir *la gum* nannten. Solange man die Finger feucht hielt, war er so harmlos wie Ton. Aber in dem Moment, wo etwas Trockenes ihn berührte, klebte es fest und ging nur wieder ab, wenn es erneut nass gemacht wurde.

Wir leckten einfach unsere Finger an und präparierten die Felder mit *la gum*. Wir beobachteten Büsche und Bäume, um zu sehen, welche Äste und Zweige die beliebtesten Landeplätze von bestimmten Vögeln waren. Wir leckten uns wieder die Finger, verteilten die Mixtur auf dem Zweig, versteckten uns und warteten. Innerhalb von Minuten kam der nichts ahnende Eigentümer des Sitzplatzes zurück und landete. Wir zählten bis zehn und stürmten dann aus unseren Verstecken hervor zum Angriff, um dann die verwirrte, auf ihrem Sitzplatz festgeklebte Kreatur einzufangen, die wild mit den Flügeln schlug und sich wunderte, warum sie auf einmal nicht mehr fliegen konnte. Wir befreiten ihre Füße mit unserem Speichel. Kleine Vögel wurden untersucht, bewundert und freigelassen. Manche Vögel kapierten das Ganze einfach nicht; wir konnten sie Tag für Tag auf demselben Ast fangen. Größere Vögel hatten nicht so viel Glück; sie landeten am Abend in dem Suppentopf über dem Feuer. Wir lebten sehr naturnah, indem wir der Natur etwas gaben und von ihr nahmen, so selbstverständlich wie wir atmeten.

Vorsicht, Paviane!

Ich wusste, dass inzwischen der Mais und die Hirse schon hochgewachsen sein müssten und auf den Feldern, die das Dorf umgaben, heranreiften. Am Anfang der Regenzeit hatten die Dorfbewohner die Felder mit kurzgriffigen Hacken, die *dabas* genannt wurden, kultiviert. Männer, Frauen mit Babys, die sie auf ihren Rücken gebunden hatten, und sogar Kinder hatten sich in langen Reihen aufgestellt und rhythmisch den Boden umgegraben. Diejenigen, die sich gerade ausruhten, schauten zu, wiegten sich, tanzten im Schatten der Affenbrotbäume oder gaben den Rhythmus vor mit Trommeln und Balaphonen (ähnlich wie Xylophone mit Holzstäben, aber mit Kürbissen als Resonanzkörper darunter anstelle von Metallpfeifen). Ältere Männer saßen dabei und stimmten Sprechgesänge an, die entweder Zuspruch enthielten für manche Arbeiter als Anerkennung ihrer herausragenden Anstrengungen oder aber unbekümmerte Schikane gegenüber anderen, die eher für Faulenzer gehalten wurden. Rechtzeitig wurde das Elefantengras sorgfältig zurückgeschnitten, und ein kultiviertes Feld kam zum Vorschein.

Während die Monate ins Land gingen, wurden die Felder bepflanzt, gejätet, bewässert und beobachtet. Nun näherte sich die Zeit der Ernte, und fast konnte man schon die Belohnung für die harte Arbeit schmecken. Es wurde Zeit, die Jungen mit ihren zuverlässigen Schleudern loszuschicken! Jede Pflanze war wertvoll, und unser nacktes Leben hing davon ab, dass wir eine angemessene Ernte in die kleinen strohgedeckten Lehmsilos neben unseren Hütten einbrachten. Wir liebten diese Zeit im Jahr, weil sie es uns Jungen erlaubte – selbst sehr kleinen Jungen –, etwas für unseren Stamm zu tun, das niemand hätte besser tun können, um die Ernte vor marodierenden Banden von Pavianen und anderen Affen zu schützen, die ein unbewachtes Feld in einer einzigen Nacht zerstören konnten. Es war eine gefährliche Arbeit, denn ein ausgewachsenes Pavianmännchen mit großen Fangzähnen kann über dreiundzwanzig Kilo auf die Waage bringen. In großen Gruppen fürchten Paviane beinahe nichts und niemand, mit Sicherheit keinen kleinen Jungen – außer er wäre tödlich bewaffnet und sehr geschickt!

Wir benutzten zwei Sorten von *lance-pierres*, ein französischer Ausdruck, der einfach „Steinwerfer" bedeutet. Eine war die traditionelle Schleuder, auch Katapult genannt. Sie wurde hergestellt aus einer Astgabel, an der wir ein Gummiband von der Breite eines kleinen Fingers befestigten, das wir aus einem Schlauch herausschnitten. In der Mitte des Streifens befand sich eine Aussackung aus Leder, in die der Stein hineingelegt wurde.

Die andere Sorte war großkalibriger, so wie die Schleudern aus den Kinderbibeln. Gemacht wurden sie aus Seilen, die wir aus verwobenen Sisalfasern hergestellt hatten. Dazu schnitten wir Kinder Blätter von Sisalpflanzen ab und schlugen sie gegen Steine, um das Mark zu entfernen. Das Seil hatte an dem einen Ende eine Schlinge, die über den Zeigefinger passte, und eine Ledertasche in der Mitte, um faustgroße Steine aufzunehmen. Die verbleibende Schlaufe wurde locker in der Handfläche gehalten. Nachdem wir einen glatten, runden Stein in der ledernen Aussackung platziert hatten, wirbelten wir die Schleuder im Kreis herum und bauten mit mehreren Umdrehungen Geschwindigkeit auf, um dann im exakt richtigen Moment das freie Ende des Seils loszulassen und das Ziel genau zu treffen. Die größeren Jungen konnten, wenn sie es eilig hatten, mit nur einer Umdrehung einen guten Schuss abfeuern, aber für die meisten von uns galt: je länger die Umdrehungsphase, desto mehr Kraft konnte man entwickeln. Das Loslassen erzeugte ein Explosionsgeräusch wie bei einem Schuss aus einem Hochleistungsgewehr.

Wir Jungen vom Dorf gingen niemals irgendwohin ohne unsere Schleudern um den Hals. Bei der starken Hitze trugen wir selten noch etwas anderes, außer vielleicht kurzen Hosen, gemäß dem, was uns das Alter oder die Zivilisation auferlegte. Meine Mutter bestand darauf, dass ich Sandalen trug, obwohl alle meine Freunde barfuß liefen. Ihre Fußsohlen waren robuster als meine Schuhe!

Wenn sich erwachsene Männer für eine Gelegenheit fein machen mussten, trugen sie Gummisandalen, hergestellt aus dem Mantel von Lkw-Reifen mit Riemen, die aus dem Schlauch herausgeschnitten wurden. Das erschien uns Kindern pure Verschwendung. Schläuche zerschnitt man am besten in Streifen und machte daraus den entscheidenden Teil einer Schleuder.

Am Rande der Felder errichteten wir Beobachtungsplattformen von knapp zwei Metern Höhe, sodass wir mit den Augen das gesamte Gebiet überwachen konnten. Mit Macheten, scharf wie Rasierklingen, schnitten wir Äste aus dem Unterholz heraus, streiften Blätter und Rinde ab, machten daraus Gerüststangen, banden diese mit Rindenstreifen zusammen und verteilten dann das feste Elefantengras obendrauf, was eine relativ bequeme Plattform ergab. Im Morgengrauen oder im fahlen Abendlicht konnten wir hören, wie sich die Paviane raschelnd durch das Gras bewegten auf der Jagd nach den Maisähren. Wenn sie den unbewachsenen Streifen zwischen Gras und Maishalmen überquerten, hatten wir den Bruchteil einer Sekunde Zeit, einen Wurf mit unserer Schleuder zu platzieren.

Oben auf unseren Spähposten auf Stelzen hielten wir Wache, bis der Mais geerntet war. Oft gaben wir einfach nur Warnschüsse ab bei raschelnden Geräuschen im Elefantengras. Wagte sich ein großer Pavian dennoch unbefugt in unser Feld, so wurde er von einem Steinhagel getroffen. Wenn eine ganze Gruppe von dreißig oder vierzig Pavianen einfiel, nahmen wir keine Gefangenen. Jeder Pavian, den wir töteten, wurde zur schnellen Mahlzeit. Wir machten ein kleines Feuer am Fuße unserer Plattform und rösteten ihn an Spießen. Hmmm! Die Tradition bestimmte, dass das kleinste beteiligte Kind das leckerste Stück des Wilds bekam – die Hände. Dies war tatsächlich eine große Ehre. Der kleine Knirps saß dann stolz da und nagte an einer Hand, die genauso aussah wie seine eigene, nur größer, geröstet über dem Feuer.

Fast jeden Abend schleiften wir Abendessen mit nach Hause ins Dorf. Die Männer tätschelten uns dann die Köpfe mit Vaterstolz in den Augen. Die Frauen entzündeten die Feuerstellen, und das Fest konnte beginnen. Man aß und feierte bis in die Nacht hinein. Und wir Kinder fühlten uns richtig gut, weil wir uns so sinnvoll zum Wohle aller einbringen konnten.

Wenn wir aus irgendeinem Grund den Eindringling nicht genau genug trafen, um ihn zu töten, so war unser Job doch im Wesentlichen erledigt. Wir jagten ihn, nachdem wir ihn ordentlich vermöbelt hatten, davon „zu einem Arzt" – scherzten wir – als Strafe dafür, dass er unseren Mais gestohlen hatte. Es tat uns leid, ihm wehzutun, aber wir hofften, er würde seinen Freunden von den wilden Kriegern auf dem Hochstand am Feld erzählen.

Manchmal, wenn wir dachten, wir hätten den Pavian getötet, näherten wir uns vorsichtig, falls er mit gebleckten Zähnen aufspringen würde, um zum Racheangriff überzugehen. Wir lernten, dass es sinnvoll war, einen langen Stock zu nehmen und zuerst den Augapfel des Affen zu berühren. Selbst der durchtriebenste Pavian konnte dann nicht widerstehen, zu blinzeln, falls er sich nur schlafend gestellt hatte.

Wie bei allem, was wir jagten, waren wir immer darum bemüht, so präzise wie möglich zu zielen; dann rannten wir zu dem gefallenen Tier hin, knieten uns daneben hin, um mit ihm zu sprechen, bevor es starb. Wir entschuldigten uns, falls wir ihm Schmerzen zugefügt hätten, und versprachen, dass wir es nicht verderben lassen würden. In pastoralem Tonfall und oft unter Tränen gelobten wir, es zu verwenden, um unser Volk zu ernähren.

Und so wurde jedes Jahr die Ernte eingebracht. Je älter wir wurden, umso präziser wurden wir im Umgang mit den Schleudern. Ungefähr mit zehn Jahren waren wir so weit, dass wir, wenn wir etwas erspähten, das sich innerhalb der Reichweite unserer Schleudern befand, es auch treffen konnten.

Wenn Sie die Abendnachrichten anschauen und sehen, wie die palästinensischen Kinder das israelische Militär mit Schleudern angreifen, mögen Sie denken, dass diese hoffnungslos unterlegen sind. Aber schauen Sie genau hin: Sie sehen niemals Israelis in offenen Jeeps mit Windschutzscheiben oder Spiegeln, die zerbrechen könnten. Alles, was Sie sehen, sind Panzer und Mannschaftstransportfahrzeuge. Das hat einen guten Grund.

Nun werden Sie vielleicht verstehen, warum wir bloß die Achseln zuckten, wenn meine Mutter uns in der Sonntagsschule unter einem Mangobaum die biblische Geschichte von David erzählte, der Goliath mit einer Schleuder tötete. Statt das Wesentliche zu verstehen, dass Gott so etwas Erstaunliches durch einen kleinen Jungen mit großem Glauben tun konnte, erinnere ich mich, dass ich gedacht habe: *War das ein dummer Riese! Das hätte ich auch fertiggebracht! Der Riese: große, breite Stirn, ein quasi unbewegliches Ziel, nur wenige Meter entfernt – kein Problem!*

Das Detail, dass David fünf glatte Steine aus dem Fluss auswählte (1. Samuel 17,40), war für meine kleine Gruppe von Schützen völlig plausibel. Nein, nicht wegen der ausgefeilten

Vermutung von Bibelkommentatoren, dass Goliath vier wilde Verwandte hatte, die auch getötet werden mussten, und dies großen Symbolwert für die Zukunft hatte. Wenn man immer mit der Schleuder zu tun hat, so wie wir, hat man stets ein Auge am Boden auf der Suche nach dem nächsten perfekten Stein. Runde Steine sind schwer zu finden und können doch den entscheidenden Unterschied ausmachen. Wenn einer nur eine kleine Beule auf einer Seite hat, kann der Stein während des Fluges vom Kurs abkommen. Flache Steine? Kann man vergessen. Damit trifft man gar nichts.

Ich bin ziemlich sicher, dass David deshalb fünf glatte Steine aufgehoben hat, weil sie direkt vor ihm lagen. Wir Jungen wussten alle, dass er nur einen Stein gebraucht hätte, um Goliath zu erledigen, aber warum hätte er die anderen vier guten Steine liegen lassen sollen?

Die zwei Enden der Brücke

Lassen Sie mich ungefähr fünfundvierzig Jahre vorspulen. Hier bin ich wieder, inzwischen erwachsen. Ich habe ein bisschen von meinen Schleuderkünsten eingebüßt, wenngleich ich meine Originalwaffe immer noch aufbewahre. Sie hängt in meinem Büro im dritten Stock in Colorado Springs. Es gibt nur derzeit nicht so vieles, worauf man schießen könnte. Hier habe ich seit Jahren keine Eidechse und keinen Pavian gesehen. Eigentlich fast schade!

Was ich mir auch bewahrt habe, ist mein Wissen über Armut und ihre Auswirkungen auf kleine Kinder. Schließlich war ich vor Ort. Ich habe miterlebt, wie vermeidbare Krankheiten die Freunde meiner Kindheit hinwegrafften, einen nach dem anderen, und es hat mir das Herz gebrochen. Heute reise ich zwischen den beiden Welten hin und her. Ich erzähle den Menschen, dass mein Job ziemlich hart ist: Auf der einen Seite dieser internationalen Brücke ist es meine Rolle, den Armen zu dienen und diejenigen, die im Elend leben, zu trösten. Und dann überquere ich die Brücke und komme zurück in die westliche Wohlstandsgesellschaft, wo es meine Rolle ist, Reden zu halten und Artikel zu veröffentlichen, um diejenigen, die im Wohlstand leben, wachzurütteln. Beides mit der gleichen Liebe zu tun, kann eine echte Herausforderung darstellen.

Jesus machte dies natürlich sehr gut. Er würdigte die arme Witwe, die ihre zwei letzten Münzen, ihr Scherflein, hergab. Aber er sorgte sich auch um den reichen, jungen Herrscher, der etwas geben wollte, aber einfach nicht konnte; er wurde von seinen Gütern besessen. Die Bibel macht hier einen Umweg, um zu unterstreichen, dass Jesus ihn ansah und ihn liebte (Markus 10,21). Er wusste, verstand und schätzte die Menschen an beiden Enden des wirtschaftlichen Spektrums.

Einen Bibelvers nehme ich sehr ernst: „Denn wem viel gegeben ist, bei dem wird man viel suchen; und wem viel anvertraut ist, von dem wird man umso mehr fordern" (Lukas 12,48). Ich habe viel erhalten im Sinne von Erfahrung und Einblick. Tief in meiner Seele weiß ich, dass wir, wenn es um Kinder geht, aufhören müssen, zu denken: *„irgendwann".* Stattdessen müssen wir bereits *heute* beginnen, über ihren Wert und ihre Bedürfnisse nachzudenken. Unsere Kirchen und Missionsgesellschaften müssen über ihre üblichen Dreijahrespläne hinausdenken und anfangen, Dreißigjahrespläne zu machen, in denen sie die Jüngerschaft von Kindern einplanen und Kinder konkret für Aufgaben in der Zukunft vorsehen. Mit der Verwirklichung dieser Pläne muss *nicht irgendwann* begonnen werden, *sondern heute.*

Kindheit ist in den meisten nicht-westlichen Gesellschaften, wie dem Dorf, wo ich aufwuchs, ein konstanter, sanfter Fluss, der sich vom Säugling über das Krabbelkind und das Schulkind bis hin zum Jugendlichen und dann weiter bis ins Erwachsenenalter bewegt in einem stetigen, integrierten Entwicklungsfluss. In jeder Phase der Kindheit darf das Kind Teil von Ebbe und Flut des täglichen Lebens sein, soweit es seine Fähigkeiten erlauben. Der Spaß und die Spiele, die wir als Kinder in Nielle erlebten, waren weitgehend die Pflichten und Routineaufgaben des täglichen Lebens im Dorf, ausgeführt mit unserer unbeschwerten Haltung. Wir hatten keine Kinderzimmer voller Spielsachen, in die wir uns zum Spielen zurückzogen. Bei uns gab es keinen Zeitplan, auf dem ein oder zwei Stunden als „Spielzeit" ausgewiesen waren. Nein, „Spiel" fand einfach statt, während wir unser Leben im Dorf lebten. Wir lachten und ärgerten einander, während wir im Schatten von Mangobäumen oder um das Kochfeuer herum im Hof saßen und Erbsen schälten oder den Topf mit dem Abendessen über dem Feuer umrührten. Die kleinen Mädchen spielten nicht mit Barbiepuppen und taten so, als seien sie erwachsen und müssten sich um sie kümmern. Stattdessen kümmerten sie sich um reale jüngere Geschwister, von denen sie gebraucht wurden – und hatten ihren Spaß dabei.

Die Babys verbrachten den Tag zu Füßen ihrer Mutter oder wurden liebevoll auf deren Rücken gebunden. Sie spürten jedes Lachen, hörten jede Unterhaltung, sahen jede Träne, rochen jede Blume und beobachteten aus sicherer Entfernung jeden Topf mit kochendem Reis. Sie wurden gewiegt mit der Bewegung der Mutter, während diese auf den Feldern arbeitete, und am Abend wurden sie wieder gewiegt in perfektem Einklang mit ihrer Mutter, die um das Lagerfeuer herumtanzte. Die Kleinen waren auch nicht von unseren Lobpreisgottesdiensten in der Lehmhütte ausgeschlossen, die wir die „Erste Baptistenkirche" von Nielle nannten. Der Name war so treffend; es war die erste Kirche überhaupt im Umkreis von einer Tagesreise in beinahe jede Richtung. Unsere Gottesdienste waren selten die ruhigen, nachdenklichen, kinderfreien Sitzungen, die wir in den Vereinigten Staaten anstreben. Sie waren durchsetzt mit den natürlichen Geräuschen des täglichen Lebens, da sich die Generationen mischten, um zu singen, zu beten, zu lachen, zu weinen und zu loben – alle zusammen, wie immer.

Jeden Morgen strömten die Jungen zum Dorf hinaus, um Feuerholz zu sammeln. Der allerkleinste konnte noch kein großes Bündel von Stöcken tragen, aber er konnte zumindest die Späne auflesen, während die älteren Jungen eine Machete schwangen, um für das Feuer am Abend Holz zu zerkleinern. Wir alle genossen das Leben, wie nur Kinder es können, während wir dazu beitrugen, die Bedürfnisse unserer Familien und unseres Dorfes zu befriedigen.

Dasselbe galt für das Wasserholen, Kochen, Jagen und die Erdnusserrnte. Der Weg zum Erwachsensein begann in der frühen Kindheit. Während ein Kind heranwuchs, tat es mehr und mehr das, was die Erwachsenen taten. Wir wurden gelehrt, herausgefordert, gelobt, geneckt und geliebt, all dies auf unserem stetigen Weg zum Erwachsensein. Im Alter von ungefähr fünfzehn Jahren wussten meine Kameraden fast alles, was sie brauchten, um produktive und mittragende Glieder des Stamms der Senufo zu sein. (Fragen Sie doch einmal Ihre Eltern oder Großeltern, ob das im deutschsprachigen Raum vor siebzig Jahren auch so war. Wie konnte sich diese sinnvolle Art des Erwachsenwerdens wieder verlieren?)

Nach meinem ersten Tag auf Coney Island lernte ich schnell, dass das Leben für Kinder in der westlichen Gesellschaft ganz anders ablief. Kinder wurden selten als nützlich betrachtet, und oft wurde ihnen nicht einmal gestattet, am normalen Ablauf der Aktivitäten und Pflichten des Lebens teilzunehmen. Ich lernte Teenager in meinem Alter kennen, die frustriert, gelangweilt und verbittert darüber waren, dass sie immer ausgeschlossen wurden, als habe man sie in ein Regal gestellt, wo sie abwarten sollten, bis die Jugendjahre vorüber waren. Sie schauten nur mal kurz im Leben vorbei und murmelten vor sich hin: „Ich kann mehr, als die denken. Ich möchte einen Sinn in meinem Leben haben. Ich kann es kaum erwarten, endlich einmal irgendetwas für irgendjemand zu tun, um auch einmal etwas darzustellen."

Für kleinere Kinder war es gleich oder schlimmer. In ihrer großen Liebe überhäuften die Eltern ihre Kinder mit Spielsachen, die es ihnen ermöglichten, so zu tun, als seien sie Erwachsene. Manchmal begaben sich die Erwachsenen auch auf den Boden, um so zu tun, als würden sie in den Spielzeugöfen Kekse backen, aber dann standen sie wieder auf und kehrten in die Erwachsenenwelt zurück, wobei sie sich sehr gut fühlten angesichts ihres kleinen Abstechers. Zweifellos braucht es mehr Zeit, Anstrengung und vielleicht Geduld, ein Kind in „unsere" Welt hineinzuziehen und tatsächlich Kekse in unserer Küche zu backen. Sicherlich wird es mehr Mehl auf dem Fußboden geben und mehr Eierschalen im Teig, aber es wird auch jede Menge Spaß und Lob geben, was den Kinderseelen guttut und Erinnerungen schafft. Mein Vater erzählte gern meiner Schwester und mir davon, wie er – als wir noch klein waren – abends nach Hause kam in eine Küche voller Unordnung mit einer lächelnden, aber zerzausten Ehefrau plus zwei begeistert sprudelnden kleinen Kindern, die stolz verkündeten: „Wir haben der Mami heute in der Küche geholfen, Zimtkekse zu backen." Ein Kind einzuladen, aktiv am echten Leben in unseren Familien teilzuhaben, ist wertvoller als eine Stunde, die das Kind isoliert in der Fantasiewelt eines noch so üppig ausgestatteten Spielzimmers verbringt.

Wenn wir Kinder in die Mitte unseres Lebens mit hineinnehmen, lernen sie ihren Wert kennen und verstehen – nicht irgendwann, sondern heute. Das Wertvollste, was wir unseren Kindern als Eltern geben können, sind warme, positive Erinnerungen. Wichtiger noch, als zusammen Kekse zu backen, einzukaufen oder das Haus zu putzen, ist das, was nebenher passiert. Das bedeutet „Kindheit"!

Im gleichen Sinne sind Kinder auch nicht die Kirche von morgen, indem sie warten oder dafür üben. Sie sind ein wichtiger Teil der Kirche von heute. Mit der landläufigen egozentrischen „Alles dreht sich um mich"-Mentalität haben wir möglicherweise den entscheidenden Umkehrpunkt bereits überschritten, an dem wir nämlich Kinder wieder in unseren Gemeinden willkommen heißen, um mit ihnen zusammen Gott zu loben. Oder um von ihnen im Glauben neu zu lernen.

Die Frau meines Koautors an diesem Buch, Grace Merrill, ist ausgebildete Klavierlehrerin. Vor ein paar Jahren sagte sie zu einer vielversprechenden Schülerin: „Du spielst das Arrangement dieses Kirchenliedes so gut! Warum siehst du nicht zu, dass du es an einem Sonntag in eurer Gemeinde spielen kannst?"

Die Schülerin senkte den Blick: „Nein, nicht in meiner Gemeinde", antwortete sie leise. „Man muss achtzehn sein, bevor man irgendetwas auf dem Podium machen darf."

Die echte Integration von Kindern in unser Leben passiert überall auf der Welt – nur nicht so sehr in unserer westlichen Gesellschaft. Hier haben wir vergessen, dass es keine höhere Berufung gibt, als ein Kind aufzuziehen. Wir neigen dazu, viel *für* unsere Kinder zu tun, aber nicht annähernd genügend *mit* unseren Kindern. In vielen der heutigen Doppelverdienerhaushalte stellen Eltern andere Menschen ein, damit diese einen Großteil des elterlichen Privilegs übernehmen, ihre Kinder zu erziehen.

Unsere eigenen Kinder materiell gut zu versorgen ist wichtig, aber es ist nicht annähernd so wichtig, wie viele Paare zu denken scheinen. Genug ist *wirklich* genug. Vertrauen Sie mir in diesem Punkt: Es gibt wirklich eine Art von Armut am anderen Ende des „genug": Wohlstand und Besitztümer bringen oft ganz von allein Elend und Leere mit sich. Jenseits von „genug" können wir leicht die Gelegenheit verpassen, unsere Kinder positiv zu prägen und zu genießen.

Als ich damals 1977 anfing, bei Compassion International zu arbeiten mit meinem brennenden Wunsch, Kindern in Armut zu helfen, versprach ich meiner Frau Donna feierlich – und erhob diesen Anspruch an mich selbst –, dass meine Arbeit nicht auf Kosten des Wohlergehens der Kinder gehen dürfe, die Gott uns anvertrauen würde. Er schenkte uns zwei, Jenny und Katie, und ich habe Wort gehalten. An meiner Rolle als Vater arbeite ich noch sorgfältiger als an meiner Rolle als Leiter der Organisation. Meine Töchter sind jetzt zweiundzwanzig und achtzehn Jahre alt, aber nicht einmal haben sie sagen können: „Papa, du hast dich um die anderen Kinder auf der Welt gekümmert, aber uns hast du vergessen."

Wenn ich eines Tages vor meinem Herrn stehen werde, bin ich sicher, dass er es höher bewerten wird, was ich meinen eigenen Kindern gegeben habe, als der Dienst an Millionen von Kindern in Armut. Ich weiß nicht, was Sie an Ihrem Arbeitsplatz machen oder welche Verantwortung nach außen Sie in Ihrem Leben haben, aber wenn Ihnen Kinder anvertraut sind, bin ich völlig sicher, dass das Gleiche auch für Sie gilt. Kinder sind wertvoll, verdienen unsere Zeit, Aufmerksamkeit und ehrliche Hingabe – nicht irgendwann, sondern heute.

2 | *Luftschlösser bauen*

Für Kinder geht alles um das „Morgen". Naturgemäß schauen sie in die Zukunft, da so wenig Leben hinter ihnen liegt. Alles Erstrebenswerte liegt „vor ihnen". Sie warten nur darauf, dass die Zukunft passiert.

Wie Kinder bezüglich ihrer Zukunft empfinden, hängt entscheidend davon ab, wie ihr Leben *heute* abläuft. In ihren Köpfen passiert Rätselhaftes, Wundervolles: Kinder beobachten, verinnerlichen und wenden gleichzeitig bereits eine Unmenge von Informationen aus ihren frühesten Erfahrungen an. Sie sind eifrig dabei, ihre Welt zu erkunden, ihren Platz darin zu finden, sich auszudenken, was sie tun könnten. Kindheit ist eine sensible und prägende Zeitspanne. Ich liebe das Gedicht von Dorothy Law Nolte „Kinder lernen, was sie leben":

Wenn Kinder mit Kritik leben, lernen sie zu verurteilen.
Wenn Kinder mit Feindseligkeit leben, lernen sie
zu kämpfen.
Wenn Kinder mit Angst leben, lernen sie sich Sorgen
zu machen.
Wenn Kinder viel bedauert werden, lernen sie sich selbst
zu bemitleiden.
Wenn Kinder mit Spott leben, lernen sie schüchtern
zu werden.
Wenn Kinder mit Eifersucht leben, lernen sie Neid
zu empfinden.
Wenn Kinder mit Scham leben, lernen sie sich schuldig
zu fühlen.
Wenn Kinder mit Ermutigung leben, lernen sie Zuversicht.
Wenn Kinder mit Toleranz leben, lernen sie Geduld.
Wenn Kinder mit Lob leben, lernen sie Wertschätzung.
Wenn Kinder mit Akzeptanz leben, lernen sie zu lieben.

Wenn Kinder mit Bestätigung leben, lernen sie sich selbst zu mögen.
Wenn Kinder mit Anerkennung leben, lernen sie, dass es gut ist, ein Ziel zu haben.
Wenn Kinder mit Teilen leben, lernen sie Großzügigkeit.
Wenn Kinder mit Ehrlichkeit leben, lernen sie Wahrhaftigkeit.
Wenn Kinder mit Fairness leben, lernen sie Gerechtigkeit.
Wenn Kinder mit Güte und Rücksicht leben, lernen sie Respekt.
Wenn Kinder mit Sicherheit leben, lernen sie Vertrauen in sich selbst zu haben und in ihre Mitmenschen.
Wenn Kinder mit Freundlichkeit leben, lernen sie die Welt kennen als einen Ort, an dem es sich zu leben lohnt.[1]

Den Selbstwert eines Kindes zu stärken und damit gleichzeitig seine Träume und Hoffnungen auf eine wunderbare Zukunft zu nähren ist vielleicht die verantwortungsvollste Aufgabe jedes Erwachsenen. Mit Sicherheit hat Gott seinen Teil bereits beigetragen. Ich glaube, dass er jedes Neugeborene ansieht, lächelt und – wie an jedem Schöpfungstag – sagt: „Es ist gut. Es ist perfekt!" Gestaltet nach dem Bild des allmächtigen Gottes, ist dieses Kind bereits mit Geschenken ausgerüstet, die es in die Welt hineinträgt. Die allernächsten Minuten, Stunden, Tage und Jahre werden bestimmen, ob sich das gottgegebene Potenzial entfalten wird oder ob seine Einflussmöglichkeiten für immer verloren gehen werden.

In meiner Kindheit in Afrika lernte ich Folgendes: Ein Kind mag in Armut geboren sein, aber niemals wird Armut in einem Kind geboren. Das Schlimmste an Armut sind nicht die bedauerlichen äußeren Umstände, sondern vielmehr das Dahinschwinden von Hoffnung in den Menschen und letztendlich die Zerstörung von Träumen. Wenn ein Kind die Hoffnung aufgibt, sind Träume für immer zunichtegemacht. Mit den Träumen verliert sich auch das Potenzial des Kindes.

Wenn wir die Träume von Kindern nähren, wird die Welt gesegnet werden. Wenn wir aber ihre Träume zerstören, wird sich das für die Welt verhängnisvoll auswirken!

In dem kleinen Dorf Nielle hielten die Bewohner trotz ihrer Armut zusammen und konnten somit die Armut aus den Köpfen ihrer Kinder heraushalten. Unsere Träume interessierten alle Erwachsenen um uns herum. Sie wollten sie hören, sie nähren und uns bei ihrer Umsetzung helfen, so gut sie es vermochten. Wir sprachen mutig von unseren Ambitionen für die Zukunft, egal wie bombastisch oder weit hergeholt sie erscheinen mochten. Die Erwachsenen des Dorfes teilten einerseits unsere kindliche Welt; andererseits bezogen sie uns in ihre Welt ein. Wir hatten nicht das Gefühl, warten zu müssen, bis wir groß wären, um nützlich zu sein. Im Auf und Ab des Dorflebens wurden nebenher unsere Träume geboren und begannen zu wachsen.

Wenn uns Jungen auf unserem Ausguck die Zeit lang wurde, während wir die Maisfelder vor Affen beschützten, oder wenn die Sonne langsam in einem überwältigenden tropischen Spektrum von Farben unterging, baumelten unsere Füße von der Plattform des Hochstands herunter, und wir ließen unseren Zukunftsvisionen freien Lauf. Padubeh, unser bester Schütze, wollte am allerliebsten ein erfolgreicher Jäger werden. „Das ist viel aufregender als Feldarbeit. Ich werde genug Fleisch heranschaffen für das ganze Dorf!", prahlte er. In Wirklichkeit wussten wir alle, dass beides notwendig war, damit wir alle in der unwirtlichen Umgebung überleben konnten. Selbst Lehrer mussten in Doppelfunktion auch als Bauern arbeiten.

„Ich werde unser nächster Dorfschmied, wenn ich groß bin", kündigte Alezana an. Wir alle bewunderten den muskulösen Metallarbeiter unseres Dorfes. Manchmal hämmerte er rostige Schrauben aus einem verlassenen Jeep heraus, um daraus eine Steinschlossmuskete zu bauen. Manchmal ließ er uns in seine schwüle Hütte hineinschlüpfen, wo wir seinen handgemachten Blasebalg aus Rindsleder bedienen durften, um das Feuer zur Weißglut zu bringen. Wir pumpten eifrig und rhythmisch, bis uns fast die mageren Ärmchen abfielen.

Ein anderer Junge wollte der Zimmermann des Dorfes werden. Ohne elektrische Werkzeuge fertigte der Zimmermann per Hand Dinge aus Holz. Er hatte eindeutig die männlichste Statur im Ort. Ihn zu sehen warf in mir immer wieder die Frage auf, ob

Jesus wirklich dieser schmale, blasse, zerbrechliche Typ auf den biblischen Darstellungen war. Ich stellte mir vor, dass er eher ausgesehen haben musste wie unser kräftiger Holzarbeiter.

„Vielleicht, wenn ich fleißig lerne, kann ich mal ein Pastor werden", sagte Alezye. Mit stummem Nicken erkannten wir alle an, dass er sicherlich der Klügste unter uns war, klug genug für ein so hochgestecktes Ziel. Wenn Alezye Pastor werden wollte, so wollte ich nichts mehr, als ihm irgendwie zu helfen. So bot ich mich an: „Ich will nur meinem Papa helfen, die Bibel in Senari zu übersetzen, damit Alezye etwas hat, woraus er predigen kann."

Alle lachten. Sie wussten, wie ich zu meinem besten Freund aufsah. Mein Vater hatte inzwischen in dem elenden kleinen Blechschuppen, in dem er arbeitete, die Evangelien von Markus und Johannes fertig übersetzt. Eines Tages hatte ich um die Ecke gelinst und meinen Vater auf dem Boden kniend vorgefunden, umgeben von französischen und englischen Bibelversionen, während Tränen über sein wettergegerbtes Gesicht liefen. Er fühlte sich so überfordert mit dieser Aufgabe, aber sie war so dringend nötig. Tag für Tag stürzte sich mein Vater in Gottes Wort um der Seelen der Menschen in Nielle und in der Region willen. Ich war so stolz auf ihn. Die fertige Bibel würde eines Tages die Krönung unserer Arbeit sein.

Sie würde auch die Menschen des Stammes der Senufo aus der Angst und den Sorgen herausführen, die sie in ihrem täglichen Leben heimsuchten. Der Medizinmann hatte sie davon überzeugt, dass jedes Unglück – eine Krankheit in der Familie beispielsweise oder der Verlust eines Tieres – das Werk von bösen Geistern sei, und nur er könne helfen, diese zu besänftigen. Außerhalb des Dorfs lag sein spezieller Bereich, der heilige Wald – tabu für alle, bis auf erwachsene Männer. Sie wurden dorthin geschickt, um ein Huhn zu opfern, wenn ein Kind krank war oder um ihr Unglück umzukehren. Im Übrigen mussten sie anschließend den Kadaver zurück zum Medizinmann bringen (auf diese Weise bekam er Essen auf den eigenen Tisch). Alles in allem lief das Dorfleben unter seiner Regie.

Natürlich sprachen wir Jungen über diese Dinge. Bei einigen Gelegenheiten trauten wir uns sogar, den heiligen Wald unter die

Lupe zu nehmen, um zu sehen, was daran so ominös war. Die Medikamente, die meine Mutter austeilte, waren offensichtlich ein schnellerer Weg zurück zur Gesundheit, wie wir selbst beobachteten.

Als kleine Jungen mit großen Ideen, großen Träumen starrten wir über die Savanne und fragten uns, was das Leben bringen würde. Dann beanspruchte ein Rascheln im Gras wieder unsere Aufmerksamkeit. Wir ergriffen unsere Schleudern und begaben uns zurück auf unsere Posten.

Die Scharfschützen

Als Beitrag zur Nahrungsversorgung des Dorfes machten wir auch immer wieder Jagd auf eine Delikatesse, die großen und relativ dummen Fruchttauben. Sie hatten durchaus die Größe von Hühnern und waren ebenso schmackhaft. Außerhalb des Dorfes im Sumpfgebiet konnten wir ihnen leicht auflauern. Sie hatten eine echte Schwäche für *la gum*.

Es war keine wirkliche Heldentat, eine von ihnen mit einem Stein umzunieten, es sei denn, es gelang, sie sauber zu köpfen. Niemals zielten wir auf ihren Körper. Wieso hätten wir das Fleisch beschädigen sollen? Gelegentlich kamen französische Jäger vorbei und brüsteten sich damit, dass sie diese Delikatessen zerfetzt haben mit ihren extravaganten in Paris hergestellten Flinten mit Kaliber zwölf. Wir lachten uns darüber kaputt, wenn wir an die kugeldurchsetzten Fleischmahlzeiten dachten, die die Franzosen dann mit billigem Wein hinunterspülten. Unsere Mütter schüttelten angeekelt ihre Köpfe.

Beim Weiden unserer Rinder versuchten wir natürlich, die Tiere nicht mit unseren Schleudern zu verletzen. Wir wollten sie lediglich daran hindern abzuwandern und schossen ihnen daher gelegentlich an die Flanken. Für diese ledrigen Giganten fühlte sich dies vermutlich an wie der Stich einer Tsetsefliege. Wir amüsierten uns über den Gedanken, dass sie wahrscheinlich zueinander sagten: „Habt ihr schon einmal bemerkt, wie gemein die Fliegen stechen, wenn diese kleinen Jungen hier aufkreuzen?"

Es handelte sich übrigens nicht um kleine Kälber, sondern um riesige Brahman-Zebus, wie die, auf denen Cowboys beim Rodeo zu reiten versuchen. Dennoch konnte eine Herde von fünfzig solchen Rindern von nur zwei oder drei kleinen Jungen in Schach gehalten werden, manchmal erst sieben Jahre alt, mit Schleudern.

Wenn wir nicht gerade auf Tiere zielten, nutzten wir unser Waffenarsenal für andere nützliche Dinge wie das Pflücken von Mangos. Es gibt nichts Süßeres und Saftigeres als eine goldene tropische Mango. Mehrere Monate im Jahr während der Regenzeit schenkten uns diese großen dicht beblätterten, Schatten spendenden Bäume ihre vitaminreichen, lebenserhaltenden Früchte.

Das Problem war nur, dass die Mangos am äußersten Ende von hohen Zweigen wuchsen. Man konnte darauf warten, dass die Früchte reif wurden und herunterfielen, aber dann zerschellten sie am Boden, und außerdem hatten sie dann den Zeitpunkt ihres besten Geschmacks bereits überschritten. Nichts war für uns Kinder lustiger, als wenn eine Mango sich selbstständig von einem Zweig löste, während darunter eine Versammlung stattfand. Man konnte hören, wie die Frucht von Ast zu Ast purzelte wie eine Flipperkugel. Erwachsene Männer bedeckten ihre Köpfe mit den Armen. Die Versammlung stoppte in angespannter Stille, bis die Mango mit einem schweren Plumps zerbarst – hoffentlich auf dem Boden. Aber unserer Ansicht nach war es noch besser, wenn sie vom Kopf eines Lehrers oder eines zu Besuch bei uns weilenden Würdenträgers abprallte. Ein Gekicher und Gelächter brach aus, und alle Würde war vergessen, während ein wildes Gedrängel einsetzte, um den Preis zu erbeuten.

Die richtige Methode war natürlich, die Mango zum Zeitpunkt der optimalen Reife vom Baum zu ernten. Jedoch tendieren Mangobäume dazu, von lästigen, beißenden roten Ameisen befallen zu werden, die das Hinaufklettern praktisch unmöglich machten. Einen Mangobaum hinaufzuklettern war gleichbedeutend mit der Ansage an die ganze Welt: „Ich bin ein kompletter Idiot und weiß es einfach nicht besser." Nur Affen mit ihrem dicken Fell hatten die Zutrittsberechtigung zu den Zweigen ameisenverseuchter Mangobäume.

So schossen wir Jungen Mangos mit Steinen von den Bäumen

herunter, wobei wir natürlich nicht die Mango selbst trafen, was die Frucht an der Stelle des Aufpralls gequetscht hätte. Stattdessen zielten wir auf den langen, dünnen Stiel, an dem jede einzelne Frucht hing. Wir reckten unsere Hälse, um die reifen Mangos zu erspähen (gelb, orange oder rot), die unreifen grünen ignorierten wir. Dann ließen wir einen Stein hinaufzischen, der den Stiel sauber durchtrennte. Unsere Freunde fingen die herunterfallende Mango auf – oder sie wurden davon getroffen, was noch besser war.

Um ehrlich zu sein, war diese Herausforderung aber noch nicht groß genug für unsere ausgefeilten Fertigkeiten im Umgang mit der Schleuder. Schließlich hing das Ziel einfach nur da, direkt in unserem Blickfeld. So schraubten wir die Anforderung noch eine Stufe höher, indem wir auf den Mangostiel zielten, während wir am Baum vorbeirannten.

Die rechte Hand meines Vaters

Mein Vater betrachtete all dies sehr wohlwollend, möglicherweise, weil er selber ein Naturmensch war, ein praktisch veranlagter Mann, der Bauingenieur gewesen war, bevor er zur Missionsarbeit kam. Er war perfekt geeignet für die Härten des (Über-)Lebens im Busch von Westafrika.

Vater baute eigenhändig aus Betonsteinen unser kleines Haus mit einem Blechdach. Auf einem Schmierzettel entwarf er ein Haus in L-Form, das auf ideale Weise geeignet war, die sengende Hitze der Elfenbeinküste abzuhalten. Wie ein Segelschiff war es in der Lage, selbst die kleinste Andeutung einer Brise aufzufangen. Ken Stafford war ein Tausendsassa: Pfarrer, Sprachforscher, Arzt, Jäger, Elektriker, Installateur, Mechaniker, Bauer, Zimmermann und wundervoller Vater für seine kleine Tochter und seinen Sohn. Er hatte die erstaunliche Geduld, seinen sechsjährigen Jungen einfach bei allem, was er tat, zu integrieren und mir dabei noch das Gefühl zu geben, dass er seine Arbeit unmöglich ohne mich tun könne.

Unsere Partnerschaft erstreckte sich sogar auf die eigentliche

Missionsarbeit, zumindest in gewisser Weise. Wann immer er in unserem alten Pick-up-Geländewagen losfuhr, um andere Dörfer im „Départment de Ferkessédougou" zu besuchen, wie die französische Regierung unsere kleine Ecke der Elfenbeinküste nannte, musste ich mit. Allein die Fahrt war natürlich schon ein Abenteuer. Große Königsboas lagen quer über die Straße ausgestreckt, sozusagen wie Fahrbahnschwellen zur Geschwindigkeitsregulierung. Sobald wir uns näherten, verschwanden sie urplötzlich ins Elefantengras, das zu beiden Seiten der Straße aufragte, sodass man nicht einmal sagen konnte, welches Ende der Kopf und welches der Schwanz war.

Zeitweise blockierten Horden von Pavianen regelrecht unser Vorankommen. Männliche Tiere standen provokant in den Wagenspuren auf dem Weg wie Militärposten, während Muttertiere mit ihren Babys vorüberflitzten, die sich an ihren Seiten festklammerten. Wir kurbelten die Scheiben hoch und hielten unser Gewehr, das wir stets mitführten, parat, während die Männchen mit den großen Reißzähnen manchmal auf die Motorhaube unseres Pick-ups kletterten und uns bedrohlich anstarrten, die Gesichter gegen unsere Windschutzscheibe gepresst. Wenn wir genau im richtigen Moment die Scheibenwischer einschalteten, konnten wir sie einen Meter hoch in die Luft schleudern, sehr zu unserem Vergnügen.

Bei der Rückkehr am Abend sahen wir glühende Augen und schattenhafte Umrisse von großen Leoparden, Panthern, Hyänen und anderen Schrecken der Nacht, wie sie ins Elefantengras zurückhuschten, während wir vorbeiholperten. Wir beteten, dass der Geländewagen nicht zusammenbrechen würde im „Tal des Todesschattens".

Wir beluden unseren Pick-up immer mit großen Brettern und Bohlen; denn wann immer wir einen Bach überqueren wollten oder wenn es eine Überschwemmung gab, mussten wir unweigerlich vorher die wackeligen Brücken, die aus Stöcken und Lehm bestanden, reparieren, bevor wir uns mit unserem Pick-up darüberwagen konnten. Sobald die Brücke fertig war, riskierte mein Vater nur alleine die Überfahrt, während ich behutsam hinterherging und betete.

Die Straßen waren unglaublich holprig. Manchmal überholten uns Frauen, die ihre Babys auf den Rücken gebunden hatten und große Ladungen Feuerholz auf ihren Köpfen balancierten. Sie kamen zu Fuß schneller voran als wir. Das Gleiche galt für das alte Fahrrad, das mit Hühnern beladen war, die mit zusammengebundenen Füßen am Lenker baumelten.

Typischerweise erreichten wir das Dorf, das wir besuchen wollten, am Nachmittag. Mein Vater half dann zunächst den Männern beim rhythmischen Hacken der eingezäunten Felder rings um die Lehmhütten des Dorfes herum. Ich ging indessen mit den Jungen des Dorfes zum Jagen. Meine Schwester Carol half den anderen Mädchen, sich um die Babys und Krabbelkinder zu kümmern. Meine Mutter beteiligte sich an den Vorbereitungen für das Abendessen, indem sie zusammen mit den anderen Frauen mit Mörser und Stößel Mais zerstampfte.

Aus Anlass unseres Besuches versammelte sich das Dorf zum Essen unter dem größten Baum, gewöhnlich im Hof des Dorfältesten. Nur mit ihren Fingerspitzen nahmen sie von dem klebrigen Reis – entweder aus der Gemeinschaftsschüssel oder aus einem großen Bananenblatt –, den sie geschickt zu einer Kugel formten und dann in eine große Kürbishälfte mit heißer, scharfer Erdnusssoße tauchten. Diese Kugel steckten sie sich mit einer raschen Knickbewegung des Handgelenks in den Mund.

Es war wichtig, daran zu denken, dass man immer nur die rechte Hand benutzte, niemals die linke. Selbst wenn man mit den Fingern aß und während des Essens im Herzen von Afrika auf dem staubigen Boden hockte, gab es strenge Regeln. Die linke Hand wurde nur benutzt, um sich die Nase zu putzen und andere unappetitliche Dinge zu tun. Anderenfalls erntete man wahrscheinlich einen Kommentar wie: „Du bist wohl bei den Hyänen aufgewachsen?"

Wenn sich dann die Sonne langsam dem Horizont zuneigte, wobei sie durch den Staub und den Rauch der Dorffeuer hindurch einen wunderschönen Himmel malte, lehnte sich mein Vater zurück an einen Baum und begann eine Geschichte aus der Bibel zu erzählen. Dies war völlig natürlich. Es gab keine Glocke, keine Ankündigung; die Versammlung schien einfach vom Abendessen in den „Gottesdienst" hineinzugleiten. Geschichtenerzählen war ein beliebter Teil des Dorflebens, und jeder, der eine gute Geschichte auf Lager hatte, stand im Mittelpunkt des Interesses. Mit der Bibel als Redevorlage hatte mein Vater einen unerschöpflichen Vorrat an unbekannten Geschichten, ein geschätztes Gut in einer Kultur, wo selbst die abgedroschensten, aber geliebten Fabeln Abend für Abend wieder erzählt werden konnten, ohne dass irgendjemand sich beschwerte.

Dies war ein Land mit nur wenigen Radios und noch völlig ohne Fernsehen oder Kinos. Es gab noch nicht einmal Bücher; daher hörten die Leute immer aufmerksam zu, wenn eine Geschichte erzählt wurde. Am Ende jedes Satzes, den mein Vater sagte, war es die Pflicht des ältesten Mannes der Gruppe, ein widerhallendes „Mbaa" zu singen, was so viel bedeutete wie: „Mach weiter, erzähl uns mehr; wir sind bei dir." Die älteste Frau hatte die Aufgabe, einen Kontrapunkt zu setzen: „Mmmm, mmmm." Die Geschichten wurden lebendig; die Gruppe war fasziniert. Manchmal lachten oder weinten sie völlig ungeniert. Je länger die Geschichte dauerte, umso engagierter wurde das Publikum. Am Ende fiel eine friedvolle Ruhe über die Gruppe, und minutenlang sprach keiner ein Wort.

Nur gelegentlich gab es eine Ablenkung: laute Vögel. Zuerst war es das Gackern der Guineahühner, wenn sie sich für ihre Nachtruhe in den Bäumen versammelten. Ihr Schrei klingt in etwa so, als wenn man Fingernägel über eine Tafel zieht. Zuerst kann man es noch ignorieren, aber wenn mehr und mehr von ihnen gackern, wird das Ganze zu einer ohrenbetäubenden Kakofonie. Dann kamen die kleinen Webervögel des Dorfes angeflogen, um in den Zweigen ihre Schlafplätze einzunehmen. Diese kleinen Vögel sind erstaunlich. Sie haben schwarze Köpfe und Flügel, aber orange Körper, und sie weben die ausgefeiltesten Nester, die die Bäume der Savanne mit lauter Punkten versehen. Die Nester sind klein und geschlossen wie auf dem Kopf stehende Körbe. Die Einstiege sind raffinierterweise auf den Unterseiten, um die Schlangen zu verwirren. Das Erkennungsmerkmal der Webervögel ist ihr ohrenbetäubendes Zwitschern. Sie trillern und kreischen, während sie sich in ihren Schlafbäumen zusammenfinden. Der Lärm der ersten ungefähr zwanzig Weber-vögel und Guineahühner war störend, aber erträglich. Wenn es aber Hunderte wurden, mussten die Leute sich anstrengen, wenn sie die biblische Geschichte meines Vaters weiter anhören woll-ten. Vom Moment des Eintreffens der Vögel an konnte ich spü-ren, wie er sich anstrengte, lauter und lauter zu sprechen.

Dann, irgendwann, ohne seine Geschichte zu unterbrechen, drehte er sich in meine Richtung und nickte mir beinahe unmerk-lich zu. Ich wusste, was ich zu tun hatte. Sofort nahm ich die zuver-lässige Schleuder von meinem Hals und ließ einen Stein loszischen hoch in den Baum hinein. Während er von Ast zu Ast wieder he-runterfiel, flogen die Webervögel und die Guineahühner auf und davon und verschafften so dem Missionar ungefähr eine weitere Viertelstunde relativer Stille, in der er seine Ansprache beenden konnte. Meinen „Dienst" wiederholte ich, sooft es nötig war.

Ich bemühte mich sehr, nicht wirklich einen der Vögel zu treffen. Wäre mir das passiert, wäre alles zu Ende gewesen, und die ganze Stimmung wäre zerstört gewesen. Somit erledigte ich meinen Job unbemerkt. Vater sagte kaum jemals etwas, aber auf dem Nachhauseweg im Auto langte er mit seiner großen Hand herüber und drückte mein Knie. Worte waren überflüssig. Wir hatten es zusammen geschafft. Ich fühlte mich enorm bestätigt. Wie sollte Afrika das Evangelium hören, ohne dass jemand die Guineahühner und die Webervögel in Schach hielt?

Neue Wege einschlagen

Sie mögen sich darüber amüsieren, dass der achtjährige Wesley, bewaffnet nur mit seiner Schleuder, meinen konnte, dass er eine strategische Rolle in der Verkündigung des Evangeliums in der Welt spielte. Hatte ich wirklich geglaubt, dass ich meinem Vater geholfen hatte, unseren Brunnen zu graben, unseren Garten an-zupflanzen oder unser Haus zu bauen? War dies nur die Fantasie eines selbstbewussten, ja, überheblichen Kindes? Oder lag es an dem Dorfleben und einem Vater, der wusste, wie man die Träume von Kindern nährt?

Noch krasser gefragt: Ist diese Art von Jüngerschaft auf der anderen Seite des Ozeans heute noch möglich, Jahrzehnte später in der komplexen und schnelllebigen Gesellschaft unserer westlichen Welt?

Obwohl die Werte und Bedingungen in einem entlegenen afrikanischen Dorf für eine solch kinderorientierte Entwicklung förderlich waren, bin ich überzeugt, dass Vergleichbares für unsere heutige westliche Gesellschaft immer noch in Reichweite ist. Ich würde so weit gehen zu sagen, dass es sogar zwingend erforderlich ist. Wir müssen lernen, unsere Kinder einzubeziehen und einen um den anderen Tag mit ihnen zu leben, um ihre Träume zu fördern und sie wahr werden zu lassen.

Afrika hatte einige Vorteile, die all dies innerhalb des natürlichen Lebensflusses geschehen ließen. Es war beispielsweise eine Kultur, die sehr wenig wusste von einer Trennung der Generationen. Erwachsene in einer relativ primitiven Gesellschaft konnten sich leichter ein kindliches Gemüt bewahren, das es ihnen erlaubte, zu lachen, zu tanzen und leichten Herzens inmitten von Arbeit zu spielen. Kinder wiederum waren integriert in die reale Arbeit, und zwar in dem Maße, in dem sie gemäß dem Stadium ihrer Entwicklung dazu fähig waren.

Es gab keine künstliche Kategorie des Lebens, die Pubertät genannt wurde. Wir empfanden nie die Frustration der heutigen Jugend in der zivilisierten Welt, die körperlich und geistig reif ist für die Herausforderungen des Lebens, aber der es rechtlich noch nicht gestattet ist, ihren Platz in der Gesellschaft einzunehmen. Stattdessen glitten wir langsam in das Erwachsensein hinein, optimal dafür trainiert seit unseren ersten Schritten in unserer frühesten Kindheit. In Nielle hörte ich niemals einen Erwachsenen frustriert knurren: „Wann wirst du endlich erwachsen?" Niemand hat von uns je verlangt, bis später zu warten, wenn wir endlich zu etwas taugen würden.

Ich habe großes Mitleid mit den Jugendpastoren, die ich in den Vereinigten Staaten getroffen habe, die völlig frustriert sind über ihre Arbeit, weil sie denken, es werde von ihnen erwartet, die Teenager zu unterhalten: Klettern, Paintball, Bowling, Ausflüge in Vergnügungsparks. Es gehen ihnen die Möglichkeiten aus, Kinder so an die Kirche zu binden, dass sie eines Tages dort eine Rolle spielen könnten.

Glücklicherweise entdecken nun manche in der christlichen Jugendarbeit Tätigen, dass Kinder *heute* schon wichtige Dinge tun können. Kinder wollen mehr als Unterhaltung; sie wollen die Chance bekommen, wichtig zu sein. Sie sind scharf darauf, aus der Schublade herauszukommen, in die wir sie gesteckt haben. Sie hassen es, an den Rand gedrängt zu werden. In Amerika lassen wir kleine Kinder nicht einmal die Butter auf ihr Brot streichen, weil es bedeutet, ein Messer zu benutzen, ein Menümesser wohlgemerkt. In dem Dorf, wo ich aufwuchs, sammelten Kinder in dem Alter Holz mit einer Machete. Wir pusten an dem Brei für Kinder, damit sie ihre Lippen nicht verbrennen. In Nielle entzündeten Kinder die Feuer an den Kochstellen.

Damit will ich nicht sagen, dass wir irgendjemand, ob jung oder alt, einer unnötigen Gefahr aussetzen sollten. Vielmehr glaube ich, dass wir unser Bild von Kindern auf ein ungesundes Niveau heruntergeschraubt haben.

Wie also können wir die Träume unserer Kinder in unserer komplexen, schnelllebigen Wirbelwindgesellschaft entdecken und nähren? Es bedarf einer bewussten Anstrengung, gegen die Strömung anzuschwimmen. Für diejenigen Erwachsenen, die erkennen, wie wichtig es ist, Kindern dabei zu helfen, ihre Träume zu realisieren, indem wir die Hoffnung und Erwartung in ihren Köpfen und Herzen nähren, erkenne ich verschiedene Wege, die uns offen stehen.

1. Gehen Sie zu ihnen. Betreten Sie ihre Welt

Wenn Kinder in der liebevollen, förderlichen, sicheren Umgebung von Familie, Freunden und einer unterstützenden Gemeinde aufwachsen unter Menschen, die sie lieben, an sie glauben und sie im Leben bestätigen, dann trauen sie sich, davon zu träumen, was einmal aus ihnen werden könnte.

Wenn Sie ein bisschen Spaß haben wollen, belauschen Sie ein Kind beim Spielen, vertieft in seine eigene Fantasiewelt. Sie werden einen flüchtigen Blick davon erhaschen, was in dem Kopf des

Kindes vorgeht. Eine tragische Entwicklung in westlichen Gesellschaften ist, dass wir, wenn wir erwachsen werden, dazu neigen, den Begriff des „Spielens" neu zu definieren.

Besonders Männer neigen dazu, die Seele eines Kindes außer Acht zu lassen. Viele finden es albern, wirklich mit ihren Kindern zu spielen. Mit Söhnen gestalten sie die Spielzeit um das herum, was erwachsene Männer tun: Sport treiben, Bulldozer fahren, Krieg führen. In der Welt eines kleinen Mädchens zu sitzen und zu spielen kann noch schwieriger sein. Das ist wahrscheinlich der Grund dafür, dass Jesus eine Gruppe von Männern ermahnte: „Wenn ihr nicht umkehrt und werdet wie die Kinder, so werdet ihr nicht ins Himmelreich kommen" (Matthäus 18,3). Er wusste, was für eine Herausforderung das darstellte!

Die gute Nachricht in diesem Zusammenhang ist, dass moderne Väter trotz der Belastungen des Lebens, denen sie ausgesetzt sind, mehr Zeit mit ihren Kindern verbringen als ihre eigenen Väter mit ihnen. Vor etwas mehr als zehn Jahren ergaben Untersuchungen in den USA, dass Väter nur zwölf Minuten täglich in direkter Interaktion mit ihren Kindern verbrachten. Heute sind es beinahe zwei Stunden.

Dennoch, pro weiteren 10.000 Dollar Jahresverdienst eines Vaters nimmt die Kinderzeit täglich um fünf Minuten ab. Offensichtlich wird die Zeit für die Pflege der Beziehung zu den Kindern heute höher bewertet, die Jagd nach Einkommen arbeitet aber dagegen.[2]

Wenn Sie von ihren Kindern eingeladen oder auch angebettelt werden, mit in ihre Fantasiewelt hineinzukommen, können Sie sich wirklich geehrt fühlen und sollten die Gelegenheit beim Schopf packen. Mütter und Väter, die bereit sind, sich auf kleine Stühle zu setzen und einen Kaffeeklatsch mit ihren kleinen Töchtern abzuhalten, mögen sich zuerst etwas albern vorkommen, aber es ist die Sache wert. Sie erhalten eine wertvolle Gelegenheit, die Kinder zu bestätigen und ihnen sogar beizubringen, wie man liebenswürdig sein kann. Als ihr Gast können Sie den Kindern zeigen, wie man anderen zuerst serviert, wie man teilt. Sie können vormachen, wie man eine höfliche Unterhaltung führt. Sie können herausfordern und herausgefordert werden.

Meine kleinen Töchter boten mir immer Kaffee an mit „Zucker und Sahnig". Meine Frau Donna und ich nippten von unseren kleinen Kaffeetassen, den kleinen Finger vornehm abgespreizt, und demonstrierten, wie man zuhört, Geschichten erzählt und sich dankbar zeigt. Ein Kind kann viel über das Leben lernen – durchaus auch die wirklich wichtigen Dinge – in einem Spielzimmer – beim Kaffeeklatsch mit Mama und Papa. Und nebenbei können Mama und Papa eine Menge über ihre Kinder lernen.

Sobald man erst einmal in ihre Welt aufgenommen ist, kann man nur staunen, was in den wunderbaren kleinen Köpfen vorgeht. In dieser Situation können Fragen auftauchen und beantwortet werden; Träume werden preisgegeben. Ängste und Freuden werden mitgeteilt in einer Weise, wie es in der „realen Welt" des Alltags niemals möglich wäre. Die Offenheit und die Ernsthaftigkeit eines Kindes sind erstaunlich, wenn man Wege findet, die sozialen Barrieren niederzureißen, die zwischen Eltern und Kindern ebenso existieren wie zwischen Groß und Klein, Alt und Jung, Stark und Schwach, Richtig und Falsch, die gewöhnlich den Charakter der Beziehung prägen.

Als ich vor über drei Jahrzehnten begann, bei Compassion International zu arbeiten, erforderte mein Dienst viele Auslandsreisen. Meine kleinen Töchter wussten, dass es diese großen metallenen Vögel waren, die ihnen regelmäßig tagelang, manchmal sogar wochenlang, ihren Papa wegnahmen. Stellen Sie sich vor, wie es mir fast das Herz brach, einmal nach einer solchen Reise zu erfahren, dass meine Tochter Jenny, noch ein Kleinkind, als sie die Kondensstreifen eines Flugzeugs hoch oben am Himmel sah, hinaufdeutete und eines ihrer ersten Wörter herausbrachte: „Papa!"

So traurig das war, so tat ich doch mein Bestes, es wiedergutzumachen, wenn ich zurückkam. Meine Töchter erfuhren, dass ich jederzeit lieber bei ihnen zu Hause gewesen wäre als irgendwo sonst in der Welt. Eine ihrer cleveren Möglichkeiten, unsere Welten zusammenzubringen, war es, „Flugzeug" zu spielen. Ich kam nach Hause, todmüde vom Jetlag und die Nase voll vom Fliegen, aber im Untergeschoss hatten meine kleinen Mädchen ihre Stühle und ihre Sitzsäcke so angeordnet wie Flugzeugsitze. Die

Sitze der Economy-, der Business- und der ersten Klasse waren gefüllt mit Schneewittchen, den sieben Zwergen, den Muppets, Puppen, Barbies, Kens und einem Sortiment von Stofftieren. Die beiden „Stewardessen" trugen Uniformen und standen bereit, Donna und mich an Bord in Empfang zu nehmen.

Ich probierte alle erdenklichen Tricks, um einen Platz in der ersten Klasse zu ergattern, aber ich endete meistens in der „Touristenklasse", Sitzplatz 6 D. Diese kleinen Mädchen waren schwieriger hereinzulegen als die echten Stewardessen! Es folgte eine Zeit des Gelächters, weil der Typ auf Sitz 6 D immer wieder seinen Rufknopf drückte und so die Stewardessen verrückt machte. Ihm konnte man es nie wirklich recht machen. Er verschüttete seinen Kaffee („Zucker und Sahnig"). Er bat, den Sitz mit der schlafenden Schönheit tauschen zu dürfen, sodass er am Fenster sitzen könnte. Schließlich schlief er aber doch nur ein. Er bat um Kissen, Decken und mehr Salzstangen. Er verwickelte die Stewardessen in einen endlosen Strom von Fragen und Antworten.

Mein Sitznachbar auf 6 E war eine Affenhandpuppe mit Namen George, die ihre schlaksigen Arme und Beine mithilfe eines Klettbandes um meine Hüften und meinen Hals geschlungen hatte. Sehr zu meinem Leidwesen sagte und tat George die ungeheuerlichsten Dinge. Meine Töchter hielten ihn für den unausstehlichsten Affen der ganzen Welt. Sein größter Peiniger war Dusty, unsere Familienkatze, auf 6 F (oder wo immer es ihr beliebte). Dusty starrte fassungslos den Affen an, um ihn dann den ganzen „Flug" über immer wieder wie ein Säbelzahntiger zu attackieren.

Unterdessen spielte Donna immer den Bilderbuchpassagier, der die Stewardessen bemitleidete und sich für die Ansprüche von 6 D und die Verrücktheiten von 6 E entschuldigte. Zwischen George, dem Affen, meiner Frau und mir konnten wir unsere heißgeliebten Töchter in jedes erdenkliche Gespräch verwickeln. Es war so ein Spaß für jeden von uns, und die Lektionen, die wir auf beiden Seiten lernten, waren Erinnerungen für das ganze Leben.

Schließlich musste das Flugzeug „landen", und die Passagiere – egal, wie unausstehlich oder fordernd – mussten die Stewardessen umarmen, bevor sie davoneilten. Ich denke zurück an diese wertvollen Zeiten des Spiels mit meiner Familie, und selbst heute, wo meine Mädchen erwachsen sind, lachen wir bei unseren Mahlzeiten manchmal Tränen, wenn wir uns an die wunderbaren Stunden erinnern, als unsere Welten sich im Keller trafen – im „Flugzeug".

Ich weiß nicht, was für Spiele Ihre Kinder spielen, aber mit ein bisschen Vorstellungskraft und Bereitschaft mitzuspielen können Sie sich den Zutritt in ihre Welt verdienen. Dort einmal angekommen können Sie die große Freude erleben, die es bedeutet, zuzuhören, zu lernen, liebevoll die Werte und Träume zu formen, die ein Leben lang halten werden. Es macht so viel Spaß, wie Sie keinen größeren haben könnten, und der förderliche Einfluss auf die Hoffnungen und Träume Ihrer Kleinen wird unvergessen bleiben.

2. Holen Sie sie in Ihre Welt

Es macht, wohlgemerkt, nicht immer so viel Spaß, ist aber ein weiterer wunderbarer Weg, sich mit Kindern zu verbinden: Man nimmt sie mit, wenn man sich in seiner eigenen Welt bewegt. Ich kann schon die abgekämpfte Kleinkindmutter seufzen hören: „Du meinst, irgendwo da draußen gibt es immer noch eine Welt, die meine ist?" Ja, gelegentlich – okay, selten –, aber wenn Sie dort sind, sind Ihre Kinder dort, beobachtend und lernend.

Ich weiß, dass es für meinen Vater viel leichter gewesen wäre, seinen kleinen Jungen im Haus zurückzulassen. Er brauchte meine Hilfe beim Graben des Brunnens nicht wirklich, aber er stutzte eine kleine Schaufel auf genau meine Größe und ließ mich im Dreck „arbeiten" – der Himmel für einen Jungen. Inzwischen ist mir klar, dass meine Grabarbeiten dann stattfanden, wenn sich die Männer ohnehin ausruhten. Für mein Empfinden aber leistete ich meinen Beitrag wie ein Erwachsener.

Ich erinnere mich daran, dass ich mithilfe einer Seilschlinge und einem Flaschenzug hinuntergelassen wurde, zum tiefsten Punkt der Erde, wie ich dachte. Wenn ich hochschaute, konnte ich den Himmel sehen und das Gesicht meines Vaters in einer kleinen Scheibe aus Licht hoch über der trüben Dunkelheit des

Brunnens. Ich liebte diesen Mann, und ich hätte alles für ihn getan. In meinem Leben gab es herzlich wenig, was ich nicht gern mit ihm geteilt hätte. Wir waren Freunde!

Es hätte andere Wege gegeben, die lauten Webervögel des Dorfes loszuwerden, als einen kleinen Jungen mit einer Schleuder Steine darauf schießen zu lassen. Und ich bin inzwischen ziemlich sicher, dass meine Millionen von Fragen und Vorschlägen die Qualität und den Fortgang unseres Hausbaus nicht wirklich vorwärtsgebracht haben. Aber währenddessen wurden die Seele und das Selbstvertrauen eines Jungen genährt. Befreundet zu sein mit dem großartigsten Mann, den ich kannte, formte meinen Charakter, gab mir das Gefühl, wertvoll zu sein, und ließ mich große Träume träumen.

Jahre später versuchte ich, mit meinen eigenen Töchtern dasselbe zu tun. Es war nicht leicht, geschweige denn sicher, kleine Mädchen nach Übersee mitzunehmen mitten hinein in die Armut, in der unsere Organisation tätig ist, aber ich nahm sie mit, sobald es nur möglich war. Sie haben mit mir zusammen Dienst getan in den hoffnungslosen Slums von Haiti, den gefährlichen Straßen von Brasilien und den Dschungeln von Ecuador. Übrigens wurden beide von einem ecuadorianischen Pastor in demselben Fluss getauft, in dem 1956 fünf missionarische Märtyrer starben – ein emotionaler Moment für uns alle.

Mit der Zeit haben sie mitfühlende Herzen entwickelt, indem sie mit ihrem eigenen Geld selbst Patenkinder unterstützt haben, seit sie neun Jahre alt waren. Donna und ich versuchten, unsere dienstliche Welt mit ihrer zu verbinden, indem wir wertvolle Zeit vor dem Schlafengehen mit ihnen verbrachten. Jeden Abend erzählte ich ihnen eine Geschichte von Afrika. Sie begann immer gleich: „Als ich ein kleiner Junge war in Afrika …", aber ich musste es ganz richtig sagen mit einem dicken französischen Akzent und dramatisch ausgeschmückt, während meine beiden Töchter ihren Spaß hatten.

Wir beteten namentlich für unsere Patenkinder: Emmanuel, Diego, Rene, Laura, Alba, Mercedes, Yolanda, Vanessa, Sisay. Das brachte meine Welt in ihr Leben hinein. Wir wussten, dass gleichzeitig die Kinder in den weit entfernten Orten auch für uns beteten. Besonders Mercedes, die in einer der hässlichsten Umgebungen aufwuchs, die ich je gesehen habe. Das winzige Heim ihrer Familie stand auf Stelzen über dem Klärschlamm und dem Abwasser des Hafens von Guayaquil in Ecuador. Aber sie hatte großes Interesse an uns – und das wussten wir.

Als unsere jüngere Tochter zehn Wochen zu früh geboren wurde und nur drei Pfund wog, glaubten die Ärzte nicht daran, dass sie überleben würde. Donna und ich waren todunglücklich; lange Zeit hingen wir ständig über dem Gitterbettchen, wo unsere Kleine rund um die Uhr an einen Monitor angeschlossen war, um uns zu vergewissern, dass sie weiteratmete und dass ihr Herz weiterschlug. Alle vier Stunden wechselten wir uns ab. Wir baten jeden für sie zu beten, einschließlich Mercedes, an die Donna schrieb: „Unser kleines Baby ist viel zu früh geboren worden, aber wir glauben, dass Gott ihr Leben verschonen kann. Wirst du für sie beten? Sie heißt Katie."

Nach beinahe achtzehn Monaten konnten wir endlich auf den Monitor verzichten, und Katie begann, wenigstens die Nacht durchzuschlafen. Einige Zeit später ging ich auf eine Reise nach Ecuador. Als ich bei einem unserer Projekte ankam, sprang ein kleines Mädchen auf und kam aus der hinteren Ecke des Raumes auf mich zugerannt. Es war Mercedes. Sie erkannte mich von den Bildern, die wir ihr geschickt hatten. Sie schlang ihre Arme um meine Beine und platzte heraus: „Wie geht es Katie? Ich bete jeden Tag für sie."

Ich stand verwundert da und fragte mich, ob die Gebete dieses ecuadorianischen Mädchens das Leben meiner Tochter gerettet hatten. Ein Bild schoss mir durch den Kopf, wie dieses Mädchen auf ihre Knie fiel auf einer Bambusmatte in ihrer kärglichen kleinen Behausung und glaubte, dass Gott ihre Gebete für ein Baby in Amerika erhören würde. Was für ein unglaubliches Geschenk.

Ich kam nach Hause zurück und sagte, als ich mich zu meiner Zweijährigen auf die Bettkante setzte: „Schätzchen, vielleicht verdankst du dein Leben einem kleinen Mädchen in Ecuador. Sie heißt Mercedes." Ich erzählte ihr die wundervolle Geschichte unserer Begegnung. In den Monaten und Jahren, die folgten – von dem Moment an, wo Katie ein Nachtgebet lispeln konnte –, vergaß Katie nie Mercedes zu erwähnen. Sie wuchs heran und war schließlich alt und kräftig genug für die Reise nach Guayaquil, um ihre Freundin persönlich zu treffen. Die beiden Mädchen rannten einander in die Arme, brachen in Tränen aus und riefen – jede in ihrer eigenen Sprache –: „Danke, dass du für mich gebetet hast." Das war der letzte Moment des Dramas.

Mercedes ist jetzt Mitte zwanzig und hat ihre Laufbahn als Architektin eingeschlagen. Sie weiß – wie auch wir es wissen –, dass Gott auf die Gebete von Kindern antwortet, unabhängig von der Nationalität oder der Schicht.

Psalm 78,4 spricht von Erwachsenen, die ihren Kindern ihre eigenen Erfahrungen nicht verschweigen wollen: „Was wir gehört und erfahren haben, was schon unsere Väter uns erzählten, das wollen wir auch unseren Kindern nicht verschweigen. Jede Generation soll von den mächtigen Taten Gottes hören, von allen Wundern, die er vollbracht hat" (*Hfa). Dieser Dialog zwischen Alten und Jungen bringt Gott für uns alle in das Zentrum unseres Lebens.

3. Verschmelzen Sie die beiden zwei Welten

Wenn unsere Lebenspfade und die unserer Kinder sich verbinden, wenn wir in ihre Welt eintreten und sie mit hineinnehmen in unsere, dann ist das Resultat etwas, das man Freundschaft nennt. Wir gehen weit über die Verantwortung und Rolle als Aufpasser hinaus; tatsächlich ist uns gar nicht mehr bewusst, wann wir „spielerisch" ihre Welt betreten oder wann wir sie „absichtlich" in unsere Welt integrieren. Stattdessen genießen wir es einfach, zusammen zu sein. Das ist Anleitung zur Nachfolge bei Kindern, wie sie besser nicht sein könnte.

Und dies war eigentlich Gottes ursprüngliche Idee von Nachfolge in der Familie. Vor langer Zeit mit seinen neu formulierten Zehn Geboten unterwies er Eltern darin, was zu tun sei:

Und diese Worte, die ich dir heute gebiete, sollst du zu Herzen nehmen und sollst sie deinen Kindern einschärfen und davon reden, wenn du in deinem Hause sitzt oder unterwegs bist, wenn du dich niederlegst oder aufstehst. Und du sollst sie binden zum Zeichen auf deine Hand, und sie sollen dir ein Merkzeichen zwischen deinen Augen sein, und du sollst sie schreiben auf die Pfosten deines Hauses und an die Tore. (5. Mose 6,6–9)

Um es als Motto zusammenzufassen: „Täglich gemeinsam unterwegs sein". Was vonnöten ist, ist eine echte Freundschaft mit unseren Kindern, in der wir ihre Gesellschaft richtiggehend genießen und sie unsere. Wie sieht das in der Praxis aus, beispielsweise bei einem Einkauf in einem Lebensmittelgeschäft an einem Donnerstagmorgen? Das beiderseitige Erleben geht über die bloße Aufbewahrung des kleinen Kindes hinaus, wo man lediglich sicherstellt, dass es nichts kaputt macht. Idealerweise verbindet sich das Genießen der gemeinsam verbrachten Zeit mit dem gedanklichen Kreisen um die Aufgabe. Ich habe einige Mütter gesehen, die das so gut machten, dass ich ihnen am liebsten einen Orden verliehen hätte für ihre Heldenhaftigkeit.

Ich habe auch Szenen gesehen, die so schrecklich waren, dass es mich schauderte und ich ein Stoßgebet zum Himmel schickte für die arme Mutter und das unglückliche Kind. Tatsächlich bin ich ein- oder zweimal eingeschritten und habe mich zwischen eine frustrierte und bedenklich zornige Mutter und ihr verängstigtes Kind im Einkaufswagen gestellt – um beide zu beschützen! Das ist ein ziemlich riskantes Eintreten für die Rechte eines Kindes, aber manchmal muss es sein.

Wir haben vermutlich alle deutliche Stärken in *einem* Teil der zweiteiligen Strategie. In der Generation meines Vaters betraten Männer relativ selten die Fantasiewelt ihrer Kinder. Er wuchs auf in einem Haus, wo die Kinder stocksteif dasitzen mussten und bei Tisch nicht einmal sprechen durften, wenn der Großvater anwesend war. So war es für ihn eigenartig, freiwillig meine Spielwelt zu betreten; ich kann mich tatsächlich nicht erinnern, dass er es jemals getan hätte. Ich habe beispielsweise nie gesehen, dass er meine Schleuder angefasst hätte, und schon gar nicht, dass er damit geschossen hätte. Sein Spezialgebiet war die andere Seite der Gleichung: mich in die Gezeiten seiner Welt mit hineinzunehmen.

Jeder von uns tut gut daran, die Hand nach Kindern auszustrecken; jeder in dem Stil, der am besten zu ihm passt. Dann können wir immer noch freiwillig an der anderen Seite arbeiten, die uns nicht so sehr liegt. Auf dem Weg, den wir auf diese Weise gemeinsam mit unseren Kindern gestalten, werden die Träume unserer Kinder genährt.

Kinder sind mehr, als wir denken, dass sie sind; sie können mehr tun, als wir denken, dass sie können. Alles, was sie brauchen, ist ein Vertrauensvotum von uns Erwachsenen; denn eines Tages werden sie uns ohnehin ablösen. Aus ihren Träumen von heute wird die Realität von morgen entstehen.

Vertrauen Sie mir, der Tag wird kommen, an dem der Spieß der Generationen umgedreht wird. Es mag schwer sein, sich das vorzustellen, jetzt wo Sie ihre kleinen Nasen putzen oder ihnen wieder einmal bei den Hausaufgaben helfen. Aber der Tag wird kommen, wenn Ihre kleine Tochter, die jetzt zu einem unpassenden Moment darum bettelt, auf Ihrem Schoß zu kuscheln, Ihr Wohlergehen in den Händen hält. Der kleine Sohn, der noch ein Glas Wasser braucht vor dem Schlafengehen, wird derjenige sein, der Ihr Schicksal bestimmt.

Eines Tages, wenn Sie sich danach sehnen werden, Zeit mit ihnen zu verbringen, werden diese energiegeladenen Kleinkinder erwachsen sein und an den Schalthebeln der Macht sitzen mit vollen Terminkalendern und Chefsekretärin. Dann könnte es sein, dass Sie das an den Rand gedrängte Element der Gesellschaft sind – ohne Macht und Stimme.

Die Angelegenheit hat nicht Zeit bis morgen. Heute ist der richtige Zeitpunkt damit anzufangen, die Seelen der Kinder zu formen, ihren Charakter, ihre Werte. Heute noch sollten wir ihnen helfen, Luftschlösser zu bauen.

3 | *Es braucht wirklich ein Dorf*

Ein amerikanischer Marktforschungsriese namens Claritas hat in den 1990er-Jahren alle amerikanischen Haushalte kategorisiert. Demnach gehört jeder Amerikaner in eines von achtundvierzig wissenschaftlich analysierten Schubfächern mit klingenden Namen, die von „Die oberen Zehntausend" bis zu „Harte Jahre" reichen, sodass Unternehmensplaner wissen, was sie wem anbieten können.

So enthält beispielsweise die Adressliste Überschriften wie „Luxusleben", „Familien mit Teenagern, sehr hohes Einkommen, hohe Bildung, Eigenheimbesitzer, Manager/Akademiker". Auf der anderen Seite steht „Weißer Palisadenzaun" für „junge Familien, niedrige bis mittlere Bildung, geringes bis mittleres Einkommen, Arbeiter". Wird man als „sich abmühender Stadtmix" bezeichnet, so ist man „jung, Single, städtisch, Kulturmix, Mieter in älterem Mehrfamilienhaus".

Auf diese Weise wird die amerikanische Gesellschaft in eine Vielzahl von Segmenten zerlegt nach Kriterien wie Geld, Bildung, Familienstand, Rasse, Region und vor allem – Alter, wobei ich mich frage, ob das gut ist. Nun weiß ich nicht, wie Sie darüber denken; ich jedenfalls möchte nicht in berechenbare kleine Schubfächer einsortiert werden. Außerdem glaube ich nicht, dass es richtig ist, Kinder in ein beschriftetes Extrafach einzusortieren. Wie wirkt sich das auf unser Verantwortungsgefühl und unseren Sinn für Fürsorge aus? Wo ist unser Gemeinschaftsgefühl geblieben?

In Amerika war es nicht immer so. Einst zogen die Siedler in Planwagen in Richtung Westen, sechs oder acht Familien in einem Verbund. Eine Familie unterstützte die andere, eine achtete auf die andere. Sie verteidigten einander gegen Bedrohungen von außen. Frühzeitig ließen sie sich nieder und gründeten Dörfer und Städte, und der Gemeinschaftsgeist, der ihnen geholfen hatte, die Gefahren des Planwagentrecks zu überleben, blieb weiterhin das Rückgrat der Gesellschaft, zumindest für eine Weile. Aber irgendwann im Laufe des letzten Jahrhunderts ist unser Dorfkonzept verloren gegangen. Wir haben es aufgegeben, an den Abenden auf den Treppenstufen unsrer Häuser zu sitzen oder in unseren Hollywoodschaukeln, wo Nachbarn vorbeigeschlendert kamen und für eine kurze, angenehme Unterhaltung stehen blieben. Wenige Menschen haben noch die Muße, einfach nur dazusitzen, sich mit Nachbarn zusammen zu entspannen und vielleicht eine Limonade zu schlürfen, während die Sonne allmählich untergeht. Heutzutage halten wir ja kaum mehr inne, um einen Sonnenuntergang zu beobachten.

So großartig die Erfindung der Klimaanlage sein mag (und glauben Sie mir, nach der Hitze von Nielle würde ich ihren Erfinder für einen Nobelpreis vorschlagen), so hat sie uns doch dazu gebracht, uns in die Häuser zurückzuziehen und unsere Fenster und Türen zu schließen. Da sitzen wir dann und genießen die Kühle – aber allein, isoliert, abgeschnitten von unseren Nachbarn.

Die Spiele unserer Kinder haben sich gewandelt: Statt im Sommer bis in den Abend hinein mit den Nachbarskindern draußen Verstecken oder Plumpsack zu spielen, sitzen die Kinder heute isoliert vor ihren Videospielen, leiden unter Langeweile oder dem Karpaltunnelsyndrom von unzähligen Mausklicks. Kinder, die gern einen Mannschaftssport ausüben, Pfadfinder werden oder Vereinen und Jugendorganisationen beitreten wollen, können dies oft nicht tun, weil es zu wenige Erwachsene gibt, die bereit sind, sie zu trainieren oder zu betreuen. Jeder Ort sucht händeringend nach Ehrenamtlichen. All dies wären großartige Gelegenheiten, sich zugunsten von Kindern einzubringen, doch tragischerweise verpassen die Christen im ganzen Land unzählige solcher Möglichkeiten!

Mittlerweile können ältere Menschen nicht mehr mit dem hohen Tempo des modernen Lebens mithalten. Somit werden sie zurückgelassen – allein, einsam, traurig. Werte, die von einer Generation an die nächste weitergegeben werden sollten durch Liebe, Lehre und Vorbildfunktion, sind verloren gegangen. Sie können für kein Geld der Welt wiederbeschafft werden; dazu braucht es Zeit und Beziehungen, zwei Dinge, die heutzutage Mangelware sind. Die Verlierer sind die sehr alten Menschen in unserer Gesellschaft und ebenso die sehr jungen. Die dörflichen Strukturen verkümmern und sterben. Je mehr Gesundheit und Bequemlichkeit wir erlangen, umso mehr verlieren wir unseren Sinn für Gemeinschaft. Eine geistige Armut ist fast unmerklich dabei, uns allmählich zu ersticken.

Fordern Sie jemanden auf, seine wirklich engen Freunde zu benennen, so werden die meisten kaum mehr als die Finger einer Hand benötigen, um sie aufzuzählen. In Nielle, wo ich aufgewachsen bin, hätten die Ärmsten der Armen beide Hände gebraucht und die Zehen beider Füße und hätten trotzdem noch nicht alle Freunde benannt. Wie arm uns unser Wohlstand gemacht hat!

In Ermangelung menschlicher Kontakte versuchen wir nun, virtuelle Beziehungen im Internet an deren Stelle treten zu lassen. Die Menschen verbringen Stunden in Chatrooms und schreiben Kommentare hin und her an Fremde in Kanada, Alaska oder London. Verstehen Sie mich bitte nicht falsch – einiges am Internet ist wirklich nützlich, aber andere Aspekte können vom moralischen oder gesundheitlichen Standpunkt aus gesehen geradezu gefährlich sein. Ich habe bemerkt, dass Menschen im individualistischen Westen manchmal ihre Mühe mit dem Alten Testament haben, weil seine Weltanschauung *gruppenbezogen ist*. Gott verspricht, die Gehorsamen zu segnen bis in die dritte oder vierte Generation und die Ungehorsamen in gleicher Weise zu bestrafen. Achan sündigte gegen den Herrn (siehe Josua), und nicht nur er, sondern sein ganzer Stamm bezahlte dafür. Moderne Leser werden jetzt geneigt sein zu sagen: „Moment einmal, das ist nicht fair!" Wir sind extrem unabhängig, und nichts ärgert uns mehr, als mit anderen in einen Topf geworfen zu werden.

Ich bin inzwischen zu der Überzeugung gelangt, je mehr Wohlstand ein Land anhäuft, umso isolierter und einsamer werden seine Bewohner. Die Einsamsten sind in der Regel die Kinder und die älteren Menschen. Kinder lernen, was sie leben, und Isolation innerhalb einer Gemeinschaft ist eine absolut zerstörerische Botschaft, die wir tagtäglich in ihre Herzen schreiben.

Alle gemeinsam

Der Abend war in Nielle die Belohnung für einen langen, heißen Tag voller Arbeit. Wenn sich die Sonne am westlichen Himmel senkte und leuchtende Sonnenuntergänge malte, kehrten die Dorfbewohner, die tagsüber in der Umgebung gearbeitet hatten – auf den Feldern oder bei der Jagd –, zu ihren runden Lehmhütten zurück. Zu dieser Zeit gab es in Nielle nur zwei Gebäude mit rechten Winkeln, beide erbaut von Missionaren; alle übrigen waren kreisförmig angelegt, erbaut auf der Basis von Pfählen, die durch Lehmziegel und Kuhdung verbunden wurden. Alle Dächer waren aus Stroh gefertigt. Jedes Jahr fügten die Besitzer und deren Freunde eine weitere Schicht Gras hinzu, um die unterste zu ersetzen, die sich aufgelöst hatte.

Im Dorf gab es keine rechtwinkligen Straßen und auch keine Ecken. Es war vielmehr ein mäandernder Weg, der von einem Hof zum nächsten durch das Dorf führte. Jeder der Höfe war von drei oder vier Hütten umgeben und bot genügend Platz für eine Großfamilie. Durch das Dorf zu gehen bedeutete einfach, sich von dem Hof einer Familie zum nächsten zu begeben, bis man bei dem großen Hof in der Dorfmitte angekommen war – dem des Häuptlings. Zäune gab es nicht; denn Eigentümerschaft war kein großes Thema. Es wusste einfach jeder, was wem gehörte. Das brauchte man nicht in Worte zu fassen: „Das ist mein Huhn." Es wusste ohnehin jeder, dass dieses Huhn in dem kleinen Nest gleich vor deiner Hütte geschlüpft war; deshalb war es offensichtlich deines. Dasselbe galt für Rinder; niemand brandmarkte ein Tier. Es war einfach nicht notwendig.

Wenn einem Menschen etwas fehlte, das du besaßest, so war es deine Pflicht zu teilen. Wenn einer Frau der tönerne Kochtopf zerbrach, lieh man ihr bereitwillig den eigenen aus, bis sie wieder einen neuen anfertigen konnte. Mehr als einmal sah ich bei Festen Frauen mit nur einer Sandale, weil sie die andere einer Freundin geliehen hatten, deren Sandale kaputtgegangen war. Wenn ich eine Dorfbewohnerin mit nur einer linken Sandale sah, musste ich für gewöhnlich nicht lange suchen, um die dazugehörige rechte Sandale am Fuß einer anderen Frau zu entdecken.

Die Zubereitung des Abendessens war eine gemeinschaftliche Angelegenheit. Die Frauen, die sich nicht um das Feuer kümmerten, fanden sich in Vierergruppen zusammen, um in einem großen Mörser Mais oder Hirse zu stampfen, wofür sie Pfähle von etwas über zehn Zentimetern Durchmesser bei einer Länge von bis zu eineinhalb Metern benutzten. Eine nach der anderen stießen sie ihre Pfähle in die Körner hinein, wobei sie nach jedem Stoß den Stock leicht gegen die Seite des Gefäßes schlugen, um die hängen gebliebenen Reste abzustoßen.

Dabei entstand ein wunderbarer Rhythmus: *bum – tschak – bum – tschak – bum – tschak – bum – tschak*. Langsam begann das ganze Dorf, sich in diesem Takt zu wiegen. Die Frauen mussten ihre Pfähle in genau dem richtigen Moment in den Mörser stoßen, um nicht die nächste Person zu blockieren. Nach einer Weile begannen sich die Rhythmen zu vereinen zu einem warmen und einladenden Pulsieren, der verheißungsvollen Ankündigung, dass das Abendessen bald fertig war.

Diejenigen, die auf den Feldern gearbeitet hatten, legten bei diesem Rhythmus, den sie *marigot* (französisch für „Marsch") nannten, ihre Arbeit nieder, um sich zu reinigen. Ein von einem Quellbach gespeistes Gewässer von ungefähr 400 Metern Breite und der dreifachen Länge bot Heimat für schneeweiße Silberreiher, Kraniche mit goldenen Kämmen und langen Beinen und alle möglichen anderen Tierarten. Die Männer warfen ihre weiten Baumwollhosen ab, die Frauen ihre langen Röcke, und alle tauchten zusammen in das kühle Wasser ein, um sich den Staub abzuwaschen. Niemand starrte ein Mitglied des anderen Geschlechts an; niemand glotzte. Ein ungeschriebenes Gesetz des Stammes besagte, dass es nicht in der Verantwortung eines Menschen liege, seine Nacktheit zu verdecken, sondern dass es in der Verantwortung der anderen liege, die Würde des Nächsten zu wahren. So badeten die Menschen unschuldig in dem sicheren Vertrauen darauf, dass niemand sich lüsterne Gedanken machte. Sich zu reinigen war eine offene ungeschützte Aktivität des Lebens.

Das Gleiche galt für die Körperausscheidungen. Das Dorf besaß keine ausgewiesene Latrine; jeder verrichtete seine Notdurft im Blickfeld, oft am äußeren Ende eines Feldes, wo das hohe Gras begann. Von den anderen wurde erwartet, dass sie nicht zuschauten. Man hatte genügend Würde, die andere Person nicht durch Starren zu beschämen. Dasselbe galt für das Stillen von Säuglingen. Dies passierte natürlich ständig im Freien, und niemand dachte sich etwas dabei.

Einmal erhielt ich eine Standpauke, weil mir nicht bewusst war, dass bei weißen Müttern andere Regeln galten als bei afrikanischen Frauen. Wir waren auf einer Reise mit anderen Missionaren und hatten unterwegs angehalten. Ich war ungefähr sieben Jahre alt und lief um das Heck eines Jeeps herum, wo eine Mutter ihr Baby stillte.

„Wesley!", schrie sie. „Du ungezogener kleiner Junge! Kannst du nicht sehen, dass ich stille? Geh weg!" Ich suchte schnell das Weite und murmelte vor mich hin: „Das ist doch nichts Besonderes. Mütter stillen ihre Babys die ganze Zeit. Ich versteh's nicht!"

Als ich neun Jahre alt war, kamen wir für ein Urlaubsjahr nach Amerika zurück. So konnten meine Eltern ihre Spender und Unterstützer besuchen und auch meiner Schwester und mir helfen, die Verbindung zu unseren Großeltern, Tanten und Onkeln wieder aufzunehmen, die in den vergangenen vier Jahren für uns nur Fotos an der Wand gewesen waren. Während dieses Jahres entdeckte ich, dass amerikanische Jungen aus einem mir unerklärlichen Grund fasziniert waren von weiblichen Brüsten. Was für eine eigenartige Macke, dachte ich. Im nächsten Jahr – wieder umgeben von den Müttern in Nielle – empfand ich nicht das geringste bisschen Neugier oder Erregung. Es war alles ein Teil des Lebensrhythmus.

Im Schoße der Gemeinschaft

Während die Erwachsenen aufräumten, sauber machten und putzten, hatten wir kleinen Jungen die Aufgabe, mit unseren Macheten Gras abzuhauen für das Pferd, die Rinder und die Ziegen des Häuptlings. Dies trugen wir in großen runden Bündeln, die wir auf unseren Köpfen balancierten, zurück ins Dorf.

Rauchschwaden von den Kochfeuern türmten sich über den

Dächern auf. Es duftete so lecker. *Alles ist gut,* war unsere Empfindung. Ein weiterer Tag war vorüber, und wir strebten nach Hause.

Die Kochstellen wurden auf einer Basis von drei großen Steinen errichtet, auf die ein Topf gestellt wurde. Wie die Speichen eines Rades, die alle in die Mitte zeigen, wurden von allen Seiten Stöcke unter den Topf geschoben, dorthin, wo das Feuer entzündet wurde. Während nun das Feuer die Stöcke in der Mitte auffraß, tippte jemand einfach einen Stock am äußeren Ende an, sodass dieser weiter in die Mitte vorrutschte. Wenn mein Vater in Gemeinden Dias zeigte, bezeichnete er dies scherzhaft als den „heißen Tipp" – ein kleiner Tipp ab und zu hielt das Feuer am Leben. Der Kochtopf in der Mitte enthielt das Wasser, das zum Sieden gebracht werden musste, um darin Haferbrei zu kochen oder Fleisch oder was immer wir an diesem Abend zum Essen hatten.

Jeder, der sich zu dem Zeitpunkt, wo das Essen fertig war, im Hof befand, musste bleiben und mitessen. Man aß aus dem Topf, der gerade vor einem stand. Es wurde viel geredet und gelacht, und wenn die Hauptmahlzeit beendet war, wanderten die Dorfbewohner von ihren eigenen Höfen hinüber zu dem des Dorfhäuptlings, wo der Abend gemeinsam verbracht wurde. Schließlich gab es in Nielle keinen elektrischen Strom. Warum hätte man also zu Hause bleiben sollen an seinem eigenen kleinen Feuer, wenn man stattdessen zur großen Versammlung gehen konnte?

Selbst die Älteren und Kranken wurden integriert. Wenn eine ältere, verwitwete Frau nicht mehr laufen konnte, holten wir Kinder sie ab und trugen sie zum Lagerfeuer. Während die meisten von uns sich einfach auf dem Boden niederließen, bekamen diese Ehrengäste sogar ein kleines Stühlchen mit vier Beinen, die gut zehn Zentimeter lang waren, geschnitzt aus einem einzigen Stück Stamm. Jeder war wichtig. Niemand wurde übersehen oder zurückgelassen.

Der Häuptling lehnte sich zurück auf einer Art Chaiselongue, die aus Bambusstäben bestand. Sein Haar war weiß geworden und er war größer als die meisten anderen Männer im Dorf. Er trug derbe Kleidung und hatte immer ein Schwert bei sich; nicht, dass er es benutzt hätte, aber es diente als Symbol seiner Macht.

Außerdem trug der Häuptling einen Hut, gewebt aus Gras, das nach oben hin spitz zusammenlief und dort mit einem kleinen Knoten als Abschluss sowie einer Verzierung aus Leder versehen war. Seine Autorität war unbestritten, und keiner meiner Freunde konnte sich erinnern, dass jemals ein anderer vor ihm Häuptling gewesen war. Ich weiß ehrlich nicht, ob er durch Wahl oder durch Erbfolge in sein Amt gelangt war – das war mir nie klar. Aber seine Haltung und sein Gebaren waren würdig, ja königlich, sodass niemand seine Autorität anzweifelte.

Kleine Unterhaltungen plätscherten hier und dort, immer wieder unterbrochen von plötzlich ausbrechendem Gelächter. Die Stimmung war locker. Wir warfen ein halbes Dutzend Yams ins Feuer zum Dämpfen. Sobald sie schön gar waren, zogen wir sie heraus und pellten die verbrannte Schale mit der Machete ab. Das Innere war köstlich, wie gebackene süße Kartoffeln.

Früher oder später mündeten die Gespräche innerhalb der Grüppchen in ein großes gemeinsames Thema ein. Oft wurde berichtet, was im Laufe des Tages passiert war. Jemand war auf dem Marktplatz von seinem Fahrrad gefallen und auf einem Huhn gelandet. Alle brüllten vor Lachen über diese Nachricht. Jemand anders war auf seinem Rückweg vom Feld in eine Ameisenstraße hineingestolpert. Während er seine Qualen schilderte, hüpfte er auf und ab, tanzte herum und verabreichte sich selbst wilde Schläge. Wir Kinder quietschten vor Lachen. Der Erzähler ließ uns dann feierlich schwören, dass wir am nächsten Tag auf jede Ameise treten würden, die uns über den Weg laufen würde, einfach um es ihnen heimzuzahlen.

„Habt ihr bemerkt, dass die Ziegen ein bisschen dünner geworden sind?", fragte einer der Ältesten. „Die Jungen haben sie wieder gejagt, und sie verlieren an Gewicht." Es erhob sich ein missbilligendes Gemurmel, und meine Freunde und ich zogen die Köpfe ein. Ziegen oder Hühner zu jagen machte so viel Spaß, dass wir uns kaum zurückhalten konnten, aber nun wurden wir verantwortlich gemacht.

Das Schlimmste war, wenn der Älteste fortfuhr: „In dem aufgewirbelten Staub konnte ich nicht alle Schuldigen erkennen, aber der kleine weiße Junge war mit Sicherheit dabei." Warum griff er immer mich heraus? Er konnte die anderen Jungen nicht benennen, aber er hatte kein Problem, mich herauszupicken. Wieder einmal wäre es hilfreich gewesen, wenn Gott meine Bitte um dunkle Hautfarbe erhört hätte. Ich hatte die Tarnung dringend nötig!

Doch eigentlich hielt sich das Schimpfen in Grenzen und wurde gemäßigt durch die Reife des Häuptlings. Nie wurde es gemein oder sarkastisch. Wir lebten in einer warmherzigen, großzügigen Gemeinschaft. Es schien, als gehörte jedes Kind jedem Erwachsenen im Dorf. Wenn man etwas Unrechtes tat, wurde man zur Rede gestellt. Aber brauchte man Liebe und Stärkung des Selbstvertrauens, so bekam man beides im Überfluss. Ich kann mich nicht erinnern, auch nur ein einziges Mal hingefallen zu sein, ohne dass sofort irgendeine afrikanische Frau mich aufhob, auf ihren Arm nahm, mir die Tränen abwischte und mich so lange tröstete, bis es mir wieder besser ging.

All das mag so klingen, als würde ich mein Dorf für eine Utopie halten. Sie mögen mich für ziemlich nostalgisch halten, so als würde ich die Vergangenheit durch eine rosarote Brille betrachten. Nun, im Gegensatz zu einigen anderen Teilen meiner Kindheit, über die ich Ihnen später berichten werde, *war* Nielle praktisch ein Paradies für mich. Ich kann es Ihnen nur so beschreiben, wie ich es erlebt habe.

Wenn es dunkel wurde, ergänzte man das Licht des Hauptfeuers durch kleine Petroleumlampen, die dann vereinzelt zwischen den Menschen flackerten. Einmal pro Woche brachte ein Marktlaster ein Zweihundertliterfass Petroleum. Der Händler unseres Dorfes verkaufte dies dann literweise an die Dorfbewohner in Flaschen, deren Hals er mit Maiskolben verschloss.

Hier und da wurden Lieder angestimmt, erst ein sanftes Summen, dann mit Text. Die Melodien waren eindringlich, aufgebaut auf den markanten fünf Noten der pentatonischen Tonleiter. (Um eine Vorstellung zu bekommen, spielen Sie einmal nur die schwarzen Tasten eines Klaviers, nicht die weißen.) Bald fiel die ganze Versammlung in das Lied ein, das viele Strophen lang gesungen wurde, bis es ausklang. Oft basierten diese Lieder auf Sprichwörtern, die zeitlos gültige Aussagen für den Stamm trafen. Als christliche Musik niedergeschrieben wurde, wurden diese Loblieder hinzugefügt und liebend gern gesungen. Manchmal dachten sich auch Liedermacher und Geschichtenerzähler spontan Texte aus, zu denen die Trommler dann einen passenden Rhythmus auswählten.

Viele Jahre später musste ich vor Rührung schlucken, als mir bewusst wurde, dass die Melodie von „Amazing Grace" nur Noten der pentatonischen Tonleiter benutzt. Man muss sich wundern, wo der ehemalige Sklavenhändler John Newton seine Melodie herhatte, als er in den 1770er-Jahren seine berühmte Hymne zu Papier brachte. Könnte es ein Fragment sein von etwas, das aus der Luke des Laderaums seines Sklavenschiffes herüberwehte, als er – Jahre zuvor – seine bemitleidenswerte menschliche Fracht von der westafrikanischen Küste hertransportierte?

Wenn ich heute dieses Lied summe, versetzt es mich immer noch zurück in meine Kindheit zu diesen friedlichen Abenden in Nielle. Tränen der Sehnsucht nach der entfernten Heimat laufen mir über die Wangen, aber auch Tränen der Dankbarkeit Gott gegenüber, sowohl für die Botschaft als auch für die Melodie. Kein Kirchenlied berührt meine Seele so tief.

Am Lagerfeuer war jeder willkommen, der eine Geschichte zu erzählen hatte – selbst die Älteren, die schon ein bisschen senil wurden. Für gewöhnlich funktionierte ihr Gedächtnis ganz gut, und die Kinder scharten sich auf Großmutters Schoß, um zuzuhören oder ihr manchmal die Hand zu streicheln. Wenn gelegentlich die Geschichte zu lang zu werden drohte oder keinen Sinn mehr ergab, lenkten wir sanft die Konversation auf ein anderes Thema. Aber generell lässt sich sagen, je älter man in Nielle war, umso höher war das Ansehen.

Ich erinnere mich an eine kleine alte Dame namens Nyokoon. Sie war nur Haut und Knochen; die meisten Zähne hatte sie bereits verloren. Aber wenn ihr danach war, eine Geschichte zu erzählen, dann lauschten wir alle aufmerksam. War ihr nach Tanzen zumute, tanzten alle mit ihr. Sie gehörte zu den ersten Dorfbewohnern, die Christen wurden. Manche der Geschichten erzählten von alten Zeiten, dem kulturellen Erbe des Stammes der Senufo, den Ursprüngen ihrer Redensarten und den Wurzeln ihrer Werte.

Andere waren lustig und unbeschwert. Jeder machte Witze über die Franzosen, die man als „die Weißen" (*Blancs*) bezeichnete. Mein Vater und ich saßen da – die einzigen weißen Gesichter im ganzen Hof – und lachten genauso laut wie alle anderen. *Mann, bin ich froh, dass ich kein Blanc bin*, dachte ich immer.

Einer der häufig gemachten Witze bezog sich darauf, dass die französischen Kontrollen in unserem Ort niemals richtig funktionierten. Für gewöhnlich bretterten die Franzosen mit ihren Jeepkonvois unangekündigt ins Dorf und kontrollierten die steuerlichen Einnahmen oder die Einhaltung anderer Regierungsanordnungen. Sie waren immer verblüfft, dass bei uns immer alles in Ordnung war bei ihren Inspektionen. Sie schienen nie zu kapieren, dass in dem Moment, wo sie das erste Dorf auf ihrer Route erreichten, die Trommeln lauter wurden mit codierten Nachrichten, wie ein Fernschreiber im Alten Westen, um die Warnung weiterzugeben: „Der Franzose war hier. Als Nächstes kommt er bei euch vorbei." Alle Menschen im Umkreis von fünf Kilometern erhielten diese Botschaft und grinsten. Bis der Konvoi ankam, war alles tipptopp in Ordnung.

Die Trommeln an unserem Lagerfeuer bestanden aus ausgehöhlten Baumstämmen oder großen Kürbissen und waren mit Ziegenfell bespannt. Die Trommler brachten sie nahe ans Feuer, damit die Hitze die Häute anwärmte und sie straffte. Auf deren Oberfläche rieben sie verschiedene Baumharze ein, sodass unterschiedliche Töne entstanden, wenn verschiedene Bereiche mit den Händen oder einem L-förmigen Stock angeschlagen wurden. Es gab auch kleine Kesseltrommeln, die ein markantes Staccato hinzufügten, beinahe wie Maschinengewehrfeuer. Die Komplexität der afrikanischen Rhythmen hat nie aufgehört, mich zu faszinieren. Sobald die Trommeln am frühen Abend ertönten, erhoben sich die Menschen und fingen an zu tanzen. Ich sah meistens nur zu; denn ich konnte scheinbar nur halb so viele Rhythmen hören wie jeder andere dort. Die Leute zogen unsere Familie damit auf, dass sie sagten, Weiße könnten nicht tanzen, aber im Wesentlichen hatten sie recht!

Als meinem Vater bewusst wurde, welch zentrale Rolle Trommeln in dieser Kultur zukam, unternahm er den recht progressiven Schritt, sie in unsere christlichen Gottesdienste zu integrieren. Andere konservative Missionare führten mit ihm lange Debatten darüber, aber mein Vater versicherte, dass die Trommeln nicht nur irgendeinen Rhythmus schlugen, sondern vielmehr an jeden im Dorf die christliche Botschaft weitergaben, der zuhörte und der vielleicht niemals einen Gottesdienst besucht hätte.

Eine ähnliche Debatte gab es zum Tanzen nach Trommelrhythmen, besonders in Bezug auf Kleinkinder. Senufobabys lernen nicht annähernd so früh laufen wie Babys in der westlichen Welt; sie reiten auf dem Rücken ihrer Mutter, bis sie ungefähr zweieinhalb Jahre alt sind. Das ist eine effektive Methode, sie von Gefahren fernzuhalten, wie zum Beispiel davor, ins Kochfeuer zu fallen. Sobald die Kinder dann auf den Erdboden gelassen werden, binden ihnen ihre Väter kleine Fußbändchen mit Glöckchen um die Knöchel. Das klingelnde Geräusch animiert die Kinder, Schritte zu machen.

Das warf jedoch die Frage auf, ob dies lediglich einen harmlosen Anreiz zum Laufen darstellte oder ob es ein Fetisch sei, der Böses von ihnen abhalten sollte. Die meisten Christen hielten es für eine liebevolle Geste seitens der Eltern, während ältere Nichtchristen sagten: „Aber habt ihr bemerkt, dass niemals böse Geister in die Nähe kommen, wenn Kinder tanzen?" Böse Geister waren irgendwie Teil des afrikanischen Lebens und wir konnten häufig Anzeichen für Aktivitäten Satans um uns herum erkennen. Aber ich bezweifle dennoch, dass das Klingeln an den Fußgelenken der Kinder viel dazu beitrug, die Kräfte der Hölle abzuhalten.

Im Laufe des Abends wurden wir Kinder müde, sanken auf den Schoß eines Erwachsenen und schliefen ein. Mein Vater und ich verließen die Runde für gewöhnlich früh, um nicht aufdringlich zu wirken oder länger zu bleiben als vorgesehen. Unterdessen gingen der Rhythmus und die Musik weiter. Der Klang der Trommeln war immer das Letzte, was ich hörte, bevor ich abends einschlief.

Tatsächlich spielten sie weiter bis in die frühen Morgenstunden oder sogar die ganze Nacht durch. Warum spielten sie so lange? Teilweise ging es scheinbar um die Sicherheit des Dorfes; denn der Lärm hielt wilde Tiere fern. Während meine kleinen Freunde und ich tagsüber frei in der Gegend herumstreunten, war die tropische Nacht eine völlig andere Sache. Schlangen kamen aus ihren Verstecken. Die Hyänen gingen auf Raubzug, nicht nur, dass sie nach toten Tieren suchten, sondern nach lebender Beute, die sie rabiat und unter großem Geschrei töteten. Ihr Furcht einflößendes Gelächter konnte einem eine Gänsehaut den Rücken hinunterjagen.

Leoparden krochen aus ihren Verstecken, um die Nacht zu beherrschen. Eulen und andere Nachtvögel schrien. Kaninchen fiepten, wenn sie ergriffen wurden, ebenso kleine Rehe. Gelegentlich hörte man einen Löwen brüllen oder tief grunzen. Außerhalb der Grenzen des Dorfes und seiner Felder lauerten alle möglichen Gefahren. Niemand hätte sich allein hinausgewagt.

Die Elfenbeinküste hat ihren Namen natürlich vom Elefanten. In meiner Kindheit waren die Herden bereits überjagt, sodass es weit weniger Elefanten gab als in früheren Zeiten. Aber wenn eine Trockenperiode das normale Nahrungsangebot der Dickhäuter einschränkte, trampelten sie nachts durch ein Maisfeld und verwüsteten es innerhalb von Minuten. Es ist überflüssig zu erwähnen, dass kein Stein aus unseren Schleudern sie davon abhalten konnte. Die Trommeln hingegen halfen, sie zu verscheuchen. Wenn es nötig erschien, rannten wir johlend mit brennenden Taschenlampen hinaus und schlugen auf Metalltöpfe oder -pfannen, um unser Geschrei noch zu unterstützen.

Unsere Hühner waren nicht so dumm, sich des Nachts herauszuwagen. Sie schliefen hoch in den Bäumen, weit weg von den Gefahren. Auch die Ziegen wussten, dass ein Leopard oder ein Panther sie im Nu einfangen könnte. Die Hunde des Dorfes waren mit dicken Halskrausen aus getrockneten Kletterpflanzen ausgerüstet, um sie vor Leoparden zu beschützen, die sich anderenfalls plötzlich auf sie stürzen und ihnen das Genick brechen konnten. Wenn die Trommeln aus irgendeinem Grund während der Nacht stoppten, setzte ich mich sofort in meinem Kinderbett auf und fragte mich, was los war. Wurde der Rhythmus wieder aufgenommen, wusste ich, dass alles in Ordnung war, und konnte beruhigt weiterschlafen.

Wände einreißen

Wenn Kinder Teil einer eng miteinander verbundenen Gruppe sind, fühlen sie sich sicher und wissen, dass sie nicht im Stich gelassen werden. Sie genießen das Leben in der Geborgenheit größerer, stärkerer Menschen, die sich wirklich dafür interessieren, was mit ihnen geschieht. Die Armen, die Schwachen und die Jungen haben einen Nutzen von der gemeinschaftlichen Fürsorge. Sie erfahren, dass Erwachsene weniger an dem darwinschen Überleben des Stärksten interessiert sind als an der Verbesserung der Gesamtsituation der Gruppe. Reife Menschen ziehen sich nicht in ihre individuellen Kokons zurück; stattdessen beteiligen sie sich aktiv an der Entfaltung der Gemeinschaft, in der sie leben, wie groß oder klein sie auch sein möge.

Diese Ansicht kann uns zwingen, einige unserer alltäglichen Annahmen zu überdenken. Nehmen wir beispielsweise die Gemeinde, die wir liebevoll als „die Familie Gottes" bezeichnen. Sie sei ein Ort der Einkehr und des geistlichen Wachstums, reden wir uns ein.

Warum streben dann die verschiedenen Generationen in entgegengesetzte Richtungen auseinander, sobald sie in den Parkplatz eingebogen sind? Man kann sogar für den Gottesdienst dasselbe Gebäude betreten und sich erst begegnen, wenn es Zeit ist, nach Hause zu gehen. Unsere Kindergottesdienste und Jugendgruppen sind streng nach Alter und Interessen getrennt. Dreijährige gehen hierhin, Zehnjährige gehen dorthin; Jugendliche haben ihre Gruppenräume in einem anderen Teil des Gebäudes, und Erwachsene atmen erleichtert auf bei dem Gedanken, eine Weile von ihren Kindern befreit zu sein.

Als Erzieher bin ich mir bewusst, dass ein altersgemäßer Lehrplan für kognitives Lernen sinnvoll ist. Ich fürchte bloß, das Pendel könnte bereits zu weit in diese Richtung geschwungen sein. Vorgelebtes Verhalten und miteinander geteilte Werte bringen wertvollere Resultate als bloße kognitive Wissensvermittlung.

Selbst Erwachsene scheinen nicht so gern den Umgang mit Menschen zu pflegen, die mehr als zehn oder fünfzehn Jahre älter oder jünger sind als sie. Daher rührt auch die rasche Zunahme von Extragruppen für junge Erwachsene, mittelalte Erwachsene, Senioren und so weiter.

Ist es das, was der Apostel Paulus meinte, als er sagte: „In Christus seid ihr alle eins" (Galater 3,28; *Hfa)? Ist dies die Hoffnung, die er anbot, indem er schrieb, dass wir „nun nicht mehr Gäste und Fremdlinge" seien, sondern „Mitbürger der Heiligen und Gottes Hausgenossen" (Epheser 2,19)?

Manche Gemeinden haben den gewagten, ja revolutionären Standpunkt eingenommen, dass Lernen *nicht* getrennt vonstattengehen muss. Wie ein Pastor einer florierenden Gemeinde in Seattle gegenüber der Zeitschrift *Christianity Today* sagte, schenkt er der Altersfrage so wenig Aufmerksamkeit wie möglich: „Wenn Sie an einem Mittwochabend in unsere Gemeinde kommen, so werden Sie sechzig junge Leute zwischen zwei und siebzehn Jahren sehen, alle in einer Gruppe! Mit ihnen arbeiten dreißig Erwachsene, ein Verhältnis von 2:1, was eine große Spannweite an Lernerfahrungen bietet."

Am nächsten Abend schaute ich vorbei, und es bot sich mir eine Bilderbuchszene: eine Traube von vier oder fünf temperamentvollen kleinen Kindern belagerte zwei erwachsene Mitarbeiter: eine Dame im Rollstuhl – vermutlich knapp über siebzig – und einen ungefähr fünfundzwanzigjährigen jungen Mann.

Diese Gemeinde musste entweder lange suchen, um ein brauchbares Konzept für ihre Arbeit zu finden, oder sie war gezwungen, ihr eigenes zu entwerfen. Aber das sichtbare Resultat war die Mühe wert. Gemeinsame Teilnahme aller Generationen sowohl an den Sonntagsgottesdiensten als auch an kurzen Missionseinsätzen ist angesagt. Der leitende Pastor sagt: „Die Bibel kennt nicht einmal ein Wort für Teenager. Wenn also Eltern bei mir vorbeikamen oder anriefen und fragten: ‚Was für Programme haben Sie für Teenager?', lächelte ich und sagte: ‚Wir feiern Gottesdienste!'"[1]

Dieser Pastor hätte sich mit seiner Gemeinde bei unseren Gottesdiensten in Nielle sehr wohl gefühlt. Wir trafen uns alle, Erwachsene und Kinder gemeinsam, in einer Lehmhütte mit nur einer einzigen Sitzreihe – einer Lehmsitzbank von ungefähr dreißig Zentimetern Höhe –, die im Kreis herum gebaut war. Die

Bank füllte sich mit Vätern und Müttern und Kindern und allen anderen, und wenn sie voll aussah, so war sie es noch nicht wirklich. Ein Neuankömmling konnte einfach zwei Leute auswählen, die verschiebbar erschienen, sich zwischen sie quetschen und sich durch rüttelnde Bewegungen genügend Platz verschaffen! Bei uns hatte offenbar immer noch jemand Platz. Wir waren eine im wahrsten Sinne „enge Gemeinschaft".

(Besucher aus der „Zivilisation" wären jedoch überrascht gewesen, dass man über eine Lehmschwelle von einem knappen halben Meter Höhe steigen musste, deren Zweck es war, Schlangen fernzuhalten. Schlangen kletterten für gewöhnlich nicht über ein so hohes Hindernis. Stattdessen krochen sie auf der Erde außen um die Wand herum und ließen uns in Ruhe Gottesdienst feiern.)

Ich weiß, dass in den meisten westlichen Kirchen oder Gemeinden von heute die Vorstellung, dass Kinder am Gottesdienst teilnehmen, Unmut hervorruft. Gott hat verboten, dass die heilige Atmosphäre jemals durch Babygeschrei gestört wird. Am besten gehört scheinbar jedes Kind unter zehn Jahren weggesperrt in ein schalldichtes Kinderzimmer.

Aber dadurch vergeben wir die Chance für Kinder, ihre Väter und Mütter in ernsthaftem Gebet zu erleben. Die Kinder verpassen die klassischen Lieder des Glaubens. Den Klang einer guten Predigt bekommen sie nicht mit, dabei hat schon der Tonfall eine eigene Botschaft, die selbst Kinder schon erspüren können, selbst wenn sie die theologischen Feinheiten noch nicht erfassen mögen. Kinder werden von der geistlichen Familie ausgeschlossen, die sich in Gottes Gegenwart versammelt.

Ein Freund von mir war der Keyboarder seiner Gemeinde, die in ihrem Sonntagabendgottesdienst keine Kinderbetreuung für Kinder über zwei Jahren anbot. Die Kinder dieses Mannes sind inzwischen erwachsen. Aber zu ihren schönsten Erinnerungen zählen die an das Ende des Gottesdienstes, wenn ihr Vater während einer ausgedehnten Gebetszeit noch leise Klavier spielte. Mindestens eines seiner Kinder kam dann vom Seitenschiff her nach vorn und setzte sich neben ihn auf die Bank, einfach nur, um seine Hände zu beobachten und auf die Musik zu hören, die der Vater machte. Wenn der Abendgottesdienst schließlich endete, kam dem Kind das Vergnügen zu, den Knopf zu betätigen, der das Instrument für die Nacht ausschaltete. Mehr als zwei Jahrzehnte später freuten sich die Kinder immer noch an der Erinnerung daran und sprachen darüber.

Wie man den Umgang mit Kindern auch gestalten mag, es bleibt die Notwendigkeit für Erwachsene bestehen, Kinder mit Liebe, Aufmerksamkeit und Unterstützung zu umgeben – und zwar die eigenen wie auch die Kinder anderer. Das betrifft uns alle. Niemand von uns ist als Insel konzipiert. Das Wort *Gemeinschaft* ist mehr als nur ein graues, soziologisches Schlagwort. Es ist ein göttliches Konzept, erdacht vom Schöpfer der Kinder, um ihre Seelen zu nähren und ihre Herzen zu weiten, während sie heranwachsen. Diesen göttlichen Willen zu ignorieren ist gleichbedeutend damit, Samen zu säen für Störungen der Persönlichkeitsentwicklung und zukünftige Traumata. Die Kinder im Zentrum unseres Lebens willkommen zu heißen, bedeutet nicht nur, *sie* zu bereichern, sondern auch uns selber.

4 | Ganzheitlichkeit von Körper und Seele

Wenn wir ganzheitlich leben, wie im vorangegangenen Kapitel beschrieben, werden wir es leichter finden, ganzheitliche Arbeit zu leisten und uns um die ganze Bandbreite der Bedürfnisse unserer Kinder zu kümmern und – wenn wir schon einmal dabei sind – ebenso um die Bedürfnisse aller Menschen, denen wir dienen. Menschen sind keine Ansammlung einzelner Schubladen. Ihre körperliche Gesundheit kann nicht isoliert betrachtet werden von ihren Gefühlen, ihren Finanzen, ihren sozialen Beziehungen, ihrer Sexualität, ihren Fähigkeiten, ihren Fertigkeiten, ihren Talenten oder ihrem seelischen Befinden. Einen Aspekt zu behandeln, während man die anderen ignoriert, wäre kurzsichtig und ineffektiv.

Wenn wir auf die Bedürfnisse von Kindern eingehen wollen, die die schwächsten und in mancher Hinsicht wertvollsten Mitglieder der Gesellschaft sind, müssen wir auf ein breites Spektrum von Punkten achten. Wir sind hier nicht bei der Kartoffelernte. Wir bauen kein Etagenbett nach Anleitung zusammen. Wir formen *menschliches Leben* in seiner ganzen erstaunlichen Komplexität. Dieses Projekt ist so facettenreich wie kein anderes, und es erfordert eine ganzheitliche Betrachtung.

Kinder in ein stabiles Erwachsenenalter zu begleiten ist eine komplexe Aufgabe, wie jeder gewissenhafte Elternteil weiß. Welches andere Projekt im Leben würden wir in Angriff nehmen, das viele Tausende von Stunden erfordert, Tag und Nacht, über beinahe zwei Jahrzehnte? Und Zeit ist nur ein Teilaspekt des Ganzen. Für ganzheitliche Betreuung von Kindern gibt es keine Formel. Unsere Mission in Bezug auf Kinder zu erfüllen erfordert intensives Nachdenken, Beobachtung und Gebet. Wenn wir uns nur auf eine Facette der Aufgabe konzentrieren – sagen wir: Ernährung, Disziplin oder Bildung –, vernachlässigen wir gleichzeitig drei oder vier andere Facetten.

Ich bin so dankbar, dass ich das große Vorrecht hatte, Eltern mit Weitwinkel-Perspektive zu haben. Sie spezialisierten sich nicht auf ein oder zwei Dinge und ließen andere außer Acht. Im Privaten, also bei der Erziehung meiner Schwester und mir, wie auch in der Öffentlichkeit ihres missionarischen Dienstes an anderen Menschen behielten sie stets die gesamte Aufgabe im Blick.

Und das führt mich zu einer anderen Geschichte …

In den Busch

Stundenlang hatte ich bei meinem Vater hinten auf dem Fahrrad gesessen und nur die hohen grünen Stängel des Elefantengrases gesehen, die mich von beiden Seiten streiften. Ab und zu fiel mein Blick auf den blauen afrikanischen Himmel über mir und den verschwitzten Rücken meines Vaters, während er auf dem engen Pfad durch die Savanne in die Pedalen trat. Ich spürte die kraftvollen Bewegungen seiner Beine, während wir uns durch die Savanne schlängelten. Es erfüllte mich mit Stolz, mit seinen Bewegungen mitzugehen, um ihm nicht noch mehr Mühe zu bereiten. Das größte Kompliment, das ich am Ende einer langen, heißen Fahrradtour bekommen konnte, war: „Fast hätte ich vergessen, dass du hinter mir gesessen hast, mein Junge."

Die zweispurige Straße, an der wir unseren Pick-up zurückgelassen hatten, schien uns jetzt wie eine Autobahn. Sie führte aber einfach nicht weit genug in die entlegenen Gegenden, in die wir unbedingt reisen wollten, um neue Ortschaften für das Evangelium zu erschließen. Der Pfad, auf dem wir jetzt unterwegs waren, war nur etwa dreißig Zentimeter breit, ein staubiges Band in einem grünen Tunnel.

Gelegentliche weiche Hubbel auf dem Weg konnten eine Puffotter sein oder auch eine gefährliche Viper, deren giftiger Biss einen erwachsenen Mann binnen Minuten töten konnte. Mit ein bisschen Glück war es eine zischende Kobra. Wir hielten niemals an, um es herauszufinden, aber ich hob meine bloßen Beine hoch und erschauerte unwillkürlich bei dem bedrohlichen Geräusch hinter uns im Gras.

Manche der Bauern in dieser Region hatten noch nie zuvor ein Auto gesehen oder noch nicht einmal ein Fahrrad. In manchen Orten waren mein Vater und ich die ersten hellhäutigen Menschen, die dort seit zwei Jahrhunderten aufgekreuzt waren. Die französischen Kolonialbeamten wagten sich nicht so weit von der Zivilisation weg. Somit bestand eine hohe Wahrscheinlichkeit, dass die letzten weißen Männer, die hier aufgetaucht waren, mit dem Ziel gekommen waren, Eingeborene in die Versklavung abzuholen! Die Elfenbeinküste ist der Teil Westafrikas, von wo aus mehr als zwei Millionen junger Menschen in Handschellen fortgeholt wurden. Es waren also die Vorfahren ebendieser Menschen gewesen, die wir nun besuchten, deren sorgenvolle Lieder nachts über den Ozean schallten, während sie an Bord von Sklavenschiffen weiter und weiter von zu Hause weggebracht wurden.

Die Erinnerung an den Horror des Sklavenhandels war durch mündliche Überlieferung über zahlreiche Generationen wachgehalten worden. Diese entlegenen Stämme waren so verängstigt, dass in manchen Orten noch Überreste von hohen Lehmwänden zu sehen waren, die einst errichtet worden waren, um Eindringlinge abzuhalten.

Oft dienten uns Alezye und ein Einheimischer, der sich aus seiner Hütte herausgetraut hatte, um uns zu treffen, als Führer, Dolmetscher und – wenn nötig – „Beschützer". Sie halfen die Jahrzehnte alten Gerüchte zu entkräften, dass weiße Menschen schwarze Kinder fraßen.

Wir machten eine Reihe von Ausflügen wie diesen zu verschiedenen Dörfern, als Teil des Missionsauftrages, die gute Nachricht „bis an das Ende der Erde" zu bringen. So tauchte irgendwann unser Fahrrad aus dem dichten Elefantengras in einer Lichtung innerhalb des Dschungels auf, die von den Feldern um das Dorf herum gebildet wurde. Obwohl die Dorftrommeln unsere Ankunft bereits angekündigt hatten und wir begleitet waren von einem vertrauenswürdigen Mitglied der Dorfgemeinschaft, löste der Anblick von zwei Weißen mit Tropenhelmen, die auf einer Drahtvorrichtung ritten, unter der Bevölkerung dennoch Angst und Panik aus. Mit Gekreische und Warnschreien flohen Alte und Junge aus den Feldern in die Sicherheit ihrer

Hütten im Dorf. Ich lugte hinter dem Rücken meines Vaters hervor und war jedes Mal tief bewegt. Wir waren alles andere als Sklavenhändler; wir liebten diese Menschen. Wenn sie das nur wüssten!

Bis wir am Rande des Dorfes von unserem Fahrrad abgestiegen waren, war keine Menschenseele mehr zu sehen. Alle hatten sich in das Dunkel ihrer Hütten verkrochen. Zweifellos dachten sie: *„Die Legenden sind wahr! Schließlich haben uns die Weißen doch gefunden!"* Mein Vater hielt mich beruhigend an der Hand, und so ging unsere kleine Gruppe langsam los tiefer und tiefer in das scheinbar verlassene Dorf hinein. Durch einen Hof nach dem anderen wand sich unser Weg wie durch ein leeres Labyrinth, wobei uns jeder Schritt verletzlicher machte, da er uns in die Gefahr brachte, angegriffen zu werden. Auf dem gesamten Weg sahen wir keine Menschenseele. Schließlich gelangten wir in den Hof des Häuptlings in der Dorfmitte.

Dann erhob mein Vater seine Stimme. In der Eingeborenensprache Senari rief er aus: „Bitte, habt keine Angst! Wir sind nicht gekommen, um euch zu Sklaven zu machen. Wir kommen als Freunde. Wir kommen, um euch von einem Gott zu erzählen, der euch liebt und sich für euch interessiert!" Wenn nötig, fügte dann der Eingeborene, der uns begleitet hatte, seine Übersetzung hinzu sowie seine Beschwichtigungen an die unsichtbaren Zuhörer.

In diesem Moment, als wir dort standen, wusste ich, dass es hilfreich war, dass ich dabei war. Die Gegenwart eines Kindes, wenn auch eines weißen, half, Befürchtungen auszuschalten. Die Sklavenhändler waren nicht mit Kindern im Schlepptau gekommen.

Nach einer kurzen Stille waren die Ersten, die sich zeigten, die kleinen Kinder. Unfähig, ihre Neugier zu verbergen, schauten sie vorsichtig hinter den Türschwellen hervor. Afrikanische Hütten hatten – wie unsere vorher erwähnten Kirchengebäude – eine etwa dreißig Zentimeter hohe Lehmschwelle, die Schlangen davon abhalten sollte, hereinzukommen. Wenn wir zu diesen Barrieren hinsahen, konnten wir nicht viel erkennen außer weißen Augenpaaren und gelegentlich ein paar blitzenden Zahnreihen, wenn es mir gelungen war, sie zum Lächeln zu bewegen.

Als die Dorfbewohner sahen, dass ihren Kindern nichts Böses geschah, war die nächste Bevölkerungsschicht, die sich heraustraute, die der Frauen. Sie kamen vorsichtig zunächst zu mir und streckten schüchtern ihre Hände nach mir aus, um mein glattes braunes Haar zu berühren. Sie kicherten und staunten über so etwas Komisches. Als Nächstes berührten sie meine Arme und rieben sachte daran, um zu sehen, ob sich das Weiße wegrubbeln ließ. Ich stieg auf den Spaß ein, rieb meine Haut feste und tat dann so, als sei ich enttäuscht, dass das Weiße sich einfach nicht abwischen ließ. *Wenn ihr nur wüsstet,* dachte ich dabei. *Glaubt mir, wenn ich das Weiße einfach durch Abrubbeln loswerden könnte, dann hätte ich das längst getan.*

„Geht das Schwarz bei euch ab?", fragte ich. Die Zuschauer quietschten vor Lachen. Bei den Kindern war das Eis gebrochen. Das Nächste, was passierte, war, dass die Jungen und die Männer auch dazukamen. Die letzte Person, die hervortrat und damit ihre Zustimmung zu der Begegnung zweier Welten signalisierte, war der Häuptling des Dorfes.

Eine neue Art von Liebe

An dem Tag aber, an dem wir an einem entlegenen Ort namens Kashongo ankamen, lagen die Dinge etwas anders. Es waren die Mütter, die sich zuerst aus den Häusern heraustrauten. Die Kinder, die sie auf ihren Rücken gebunden hatten oder in ihrem Arm hielten, lächelten nicht. Man sah gleich, dass sie sehr, sehr krank waren. In ganz Kashongo war an diesem Tag kein Lachen zu hören. Die Herzen der Menschen waren voller Kummer und Angst wegen der Krankheit unter den Kindern des Dorfes, die sogar Todesfälle gefordert hatte.

Die tröstlichen Worte: „Wir sind zu euch gekommen, um euch von einem Gott zu erzählen, der euch liebt und der sich für euch interessiert", trafen auf taube Ohren. Wir konnten die Hoffnungslosigkeit in ihren Augen sehen. Die Trommeln, die wir bei unserer Ankunft gehört hatten, verbreiteten eine zweifache Botschaft, nicht nur die Neuigkeit von unserem Herannahen, sondern auch die Nachricht von ihren tragischen Verlusten. Es waren Todestrommeln.

Als der Häuptling von Kashongo aus seiner Hütte heraustrat, war er bemüht, ein freundlicher Gastgeber zu sein, aber seine Besorgnis und sein Kummer waren offensichtlich. Wir setzten uns zum Reden nieder. Während sich ein Gespräch entspann, nahm mein Vater einen kleinen Jungen auf den Schoß, der vielleicht sechs Jahre alt sein mochte. Das Kind war teilnahmslos und hatte einen dicken, aufgeblähten Bauch. Seine Mutter beschrieb, dass er an Durchfall, Fieber und Appetitmangel litt. „Er ist mein *zye*", sagte sie voller Trauer – ihr erstgeborener Sohn. Ihre Stimme zitterte und ihre Augen füllten sich mit Tränen, als sie erklärte, dass ihre kleineren Kinder, ihr „*zana*" und „*beh*", nicht mehr lebten. Sie waren beide in den vergangenen zwei Wochen gestorben.

Dies war eines der wenigen Male, dass ich meinen Vater weinen sah. Sein Kinn zitterte, seine Augen füllten sich mit Tränen. Ich saß zu seinen Füßen, als eine Träne seine staubige, verschwitzte Wange herunterlief. Unsere Augen trafen sich in einem verschwommenen Blick voller Kummer. In diesem Moment erhaschte ich einen Blick in das Herz meines Vaters, und ich verstand, was es bedeutete, von Mitgefühl (englisch *compassion)* bewegt zu sein.

Ich sollte einen Moment innehalten und Ihnen etwas davon erzählen, was diesen Moment zu einem so wertvollen und sogar strategischen machte. Mein Vater und die anderen Konservativen Baptisten (ein Zusammenschluss vieler protestantischer Gemeinden auf der Basis konservativer Theologie gepaart mit missionarischem Eifer, gegründet in den 1940er-Jahren) seiner Zeit, die sich der monumentalen Aufgabe verschrieben hatten, die Sprache Senari in Schriftform zu bringen und dann eine Bibelübersetzung in diese Sprache vorzunehmen, sahen sich vor einem verblüffenden Problem: Nach monatelangen Diskussionen und Recherchen kamen sie zu der Überzeugung, dass Senari tatsächlich kein Wort besaß für die allumfassende Liebe. So liebevoll diese Menschen auch miteinander umgingen, der Begriff von wahrer Liebe, unverdient und bedingungslos – Gottes Liebe –, schien nicht zu existieren. Das Wort, was noch am nächsten an diesen Begriff herankam, war *dene*, was so viel bedeutete wie „zufrieden sein" mit etwas. Es gab Möglichkeiten zu sagen: „An meiner Frau habe ich Freude. An meinen Kindern habe ich Freude. An meinen Ziegen habe ich Freude." Aber es war ein innerlicher, auf die eigene Person bezogener Begriff, der weit hinter einer Beschreibung von Gottes erstaunlicher Liebe zu den Menschen zurückblieb.

Was sollten also die Übersetzer machen mit dem Bibelvers, der so zentral ist für das Verständnis von Gottes Liebe und seinem Plan der Errettung der Menschheit in Johannes 3,16: „Denn also hat Gott die Welt geliebt, dass er seinen eingeborenen Sohn gab, damit alle, die an ihn glauben, nicht verloren werden, sondern das ewige Leben haben"? Wie konnte man die wahre und vollständige Bedeutung des Satzes in Senari wiedergeben? Das gesamte Konzept der Erlösung war gefährdet.

Einfach zu übersetzen: „Gott hatte Freude an der Welt …", würde nicht ausreichen. Nach vielen Diskussionen und Gebeten hatte man eine Idee: Wenn man das Wort *keele* an *dene* anhängte, so bedeutete die Kombination beider Wörter eine Zuneigung, die frei fließt. Das war der Begriff, den mein Vater benutzte, wenn er sagte: „Wir sind gekommen, um euch von einem Gott zu erzählen, der euch liebt."

Mit dem sterbenden Kind im Arm war es genau diese Liebe, die auch meinen Vater an diesem Nachmittag überkam.

Was konnte man tun? Er besann sich auf seine ländlichen Wurzeln als Kind einer Bauernfamilie in Colorado und erkannte schnell die Auswirkungen von verschmutztem Wasser auf den menschlichen Körper. Unter dem Baum sitzend fragte mein Vater den Häuptling ruhig: „Woher holt ihr euer Wasser?"

Der Häuptling war überrascht. Er deutete in Richtung Dorfausgang, dorthin, wo die Sonne unterging.

„Darf ich es sehen?", fragte mein Vater. Damit erhob sich die gesamte Versammlung und ging langsam hinüber zu dem Wasserloch des Dorfes.

Es handelte sich um ein schlichtes Erdloch von etwas mehr als einem Meter Durchmesser, das in den Boden gegraben worden war. Die Ränder waren teilweise eingekerbt von den daran reibenden Hanfseilen, an denen selbst gemachte Eimer heruntergelassen und wieder hochgezogen wurden. Tiere streunten in der Nähe der Öffnung des Brunnens vorbei, und überall lagen ihre Exkremente herum. Das Gravierendste war jedoch, dass der Boden um das Wasserloch herum nach innen abfiel, sodass jegliches verschüttete Wasser in das Erdloch zurücklief. Der ganze Brunnen war ein Gesundheitsrisiko gigantischen Ausmaßes.

„Ich denke, ich kann euch helfen bei eurem Problem mit den kranken Kindern", sagte mein Vater zu dem Häuptling. „Aber ich werde ein paar Männer brauchen, die mit mir zusammenarbeiten."

Der Häuptling richtete sich auf, sah sich unter den Männern des Dorfes um und fing an, mit dem Finger auf sie zu zeigen: „Du, du, du und du, und deine Söhne! Ihr helft dem weißen Mann."

Über Nacht blieben wir in einer Gästehütte, und am nächsten Tag ging mein Vater an die Arbeit. Wir wussten, dass dieses Projekt eine ganze Zeit in Anspruch nehmen würde. Aber die Dorfbewohner waren mehr als bereit, uns Essen und Quartier zu gewähren. Ihre Hoffnungen waren hochgesteckt.

Bald war der Brunnen gereinigt. Eine Barrikade aus Dornenbüschen wurde errichtet, um die Tiere davon abzuhalten, vorbeizulaufen und das Wasser zu verschmutzen. Die Öffnung des Brunnens wurde erhöht, sodass vergossenes Wasser nach außen weglief statt wieder hinein. Bei einem weiteren Besuch brachten wir einen Flaschenzug mit, sodass Eimer hinuntergelassen werden konnten, ohne dass deren zerbrechliche Seiten gegen die Brunnenwände schlugen. Eine hölzerne Abdeckung wurde angefertigt, um den Brunnen bei Nacht zu schützen.

Unterdessen hatten wir einen Boten zu dem Missionskrankenhaus in Ferkessédougou geschickt, um Medizin für alle kranken Kinder zu besorgen. Mein Vater hatte mit seiner Vermutung richtiggelegen, dass sie unter Guineawürmern litten. Das ist eine Krankheit, die man sich zuzieht, wenn man verunreinigtes Trinkwasser zu sich nimmt. Darin sind häufig Flöhe enthalten, die die Larven der Guineawürmer in sich tragen. Die Würmer verlassen schließlich den Körper über die Haut ihres Wirts, wo sie schmerzhafte Beulen verursachen. Sie können lange Leidensphasen bedingen und führen als Nachwirkung manchmal zu Verkrüppelungen.

Nie habe ich meinen Vater so schmutzig, so verschwitzt und so glücklich gesehen wie in diesen Tagen. Es war ein echter Liebesdienst, ausgeführt unter viel Gelächter, und mein Vater erntete Umarmungen und Schulterklopfen für seine gute Arbeit. Schließlich kam der Dorfhäuptling mit seinen Männern dazu, und die Arbeiten gingen rasch voran. Da sich der Gesundheitszustand der Kinder stetig besserte, wuchs die Glaubwürdigkeit meines Vaters. Als er bei der nächsten Dorfversammlung sprach, beugten sich die Menschen vor, um zu hören, was er zu sagen hatte.

Innerhalb von Wochen war der Brunnen komplett gesäubert und instand gesetzt. Die Kinder waren wieder gesund, und bei einer der Versammlungen im Dorf erhob sich der Häuptling und sagte zu meinem Vater: „Was war es, *Sir*, das dir an uns so gut gefallen hat, dass du uns diese große Freundlichkeit erwiesen hast?"

Ich beobachtete, wie diese Worte im Kopf meines Vaters ankamen. *Was war es, das dir an uns so gut gefallen hat?* Plötzlich sah ich, wie er zu strahlen begann. Er sah dem Häuptling in die Augen und sagte: „Es gibt vieles an euch, was mir gefällt, jetzt, wo wir Freunde geworden sind und diese große Arbeit zusammen geleistet haben. Aber vor ein paar Wochen, als mein Sohn und ich in Kashongo ankamen, habe ich euch noch nicht einmal gekannt. Alles, was ich sah, war eure Not, das Leid eurer Kinder – und ich habe euch geliebt. Ich wollte – ich musste! – helfen. Das ist es, was die *keele*-Liebe macht. Genau so fühlt mein Gott für euch."

Dieser Moment war ein Durchbruch in der Verkündigung des Evangeliums in diesem entlegenen Dorf. Taten hatten lauter gesprochen, als es Worte jemals tun könnten. Körperliche Nöte hatten die Tür geöffnet für geistliche Nöte. Leid war der Vorläufer gewesen für Segen.

Nicht viel später wählten viele in dem Dorf den „Jesusweg". Sie verstanden Liebe und wollten sie in ihrem Leben haben. Es wurde mit dem Bau einer Dorfkirche begonnen.

Der schicksalhafte Brief

Einige Monate später, wieder zu Hause in Nielle, saß unsere Familie eines Abends an unserem Falttisch aus Karton, der uns als Esstisch, als Schreibtisch und als Bügelbrett diente. Beim Licht der zischenden Campinglampe diskutierten wir darüber, was das Thema unseres nächsten „Gebetsbriefes" sein sollte, den wir – wie fast jede Missionarsfamilie – nach Hause schickten, um unsere Unterstützer auf dem Laufenden zu halten. Was würde die Herzen der Menschen anrühren, sie motivieren für uns zu beten und sie anregen, uns finanziell zu unterstützen? Wie üblich waren die Staffords weit unter ihrem Unterstützungslevel, und das Hauptbüro der Missionsgesellschaft drängte uns sanft, unseren Anteil beizutragen.

Es gibt vielleicht keine größere Plage im Leben eines Missionars als den Gebetsbrief. Nachdem ich mein Leben in allen Ecken der Erde verbracht habe, kann ich – meiner Beobachtung nach – sagen: Je besser der Missionar ist, umso schlechter scheint sein Missionsbrief zu sein! Die Qualität der missionarischen Arbeit scheint umgekehrt proportional zu sein zu der Attraktivität ihrer Berichte. Dasselbe scheint wohl auch für den Reisedienst zu gelten, wenn die Missionare wieder zurück in der Heimat sind und ihre Runden machen. Unbedeutende Mitarbeiter im Außendienst, die in Übersee nicht wirklich viel auf die Beine stellen, bringen irgendwie die verblüffendsten Geschichten und Bilder von ihren Heldentaten, die die heimische Zuhörerschaft fesseln, ihnen Ehrfurcht einflößen und sie in ihren Jacken nach ihren Brieftaschen wühlen lassen, wenn der Klingelbeutel herumgereicht wird. Unterdessen scheinen wirklich große, interkulturell versierte, couragierte, aufopfernde missionarische Pioniere in voll klimatisierten Gottesdiensträumen zu stammeln und zu stottern, sobald sie den Mund aufmachen, und ihre Bescheidenheit widerlegt ihre erstaunlichen Errungenschaften. Gemeindebesucher, die weit bessere Redner gewohnt sind, dösen ein.

Vielleicht übertreibe ich ein wenig, aber nicht viel …

Mein Vater gehörte definitiv der zweiten Gruppe an: ein geistlicher Riese in seinem interkulturellen Gottesdienst, der auf der

Kanzel aber zusammenschrumpfte und fast einging. In seinen schwärzesten, mutlosesten Augenblicken während Heimatdiensten, wenn die Autoscheinwerfer die dunkle Nacht auf einem weiteren einsamen Highway auf dem Heimweg von einem weiteren Missionsgottesdienst irgendwo im Nirgendwo durchschnitten, stöhnte er: „Wesley, es gibt nur zwei Arten von Menschen, die ihren Lebensunterhalt mit dem verdienen, was sie tun: uns und Zirkusartisten."

Als wir an diesem Abend um unseren Papptisch herum saßen, bot ich meinem Vater an, ihm beim nächsten Gebetsbrief zu helfen. „Ich habe eine tolle Idee", rief ich aufgeregt. „Erzähl ihnen über die Bekehrung von Kashongo! Erzähl ihnen davon, wie wir den Brunnen repariert haben, darüber, wie sie sich *Liebe* vorstellen konnten, dadurch, dass wir ihren Kindern geholfen haben, und über die Anfänge der neuen kleinen Gemeinde!"

Bei dem Gedanken richtete sich mein Vater auf. Seine Augen begannen zu leuchten. Er griff nach einem Blatt Papier und einem Bleistift und machte sich wie ein Wilder an die Arbeit. Wir lehnten uns zurück und grinsten. Ein weiterer Monat war finanziell gesichert.

Mit Eifer schrieb er den ganzen Abend. Ich konnte beobachten, wie er die großen Emotionen und den ganzen Werdegang der Kirche in dem abgelegenen Dorf noch einmal durchlebte. Aber er führte seine Arbeit mehrere Abende lang fort und saß über seinen Papieren bis in die Nacht hinein. Oft saß er bloß da und starrte in die Ferne, radierte aus, schrieb neu …

Schließlich tippte meine Mutter alles auf Zwiebelhautpapier und steckte es in einen Luftpostumschlag, und ich händigte es dem Fahrer des Marktlasters aus, der es in den Briefkasten stecken sollte, sobald er wieder in der Stadt war.

Wie gewöhnlich dauerte es Monate, bis der Marktlaster uns vom Hauptbüro in Chicago eine Kopie des fertigen Gebetsbriefes überbrachte. Der Brief war lange in den Händen unserer Auftraggeber gewesen, bevor wir ihn wiedersahen.

Mit fassungslosem Staunen las ich die Worte meines Vaters. „Preist den Herrn für das mächtige Wirken des Heiligen Geistes in dem Dorf Kashongo. Durch Gottes Gnade konnte eine kleine

Gruppe Gläubiger für das Königreich Gottes gewonnen werden. Betet, dass Gottes Liebe diesen Ort durchdringen kann und dass Gottes Königreich um eine mächtige Gemeinde erweitert werden möge. Dank an Euch für Eure Großzügigkeit und Eure gebetsreiche Unterstützung. Hochachtungsvoll, Eure Staffords an der Elfenbeinküste."

Ich traute meinen Augen nicht. Sie hatten wirklich das Letzte aus der Geschichte herausgeholt!

„Papa!", protestierte ich im selben Moment, als ich durch die Tür unseres Hauses rannte. „Du hast am Thema vorbeigeschrieben. Warum hast du ihnen nicht von den kranken Kindern erzählt? Was ist mit dem Brunnen? Weißt du noch, wie dankbar sie alle waren? Was soll der ganze spirituelle Hokuspokus?"

Nie werde ich den niedergeschlagenen Blick im Gesicht dieses großen Mannes vergessen. „Ich weiß, Wesley", sagte er, „aber je mehr ich schrieb und darüber nachdachte, umso mehr von der Geschichte musste ich streichen. Siehst du, mein Sohn, diese Leute haben mich nach Afrika gesandt, um dort geistliche Werke zu tun, wie das Evangelium zu verkünden und die Bibel zu übersetzen. Ich glaube nicht, dass sie es verstehen würden, dass ich drei Wochen im Dreck verbracht habe, um einen Brunnen in Kashongo zu bauen."

Ich starrte ihn ungläubig an, während mir Tränen in die Augen schossen. Ich konnte sehen, dass es ihm das Herz brach. Ich war entrüstet. Mit meiner kleinen Faust schlug ich auf den Tisch und heulte: „Papa, wenn das nicht das ist, wofür Missionare da sind, dann will ich keiner sein!" Schluchzend verschwand ich in mein Bett.

Härtere Worte hätte ich meinem Vater kaum sagen können. Schließlich waren wir Partner. Wir machten alles zusammen. In meiner Vorstellung war ich bereits ein Missionar. Das war alles furchtbar, furchtbar falsch. Das spürte ich in meinem kindlichen Gemüt.

Kein Entweder-oder

Damals ahnte ich nicht, dass dies die erste von vielen solcher Schlachten war, die mir noch bevorstanden, und dass ich den Rest meines Lebens damit verbringen würde, auf Messers Schneide zu balancieren zwischen physischem und geistlichem Dienst.

Wir wollen einmal annehmen, dass in der christlichen Welt gewisse Fortschritte gemacht worden sind seit diesem Tag in den 1950er-Jahren. Viele Leiter sind hervorgetreten und haben erklärt, dass Christus gekommen sei, um den ganzen Menschen zu erretten – Körper, Seele und Geist. Das Lausanner Komitee für Weltevangelisation und andere christliche Gremien haben förmliche Erklärungen aufgesetzt, die den Wert von ganzheitlichem Dienst unterstreichen.

Aber einer Reihe von Missionsorganisationen ist selbst heute noch praktische Entwicklungshilfe im weiteren Sinne suspekt. Dieses Aufgabenfeld überlassen sie entweder Organisationen wie unserem Kinderhilfswerk Compassion – so als handle es sich um irgendein sonderbares Spezialgebiet –, oder sie bilden eine kleine Abordnung innerhalb ihrer eigenen Organisation, die sehr abgegrenzt von der Hauptrichtung agiert. Integration ist für sie scheinbar immer noch ein Fremdwort.

Mittlerweile haben wohl andere Gruppen den Umschwung auf die andere Seite vollzogen. Sie sind recht willig, den Hungrigen zu essen zu geben und die Verwundeten zu verbinden, aber sie werden nervös, wenn sie das Wort mit „J" in den Mund nehmen sollen: *Jesus.* Sie scheuen sich, die Motive für ihre humanitäre Unterstützung klarzustellen.

Im Gegensatz dazu lautet unser offizieller Leitgedanke bei Compassion International: „Kinder aus Armut befreien im Namen Jesu". Alle unsere Schriftstücke tragen dieses Motto. Der bedeutende Missionar E. Stanley Jones, ein Methodist, der in der ersten Hälfte des 20. Jahrhunderts in Indien tätig war, formulierte es richtig, als er 1970 in einer Rede den geistlichen Dienst und den praktischen Dienst miteinander verglich. „Ersteres", sagte er, „ist eine Seele ohne Körper", während Letzteres „ein Körper ohne Seele" ist. „Das eine ist ein Gespenst, das andere eine Leiche; das können Sie sich aussuchen. Ich möchte nicht das eine *oder* das andere. Ich möchte beides!"

Beim Dienst an Kindern muss man nicht zwischen der geistlichen und der praktischen Ausrichtung wählen. Kinder denken ziemlich geradlinig. Sie tun sich schwer zu erraten, warum wir das tun, was wir tun. Sie müssen einfach spüren, dass wir sie lieben, uns um sie sorgen, an sie glauben, zu ihnen stehen – alles im Namen des größten Freundes, den ein Kind jemals haben kann: Jesus Christus.

5 | *Zeit ist wie ein Fluss*

Kinder ziehen in fast allen Lebensbereichen den Kürzeren – außer in einem.

Wenn es um körperliche Größe geht, können sie offensichtlich nicht mithalten. Wir registrieren auf der Entbindungsstation, dass das Neugeborene bloß fünfzig Zentimeter groß ist. Diese Statistik wird mit rosa oder hellblauen Geburtsanzeigen an die Familie und an Freunde geschickt. Im Laufe der Jahre wächst das Kind langsam in die Erwachsenenwelt hinein, aber dieser Prozess dauert mindestens eineinhalb Jahrzehnte.

Kinder haben offenbar nicht viel Geld. In den frühen Jahren reagieren sie begeistert auf ein paar Cent oder Euro, während ihre Eltern Tausende von Euros verwalten. Kinder hängen fast vollständig davon ab, dass ihnen Erwachsene das Lebensnotwendige kaufen.

Kinder sind außerdem erschreckend schlecht ausgestattet mit Alltagskompetenzen. Sie benötigen Monate, um zu lernen, wie man sich die Schuhe zubindet, wie man „Katze" buchstabiert oder wie man auf einem Fahrrad die Balance hält. Ihre Tage und Nächte sind angefüllt mit Herausforderungen, von denen sie nicht wissen, wie sie damit umgehen sollen.

Aber auf einer Ebene sind sie von Geburt an voll ausgestattet und sind jedem stolzen Erwachsenen ebenbürtig. Was ist das für eine Ebene? Sie haben ebenso viel *Zeit* wie jeder andere. Sie haben vierundzwanzig Stunden pro Tag, 168 Stunden pro Woche – Kinder genießen die gleiche Zeitmenge, die uns allen zugeteilt ist.

Natürlich ist ihnen dies nicht bewusst. Das Geschenk der Zeit ist unterbewusst vorhanden. Sie wissen sicherlich nicht, wie man Zeit misst, und können sie dadurch auch nicht bewusst einteilen. Sie führen keine Terminkalender oder stiftgesteuerte Taschencomputer, die ihnen sagen, was als Nächstes zu tun ist. Früh im Leben eines Kindes haben die Erwachsenen das Bestreben, ihm beizubringen, wie man die Uhr liest. Diese Aufgabe ist nun im Zeitalter von Digitaluhren einfacher geworden, wenngleich jedes Kind, das zählen kann, sich dennoch wundern muss, warum auf die neunundfünfzigste Minute nicht natürlicherweise die sechzigste folgt, dann einundsechzig, zweiundsechzig und dreiundsechzig. Aber während die Fertigkeit, die Uhr zu lesen, schon eine gewisse Reife erfordert, sind Kinder einfach täglich in der Lage, Zeit *ungehindert zu genießen*. Erst allmählich treten im Laufe der Jahre Einschränkungen auf und gewinnen an Einfluss.

Nun hatte ich persönlich nicht mit solchen Schwierigkeiten fertig zu werden, als ich in Nielle aufwuchs. Es gab keinen festen Zeitplan. Vor meinem vierzehnten Lebensjahr, als wir in die Vereinigten Staaten zurückkehrten, trug ich keine Uhr. Dort lernte ich verspätet, dass man nicht ohne Uhr leben konnte. Ich war das Dorfleben gewohnt, wo jeder wusste, dass der Gottesdienst ungefähr dann anfing, wenn die Sonne oberhalb einer bestimmten Baumlinie war, und dass er andauerte, bis die Sonne ungefähr auf halber Höhe am gegenüberliegenden Horizont stand. Das war genau genug.

In Amerika war es übrigens bis ins neunzehnte Jahrhundert hinein ähnlich. Sogar Städte, die Uhren besaßen, stellten sie lokal unterschiedlich, sodass in einem Ort zu einer ganz anderen Zeit 8:15 Uhr sein konnte als im nächsten Ort fünf Meilen weiter. Jetzt, nur ungefähr 130 Jahre später, sind wir in der entwickelten Welt absolut versessen auf Zeitmanagement. Wir verplanen unser Leben bis zur letzten Nanosekunde. Wir nutzen elektronische Erinnerungssignale, die uns sagen, was wir als Nächstes zu tun haben. Wir planen unsere Verabredungen unmittelbar aufeinanderfolgend und sind am Ende des Tages erschöpft von der Dichte der Ereignisse.

Nachdem sie ihr eigenes Leben vollgepackt haben, fahren viele Eltern fort, dasselbe mit dem ihrer Kinder zu tun. Die Woche wird zu einem Konglomerat von Schule, Sporttraining, Musikunterricht und schon bald auch Teilzeitjobs. Kinder haben wenige Gelegenheiten, sich zurückzulehnen und den Himmel zu betrachten oder eine Blume zu bemerken; denn schon wartet die nächste Aktivität.

Das amerikanische Nachrichtenmagazin *U. S. News & World Report* brachte vor einiger Zeit eine achtseitige Titelgeschichte darüber, was schiefgelaufen ist beim Kindersport. Sie schilderte, dass zusätzlich zu der normalen Baseballliga für Acht- bis Zwölfjährige und der größten und ältesten Football- und Cheerleader-Jugendorganisation Pop Warner eine komplette weitere Liga von Turbosportarten, genannt Reiseteams, noch mehr von den Kindern verlange. Infolgedessen leide ein beunruhigend hoher Prozentsatz von talentierten jungen Athleten unter Burnout und höre ganz mit der Sportart auf. Niemand scheine bereit zu sein, die Statistiken zu bestätigen, aber überall gebe es bestätigende Einzelberichte. Junge Menschen seien einfach nicht dafür geschaffen, die Erfüllungsmaschinen für die Träume der Erwachsenen zu werden. Sie brauchen Zeit zum Atmen, zum Fantasieren, zum Staunen und einfach zum Entspannen. Es gehe nicht darum, Faulheit oder stundenlange Untätigkeit vor dem Fernseher stillschweigend zu dulden. Aber ein wesentlicher Bestandteil des Erwachsenwerdens sei ein vernünftiger Lebensrhythmus.

Die Strapazen des Klarinettenspiels

Kinder können auch in anderen Bereichen unter Druck geraten als nur beim Sport. In manchen Haushalten spielt die Fixierung auf Musikunterricht oder Schulnoten die gleiche Rolle. Ich erinnere mich an eine sagenhaft wohlhabende Familie, wo ich während meines Masterstudiums als Au-pair arbeitete. Der Vater war ein Respekt einflößender Mann, der eine weltweit vertretene Hotelkette besaß; die Mutter leitete einen Catering-Service. Ich war verantwortlich für ihre zwei Söhne, sollte sie versorgen und ihnen Englisch beibringen.

Eines Abends nach dem Essen sagte der ältere Sohn spielerisch zu seinem Vater: „Soll ich dir mal ‚Frère Jacques‘ vorspielen?", und er tutete die Melodie auf seiner Spielzeugtröte aus Plastik.

„Sehr gut!", sagte sein Vater, als er fertig war. „Magst du die Tröte?"

„Ja, Vater", sagte der kleine Pascal.

„In Ordnung", erklärte der Vater. „Wir werden dafür sorgen, dass du ab jetzt Klarinette spielen lernst." Damit war der Kurs vorgegeben. Am nächsten Tag brachte er seinem Sohn ein Instrument in Profiqualität mit, das über tausend Dollar gekostet hatte. Gleichzeitig hatte er den ersten Klarinettisten des Pariser Symphonieorchesters verpflichtet, einmal wöchentlich ins Haus zu kommen und dem Sohn Privatstunden zu erteilen.

Pascal war sprachlos über diesen hektischen Aktivismus. Ich sagte ihm, dass ich ihm helfen könne, weil ich auch Klarinette spielte.

Der Lehrer stellte sich als ebenso hektischer und dominanter Typ heraus, wie es Pascals Vater war. Die ganze Woche über versuchte ich den Jungen auf seine Schicksalsstunde im Salon des oberen Stockwerks vorzubereiten. Ich lauschte durch die Wand auf das Quieken und Quaken des Neulings auf seinem Instrument, gefolgt von den Schimpftiraden des entnervten Lehrers. Am Ende der Stunde schwang die Tür auf, und der kleine Pascal rannte die Treppe hinauf, wo er sich schluchzend auf sein Bett warf. „Ich hasse es! Nichts kann ich recht machen!", schrie er seine Seelenqualen hinaus.

Meine Aufgabe war es dann zu versuchen, dieses zerschmetterte Ego wieder aufzubauen und ihn ein bisschen vorzubereiten auf die Stunde der nächsten Woche. Dies ging monatelang so weiter.

Natürlich ist es für mich leicht, die Getriebenheit anderer Eltern zu kritisieren, ohne zuzugeben, wie sehr ich selbst zu solchem Verhalten neige. Sonntagabends gibt es im Stafford'schen Haus keine organisierte Mahlzeit im eigentlichen Sinne; vielmehr durchforsten wir einfach die Küche nach Resten und verleiben uns ein, was appetitlich aussieht. Eines Abends holte meine Tochter Jenny eine gefüllte Tortilla aus dem Gefrierfach. Wir anderen rannten herum, ebenfalls auf Nahrungssuche.

Sie knallte ihre Tortilla in die Mikrowelle und drückte vier, null, null. Das Gerät begann zu summen.

Ich konnte mich nicht bremsen und fuhr sie an: „Jenny! Jetzt müssen alle anderen vier Minuten herumstehen und warten!"

Meine heiß geliebte Tochter starrte mich mit großen Augen an, wie ein Reh im Scheinwerferlicht eines Autos. Unterdessen tickten die Sekunden weiter. Fast im selben Moment ergriff mich ein Anflug von Reue: *Was sagst du da eigentlich, Wess! Es sind bloß vier Minuten. Sie hat gar nichts falsch gemacht.*

„Es tut mir so leid. Ich kann gar nicht glauben, was ich da gerade gesagt habe!" Ich streckte ihr entwaffnend die Arme entgegen. Damit entspannte sich die Situation, und alle fingen an zu lachen. Es ist inzwischen eine Familienanekdote daraus geworden.

Die fromme niederländische Christin Corrie ten Boom, die im Zweiten Weltkrieg ein deutsches Konzentrationslager überlebt hat, äußerte einmal ihre grandiose Einsicht: „Wenn der Teufel dich nicht böse machen kann, dann hält er dich beschäftigt." *Beschäftigt* ist nur ein Wort, aber es hat in unserer Gesellschaft etwas Verpflichtendes. Eine Mutter trifft eine andere: „Hallo, wie geht es dir?" „Oh, ich bin total beschäftigt!" Wenn man *nicht* täglich *beschäftigt* ist, jeden Tag, jede Woche, das ganze Jahr über, was ist mit einem los?

Das Tempo, in dem wir unser Leben leben – meistens schon automatisch –, hat die Macht, sowohl uns als auch unsere Kinder zu zermürben. Eigentlich wissen wir das, aber wir scheinen uns selbst nicht stoppen zu können. Wir sind zu sehr damit beschäftigt, von einem Ereignis zum nächsten zu rennen.

Invasion der Bürokraten

Nie werde ich einen bestimmten Mittwoch in Nielle vergessen, als ich ungefähr zehn Jahre alt war. Es war Markttag. Der große Laster von Ferkessédougou hatte seine beschwerliche Reise hinter sich gebracht und spuckte Bündel und Schachteln voller nützlicher Dinge aus. Mittlerweile hatten Jäger, Fischer, Bauern und Weber aus verschiedenen Dörfern ihre Waren unter den Mangobäumen ausgebreitet. Die Luft im Dorf war angefüllt mit Scherzen, Geschichten und Gelächter, während sich der Handel und die Tauschgeschäfte des Tages entfalteten. Natürlich war sehr wenig Geld im Umlauf, sodass vom geschäftlichen Standpunkt aus gesehen nicht viel umgesetzt wurde, außer jeder Menge Informationen.

Inmitten dieser geselligen Atmosphäre dröhnte plötzlich ein Konvoi französischer Kolonialbeamter in ihren Jeeps ins Dorf und wirbelte eine bemerkenswerte Wolke roten Staubes auf. Wir hatten keine Vorwarnung erhalten durch die Trommeln des Nachbardorfes, oder vielleicht hatten wir einfach zu viel Lärm gemacht, um sie zu hören. Plötzlich waren jedenfalls die Bürokraten da in ihren khakifarbenen Shorts, geschneiderten Hemden und Tropenhelmen. Herrisch versammelten sie die Dorfältesten in einem kleinen Kreis am Rande des Marktplatzes. Sie zückten ihre Klemmbretter mit Zetteln und Stiften. Offenbar waren sie darauf aus, an diesem Tag eine Regierungsbefragung durchzuführen.

Den französischen Beamten war heiß, sie waren verschwitzt und wollten weiter nichts, als ihre Sache durchzuziehen und dann diesem elenden, staubigen Ort zu entfliehen. Sie begannen Fragen herauszuschleudern zu dem Thema: „Erwartungen an die Zukunft".

„Was glaubt ihr, wie groß hier die Bevölkerung sein wird in zehn Jahren?"

„Wie groß wird die Schule werden?"

„Wann werdet ihr sie zu einer Highschool erweitern?"

„Werdet ihr hier ein Krankenhaus haben?"

„Wie viele Kilo Hirse werdet ihr bis dahin ernten?"

Der Häuptling und seine Stammesältesten versuchten, ihren entnervten Besuchern zu erklären, dass sie die Antworten auf solcherlei Fragen eigentlich nicht kennen konnten, weil die Zukunft noch nicht angekommen sei. Wenn Zeit vergehen würde, dann würden die Ergebnisse offenkundig werden.

Das war vollkommen inakzeptabel. Diese Unterhaltung verbreitete beiderseits eine ausgesprochen schlechte Laune. Die Regierungsbeamten sagten, falls sie keine ernsthaften Antworten bekämen, hätten sie keine Wahl, als dieses Dorf als widerspenstig und wenig kooperativ an die Hauptstadt Abidjan zu melden. Das werde sich nicht gut auswirken auf die Möglichkeiten unserer „Zukunftsentwicklung".

Als schließlich allerseits Missstimmung herrschte, packten die Franzosen ihren Kram zusammen, zwängten sich in ihre immer noch überhitzten Fahrzeuge und stürmten die Straße hinunter davon, vermutlich auf der Jagd nach einem kooperativeren und progressiveren Dorf. Indessen nickte unser Häuptling einmal, und die Trommler rannten davon, um die Bewohner des nächsten Dorfes darauf aufmerksam zu machen, dass ein Konvoi von Regierungsleuten, verrückt wie nasse Hennen, auf dem Weg zu ihnen war.

Die festliche Stimmung auf dem Marktplatz war durch den Vorfall etwas gedämpft, und der Häuptling eilte davon zu seinem Hof. Nie hatten wir Kinder ihn so aufgebracht gesehen. Wir folgten ihm, um zu sehen, ob wir ihn nicht ein wenig aufheitern könnten. Er lächelte bloß schwach und winkte ab. „Heute Abend am Feuer werden wir ein ernstes Gespräch führen", kündigte er an.

Bei Einbruch der Dämmerung versammelte sich das Dorf ruhig und respektvoll im Hof des Häuptlings. Er hatte sich immer noch nicht beruhigt. Im geeigneten Moment erhob er sich von seinem Bambusstuhl, seinen Stock in der Hand. Sein Schwert steckte in der Scheide, die von seiner Schulter herabhing. Eine Bürde schien auf ihm zu lasten. Seine starken Hände zitterten, und er sah älter und müder aus als sonst. Die Dorfbewohner saßen in absolutem Schweigen und warteten ab, was ihr Anführer sagen würde.

Er seufzte tief und begann: „Ich möchte heute Abend zu den Kindern sprechen", sagte er und schaute dabei von einem Kind zum nächsten. „Der Tag wird kommen, wo ich nicht mehr da sein werde. Einer von euch wird dann Häuptling sein. Es ist eine Zeit, die sie ‚l'avenir' nennen, das Kommende, die Zukunft. Es gibt vieles, was wir nicht wissen und was wir nicht wissen können über diese Zeit. Wir sind alle neugierig, aber man kann es wirklich nicht wissen.

Die Franzosen, die heute nach Nielle gekommen sind, verstehen das nicht. Sie haben mir viele Fragen gestellt über die Zukunft – als könne man die kennen! Als ich ihnen sagte, dass wir nicht wissen, was in der Zukunft sein wird, wurden sie sehr wütend. Und ich genauso. Es tut mir leid, dass ihr mich so sehen musstet. Das war nicht so, wie es sein sollte. Es hat mich geärgert und traurig gemacht, dass ich so wütend war.

Sie gingen ebenfalls wütend weg, aber ich denke, das sind sie oft. Wenn man sich um die Zukunft sorgt, kann einem das passieren."

Er holte tief Luft und fuhr fort: „Wir sind nicht wie sie. Für sie ist Zeit alles. Habt ihr diese silbernen Kreise an ihren Handgelenken gesehen? Diese Dinger zerteilen den Tag in sehr kleine Stücke. In Abidjan habe ich auch solche Dinger an den Wänden gesehen.

Franzosen denken, dass es sehr wichtig ist, die Zeit zu zählen. Ein Tag kann in vierundzwanzig Stunden unterteilt werden, und jeder dieser Teile kann in sechzig kleinere Teile aufgeteilt werden." Er erzählte uns nicht, dass diese kleineren Stücke in jeweils sechzig noch kleinere Stücke unterteilt werden konnten. Entweder wollte er uns nicht verwirren, oder vielleicht wusste er nichts von Sekunden, die die ganze Zeit wegticken.

Dann kam eine tiefgründige Aussage: „Je kleiner Menschen den Tag messen können, umso ärgerlicher scheinen sie zu sein", sagte er mit einem Kopfschütteln. „Für die Senufo ist die Bewegung der Sonne genau das richtige Maß der vergehenden Zeit, das wir brauchen. Wir wissen, wann wir aufstehen müssen. Wir wissen, wann wir auf den Feldern arbeiten und wann wir jagen müssen. Wir wissen, wann es Zeit ist, dass wir uns im Schatten ausruhen. Wir wissen, wann wir nach Hause gehen müssen. Wir wissen, wann man schläft. Kinder, das ist genug!

Zeit ist wie ein Fluss", fuhr er fort. „Sie fließt dahin wie Wasser. Aus der Zukunft in die Gegenwart und in die Vergangenheit. Aber es gibt eine Biegung im Fluss. Wir wissen, dass das Wasser kommt, aber wir können es nicht sehen oder wissen noch nicht viel darüber. Alles, was wir wissen, ist, dass es kommt.

Die Gegenwart ist heute – die Tage, in denen wir jetzt leben. Das ist Gottes Geschenk an uns. Es ist dazu gedacht, dass wir es genießen und ausleben sollen. Die Gegenwart wird natürlich an uns vorbeifließen und zur Vergangenheit werden. So ist das mit einem Fluss, und so ist das mit der Zeit.

Die Franzosen können nicht abwarten, bis die Zukunft kommt. Sie recken ihre Hälse, um zu sehen, was hinter der Biegung des Flusses kommen wird. Sie können nicht besser sehen als wir, aber sie versuchen und versuchen es. Aus irgendeinem Grund ist es sehr wichtig für sie, zu wissen, was auf sie zukommt.

Sie wollen es so unbedingt wissen, dass sie keinen Respekt vor dem Fluss selbst haben. Sie brausen hinaus in die Gegenwart, um weiter um die Biegung sehen zu können." Bei diesen Worten begann der Häuptling, zu schauspielern: Er raffte sein langes Gewand und machte einen Schreittanz um das Feuer herum. Jeder lachte, als sein Gewand mit jedem übertriebenen Schritt mitflatterte.

„Sie stehen in der Mitte des Flusses und schauen flussaufwärts", fuhr er fort. „Und obwohl der Fluss gefährlich um ihre Knie wirbelt und sie fast umwirft, ist es ihnen egal. Für sie scheint die Gegenwart nur ein Aussichtspunkt zu sein, um besser um die Biegung des Flusses herum in die Zukunft sehen zu können.

Sie verpassen so viel von der Freude, die heute überall um sie herum herrscht. Ist euch aufgefallen, dass sie – als sie in unser Dorf stürmten – gar nicht bemerkt haben, dass jetzt die beste Mangosaison ist? Wir haben ihnen Erdnüsse angeboten. Sie haben sie nicht einmal probiert. Sie haben die Vögel in den Bäumen und das Gelächter auf dem Marktplatz nicht gehört. Wir haben sie mit unseren Händen berührt, aber sie haben uns nicht wirklich gesehen. Sie verpassen viel von der Gegenwart, weil alles, was sie interessiert, die unvorhersehbare Zukunft ist.

Während sie sich bemühen, um die Biegung des Flusses zu schauen, reißt die Gegenwart sie beinahe um, während sie um ihre Knie wirbelt. Sie gleitet um sie herum und fließt weiter. Sie wird zur Vergangenheit, ohne dass sie sie überhaupt bemerkt haben. Die Vergangenheit ist für sie vergessen. Die Erinnerungen schwinden, und sie machen dieselben Fehler immer wieder. Das ist der Grund dafür, dass sie heute so sinnlose Fragen gestellt haben.

Kinder, wir sind nicht wie sie!"

Erregung schien sich in seinem Gesicht widerzuspiegeln, als er über das Feuer hinweg in die Runde schaute. „Auch wir sehen das Vergehen der Zeit als einen Fluss, aber wir respektieren den Fluss! Wir können kein bisschen besser um die Biegung in die Zukunft schauen als sie, aber das ist in Ordnung. Wir wissen, dass sie kommt. Und auch wenn wir nicht alles über die Zukunft wissen, Gott weiß es. Wir können ihm trauen bezüglich der Zukunft.

Niemals würden wir den Fluss missachten, indem wir gegen seinen mächtigen Lauf ankämpfen. Wir sitzen ruhig und respektvoll an den Ufern des Flusses und beobachten. Die Zukunft kommt, wenn sie dazu bereit ist. Sie wird zu ihrer eigenen Zeit kommen und auf ihre eigene Weise. Bald schon wird sie vor uns liegen. Oh, was für ein Geschenk das ist!

Die Gegenwart ist alles, was wir ganz kennen und erfahren können, und das müssen wir auch. Wir müssen einander lieben. Wir müssen die Hibiskusblüten riechen. Wir müssen das Singen der Webervögel und das Brüllen der Löwen hören. Wir müssen mit Freude den Honig und die Erdnusssoße auf dem Reis schmecken. Wir müssen lachen und weinen und leben."

Plötzlich wurde er wieder nüchtern. Das Glänzen war aus seinen Augen verschwunden. Wir erkannten an seinem Tonfall, dass er kurz davor war, etwas sehr Wichtiges zu sagen. „Kinder", sagte er mit feuchten Augen, „vergesst die Vergangenheit nicht. Sie ist genauso Teil des Flusses wie die Zukunft und die Gegenwart. Ich werde eines Tages dort sein … und eines Tages – es wird noch lange dauern bis dahin – werdet ihr es auch sein. Ihr müsst euch erinnern, was ihr gesehen und gehört und gelernt habt. Ihr müsst die Geschichten von heute den Jüngeren erzählen, euren Söhnen und Töchtern, wenn sie zum Gestern werden, zur Vergangenheit.

Obwohl wir die Zukunft nicht kennen, kennt Gott sie, und nur Gott. Er hält sie in seinen Händen. Ihr braucht euch nicht darum zu sorgen; sie wird kommen. Gott wird darauf aufpassen. Alles, was wir sehen und fühlen können, ist die Gegenwart. Alles, woran wir uns erinnern können und was wir ehren können, ist die Vergangenheit. Das ist genug, meine Kinder."

In der zunehmenden Dunkelheit gab es in der versammelten Runde ein zustimmendes Nicken. Wir wussten, dass der Häuptling an diesem Abend weise Worte gesprochen hatte.

Er wollte damit nicht ausdrücken, dass Voraussagen oder Planungen schlecht seien. Er selbst schaute voraus auf die Wachstumsperiode und ordnete an, dass die Feldfrüchte rechtzeitig gepflanzt würden, sodass es in der Zukunft eine Ernte geben würde. Aber wenn es um Fragen ging über Dinge, die man nicht vorhersehen konnte, weigerte er sich, sich darum Sorgen zu machen. Er betonte zwei Hauptaussagen uns allen gegenüber, den Jungen wie den Alten:

Erstens: Lebe ganz im *Heute*. Es ist aus sich selbst heraus wichtig.

Zweitens: Das *Morgen* liegt in den Händen Gottes. Deshalb brauchen wir uns darüber nicht zu beunruhigen.

Als Kind in Nielle fand ich seine Perspektive beruhigend. Es erklärte, warum unser Dorfleben so lebhaft und reich war. Die zugrunde liegende Philosophie war, dass das Heute alles war, was wir hatten; somit sollten wir es in vollen Zügen genießen. Menschen sind wichtig. Nahrung ist wichtig. Tanzen ist wichtig. Harte Arbeit ist wichtig. Das *Jetzt* ist wichtig.

An diesem Abend erkannte ich – obwohl ich erst ein Junge war – das große Ganze besser als jemals zuvor. *Das ist es also, warum wir so sind, wie wir sind*, sagte ich zu mir selbst, als ich neben meinem Vater in der Dunkelheit nach Hause ging.

In der Fülle der Zeit

Zeit muss unser Diener sein, nicht unser Herr. Ihr darf nicht das Recht eingeräumt werden, unser Leben zu diktieren. Wir müssen sie weise nutzen und unter Kontrolle halten. Als Jesus die Nachricht erhielt, dass sein Freund Lazarus ernstlich krank war, fing er nicht an, den Koffer zu packen für einen Kurztrip nach Bethanien. Er nahm sich Zeit – tatsächlich zwei Tage. Er weigerte sich, sich in eine Aufgabe hineinhetzen zu lassen.

Sowohl Martha als auch Maria kritisierten ihn dafür, als er schließlich ankam: „Herr, wärst du hier gewesen, mein Bruder wäre nicht gestorben" (Johannes 11,21 und 32). Gottes Sohn gab sich nicht einmal die Mühe, sich zu rechtfertigen. Er behielt sein wahres Ziel im Auge, Lazarus aus dem Grab kommen zu lassen und dadurch seine Wiederauferstehungskraft zu demonstrieren. Er handelte bewusst in seinem eigenen Tempo.

Sein gesamtes Leben auf der Erde verlief so. Obwohl er große Taten vollbrachte, gibt es keinen Bericht darüber, dass er hektisch war oder eilig. Seine ganze Ankunft auf dieser Erde war so angelegt, dass er in Erscheinung treten sollte, wenn die *Zeit erfüllt sein* würde (siehe Gal 4,4).

Bibelgelehrte interpretieren diese Zeit geopolitisch, indem sie herausstellen, dass Jesus während der Pax Romana geboren wurde, als Cäsars Herrschaft ein gewisses Maß an Stabilität in den Mittelmeerraum gebracht hatte. Zwei Sprachen waren im Römischen Reich vorherrschend (Griechisch und Latein). Verbesserte Straßen ermöglichten effizientes Reisen. Alte Religionen bröckelten. Auf einer tieferen Ebene war beim jüdischen Volk die Sehnsucht nach einem Messias herangereift. Die gesamte Ankunft von Jesus barg etwas in sich wie ein erleichtertes „Endlich …!".

Ich glaube, es kann Momente in Ihrem und in meinem Leben geben, die diese Dimension widerspiegeln – nicht im messianischen Sinne natürlich, aber im Hinblick darauf, dass sich Gottes Wille für unser Leben erfüllt. Einen solchen Moment erlebte ich vor ein paar Jahren, als ich ein Projekt von Compassion International in Äthiopien besuchte. Eines Tages standen wir gerade in einem LKW-Anhänger, der auf den Platz bei der Kirche gezogen worden war, wo er uns als Büro dienen sollte. Der Pastor und einige einheimische Projektmitarbeiter – insgesamt mehr als ein Dutzend – zeigten mir begeistert Schautafeln, auf denen die Daten aller Patenkinder dieses Projekts verzeichnet waren: ihr Schulbesuch, ihr Wachstum, ihre Gewichtszunahme, ihre Bibelfestigkeit, das Datum des letzten Briefes an ihren Paten, das letzte Datum, an dem der Pate zurückgeschrieben hatte, und so weiter.

Zweifellos war diese Gemeinde begeistert von dem Wachstum und der Entwicklung ihrer Kinder. Urplötzlich musste ich weinen. *Darum geht es!*, sagte ich zu mir selber. Meine Hände griffen nach meinen Knien, und ich ließ meinen Kopf hängen, während die Tränen flossen. Das ist es, wofür meine Mitarbeiter und ich Berichte schreiben, Geld sammeln, in Flugzeuge steigen, Jetlags aushalten und all das: damit kleine Kinder eine Chance haben, in ihrem Leben Jesus kennenzulernen und ihm sinnvoll zu dienen.

Die Afrikaner warteten ruhig und respektvoll darauf, dass der weiße Präsident aus Amerika seine Fassung wiedergewann. Aber ich war dazu nicht in der Lage. Ein zweiter Gedanke traf mich: *Wenn nur damals in Nielle so etwas wie dies hier organisiert worden wäre...* So viele Kinder dort in dem Dorf, obwohl sie geliebt und geschätzt wurden von den Erwachsenen, hatten keinen umfassenden Plan, wie sie ihr Potenzial entwickeln konnten. Wie konnte man ihnen helfen, zu dem zu werden, was Gott zweifellos für sie vorgesehen hatte? Erneut begann ich das große Ganze zu sehen. Ein paar Augenblicke lang konnte ich nicht sprechen, während ich mir Gedanken machte über die „erfüllte Zeit" für diese Generation von jungen Menschen.

Schließlich schaute ich auf und sagte: „Es tut mir leid, ich war einfach überwältigt. Trauer und Freude trafen in meinem Herzen zusammen. Trauer, dass es dies noch nicht gab, als ich heranwuchs, und große Freude, dass es jetzt Realität ist. Ich bin so unglaublich stolz auf euch hier. Was ihr im Leben dieser Kinder tut, wird diese Gemeinde verwandeln – das verspreche ich euch!"

Wenn wir uns in unserem Leben nicht auf den göttlichen Rhythmus einstellen, werden wir sowohl den Reichtum des *Heute* verpassen als auch das Potenzial von morgen. Wenn Eile unser Leben heute bestimmt, werden wir und unsere Kinder einfach im wirbelnden Wind herumflattern. Wir werden im *Morgen* ankommen, völlig außer Atem, verängstigt und desorientiert, besorgt und verzagt angesichts dessen, was hinter der Biegung kommen mag. Gott wird sagen: „Vertrau mir einfach deine Zukunft an", aber wir werden keine Ohren haben, um diese Worte zu hören.

Ein Ratschlag in der Bibel lautet:

Verlass dich auf den HERRN von ganzem Herzen,
und verlass dich nicht auf deinen Verstand,
sondern gedenke an ihn in allen deinen Wegen,
so wird er dich recht führen. (Sprüche 3,5–6)

Ich glaube, dieser vierzeilige Spruch ist fast wie ein Vertrag, der drei Dinge aufzählt, die wir tun sollen, damit Gott uns mit dem Vierten antwortet. *Wenn* wir dem Herrn vertrauen und *wenn* wir uns nicht auf unseren eigenen Verstand verlassen und *wenn* wir an ihn denken auf allen unseren Wegen, *dann* wird Gott mehr als bereit sein, für unsere Zukunft zu sorgen.

Vertrauen heißt entspannen, tief Luft holen und die innere Anspannung loslassen. Es heißt, wie ein Kind vom Sprungbrett zu springen in die Arme eines wartenden Vaters im Wasser. Es heißt, zu sagen: „Ich weiß nicht alles darüber, wie es funktionieren wird, aber mein Gegenüber weiß es, und das reicht mir."

Als ich einmal meine kleine Tochter in einen Supermarkt mitnahm, wurden dort heliumgefüllte Ballons verkauft, was meiner Kleinen großartig gefiel. So kaufte ich ihr einen, und wir gingen an die übrigen Einkäufe. Aber bald passierte das Unglück: Sie ließ die Schnur los, und der Ballon schwebte hinauf an die Decke des Geschäfts.

„Papa!", schrie sie, während sich Tränen über ihre Wangen ergossen. „Ich habe ihn verloren!"

„Das ist nicht so schlimm, Schatz", antwortete ich. „Wir gehen zurück und kaufen dir einen Neuen!"

Dieses Mal war ich vorsichtig genug, den Ballon an dem Griff des Einkaufswagens anzubinden und meine Tochter dann die Mitte der Schnur halten zu lassen. Wir nahmen unsere Einkäufe wieder auf. Nach einer Weile sah ich zu ihr hinab und bemerkte, dass ihre Fingerknöchel ganz weiß geworden waren vor Anspannung, während sie die Ballonschnur mit eisernem Griff festhielt.

„Jenny, du brauchst den Ballon nicht so fest zu halten", sagte ich.

„Aber ich möchte den Ballon nicht verlieren, Papa!"

„Du wirst ihn nicht verlieren. Er ist an dem Einkaufswagen festgebunden", erklärte ich ihr mit einem Lächeln.

„Ich weiß, Papa, aber ich möchte ihn trotzdem nicht verlieren!" Sie weigerte sich, loszulassen.

Diejenigen unter uns, die sich ständig mit der Zeit befassen und diese Besessenheit auch noch auf ihre Kinder projizieren, sind Menschen, die sich weigern, zur Kenntnis zu nehmen, dass unser himmlischer Vater unsere Zukunft an seinen stabilen Wagen gebunden hat. Sie wird nirgendwo anders hinführen als dorthin, wo er selbst hingeht. Er sorgt dafür, dass wir sicher sind.

Das bedeutet, wir würden uns selbst einen großen Gefallen tun, wenn wir uns „nicht auf unseren (eigenen) Verstand verlassen", wie der Bibelspruch sagt. Intellekt und Wissen sind gut, aber sie werden uns auf lange Sicht nicht absichern können. Gottes Wege ergeben für uns tatsächlich nicht immer „Sinn". Die Werte des Königreichs Gottes sind häufig genau umgekehrt.

Was die Bibel von uns verlangt, ist ganz einfach Folgendes: „Denke an ihn auf allen deinen Wegen." Nicht nur am Sonntagmorgen, nicht nur in frommen Ritualen, sondern an jedem ganz normalen Tag und in jeder ganz normalen Nacht unseres Lebens, Monat für Monat, Jahr für Jahr. Wenn der Ablauf unserer Zeit und der Zeit unserer Kinder sich auf Gott konzentriert, nimmt er den Stress fort. Wir wissen, dass er uns leitet. Er trägt die Verantwortung. Das genügt. Wir können tief einatmen und die Reise genießen.

Kinder lernen diese Sichtweise und Gelassenheit nicht von nervösen, getriebenen Erwachsenen. Sie werden nur profitieren, wenn wir sie ihnen vorleben: *still zu sein und zu wissen, dass er Gott ist.* Er weiß, was hinter der Biegung kommt.

6 | Wann ist genug genug?

Kind zu sein in Amerika bedeutet in der Regel, in ausgesprochenem Wohlstand groß zu werden. Die Eltern arbeiten hart, oft mehr Stunden in der Woche, als sie eigentlich wollen, und beruhigen ihr Gewissen dadurch, dass sie ihren Kindern mehr Geld zufließen lassen. Infolgedessen besitzt gut ein Drittel der Dreizehnjährigen in diesem Land ein Handy, ebenso wie vier Prozent der jüngeren Geschwister unter zehn Jahren. Wann und wo auch immer sie mit ihren Freunden oder Freundinnen sprechen möchten, die Technologie an ihren Gürtelclips ist stets einsatzbereit. [Kommentar des dt. Hrsg.: Mittlerweile haben sich die Zahlen grundlegend gewandelt. Laut der Umfrage JIM (Jugend – Information – Multimedia) hatten im Jahr 2010 bereits 97 % der Jugendlichen in Deutschland ein eigenes Handy; 84 % besaßen einen MP3-Player und 79 % hatten einen eigenen Computer bzw. Laptop zur Verfügung. Einen Fernseher besaßen gut die Hälfte der Jugendlichen (58 %), jeder Zweite hatte einen eigenen Internetzugang (52 %), eine Digitalkamera (51 %) sowie eine Spielkonsole (feste Spielkonsole: 50 %, tragbare Spielkonsole: 51 %).]

Siebzig Prozent aller Kinder und Jugendlichen bekommen Taschengeld. Gemäß einer Studie liegt der durchschnittliche wöchentliche Betrag für Fünfjährige bei 2,40 €, für Zehnjährige bei 5,50 € und für Fünfzehnjährige bei 12 € die Woche.[1] Es wundert nicht, dass Kinder besessen sind vom Shoppen, und es wundert auch nicht, dass es in Amerika doppelt so viele überdachte Einkaufszentren wie Highschools gibt (Gymnasien für ca. 14- bis 18-Jährige).

Natürlich ist das, was in all diesen Läden verkauft wird, bereits ein oder zwei Monate später nicht mehr so reizvoll und füllt lediglich die Kinderzimmer. Schließlich kommt die Mutter herein und startet eine Aufräumaktion, indem sie Tüten mit Dingen füllt, die man getrost wegwerfen oder verschenken kann. Eigent-

128

lich ist es ungeheuerlich, wenn man bedenkt, dass die Amerikaner jedes Jahr mehr Geld für Abfalltüten ausgeben als 90 der 210 Länder der Erde *insgesamt*.[2] Übrigens war ich in einigen dieser Länder und habe beobachtet, wie vorsichtig die Menschen mit dem bisschen umgehen, was sie haben. Oft ist es schwierig, einen Mülleimer zu finden, und wenn man einen findet, ist er *winzig*! Unsere allgegenwärtigen 170-l-Abfallbehälter auf Rädern sind dort nirgends zu sehen.

Die meisten Kinder in der westlichen Welt wissen, dass, wenn sie wirklich etwas Neues haben wollen, ihre Eltern leicht zu überreden sind, es zu kaufen. Mütter und Väter sind scheinbar sogar bereit, den Kindern zuliebe Kredite aufzunehmen. Kreditkarten begünstigen dieses Verhalten. Hierin liegt einer der Gründe dafür, dass das Schuldenniveau in den vergangenen Jahren in die Höhe geschnellt ist, ebenso wie die Zahl der Privatinsolvenzen. Angeblich hat ein amerikanischer Durchschnittshaushalt derzeit über 7.000 US-Dollar Kreditkartenschulden. Das stimmt nicht wirklich; denn 40 % dieser Haushalte gleichen jeden Monat ihr Konto aus und haben somit überhaupt keine Schulden. Das bedeutet, dass die anderen 60 %, die die Dinge laufen lassen, im Schnitt über 12.000 Dollar Kreditkartenschulden pro Haushalt pro Monat haben. (Die 40 %, die ihre Verbindlichkeiten prompt bezahlen und somit Zinsforderungen vermeiden, werden von der Kreditkartenindustrie als Schnorrer oder als Zahlungsunwillige verhöhnt. So weit zur Tugend der Genügsamkeit.)

Einkaufen bleibt die unübertroffene Lieblingsbeschäftigung. Um unsere vielen Anschaffungen unterzubringen, brauchen wir immer größere Wohnungen. 1950 hatte der durchschnittliche amerikanische Einfamilienhaushalt gut 91 Quadratmeter. Bis 1970 war diese Zahl auf knapp 140 angewachsen. 2004 schließlich betrug sie bereits 216 Quadratmeter.[3]

Und dennoch ist nicht genügend Platz für alle Sachen. Deshalb mieten die Amerikaner landesweit über 35.000 Lagerboxen und Containerabteile an. Sie müssen Platz haben für all ihre zusätzlichen Fahrräder, Bücher und Barbecuegrills, die sie im Moment gerade nicht benutzen, die sie aber irgendwann einmal brauchen könnten …

Was braucht ein Kind wirklich?

Solche Statistiken mögen uns einen Moment innehalten lassen und uns fragen, was ein Kind tatsächlich braucht. Wie viel ist eigentlich genug? Was macht ein Kind zu einem gesunden, ausgeglichenen, zufriedenen Menschen? Dort, wo ich arbeite, stellen wir uns häufig diese Fragen, da es unsere Berufung ist, die armen Kinder dieser Welt mit allem Notwendigen zu versorgen. Wir können Geld in Probleme stecken und, wenn wir nicht aufpassen, letzten Endes mehr Ärger als Lösungen produzieren.

Mir hat immer die folgende Definition von „versagen" gefallen: „in etwas Unbedeutendem erfolgreich sein". Wenn Sie alle Kraft zusammennehmen und auf eine hohe Leiter klettern, die an der falschen Wand lehnt, dann haben Sie versagt. Wie viele von uns haben schon ihre Kinder mit Spielzeug, Kleidung, Unterhaltung überhäuft bis zum Gehtnichtmehr, um hinterher selbstsüchtige, gelangweilte, fordernde, aufbrausende Teenager zu ernten. Das kann in jedem Land der Welt passieren.

Viele Leser werden vom Psychologen Abraham Maslow gehört oder gelesen haben, der in der Mitte des letzten Jahrhunderts durch seine Bedürfnispyramide populär wurde. Er entwickelte die Vorstellung von fünf Stufen menschlicher Bedürfnisse, angefangen bei dem grundlegenden Bedürfnis zu überleben (Luft, Wasser, Nahrung, Ruhe, Vermeidung von Schmerzen usw.). Wenn dessen Befriedigung nicht möglich scheint, versuchen wir unbedingt, sie zu erlangen. Wir können an nichts anderes mehr denken. Sobald die überlebenswichtigen **Grundbedürfnisse** aber erst befriedigt sind, wandert unsere Aufmerksamkeit zu den nächsten Stufen:

2. **Sicherheitsbedürfnisse** – abgesichert zu sein, geschützt zu sein vor Gefahren
3. **Soziale Bedürfnisse** – geliebt zu werden, Teil einer Gruppe zu sein, der man sich zugehörig fühlt
4. **Bedürfnis nach Wertschätzung** – respektiert und anerkannt zu werden, jemandes Aufmerksamkeit zu haben, mit Würde behandelt zu werden, Selbstvertrauen zu haben, Leistung zu bringen

5. Schließlich, sagte Maslow, gelangen sehr wenige Menschen zur **Selbstverwirklichung**, also zur vollen Ausschöpfung ihres Potenzials. Wenn Sie sich in dieser Kategorie befinden, ist es Ihnen gelungen, alles aus sich herauszuholen – gemäß dem Wortlaut des Rekrutierungsslogans der US-Armee „Be all you can be".

Nun stellt sich die Frage: Hilft die Ansammlung von immer mehr materiellen Gütern einem Kind, die höheren Stufen zu erreichen, oder nicht? Ich denke, wir alle kennen die Antwort, wenn wir einen Moment darüber nachdenken. Während manche Einkäufe tatsächlich die unterste Stufe der Pyramide füllen (beispielsweise Nahrungsmittel) und andere die Sicherheit erhöhen, so sind doch die Produkte am Markt nicht gut dafür geeignet, uns ein Gefühl des Geliebtseins oder des Respektiertwerdens zu bescheren oder uns gar zur Selbstverwirklichung zu verhelfen. Stattdessen lenken sie uns eher vom wirklich Wichtigen ab.

Im Gegensatz dazu ist Gott derjenige, der uns liebt, wenn niemand sonst sich um uns sorgt. Er ist derjenige, der uns die uns innewohnende Würde gab. Er hat Pläne für das Leben jedes Einzelnen, die größer sind, als wir uns das jemals hätten träumen lassen. Solange wir diese Dinge auf eigene Faust suchen – ohne ihn –, werden wir mit Sicherheit aus der Spur laufen.

Lesen wir einmal die Geschichten der Zivilisation: Eine Gesellschaft näherte sich *dann* dem ultimativen Kollaps, wenn sie erfüllt war von Bequemlichkeit, Annehmlichkeiten und Vergnügungen, wenn sie nicht länger spürte, dass sie etwas von Gott, dem Schöpfer, benötigte. Für die Griechen, die Römer, die Inkas, die Azteken und vielleicht schon bald für die westliche Zivilisation war der Weg derselbe.

Nebenbei gesagt muss der Weg nicht Jahrhunderte dauern. Erinnern wir uns an die Geschichte von Robinson Crusoe: Durch einen schrecklichen Schiffbruch geriet er von den Höhen der zivilisierten Gesellschaft – dem Komfort eines Kapitänsquartiers auf einem damals hochmodernen Schiff unter der Flagge der größten zivilisierten Nation der Erde – hinunter in die Niederungen eines sumpfigen, verzweifelten Kampfes ums Überleben. Seine Geschichte fesselte meine Vorstellungskraft als Junge.

Immer noch kann ich die Stimme meiner Mutter hören, wie sie Tag für Tag Daniel Defoes aufregenden Roman vorlas. Crusoes erstes Trachten galt der Beschaffung von Trinkwasser und der Nahrungssuche. Als Nächstes sorgte er für Feuer und baute sich eine kleine Festung zu seinem Schutz, was den nächsten Schritt beim Erklimmen der Pyramide darstellte.

Schließlich in Sicherheit vor Bedrohungen und Angriffen, verspürte er schmerzlich die Einsamkeit. Wie groß war seine Freude, als er Fußspuren am Sandstrand entdeckte. Die Gesellschaft eines anderen menschlichen Wesens namens Freitag führte ihn auf die ganz neue Stufe der Sozialisierung. Die beiden nahmen die Rollen von Chef und Diener an – ein Miniaturabbild sozialer Hierarchie.

Alles schien gut zu laufen, bis Crusoe am Horizont ein weißes Segel entdeckte. Obwohl er inzwischen alle seine Bedürfnisse befriedigen konnte, vermochte er doch nicht der Versuchung zu widerstehen, in die „reale" Welt zurückzukehren. Es brach mir mein Abenteurerherz, aber Crusoe konnte nicht anders; er kletterte an Bord des Schiffes und nahm sein altes Leben in England wieder auf. Er war von der Spitze der Bedürfnispyramide heruntergefegt worden und hatte sich binnen weniger Monate Stufe für Stufe wieder ganz nach oben gekämpft.

In unserer Gesellschaft kann ein Typ, der einen Basketball durch einen 3,05 m hohen Ring werfen kann, in drei Stunden mehr Geld verdienen als ein Lehrer, der das Leben der kommenden Generation zu formen hat, in einem ganzen Jahr. Etwas läuft schrecklich schief an unserem Wertesystem. Wir bezahlen exorbitant hohe Geldsummen an Schauspieler, von denen viele kläglich versagen würden, wenn sie auf einer Livebühne auftreten müssten, statt mithilfe umfangreicher technischer Unterstützung bei einer Studioproduktion zu glänzen. Da ist doch etwas völlig aus dem Gleichgewicht geraten. Bei Compassion International haben wir die Hauptpunkte festgelegt, in denen wir bedürftige Kinder unterstützen können (beginnend bei den Grundbedürfnissen bis hin zu den höheren Stufen):

- Essen für jeden Schultag bereitstellen (das sie manchmal mit nach Hause nehmen, um es mit ihrer Familie zu teilen, wie wir herausfanden)

- Impfungen gegen die vorherrschenden Krankheiten vornehmen
- Gesundheitsscreenings und ärztliche Behandlungen durchführen
- Bildung ermöglichen
- bekannt machen mit Jesus, der sie ein Leben lang lieben wird
- in Kontakt bringen mit verschiedenen Berufen, mit anderen Worten, eine Wegweisung in Richtung Selbstverwirklichung geben.

Die Unterstützung kostet Geld. Aber es geht um viel, viel mehr. Und in der Tat kann Geld, das nicht umsichtig eingesetzt wird, die ganze Beziehung zerstören. Manchmal schreibt ein wohlmeinender Pate hier in Amerika: „Ich liebe einfach dieses Mädchen in Uganda so sehr, dass ich ihr gern fünfhundert Dollar schicken würde als besonderes Geschenk."

An diesem Punkt intervenieren wir. Einer unserer Mitarbeiter antwortet: „Wir sehen, dass Sie ein großzügiges Herz haben. Das ist sehr nobel gedacht von Ihnen, aber das können wir leider nicht zulassen. Ihr Geschenk wäre mehr Geld, als der Vater des Mädchens in einem ganzen Jahr verdient. Ihr Geschenk würde seine Ehre verletzen und die Familienstruktur durcheinanderbringen.

Wir glauben, dass dieses kleine Mädchen dank Ihrer monatlichen Zuwendungen von 30 Euro gute und stetige Fortschritte macht in Richtung eines besseren Lebens. Wenn Sie außerdem etwas spenden möchten, wie wäre es, wenn Sie ein zweites oder drittes Kind in der gleichen Weise unterstützen würden? So könnten Sie Ihr Geld sehr effektiv einsetzen und würden großen Dank ernten."

Das Dorf an der Elfenbeinküste, in dem ich groß geworden bin, hat sein Hauptaugenmerk und seine meiste Energie in die Befriedigung körperlicher Bedürfnisse gesteckt – also die unterste Stufe der Pyramide. Die Menschen versuchten einfach zu überleben. Auch mit Sicherheitsthemen haben sie sich befasst und sogar an den Abenden Zeit in Liebe und Gemeinschaft verbracht, wie ich schon beschrieben habe.

Aber jegliche Störung im Ablauf der Natur – eine Flut, ein

Buschfeuer, eine Heuschreckenplage, eine Masernepidemie – konnte uns über Nacht wieder auf die Überlebensstufe zurückschleudern. So kamen wir nie für längere Zeit von unserer großen Angreifbarkeit weg. Das nächste Krankenhaus lag eine volle Tagesreise entfernt. Wenn eine todbringende Viper einen Menschen biss, versuchten Missionsschwestern heldenhaft die Person zu retten, was manchmal gelang, manchmal nicht. Ich erinnere mich, dass wir mehr als einmal auf dem Boden saßen und einen kleinen Freund festhielten, der gebissen worden war und von dem wir wussten, dass er binnen einer halben Stunde sterben würde. Wir haben ihn einfach in unseren Armen gehalten und liebevoll gewiegt, bis er uns entglitt.

An weniger traumatischen Tagen rappelten wir uns wieder auf und machten weiter. Wir schafften es, durchzuhalten und die einfachen Rhythmen des Lebens sogar zu genießen. Wir wussten nichts vom „Lebensstil der Reichen und Berühmten" in fernen Ländern. Wir hatten keine Ahnung, was wir verpassten.

Der reichste Mensch in Nielle war natürlich der Häuptling. Er besaß sogar ein Pferd! Davon abgesehen betrug sein Reinvermögen – wenn ich es mir heute überlege – nicht mehr als wenige Hundert Dollar, einschließlich seiner Hütte und seiner Statussymbole.

Das Haus, das mein Vater am Rande des Dorfes gebaut hatte (mit meiner Hilfe natürlich!), war größer. Aber die Dorfbewohner fanden es eigenartig. Es war überhaupt nicht rund. Die Leute schnalzten mit ihren Zungen und schüttelten ihre Köpfe angesichts der Mühe, die wir uns machten mit Richtblei, Wasserwaage und Tischlerwinkel, um das Fundament, die Wände und Fenster perfekt gerade hinzubekommen. Neue Gläubige, die gerade erst begonnen hatten, den „Jesusweg" zu gehen, schimpften mit meinem Vater und sagten, wenn er wirklich mit Jesus gehen wolle, dann solle er ein Haus bauen auf „Gottes Weise".

„Schau dich einmal um, *Monsieur*, was Gott gebaut hat!", sagten sie mit einem Lächeln. „Schau dir die Steine an, die Blumen und selbst die Hügel! Schau dir die Sonne an, den Vollmond, die Orangen, die Pampelmuse oder die Kokosnuss. Nichts davon ist einfach gerade, senkrecht oder waagerecht. Nichts ist wirklich eben. Gibt es etwas perfekt Quadratisches? Alles ist rund – wie unsere Häuser!"

Mein Vater, ein ausgebildeter Bauingenieur und Sohn eines Zimmermanns, konnte sich in dieser Angelegenheit auf keinen Kompromiss einlassen, wenngleich er ansonsten sehr sensibel mit kulturellen Unterschieden umzugehen wusste. „Ich schätze, du hast recht", antwortete er mit einem Grinsen und wischte sich den Schweiß von seinen Brauen. „Aber Gott vergibt gern. Ich hoffe, er liebt mich trotzdem!"

Flüchtige Eindrücke vom Westen

Westliche Produkte kannten wir nur aus den seltenen Zeitschriften, die ein Missionarskollege vom Heimaturlaub mitbrachte, oder aus dem Kurzwellenradio. Wir konnten den christlichen Sender ELWA aus dem nahe gelegenen Liberia empfangen und gelegentlich BBC.

Was unsere Nachbarn anbelangte, so wussten sie nur, was der Marktlaster jeden Mittwoch brachte. Dieses rostige, rülpsende, zischende Gefährt kam vormittags in den Ort gekeucht. Die Beladung mit Bündeln und Körben überstieg meist bei Weitem die Höhe seines Führerhauses oder die Seitenwände seiner Ladefläche. Da es keine Überführungen gab auf dem Weg von Ferkessédougou zu uns und nur wenige Baumzweige, die die Ladung hätten aufritzen können, erhob sich der hintere Teil des Lasters gut zweimal so hoch wie die Führerkabine. Das Riesengefährt rumpelte und schaukelte durch die ausgefahrenen Wagenspuren und drohte jedes Mal, sich auf die Seite zu legen, wenn die Straße eine Biegung machte.

Es gab gewisse Regeln, wie die Ladung auf dem Marktlaster zu verteilen war. Ganz zuunterst wurden schwere Gegenstände verstaut, so wie Holz, Getreide, Fässer und Kisten, von denen manche mit den neuesten Werkzeugen und Waren bepackt waren, die die zivilisierte Welt für unverzichtbar hielt, während die Eingeborenen es irgendwie geschafft hatten, jahrhundertelang ohne sie auszukommen.

Lebende Rinder und Ziegen bildeten die nächste Etage. Auf deren Rücken lagerten Baumwolle, Stoffballen, Käfige mit Kleinvieh wie Hühner und Enten.

Ganz obenauf ritt die Krone der Schöpfung: Menschen. Sie belagerten die gesamte Oberfläche, wobei sie ihre Beine durch die Ladung hindurchstreckten, um auf irgendetwas festen Stand zu suchen, das ihr Gewicht halten konnte, ohne zu beißen, zu picken, kaputtzugehen oder einfach zu sterben.

Während sich der Laster in Richtung Nielle vorwärtskämpfte, standen verkaufswillige Händler am Straßenrand mit ihren Waren und fuchtelten wild mit den Armen, um die Aufmerksamkeit des Fahrers auf sich zu ziehen, sodass er anhielt und sie hinaufklettern ließ. Es herrschte das Grundverständnis, dass für einen mehr immer noch Platz war einschließlich seines Bündels mit Waren, die er verkaufen wollte.

Hinter dem röhrenden Laster blähte sich eine riesige Wolke aufgewirbelten roten Staubes auf. Jegliches Zusteigen und Absteigen von Passagieren geschah bei praktisch null Sicht, da der Staub alles einhüllte wie eine Decke. Wer wirklich Glück hatte, durfte in der Fahrerkabine mitfahren – natürlich bei hochgekurbelten Fenstern und ohne Klimaanlage. Schaute man von außen durch die Windschutzscheibe ins Führerhaus, sah es für gewöhnlich aus wie die Zuschauertribüne eines Fußballfeldes mit zusammengedrängten Köpfen in mehreren Reihen hintereinander. Der Fahrer wurde gegen sein Seitenfenster gepresst und hatte nicht mehr Platz zur Verfügung als jeder der übrigen sechs bis acht Beifahrer, mit denen er die Sitzbank teilte. Ich sollte innehalten, um zu erwähnen, dass zu dem Zeitpunkt, wo der Lastwagen ankam, bereits der Markt von Nielle fertig aufgebaut war. Bauern und Kaufleute waren von überall hergekommen, entweder zu Fuß oder (als uns allmählich die Zivilisation entdeckte) mit dem Fahrrad. Die Räder waren unglaublich hoch bepackt mit Waren.

Die besten Marktstände waren früh besetzt, bei Tagesanbruch. (Selbst in Nielle ging es bei Geschäften um: die Lage, die Lage, die Lage.) Wenn die sengenden tropischen Temperaturen einsetzten, schimmerten die Hitzewellen über dem staubigen Boden wie tanzende Dämpfe. Der Schatten des großen Mangobaums erwies sich als zunehmend attraktiv, sodass – egal was unter seinen großblättrigen Zweigen zum Verkauf angeboten wurde – sich die Menschenmenge dort versammelte.

Auf der einen Seite waren die Weidenkäfige gefüllt mit Rindern, Ziegen, Schweinen und allem anderen Lebendigen. Das war mein Lieblingsteil des Marktes – eine Symphonie aus Quieken, Grunzen, Gackern und nicht enden wollendem Hahnengeschrei. Benachbart fand der Gemüse- und Obstverkauf statt. Alles wurde immer wunderschön dargeboten – perfekte Stapel von Tomaten, Mangos und Kokosnüssen, alle vor den Verkäufern aufgetürmt.

Haushaltswaren wie Stoffe, Körbe und Behälter hatten ihren eigenen Bereich. Ein Mann verkaufte immer Streifen von Reifenschläuchen zum Schnüren von Bündeln und – noch wichtiger – zur Herstellung von Schleudern. Wir Jungen kamen immer ganz früh bei ihm zusammen, da die besten Stücke Gummi von den ersten Kunden am Morgen ausgesucht wurden.

Als Erstes wurde morgens immer eine Kuh geschlachtet, die dann über den Tag hinweg in Stücken feilgeboten wurde. Bis zum Sonnenuntergang musste alles verkauft sein, da es keine Möglichkeit gab, Fleisch über Nacht zu kühlen. Die Kuh, die für den Markttag ausgewählt wurde, war nicht unbedingt die beste und stand auch nicht mehr unbedingt in der Blüte ihres Lebens. So ging der kluge Einkäufer früh genug auf den Markt, um die Kuh noch auf den Beinen zu erleben. Das half bei der Entscheidung, ob – und wenn, wie viel – man einkaufen sollte.

Was meine Mutter wirklich amüsierte, war die Tatsache, dass alle Teile des Fleisches streng nach Gewicht verkauft wurden, also per Preis pro Kilo. Es war egal, ob man Filet Mignon aussuchte, T-Bone-Steak oder die Eingeweide und den Schwanz – alles wurde zum selben Preis verkauft – inmitten desselben Fliegenschwarms. Beim Fleisch wurde sowieso nicht gehandelt; denn das gesamte Vieh bestand aus Brahman-Zebus und war im Grunde genommen zäh wie Leder. Selbst die besten Stücke Fleisch mussten mit einem Metallhammer mit Eisenspitzen durchgeklopft werden, damit sie überhaupt kaubar wurden. Wenn bei uns zu Hause Rindfleisch serviert wurde, gab es kaum Gespräche – nur viel ernstes Kauen!

Auch vom Stamm der Dioula weiter die Straße hinunter kamen Verkäufer, um ihre kunsthandwerklichen Waren anzubieten: Holzschnitzereien, Voodoo-Masken und kleine Hocker waren ihre Spezialität.

An den verschiedenen Ständen waren nirgends Preise vermerkt; Verhandeln war angesagt. Dies fand statt unter Necken und Lachen. Der faire Preis lag normalerweise ein Drittel unterhalb des ursprünglich verlangten Preises. Der Spaß bestand darin, sich erstaunt zu zeigen angesichts der geforderten Summe. Man versuchte an dem Produkt irgendeinen Makel zu finden und betonte seine eigene Armut im Gegensatz zu dem Reichtum des Verkäufers. Das Lachen und Scherzen riss dabei niemals ab.

Besucher waren oft nicht mit diesem ungeschriebenen Gesetz vertraut. Wenn sie tatsächlich den ursprünglich verlangten Preis zahlten, konnte der Verkäufer leicht beleidigt sein, nach dem Motto: „Was? Du wolltest nicht mit mir reden?" Aber normalerweise verliefen Verkaufsgespräche in einem so guten Geist, dass sie mit einem Handschlag, einer Umarmung oder einem Kompliment endeten. Ich genoss jede Minute dieses Treibens. An einem hoffnungslos heißen Tag in der Trockenperiode wurde vom Laster etwas Neues und Ungewöhnliches abgeladen: eine hölzerne Kiste mit Coca-Cola-Flaschen. Natürlich waren sie lange unter Rumpeln und Rappeln auf der ausgefahrenen Straße transportiert worden. Offenbar hatte ein Marketinggenie bei einer Softdrinkfirma in der Großstadt sich vorgestellt, dass bei diesen sengenden Temperaturen Coca Cola so gut und so unwiderstehlich sei, dass es sich quasi von selbst verkaufen würde, sobald die Menschen es erst einmal probiert hätten. So hatte er wohl den Fahrer des Marktlasters beauftragt, eine Gratiskiste mit vierundzwanzig Flaschen zu der „Tankstelle" in Nielle zu bringen.

(Sie mögen es nicht glauben, aber Nielle besaß tatsächlich eine Tankstelle. Sie bestand im Wesentlichen aus einer Lehmhütte mit einem 200-Liter-Fass in der Sonne vor dem Eingang. Das Fass besaß eine Kurbel obendrauf und einen Zapfhahn an der Seite. Der Behälter ächzte und knallte, wenn sich sein Inhalt tagsüber ausdehnte und in der Nacht wieder abkühlte – in Erwartung eines Kunden. Wir Kinder hatten davor immer Angst. Manche behaupteten, ein böser Geist lebe darin, der die Furcht einflößenden Geräusche verursachte. Sein einziger Lebenszweck bestand darin, Benzin an den klapprigen alten Laster abzugeben, der es die Woche zuvor gebrachte hatte, oder an unseren Missionarspick-up oder an ein beliebiges Fahrzeug, das sich zu diesem entlegenen Außenposten verirrt hatte.)

Ich hatte die Ankunft der ersten Coca-Cola-Muster nicht miterlebt. Einige Wochen gingen ins Land. Der Tankwart hatte keine Ahnung, worum es sich handelte, hatte aber die Kiste in seiner Hütte untergebracht und wartete auf weitere Anweisungen. Eines Markttages schließlich sprach er meinen Vater an, der gerade tief in Verhandlungen um einen Haufen Mangos steckte.

„*Monsieur*, bitte komm mit mir!", bat er. „Ich brauche deinen weisen Rat an meiner Tankstelle." Mein Vater folgte ihm zu seiner Hütte. „Vor einigen Wochen habe ich von dem Marktlaster Glasflaschen bekommen mit etwas Braunem darin", erklärte der Mann, während sie liefen. „Sie kamen ohne eine Anweisung. Ich weiß nicht, was darin ist, wie man sie öffnet, wofür sie sind. Ich weiß noch nicht einmal, in welche Öffnung des Motors ich sie gießen soll!"

Nun war die Neugier meines Vaters geweckt. Die beiden kamen an der Tankstelle an und stießen die klapprige Holztür auf. Im dunklen Hütteninneren stand ein hölzerner Getränkekasten voller Flaschen dunklen Inhalts. Mein Vater nahm eine heraus, blies den Staub ab und brach in Gelächter aus. Inzwischen hatte sich bereits eine Menge neugieriger Menschen versammelt.

„Das ist ein Getränk aus Amerika", sagte mein Vater. „Es heißt Coca Cola. Das wird euch wahrscheinlich schmecken. Es wird aus den Kolanüssen gemacht, die ihr alten Männer und Frauen den ganzen Tag über kaut – die Nüsse, die eure Zähne gelb machen." Wenigstens war dies ein vertrauter Bezugspunkt, unter dem sich die Menschen etwas vorstellen konnten.

„Lasst uns eine probieren", fuhr mein Vater fort. Er holte sein Taschenmesser mit dem Flaschenöffner heraus, der seit beinahe vier Jahren kein Tageslicht gesehen hatte. Geschickt entfernte er den Deckel.

Man muss sich vor Augen halten, dass diese Flaschen vier Wochen lang in einer sehr heißen Hütte gelagert hatten. Beim bloßen Anfassen konnte man sich an ihnen fast die Finger verbrennen. Es waren praktisch Molotowcocktails in dicken Glasflaschen mit der Bezeichnung „Coke" darauf.

Eine Eruption weißen Schaumes schoss zischend in die Luft und ergoss sich sprudelnd auf jeden, der in der Nähe stand. Um ihr Leben fürchtend stoben die bestürzten Männer kreischend in alle Richtungen auseinander. Mein Vater brach vor Lachen fast zusammen.

Einer nach dem anderen kehrten die Flüchtlinge schüchtern zurück, ohne dass die Explosion nennenswerte Schäden angerichtet hätte. „Das schmeckt köstlich, Freunde!", lockte mein Vater sie. „Hier, probiert mal! Kommt schon, es tut nicht weh!"

Der Tankwart wurde nach vorn gedrängt, um als Versuchskaninchen für alle zu dienen. Mit Furcht in den Augen, als ob er etwas Lebendiges trinken solle. Nachdem man ihn schon ordentlich als Feigling aufgezogen hatte, brachte ihn der Gruppenzwang schließlich dazu, die Flasche an seine Lippen zu setzen. Es herrschte eine erwartungsvolle Stille.

„Das beißt, das beißt – wie eine Schlange!", schrie er und begann herumzuspringen und seinem brennenden Mund mit der Hand Luft zuzufächeln. Keiner zweifelte an seinen Worten. Schließlich hatte das dunkle Zeug hörbar gezischt. Warum sollte man also nicht annehmen, dass es auch beißen könnte? Als der Tankwart dann die Flasche den anderen anbot, gab es ein schallendes Gelächter. Aber keiner wagte zuzugreifen.

„Also, *Monsieur* Stafford", vermeldete er für alle hörbar, „wenn du das hier magst und bereit bist, dein Leben aufs Spiel zu setzen, dann gehören alle Flaschen dir!"

Mein Vater bestand darauf, dass das Zeug doch etwas tauge, und bezahlte ihm den Preis, den das Getränk seiner Vermutung nach in der Welt draußen gekostet hätte. Von diesem Tag an machte unser Lebensstandard einen großen Schritt aufwärts. Die Marketingmasche mit der Verteilung von Gratismustern Coca Cola wurde – sehr zum Vergnügen unserer Familie – über Jahre hinweg beibehalten, sodass wir jeden Tag, wenn wir aus der sengenden Mittagssonne zurück nach Hause kamen, feierlich eine einzelne Flasche Cola öffneten, sie über wertvolles Eis aus unserem Petroleum-betriebenen Kühlschrank in unsere Becher gossen und dem verheißungsvollen Zischen lauschten. Jede Flasche wurde auf uns vier aufgeteilt.

In Wirklichkeit hatte diese Werbemaßnahme natürlich kläglich versagt. Weder Jungen noch Mädchen, weder Väter noch Mütter in Nielle kamen jemals zu der Überzeugung, dass sie Coca Cola brauchten, um ein gutes Leben zu führen. Sie blieben weiterhin ganz zufrieden bei ihrem lauwarmen Trinkwasser aus dem Dorfbrunnen. Das Getränk, das auf der ganzen Welt Furore macht, konnte sie nicht überzeugen.

Modenschau

Etwas leichter konnten sich die Menschen im Dorf für einen anderen geheimnisvollen, verschnürten Ballen erwärmen, den ihnen der Marktlaster eines Mittwochs mitbrachte. Der Fahrer hatte gerade seine üblichen Warenbündel abgeladen, als – unmittelbar bevor er die hintere Ladeklappe zuschlug – noch ein letztes großes Bündel von der Ladefläche herunter in den Staub rollte. An dessen Seite klebte ein beschriftetes Stück Pappe.

Niemand konnte an der äußeren Form des Bündels erkennen, was sich darin befand. Mehrere Kinder traten beherzt vor, zogen den Klebestreifen von der Pappe ab und flitzten mit dem Schriftstück los, um es dem Dorfhäuptling zu zeigen. Das Marktgeschehen war inzwischen zum Erliegen gekommen. Alle Augen richteten sich auf das geheimnisvolle Bündel.

Der Häuptling drehte und wendete die Pappe, um auszumachen, wo oben und unten war. Er konnte überhaupt nicht lesen, weder seine Muttersprache Senari noch Französisch. Erstere war allerdings auch erst kurz zuvor in Schriftzeichen umgesetzt worden, und zwar durch meinen Vater und andere Missionare. In diesem Fall hätte ihm jedoch keine der Sprachen genützt; denn als ich dem Häuptling über die Schulter sah, erkannte ich, dass der Text in Englisch verfasst war! Von den Umstehenden war ich der Einzige, der wusste, was die Worte bedeuteten. Und selbst ich musste sie mir Silbe für Silbe vorlesen: „Ein … Geschenk … vom … Volk … der … Ver-ei-nig-ten … Staa-ten … von … A-me-ri-ka". Ich brauchte einen Moment, um in meinem Kopf die Worte zurück ins Französische zu übersetzen und dann in Senari. Das Volk der Vereinigten Staaten? Plötzlich waren alle Blicke auf mich gerichtet. „Es ist ein Geschenk von meinem *anderen* Volk weit weg von hier … an euch!", erklärte ich.

Die Augen wanderten von mir zu dem Bündel auf dem Boden und wieder zurück zu mir. Ich zuckte die Achseln, da ich nicht mehr zu sagen wusste.

Schließlich stand der Häuptling langsam von seinem Hocker auf und ging vorsichtig hinüber zu dem Bündel, als sei es etwas Gefährliches. Er zog seine Machete aus der Scheide und durchtrennte mit einer Armbewegung die Schnur, die das Bündel zusammenhielt. Der eng gewickelte Ballen platzte auseinander: Der Häuptling nahm seinen Stock und schob den Inhalt auseinander: Kleidung! Die Menschen von dort, wo ich herkam, an die ich mich kaum erinnern konnte, hatten irgendwie als Geschenk gebrauchte Kleidung an mein Dorf geschickt.

Es lohnt sich an dieser Stelle einen Moment innezuhalten und darauf hinzuweisen, dass an Kleidungsstücken – so nett die Absicht hinter diesem Paket sein mochte – in Nielle nicht wirklich „Bedarf" bestand. Bei einer Hitze von 44 Grad Celsius hatte niemand viel an. Die Männer trugen zu ihrer täglichen Arbeit Shorts mit einer Kordel im Bund. Außerdem besaßen sie noch ein wogendes langes Kleid für besondere Stammeszeremonien. Frauen trugen ein Stück Stoff um ihre Hüften gewickelt und von dort an aufwärts in der Regel nichts. Kinder unter zehn oder elf Jahren trugen nur den Geburtstagsanzug, den Gott ihnen beim Eintritt ins Leben mitgegeben hatte.

Natürlich stellte ich eine Ausnahme dar. Ich trug grundsätzlich Shorts und ein Paar Kunststoffsandalen, auf denen meine Mutter – zu meinem Leidwesen – bestand. Die Sandalen waren nicht einmal praktisch, versuchte ich ihr zu vermitteln; sie boten in der Nacht Verstecke für Skorpione, die man besser herausklopfte, bevor man am nächsten Morgen seinen Fuß hineinsteckte. Tat man dies nicht, so traf einen der Biss wie ein glühendes Stück Eisen und bereitete einem die nächsten acht Stunden höllische Schmerzen. Meine barfüßigen Freunde brauchten sich um solche Risiken keine Gedanken zu machen.

Mein Vater besaß die gleiche Art Shorts und Sandalen wie ich, außer dass er zu seinem modischen Ensemble noch ein Hemd trug. Meine Mutter und meine Schwester trugen körperumspielende leichte Sommerkleider.

Das Dorf stand schweigend da, während der Häuptling sich anschickte, die verstreute Kleidung zu untersuchen. Indem er hier und da mit seinem Stock hineinstocherte, nahm er die gesamte Lieferung in Augenschein. Woran bei keinem der Eingeborenen ein Zweifel herrschte: Der Häuptling allein würde über das Schicksal dieses Bündels befinden. Er hatte die Macht, es zurückzuweisen oder es für sein Dorf anzunehmen. Des Weiteren war es sein Recht, von dem Haufen für sich zu nehmen, was immer er wollte, falls er etwas wollte. Er hatte das Recht der ersten Wahl an allem, was dort ausgebreitet lag.

Nachdem er ernsthaft nachgedacht und ein Kleidungsstück nach dem anderen hochgehalten hatte, traf dieser stattliche, würdige Häuptling seine Wahl: ein übergroßes pinkfarbenes Negligé mit Rüschen! Er muss empfunden haben, dass dies von alle dem, was die Vereinigten Staaten anzubieten hatten, einem offiziellen zeremoniellen Gewand am nächsten kam. Es kostete ihn einige Mühe, bis es ihm schließlich gelang, das Ding über seinen muskulösen Körper zu streifen. Dann blickte er stolz in die Runde in Erwartung der Reaktion seiner Dorfbewohner.

Es war der lustigste Anblick, der sich mir jemals geboten hatte. Ich stand neben meinem besten Freund Alezye und biss mir auf die Lippen in dem verzweifelten Versuch, nicht loszulachen. Aber dies hier war kein Anlass, bei dem man lachen durfte: Stattdessen klatschte ich höflich Beifall wie jedermann um mich herum. „Eine gute Wahl, Häuptling!"

Der grinste breit und bedeutete dann den Umstehenden, dass sie nun ihr „Geschenk" wählen durften. Die afrikanische Gesellschaft ist alles andere als unstrukturiert. Jeder kannte das Protokoll. Als Nächstes durften die Männer des Dorfes auswählen, beginnend bei den älteren. In ihrem Bestreben, es dem Häuptling gleichzutun, wählten die Dorfältesten ähnliche Nachtgewänder, Bademäntel oder – Damenunterhosen… Ich beobachtete die Szene mit Grausen.

Als die Männer fertig waren, kamen die Frauen an die Reihe. Inzwischen waren nur noch Overalls, Bluejeans und schwere Arbeitshemden aus Flanell übrig. Nachdem die Frauen gewählt hatten, durften die Kinder aus den im Staub liegenden Überbleibseln aussuchen. Die meisten mussten sich mit zu weiter Unterwäsche, Wollhandschuhen oder Socken zufriedengeben. Alezye und ich teilten ein einsames Paar weißer Socken unter uns auf. Jeder bekam eine. „Zwillinge!", sagten wir mit einem Lächeln.

An diesem Abend beim Essen in der Familie hatten wir lebhafte Gespräche darüber, was sich an diesem Tag auf dem Marktplatz ereignet hatte. Das Geschenk unseres Heimatlandes hatte zu einem Fiasko geführt. Was war zu tun? Schließlich mussten wir erkennen, dass es keine Möglichkeit gab, unter Wahrung der Würde unseres Häuptlings – ja, des ganzen Dorfes – solche kulturellen Fettnäpfchen zu vermeiden. Meiner Schwester und mir wurde beigebracht, niemals zu lachen, zumindest nicht laut, und vor niemand aus dem Dorf. Wann immer die Menschen aus unserem geliebten Nielle uns gegenüber ihrer Dankbarkeit Ausdruck verliehen für das Geschenk von „unserem" Volk in den Vereinigten Staaten, zwangen wir uns, milde zu lächeln und zu sagen: „Nichts zu danken."

Die nächsten eineinhalb Jahre betete meine Mutter täglich, dass diese Kleidungsstücke vorzeitig verschleißen mögen, wenn sie in unserem „Waschsalon" am Flussufer gegen die Steine geschlagen wurden. Sie argumentierte, dass, wenn Gott die Kleidung der Israeliten vierzig Jahre lang in der Wildnis davor bewahren konnte, auseinanderzufallen, er seine gleiche göttliche Kraft in umgekehrter Richtung einsetzen könne, indem er unsere schnell verschleißen ließ! Genau dies trat tatsächlich ein. Das Negligé und andere Kleidungsstücke verabschiedeten sich gnädigerweise beizeiten, indem sie verblichen, ausfransten, zerrissen und sich schließlich in Wohlgefallen auflösten.

Wir haben nie erfahren, woher dieser geheimnisvolle Ballen

mit gebrauchter Kleidung stammte. Es war ungefähr um die Zeit, als in den Vereinigten Staaten das Friedenskorps gegründet wurde und im Lande in großem Rahmen Bewusstsein geschaffen wurde für Armut und Leid in der Welt. Ich schätze, dass heute noch irgendwo in den Vereinigten Staaten zwei wundervolle ältere Damen gemeinsam auf der Hollywoodschaukel ihrer Veranda sitzen und die eine zu der anderen sagt: „Mildred, ich frage mich, was wohl aus dem großen Packen Kleidung geworden ist, den unsere Stadt damals gesammelt und in das dunkelste Afrika verschifft hat! War das nicht eine großartige Sache, die wir da auf die Beine gestellt haben? Ich hoffe, den Menschen dort hat alles gefallen! Ich kann immer noch nicht glauben, dass du dich damals von dem alten, pinken Nachthemd trennen konntest!"

Ein Geist von Großzügigkeit

Es war zwar albern, aber dies war das erste Mal, dass ich so etwas wie Stolz empfand, im entfernteren Sinne ein Amerikaner zu sein. Deshalb bestanden also meine Eltern darauf, dass wir zu Hause Englisch sprachen. Sie wollten, dass wir uns mit einem Land des Mitgefühls und der Großzügigkeit identifizierten. Was für Menschen waren das, die sich so sehr um Menschen am anderen Ende der Welt sorgten, dass sie tatsächlich ihr letztes Hemd hergaben? Jetzt wusste ich es.

Zur selben Zeit nahm ich jeden Mittwoch unter den Dorfbewohnern einen Geist der Freigiebigkeit wahr. Durch die Stände und die Auslagen auf dem Boden zu laufen offenbarte mir unmittelbar das Herz der Senufokultur. Großzügigkeit war an der Tagesordnung. So arm, wie jeder Einzelne war, konnte man ihnen nicht vorwerfen, dass sie unfair oder selbstsüchtig seien.

Wenn man einen Haufen von irgendetwas kaufte, so gab es immer ein *cadeau*, ein Geschenk, dazu, das heißt, es wurde ein Exemplar zusätzlich mitgegeben. Lebensmittel, die in Behältern verkauft wurden, wie zum Beispiel Maismehl oder Getreide, wurden oben immer so hoch aufgehäuft wie irgend möglich. Die Menschen schienen den Rat des Neuen Testaments zu beherzigen: „Gebt, so wird euch gegeben. Ein volles, gedrücktes, gerütteltes und überfließendes Maß" (Lukas 6,38). Alles, was nach Länge verkauft wurde, wurde genauestens mit einem Meterstab abgemessen, bis auf den letzten Meter. Dann wurde der Stab beiseitegelegt, und der Händler machte das letzte Stück zwanzig bis dreißig Zentimeter länger, als der Stab vorgegeben hätte. Käufer und Verkäufer schauten einander in die Augen und nickten in gegenseitigem Respekt füreinander.

Heute ist mir bewusst, dass in der wettbewerbsorientierten modernen Geschäftswelt solch ein Geschäftsgebaren als töricht angesehen würde. Jesus hingegen würde jede Geste befürworten, die impliziert, dass Gegenstände nicht das höchste Ziel im Leben sein können. Er durchschaute die Barrieren, die Besitz aufrichten kann, indem er uns in die Kategorien der „Wohlhabenden" oder der „Habenichtse" einordnet. Er sah direkt in die Herzen der Menschen in beiden Lagern. Sein Herz blutete für diejenigen, die nicht genug hatten, aber auch für diejenigen, die zu viel hatten. Er verstand die Armen und deren Stellenwert bei Gott und verbrachte einen ganzen Teil seines Dienstes damit, ihren Bedürfnissen zu begegnen, sie zu ernähren, sie zu heilen und zu trösten. Aber er fühlte sich auch wohl bei den Reichen. Er aß in ihren Häusern, blieb bei ihnen und lag sogar (vorübergehend) in dem Grab eines reichen Mannes, der Jesus sehr schätzte. Seine Botschaft an die Armen war „Trost", seine Botschaft an die Reichen „Umsicht".

Er definierte seinen ursprünglichen Auftrag, quasi seine „Arbeitsplatzbeschreibung", bei seiner ersten öffentlichen Gelegenheit, in der Synagoge seiner Heimatstadt Nazareth zu predigen. Von allen möglichen Bibelstellen, die er hätte als Text auswählen können, entschied er sich erstaunlicherweise für die Passage aus Jesaja 61 (Verse 1 und 2):

Der Geist Gottes des HERRN ist auf mir,
weil der HERR mich gesalbt hat.
Er hat mich gesandt, den Elenden gute Botschaft
zu bringen,
die zerbrochenen Herzen zu verbinden,

zu verkündigen den Gefangenen die Freiheit,
den Gebundenen, dass sie frei und ledig sein sollen;
zu verkündigen ein gnädiges Jahr des HERRN.

Dann ließ er die Bombe platzen: „Heute ist dieses Wort der Schrift erfüllt vor euren Ohren" (Luk 4,21). Nachdem er so seinen Auftrag und seine Identität geklärt hatte, offenbarte er sofort sein Herz für die Armen, die Vernachlässigten, die an den Rand Gedrängten.

Natürlich heilte Jesus auch das Kind eines mächtigen römischen Zenturios (eines Feindes des jüdischen Volkes), ohne mit der Wimper zu zucken. Er lobte sogar den großen Glauben des Mannes. Bei einer anderen Gelegenheit sprach er sehr direkt darüber, wie die Liebe zu Geld und Besitz die Seele versklaven kann. „Es ist leichter, dass ein Kamel durch ein Nadelöhr gehe, als dass ein Reicher ins Reich Gottes komme" (Matthäus 19,24).

Derselbe Punkt tauchte im Hause eines anderen wohlhabenden Mannes namens Zachäus, eines Steuereintreibers, auf. Nachdem sich Jesus selbst zu dessen luxuriöser Behausung aufgemacht hatte, sah sich Zachäus konfrontiert mit all seinem unrechtmäßig erworbenen Wohlstand. Noch in derselben Nacht versprach er, die Hälfte davon den Armen zu geben (vgl. Lukas 19,8).

Es ist wohl nicht leicht, aber die Reichen und die Privilegierten *können* Gottes Königreich betreten.

Eine meiner großen Freuden ist es, mit mächtigen, erfolgreichen, ja sogar reichen Menschen in die Dritte Welt zu reisen und ihre Begegnung mit der anderen Seite von Angesicht zu Angesicht herbeizuführen. Wo diese beiden Welten aufeinandertreffen, da ist oft heiliger Boden. Für viele Menschen kommt es einem Quantensprung gleich, der Armut zu begegnen und wahrzunehmen, wie diese ihr eigenes Leben berührt. Ich halte dann nur den Atem an und warte ab, was passieren wird. Normalerweise sind diese Menschen verblüfft über die Wärme, die Großzügigkeit, die Freude, ja sogar Zufriedenheit, die sie in dem Leben der Armen sehen können, besonders derer, die ihr Vertrauen in Jesus gesetzt haben.

Einer meiner lieben Freunde, Ken Davis, ist in der Öffentlichkeit ein sehr erfolgreicher, humorvoller, enthusiastischer Redner. Schon oft hat er im Namen von Compassion gesprochen. Aber er fand jede nur erdenkliche Ausrede, um sich davor zu drücken, tatsächlich mit mir nach Übersee zu reisen und Armut vor Ort mitzuerleben. Schließlich gab er zögernd nach und reiste mit mir nach Ecuador. Eines Tages fuhren wir auf einem Fluss in ein armes Dorf nördlich von Guayaquil, das nur mit einem Einbaum zu erreichen war. Dort besuchten wir die Lehmkirche des Orts. Vor uns saßen Hunderte von Kindern und ihre Eltern. Irgendwann forderte der Dschungelpastor seine Gemeinde auf, ihre Hände auszustrecken und für die Besucher zu beten, die von so weit hergekommen waren.

Ich stand neben Ken, meinen Arm um seine Schulter gelegt, während die Kinder begeistert auf ihre Füße sprangen und begannen, leidenschaftlich für uns zu beten. Ihre hellen Stimmen flehten übereinstimmend zum Himmel um unsertwillen. Ken ist ein großer, starker Typ, ein Sportler und Naturbursche, ein Komiker. Aber als die Kinderstimmen erschollen, die Gott um unsertwillen anflehten, fühlte ich, wie seine Schultern zu beben begannen.

An diesem Abend beim Essen sagte ich: „Ken, was war da los mit dir? Was hast du da empfunden, als die Kinder gebetet haben?"

Er sah mich an, und Tränen traten in seine Augen, als er sagte: „Wess, ich habe es lange Zeit vermieden, mit dir zu kommen, um die Armen zu besuchen. Ich hatte Angst, es würde mir das Herz brechen, ihren Zustand ansehen zu müssen. Was mir aber heute das Herz gebrochen hat, war *mein* Zustand."

Diese starken Eindrücke habe ich im Laufe der Jahre immer wieder beobachtet. Wenn die Reichen und die Armen aufeinandertreffen, so ist sich am Ende jeder der verzweifelten Nöte des anderen bewusst. Zu oft kann Satan seine böse Strategie durchziehen, indem er beide Gruppen voneinander fernhält. Das Resultat ist, dass die einen aus Not sterben, die anderen vor Gier. Aber wenn Jesus uns zusammenbringt, werden die echten Bedürfnisse auf beiden Seiten auf geheimnisvolle und wundersame Weise befriedigt. In Gottes erstaunlicher Ökonomie brauchen die Armen und die Reichen einander. Die gemeinsame Botschaft lautet: „Genug ist wirklich genug!"

7 | *Wenn Triumph zum Desaster wird*

Acht Jahre bevor ich geboren wurde, trat der amerikanische Präsident Franklin D. Roosevelt vor den Kongress und formulierte eine kühne Vision: „Wir schauen vorwärts in eine Welt, die auf vier essenziellen menschlichen Freiheiten aufbaut: die Freiheit der Rede, die Religionsfreiheit, die Freiheit von Not und die Freiheit von Angst." Mit ähnlicher Leidenschaft spreche ich heute den Appell Roosevelts im Namen der Kinder dieser Welt gleich welcher Nationalität aus. Gott hat uns die gewichtige Verantwortung auferlegt, Kinder vor Unheil zu bewahren und ihnen zu helfen, zu mündigen Erwachsenen heranzureifen. Kinder sind ein unglaublicher Schatz, und wir dürfen nicht wegschauen und sie dahinsiechen lassen.

In diesem Teil des Buches trete ich ein für die vier Freiheiten, die jedes Kind verdient:
- Freiheit von Getriebensein, Zeitdruck und Hetze (Kapitel 5)
- Freiheit von Materialismus – der Besessenheit von Dingen (Kapitel 6)
- Freiheit von zerstörerischem Wettbewerb (in diesem Kapitel)
- Freiheit von täglichen Ängsten (Kapitel 8–9).

Dies sind mit die wertvollsten Geschenke, die wir an die verletzliche kommende Generation weitergeben können; denn ohne sie werden sie in ihrer Entwicklung gehemmt, werden emotional verkümmern und davon ausgeschlossen sein, jemals ihr volles Potenzial zu entwickeln.

Warum Konkurrenzdenken?

Sie mögen denken: *Was ist falsch an Wettbewerb? Darauf basiert doch unsere westliche Gesellschaft! Ich verstehe die Problematik bei den anderen drei aufgeführten Punkten, aber warum ist Wettbewerb mit eingeschlossen?*

Bevor Sie angewidert dieses Buch zur Seite legen, beachten Sie, dass ich den Begriff eingeschränkt habe durch das Adjektiv *zerstörerisch.* Während Ehrgeiz ein wirklich bewundernswerter Charakterzug ist, so birgt doch Konkurrenzdenken gewisse Gefahren, das Wohlbefinden eines Kindes zu beeinträchtigen oder ganz zu verdrängen – eine Tatsache, die leider noch nicht einmal von allen Eltern, Lehrern, Trainern und Jugendgruppenleitern berücksichtigt wird. Um zu erklären, was ich meine, lassen Sie mich noch einmal eine globale Perspektive einnehmen.

In den meisten Entwicklungsländern ist der Gedanke, sich auf Kosten eines anderen einen Vorteil zu verschaffen, nicht nur völlig abwegig, sondern geradezu inakzeptabel. Man kann erreichen, was immer man will – solange man keine andere Person verletzt, beschämt oder erniedrigt.

Ich kann mich nicht erinnern, dass es in der Stammessprache unseres Dorfes überhaupt ein Wort für „Wettbewerb" gab. Die Methode, seinen persönlichen Sieg auf der Niederlage eines anderen aufzubauen, lag nicht nur fern, sondern wäre auch als abstoßend empfunden worden. Für uns war es die niedrigste Form menschlichen Verhaltens, einem Bruder oder einer Schwester in Not seine Unterstützung zu versagen. Egoistisch zu sein war eines der schlimmsten Verbrechen, das wir als Kinder begehen konnten.

Die Dorfältesten lebten Tag für Tag nach diesem Prinzip und gaben dies abends am Dorffeuer auch an uns Kinder weiter. Wenn man selbst gestärkt wurde, konnte man den Schwachen helfen. Wenn man mutig war, konnte man die Ängstlichen beschützen. Wenn man etwas besaß, konnte man etwas weitergeben. Es hätte mich als Kind in diesem Dorf in echte Konflikte gestürzt, wenn man mir zwei Bonbons geschenkt hätte. Ich hätte sie in meiner Hand betrachtet und angenommen, dass eines für mich bestimmt war, aber was hätte ich mit dem anderen anfangen sollen? Natürlich gehörten nicht beide mir; so viel war klar! Aber was hätte ich mit nur einem Bonbon anfangen sollen, das ich abgeben konnte, wenn zwanzig Freunde um mich herumstanden?!

Diese Art zu denken hielt uns aufrecht, wenn härtere Zeiten kamen. Niemand war reich oder hatte wesentlich mehr als die anderen. Aber es wurde auch nie jemand im Stich gelassen oder vergessen. Inmitten der Dürreperiode oder nach der Heuschreckenplage hatte jeder weniger zum Leben zur Verfügung – manchmal gefährlich weniger –, aber jeder hatte zumindest etwas.

Mit diesen Werten stießen wir in unserer örtlichen Grundschule, die unsere französischen Kolonialherren eingerichtet hatten, auf Widerstand. Die kolonialen Erziehungsmuster, die direkt aus dem kopfsteingepflasterten Paris importiert worden waren, beruhten auf der Methode, unseren kleinen afrikanischen Köpfen Unmengen von weitgehend irrelevanten Fakten einzutrichtern, beispielsweise über die Flora und Fauna Frankreichs. Jeden Freitag wurde in Tests geprüft, ob sich das gesamte Wissen der letzten Woche gesetzt hatte. Wir lernten unsere Lektionen, indem wir sie einstimmig sangen, so laut wir konnten, sodass das ganze Dorf es hören konnte. Wir gewannen den Eindruck, als käme es bei der Schule nur darauf an, in Konkurrenz miteinander zu treten, um herauszubekommen, wer der Klügste und wer der Dümmste war.

Jeden Montagmorgen brachte der Lehrer einen Zettel mit unserer internen Rangliste gut sichtbar an der Tür unseres Klassenzimmers an. Aber wir weigerten uns, auf die „Charts" zu schauen. Es war einfach nicht richtig! Es fühlte sich für uns schlecht an, manche Schüler hervorzuheben und andere zu demütigen, und wir weigerten uns weiter mitzuspielen, egal was die Konsequenzen sein würden. Obwohl wir uns bei den Dorfältesten beschwerten, zögerten sie, das Schulsystem zu kritisieren oder uns davor zu schützen, da sie niemals selbst eine Schule besucht hatten.

Die Lehrer waren entweder Franzosen, die aus irgendeinem Grund in diese weit entfernte Wildnis verbannt worden waren, oder Afrikaner von einem anderen Stamm, die von Franzosen in den großen Städten unterrichtet worden waren. Um uns ihren

Willen aufzuzwingen, pflegten sie im Mittelgang zwischen unseren hölzernen Bänken mit ledernen Ruten in der Hand auf und ab zu spazieren.

Eines verhängnisvollen Tages wurde Alezana herausgegriffen. Er musste aufstehen und eine Frage im Test beantworten: „Wie heißt die Hauptstadt der Vereinigten Staaten von Amerika?"

Ich beobachtete, wie er sich wand, dann zu zittern begann und sich am Kopf kratzte. Ich kannte ihn gut genug, um zu wissen, dass als Nächstes seine Tränen fließen würden. Mein Herz schlug für ihn. Und natürlich wusste ich die Antwort. Es war schließlich eine Frage über mein „Heimatland".

Als der Lehrer nach seiner Peitsche griff und auf meinen Freund zuging, lehnte ich mich hinüber und zischte: „Washington D. C.!"

Mit großer Erleichterung stammelte mein kleiner Freund: „*Oui,* Washington D. C.!" Der Lehrer drehte sich auf dem Absatz herum, nahm Kurs auf das kleine weiße Kind und schlug mir hart auf den Kopf. Als mein Kinn zitterte und sich meine Augen mit Tränen füllten, setzte ich mich ein bisschen gerader hin in meiner Bank. Ich hatte nobel gehandelt, und jeder wusste es. Jedes Kind im Raum hätte das Gleiche für mich getan.

Heute, mit einem Doktortitel in Erziehungswissenschaften, ist mir klar, dass Lehrer uns „Meister des Schummelns" nennen würden. Aber es fühlte sich für uns völlig richtig an. Soweit ich mich erinnere, gab es bei den Lehrern unserer Grundschule in Nielle einen raschen Wechsel. Wir Kinder wussten nichts über gute Pädagogik, aber wir wussten, dass wir uns nicht zwingen lassen würden, untereinander in Konkurrenz zu treten und unseren Triumph auf der Niederlage oder Demütigung eines anderen aufzubauen. Wir waren dazu erzogen worden, mit denen, die in Not waren, zu teilen – Süßigkeiten, Essen, Zeit und sogar Antworten im Klassenzimmer.

Unser Dorf war nicht der einzige Ort auf diesem Planeten, der so funktionierte. Während meiner Teenagerzeit beendeten meine Eltern ihren Dienst in Afrika und arbeiteten stattdessen unter den Navajo-Indianern in Arizona. Dort besuchte ich die Mingus Union Highschool in der verlassenen Kupferminen-Stadt

Jerome. Ich erfuhr, dass viele der amerikanischen Eingeborenenstämme immer noch diese bemerkenswerten Wertvorstellungen in ihren Herzen tragen. Selbst heute noch weigern sich Kinder in den Reservaten beispielsweise, an Buchstabierwettbewerben teilzunehmen. Sollten sie einen goldenen Stern gewinnen, so würden sie ihn nicht tragen. Der Preis, den die Navajos für das Festhalten an ihren Wertmaßstäben zahlen, ist der, dass sie von der größeren amerikanischen Gesellschaft, die nach Wettbewerb und Fortschritt des Individuums strebt, dafür an den Rand gedrängt werden.

Wie ist das beim Sport?

Sie mögen nun einwenden, dass die Philosophie des Teilens natürlich nicht gilt, wenn es um Sport geht. Es ist geradezu die Natur eines jeden Spiels, dass jemand gewinnt und ein anderer verliert.

In den meisten Ländern der Erde gibt es wohl keine konkurrenzbetontere Sportart als Fußball. Wir alle kennen die Horrorgeschichten von roher Gewalt und Massenschlägereien in Fußballstadien. In vielen Weltklasse-Stadien sind inzwischen die Spielfelder mit NATO-Draht eingezäunt worden, der wütende Fans davon abhalten soll, das Fußballfeld zu stürmen, um Spieler der gegnerischen Mannschaft anzugreifen. Sogar Schiedsrichter sind für eine „falsche" Entscheidung schon körperlich bedroht worden.

Während eines chaotischen Fußballspiels bei der Weltmeisterschaft 1994 beging ein 27-jähriger kolumbianischer Verteidiger namens Andrés Escobar unabsichtlich einen peinlichen Fehler; er schoss ein Eigentor. Infolgedessen gewannen die Vereinigten Staaten das Spiel mit 2 : 1, und Kolumbien musste den Wettbewerb bereits in der ersten Runde verlassen. Ein schottischer Sportjournalist formulierte in seiner Kolumne: „Für einen solchen Fehler sollte der Spieler erschossen werden." Zehn Tage später verließ Escobar gerade eine Bar in einem Vorort der kolumbianischen Stadt Medellín, als ein bewaffneter Mann ihm entgegentrat und ihn kaltblütig erschoss. Nach Aussagen von Escobars Freundin rief der Killer bei jedem der 12 Schüsse, die er abfeuerte: „Gol!" (Tor). Es war nicht klar, ob der Schütze aus seiner eigenen Wut heraus handelte oder ob er möglicherweise von einem Wettkartell geschickt worden war, das große Summen auf das Weiterkommen Kolumbiens in der WM gesetzt hatte.

Aber solch extremes Verhalten ist nicht nur in entfernten, fanatischen Ländern zu finden. Selbst in kleineren Städten entfacht der Fußball leidenschaftliche Konkurrenzkämpfe, über deren Härte wir nur staunen können. Eltern und Trainer mussten schon körperlich zurückgehalten werden. Kleine geschockte Kicker mit Schienbeinschützern mussten schon völlig überzogene Schimpftiraden ihrer Eltern über sich ergehen lassen, zu denen sie doch eigentlich aufschauen sollten.

Wie ich bereits erwähnte, spielten wir auch in Nielle Fußball, jedoch mit einer völlig anderen Zielsetzung. Wir hatten totalen Spaß am Spielen, aber in einer sanften, konkurrenzlosen Art und Weise. Es lief folgendermaßen:

Grundsätzlich durfte jeder mitspielen. Man musste nicht einer der zweiundzwanzig besten Spieler des Dorfes sein, um ausgewählt zu werden. Man hatte die Freiheit, einzusteigen und mitzuspielen, wann immer man wollte. Es erübrigt sich zu erwähnen, dass es keine einheitlichen Trikots gab, und Fußballschuhe waren überhaupt nicht nötig.

Wir besaßen nicht einmal ein abgegrenztes Spielfeld. Wir spielten einfach im ganzen Dorf. Das Spiel raste von Hof zu Hof wie ein Tornado. Frauen, die am Abendfeuer kochten, sprangen auf, lachten, nahmen den Ball an und dribbelten selbst weiter, wenn er ihnen ins Gehege kam. Sie kehrten erst dann zu ihrer Kochstelle zurück, wenn sie Gefahr liefen, ihr Essen anbrennen zu lassen. Im Dribbeln waren wir sehr geschickt. Und bei unserem Spiel ging es nicht darum, ein anderes Team zu besiegen, indem man mehr Tore schoss als die Gegner. Es ging vielmehr um exzellente Ballführung und Teamwork. Somit waren die Spiele begleitet von schrillem Gelächter, bellenden Hunden, vergnügtem Kreischen, aufwirbelndem Staub, wirbelnden Füßen und einem verrückt gewordenen Ball.

Eigentlich – um ehrlich zu sein – hatten wir gar keinen Ball, wenigstens keinen von diesen offiziellen mit den schwarzen und weißen Fünf- und Sechsecken. Die lederne Kugel, die wir herumkickten, bestand aus – Hühnerdarm! Irgendwo tief in der Anatomie von Hühnern gibt es drei Darmschläuche, die in einer zentralen Kammer zusammentreffen. Wenn man zwei davon abband und in den dritten Luft hineinblies, konnte man die so entstandene Kammer zur Größe eines brauchbaren „Fußballs" aufblasen.

Wann immer für eine Mahlzeit ein Huhn geschlachtet wurde, retteten wir Kinder diese wertvolle Innerei, um sie als Sportgerät umzufunktionieren. Natürlich mussten wir den Darm ein paar Tage lang an einen Ast hängen, damit er in der tropischen Sonne trocknen konnte. Aber das Endprodukt leistete uns gute Dienste.

Wenn ich es mir recht überlege, dann gab es bei unseren Fußballspielen doch Konkurrenzkampf, sogar recht heftigen – vonseiten der Dorfhunde. Sie liebten den Geruch und den Geschmack unserer Fußbälle und rasten mitten hinein in unsere wirbelnden Füße, wobei sie ein großes persönliches Risiko eingingen, um den Ball für sich zu ergattern. Plötzlich tauchte da ein brauner Farbklecks inmitten einer Staubwolke auf, und schon hörten wir ein Zischen: „pffft". Das Spiel stoppte abrupt, und wir alle starrten bestürzt auf einen schuldbewusst dreinschauenden Hund, in dessen Schnauze schlaff und jämmerlich unser Spielball baumelte.

Möglicherweise war es meine Einbildung, aber genau nach solchen Situationen schienen alle Hühner des Dorfes hastig in Deckung zu gehen, da sie nicht scharf darauf waren, unser nächster Hightech-Fußball zu werden. Da Hühnerfleisch einen wesentlichen Bestandteil der Senufo-Küche ausmachte, hatten wir immer rasch Ersatzbälle bei der Hand.

Wenn einmal jemand bei unserem Gerangel verletzt wurde – sich die Zehen anstieß oder sich einen Knöchel verstauchte –, stoppte das Spiel sofort. Musste das verletzte Kind weinen, setzten wir uns alle in den Staub, hielten das Kind fest und weinten mit ihm. Gut erinnere ich mich noch, wie weh es mir tat, wenn einer meiner Freunde verletzt wurde. Ich fühlte seinen Schmerz, als hätte es mich selbst getroffen. Niemand war froh, wenn ein „Gegner" aus dem Spiel ausscheiden musste. Es waren nicht unsere Gegner, sondern einfach unsere lieben Freunde.

Jahre später, weit weg von meinem Dorf, lernte ich den Namen des Gefühls kennen, das unsere Herzen ergriff, wenn ein anderer leiden musste: Mitgefühl (englisch *compassion,* gesprochen: *„kompäschn")*. Dieses Gefühl schwang bei jedem unserer Spiele mit, lag in unserem Klassenzimmer in der Luft, war der Inbegriff dessen, womit wir einander beschenkten. Und es prägte unsere Herzen.

Das englische Wort *compassion* klingt tatsächlich ähnlich wie das englische Wort für Wettbewerb *competition* (gesprochen: „kompetischn"), aber von der Bedeutung her sind sie Lichtjahre voneinander entfernt. Im Herzen eines Dorfes gab es nur Platz für eines von ihnen.

Lange Nachmittage an der Steinmauer

Nachdem der amerikanische Präsident Abraham Lincoln im November 1864 die Wiederwahl für eine zweite Amtszeit gewonnen hatte, sagte er: „Es ist kein Vergnügen für mich, über jemand anderen zu triumphieren."[1] Indem wir den Stellenwert von Erfolg angehoben haben, haben wir gleichzeitig zugelassen, dass sich die zerstörerische Gewohnheit einschleicht, sich an der Unterlegenheit anderer zu weiden. Wir haben den Kindern beigebracht, sich keine Sorgen darüber zu machen, wie sich der Gegner fühlt. Einfach mit voller Geschwindigkeit vorwärtsstürmen, die Augen auf die Anzeigetafel gerichtet. Vince Lombardi, der Trainer der berühmten Greenbay Packers, einer Mannschaft der amerikanischen nationalen Footballliga, verkündete der ganzen Nation: „Gewinnen ist nicht das Hauptziel; es ist das einzige Ziel!" Ein paar beherzte Menschen wagten es, diese Ethik infrage zu stellen, und wurden dafür verspottet. Einer davon war ein amerikanischer Autor (und Kampfpilot im Zweiten Weltkrieg), George B. Leonard, der in einem oft zitierten Aufsatz schrieb:

> Das entscheidende Argument für heißen Wettkampf bereits im Kindergartenalter ist, dass Wettbewerb Sieger hervorbringt. Das ist aber höchstens die halbe Wahrheit. Wett-

kampf bringt auch Verlierer hervor – in der Regel mehr Verlierer als Gewinner. Und eine Reihe von Studien belegen, dass Verlieren zur lebenslangen Gewohnheit werden kann.[2]

Ich musste früh erfahren, wie es sich anfühlte, ein Verlierer zu sein, denn ich spielte nicht nur in Nielle Fußball. Meine Eltern dachten aus gutem Grunde, dass ich meine Schularbeiten besser auf Englisch machen sollte als auf Französisch. So kam ich im zarten Alter von sechs Jahren fort in ein Missionsinternat ungefähr 750 Meilen entfernt. Über diesen Schauplatz meines Lebens werde ich im nächsten Kapitel näher berichten. Für den Moment möchte ich nur zusammenfassend sagen, dass es die größte Herausforderung meiner Kindheit war, herauszufinden, wer ich wirklich war, was richtig und was falsch war. Dies war nicht einfach, da ich mich in meinem jungen Leben auf zwei in dramatischer Weise kollidierende Kulturen einlassen musste. Im Internat wurde meine Kinderseele neun Monate im Jahr beansprucht, im Dorf wurde sie in den verbleibenden drei Monaten genährt.

Ich hatte im Internat viel Zeit, darüber nachzudenken, wenn ich Nachmittag für Nachmittag auf der Steinmauer unter dem Bohnenbaum saß und bei den täglich stattfindenden Fußballspielen zusah. Ich sage „zusah", weil es dort sehr wichtig war, dass nur die besten Spieler auf das Spielfeld gelangten. Es gab achtzig Missionarskinder aus ganz Westafrika, die diese Schule besuchten, aber an jedem einzelnen Tag nur zweiundzwanzig, die Glück und Talent hatten (elf in jeder Mannschaft) und tatsächlich für den Wettkampf ausgewählt wurden. Wir Übrigen schauten zu und hofften und warteten darauf, dass unser Tag kommen würde.

Das tägliche Auswahlverfahren war hochpeinlich für alle Schüler außer den wenigen, die gewählt wurden. Zwei ältere Jungen, die Mannschaftskapitäne, standen einige Schritte entfernt von der Steinmauer, auf der die hoffnungsvollen Anwärter saßen, und prüften ihre Auswahlmöglichkeiten. Die Besten wurden zuerst herausgepickt; es waren jeden Tag dieselben. Diese dienten dann den Kapitänen als Ratgeber für die weiteren Wahlen. *Wesley – wollen wir Wesley? Nein, er kann nicht hart genug schießen. Schaut euch seine Kanarienvogelbeine an! Stevie? Nein, der ist eine*

Heulsuse. Sally? Könnt ihr vergessen. Lasst uns Jim nehmen. Jim grinste und trat siegreich einen Schritt vor.

Das Schwierigste war, nicht zu weinen. Obwohl mein Herz schier zerbrach, wusste ich, dass es das Ende wäre, wenn ich auch nur eine Träne vergießen würde. Ich schaute zur Seite, rollte meine Augen und tat so, als würde ich mir die Nase putzen. In meinem Inneren war ich total zerrissen. Spieler um Spieler wurde den Mannschaften hinzugefügt. Dann sprinteten die zweiundzwanzig fröhlich davon, um Fußball zu spielen, während wir restlichen auf der Steinmauer sitzen blieben und zuschauten ...

Außer der Spielerauswahl gab es noch andere Unterschiede zwischen diesem Spiel und dem in Nielle. Hier war das Spiel streng begrenzt auf ein rechteckiges Spielfeld von ca. 100 m Länge und 50 m Breite. Ich konnte einfach nicht verstehen, dass es so außerordentlich wichtig war, dass das gesamte Spiel innerhalb dieses Raumes stattfinden musste. Es gab gekalkte Spielfeldbegrenzungen, und wenn ein Ball 1 mm außerhalb dieser Linie landete, egal wie gut er geschossen war, so nannte man das „aus". Die Diskussionen und Faustkämpfe, die ausbrachen wegen Millimetern im Staub! Offensichtlich war der eigene Spielvorteil so ungeheuer wichtig, dass Ehrlichkeit zeitweise beiseitegeschoben wurde. Wir Zuschauer hätten es nicht wagen können, in solchen Situationen die Wahrheit zu sagen, sodass Schieds- und Linienrichter diese Entscheidungen für uns treffen mussten.

Außerdem lernte ich, dass bei Fußballspielen im Internat Zeit von äußerster Wichtigkeit war. Damit meine ich nicht, dass es Zeit wurde aufzuhören, wenn die Sonne im Begriff war unterzugehen. Ich meine solche Fragen wie die, ob ein Tor einen Sekundenbruchteil vor der oder genau gleichzeitig mit dem Halbzeitpfiff erzielt wurde. Das Spiel war präzise auf 90 Minuten ausgelegt, von denen jede exakt 60 wertvolle Sekunden lang war.

All dies war so wichtig – erfuhr ich –, weil es nur darum ging, den Ball häufiger zwischen den gegnerischen Torpfosten durchzuschießen, als die andere Mannschaft ihn durch unsere schoss. Diese Rechnung ergab nach 90 Minuten (oder besser 5400 Sekunden) Gewinner und Verlierer. Jeden Nachmittag übertönten die Sieges- und Buhrufe der einen Mannschaft die Tränen derjenigen, die die Niederlage einstecken mussten. Die größte Ehre war es, derjenige Spieler zu sein, der die meisten Tore geschossen hatte. Oft wurde dieser auf den Schultern seiner jubelnden Mannschaftskameraden vom Spielfeld getragen wie ein römischer Eroberer. Mit Sicherheit wurde dieser Spieler am nächsten Tag bei der Auswahl beizeiten berücksichtigt.

Natürlich war nicht alles am Fußball schlecht. Ein Aspekt, in dem der Fußball im Internat dem Dorffußball weit überlegen war, war – der Ball. Er war tatsächlich rund. Er rollte geradeaus. Er flog weit, wenn er hart getreten wurde. Seine vielleicht großartigste Eigenschaft war, dass Hunde vor ihm Angst hatten! Oh, wie sie jaulten, wenn sie von einem verschossenen Ball getroffen wurden. Es erübrigt sich zu erwähnen, dass Hühner in unseren Spielen nicht auftauchten.

Ich brauchte nicht lange, um zu erkennen, dass an diesem Fußballspiel noch etwas anderes grob anders war. Es ging darum, um jeden Preis zu gewinnen. Wenn man den Ball in Richtung Tor dribbelte und der Spieler, der dich bewachen sollte, stolperte und hinfiel, dann war dies nichts, worüber man sich Sorgen machen musste. Verletzt? Pech für ihn! Das war *deine* Gelegenheit, ein Held zu werden. *Halt nicht an! Los, umdribble ihn und mach das Tor!* Inmitten des wilden Beifalls für deinen heldenhaften Moment spielte die Tatsache, dass jemand im Verlauf der Szene verletzt worden war, keinerlei Rolle. *Vergiss ihn; er war sowieso in der gegnerischen Mannschaft!*

Die Erinnerung an meine Dorffreunde und daran, wie sie einen gestürzten Gegner trösteten, schien weit entfernt. Obwohl sie nie aus meinem Herzen verschwand, so schwieg ich doch an diesem Schauplatz darüber.

Der kleine Radiergummi

Wenn Sie das Leben von Christus betrachten: Können Sie auch nur *eine* Gelegenheit entdecken, bei der er mit irgendjemand um etwas gewetteifert hätte? Ich kann es nicht. Sein Ziel war Loyalität gegenüber seiner Berufung. Sein Kampf richtete sich gezielt gegen Satan, und er weigerte sich, gewöhnliche Menschen in die Kategorie „Gegner" einzuordnen, weil ihm gerade danach war. Als einzige Ausnahme mögen seine harschen Worte gegenüber den großspurigen Pharisäern gelten. Zu ihnen sagte er einmal: „Ihr gehört zu eurem Vater, dem Teufel" (Johannes 8,44). Nach Luther heißt diese Stelle: „Ihr habt den Teufel zum Vater ..."

Statt bestimmte Individuen als Gegner zu betrachten, sah er die ganze Menschheit als „Schafe, die keinen Hirten haben" (Matthäus 9,36), nämlich diejenigen, für die er gekommen war, um sie „zu suchen und selig zu machen" (Lukas 19,10). Als Jesu Jünger einmal regelrechten Wettkampfgeist entwickelten gegenüber einem Mann, der gegen die dunklen Mächte ankämpfte, wies Jesus sie sofort in die Schranken („Wehrt ihm nicht ..."; Lukas 9,50).

Unsere westliche Gesellschaft wird im Wesentlichen angetrieben durch ihren Wettbewerbsgeist. Wir sind wild entschlossen, andere Menschen zu übertrumpfen und auszuspielen. Drei in Washington D. C. ansässige Theologen arbeiteten einmal zusammen an einem Buch über Mitgefühl. Im Rahmen ihrer Recherchen besuchten sie auch den in den Vereinigten Staaten sehr bekannten Politiker Hubert H. Humphrey, kurze Zeit bevor dieser 1978 im Alter von 67 Jahren verstarb. Sie stellten ihm Fragen zum Thema „Mitgefühl in der Politik".

Wir empfanden ihn als einen der warmherzigsten Menschen in der politischen Arena. Der Senator ... war offensichtlich nicht darauf gefasst ... Instinktiv verließ er seinen großen Mahagonischreibtisch, über dem das Emblem hing, das Besucher daran erinnerte, dass sie mit dem ehemaligen Vizepräsidenten der Vereinigten Staaten von Amerika sprachen, und setzte sich zu uns an den kleinen Couchtisch. Dann aber, als er sich mit der etwas ungewöhnlichen Situation arrangiert hatte, ging Senator Humphrey zurück zu seinem Schreibtisch, holte von dort einen langen Bleistift mit einem kleinen Radierer am Ende und sagte mit seiner berühmten hohen Stimme: „Meine Herren, sehen Sie sich diesen Bleistift an. So wie der Radiergummi nur ein sehr kleiner Teil von ihm ist und nur benutzt wird, wenn man einen Fehler macht, so ist Mitgefühl nur gefordert, wenn Dinge aus dem Ruder laufen. Der Hauptteil des Lebens ist Wettbewerb; nur der Radierer ist Mitgefühl. Ich bedaure, dies sagen zu müssen, meine Herren, aber in der Politik ist Mitgefühl auch nur ein Teil des Wettbewerbs."[3]

Jesus wiederum vertrat häufig den gegenteiligen Standpunkt. Er sagte: „Selig sind die, die da geistlich arm sind; denn ihrer ist das Himmelreich" (Matthäus 5,3). Er sagte, dass die Ersten die Letzten sein werden und die Letzten die Ersten (vgl. Matthäus 20,16). Die Schwachen werden für stark angesehen und die Starken als verwundbar (vgl. 1. Korinther 1,27–29). Die Armen sind reich, und die Reichen sind arm (vgl. Offenbarung 3,17–18). Die Unterdrückten werden aufgerichtet, und die Stolzen werden erniedrigt (vgl. Lukas 1,52–53).

Das ist unsere wahre Kultur, unsere Heimat. Hier liegt unsere eigentliche Zugehörigkeit! Diese Welt ist nur ein kurzer, vorübergehender Aufenthaltsort. Wenn es dem Geist unserer gegenwärtigen Gesellschaft entspricht, einander zu verletzen, einander niederzuschlagen, einander zu besiegen, was ist dann die Lösung? Einander nur noch so wenig wie möglich zu verletzen?

Nein, das reicht nicht aus, weder für uns noch für unsere Kinder. Wir müssen mitfühlend sein, wie auch unser himmlischer Vater mitfühlend ist. Das beinhaltet, dass wir inmitten der Gesellschaft beherzt und radikal gegen den Strom schwimmen müssen. Das bedeutet, dass wir aktiv gegen die Mentalität des Siegens um jeden Preis angehen müssen.

Um es noch einmal deutlich zu sagen: Ich plädiere nicht für Mittelmäßigkeit. Gottes Königreich verdient *Vollkommenheit*. Es muss von niemandem erobert werden – außer von Satan. Wettkampf hat seine Berechtigung in der Gesellschaft und selbst beim Sport. Aber seine vornehmste und vielleicht einzig berechtigte Rolle besteht darin, als Motivation zu dienen für das Streben nach Vollkommenheit. Das bedeutet nicht absolute Perfektion, sondern dass wir alles, was wir tun, so gut tun, wie wir es irgend vermögen. Das ist ein würdiges Ziel.

Wettbewerb wirkt zersetzend, wenn er die Demütigung der

Rivalen in Kauf nimmt, die auch nur versuchen, ihre beste Leistung zu bringen. Die besten Athleten verstehen tief in ihrer Seele diesen Unterschied und demonstrieren das auch oft in anschließenden Interviews. Sie brüsten sich nicht mit ihrer Leistung oder verunglimpfen ihre Gegner. Meistens sprechen sie davon, dass sie zufrieden sind mit ihrer eigenen Leistung oder enttäuscht, dass sie nicht so gut abschneiden konnten, wie sie es erhofft hatten oder wie es ihrer Trainingsvorbereitung entsprach. Sie machen keine Ausflüchte, geben nicht den Veranstaltern oder ihren Mannschaftskameraden die Schuld. Dieser Wettkampf auf hohem Niveau dient in erster Linie dazu, sie zu befähigen, gegen sich selbst anzutreten und ihre persönliche Bestleistung zu erreichen.

Zweifellos ist der Centre Court von Wimbledon ein Epizentrum von Konkurrenzkampf schlechthin. Jeden Sommer wetteifern dort die weltbesten Tennisspieler um die höchsten sportlichen Ehren. Unter den Augen eines weltweiten Fernsehpublikums, das jedes Stöhnen hört, jede Schiedsrichterentscheidung analysiert und jeden Schlag in Zeitlupe bewertet, ist der Druck im Wettkampf immens. Auf dem Platz ist der Spieler furchtbar einsam. Selbst der Trainer muss sich ruhig verhalten, einen gebührenden Abstand einhalten und möglichst unbeteiligt wirken. Das Spielfeld ist der Tempel für Qual und Ekstase.

Der eigentliche Geist von Wimbledon ist in dem Torbogen am Eingang zum Centre Court zu lesen. Es ist das Letzte, was der Spieler sieht – falls er hinaufschaut –, bevor er den manikürten Rasen betritt, um vor einem weltweiten Publikum um den Heiligen Gral zu kämpfen. Die starken Worte stammen aus dem Gedicht „If“ (englisch für „wenn“) von Rudyard Kipling:

Wenn du Triumph und Desaster hinnehmen
und mit diesen beiden Betrügern gleichermaßen
umgehen kannst …,
dann gehört dir die Welt und alles, was darin ist,
und – was noch wichtiger ist – dann bist du ein Mensch!

Das ist eine ziemlich hohe Messlatte, und einige Spieler scheinen den Sinn dieser Worte nicht verstanden zu haben, schaut man sich deren ungebührliches Verhalten an, das sie keine zehn Meter von diesem Schriftzug entfernt an den Tag legten. Aber Kipling lag damit auf der gleichen Linie wie viel früher der Apostel Paulus, als er in mehreren seiner Briefe das menschliche Leben mit einem Rennen verglich, in dem der Mensch den „guten Kampf" kämpfen soll. Obwohl Paulus der wohl in jeder Hinsicht höchstqualifizierte der frühen Gemeindeleiter war (Herkunft, Bildung, Position, Führungsqualitäten, Redegabe und die Fähigkeit zu schreiben), sprach er von sich selbst als dem „geringsten unter den Aposteln" (1. Korinther 15,9). Mehrere seiner Sendschreiben begannen mit den Worten: „Paulus, ein Diener des Herrn Jesus Christus". Das klingt nicht unbedingt nach einem Goldmedaillentyp! Offensichtlich kannte er den richtigen Stellenwert von Wettbewerb.

Als er älter wurde, schrieb Paulus an seinen jungen Schüler Timotheus: „Ich habe den guten Kampf gekämpft. Ich bin am Ziel des Wettlaufs, zu dem ich angetreten bin. Ich habe den Glauben bewahrt" (2. Timotheus 4,7). Er freute sich auf den Siegeskranz, mit dem der Herr, der gerechte Richter, ihn an seinem Gerichtstag belohnen wird – und nicht nur ihn, sondern *alle*, die sehnlich darauf gewartet haben, dass er kommt" (vgl. Vers 8; *GNB).

Wiederum ging es bei dem Wettkampf nicht um seine eigenen Interessen, sondern darum, einen Menschen zu Glaubenstreue und zur vollen Entfaltung seines persönlichen Potenzials zu führen.

Was ist mit dem Hier und Jetzt?

Sicher werden Sie jetzt denken: *Ja, aber ich lebe im 21. Jahrhundert. Bleiben Sie auf dem Boden! Wie soll das funktionieren bei meinem kraftraubenden Job, an meiner Universität oder für mein Kind in seinem sportlichen Umfeld? Ich kann nicht einfach meine Familie einpacken und nach Nielle umziehen, wissen Sie?*
Sie haben natürlich recht. Aber ich möchte Ihnen eine weitere

Geschichte erzählen. Es tut mir leid, dass es wieder einmal um Fußball geht, aber es könnte auch jede andere Sportart betreffen.

Als meine Tochter Jenny in der dritten Klasse war, erklärte ich mich bereit, ihre Mannschaft zu trainieren.

Im Laufe der Jahre hatte ich schon reichlich viele Desaster auf dem Fußballplatz in unserer Stadt miterlebt – wütende Trainer, frustrierte Eltern, verängstigte Kinder – all das beim Kampf um den großen Pokal am Ende der Saison. Ich beschloss, dass ich, wenn ich schon dafür Zeit investieren würde, das Training anders gestalten wollte – eine Art kinderfreundlichen Fußball, wenn Sie sich das vorstellen können.

In den Reihen der Eltern hatte sich die Nachricht verbreitet, dass der neue Fußballtrainer wirklich etwas von seinem Fach verstand. Er war in Afrika mit Fußball groß geworden, hatte im College Fußball gespielt, und er hatte selbst während seiner Wehrdienstzeit bei der US-Armee in einer deutschen Mannschaft mitgespielt. Nun ging es also los: Die Eltern formulierten, jetzt werde es bei ihren Kindern auf dem Fußballfeld „richtig zur Sache gehen".

Nie werde ich vergessen, wie sich bei meinem ersten Treffen mit den Eltern deren Mienen verdunkelten von entzückter Erwartung zu verständnisloser Enttäuschung. Ich sagte ihnen, wenn für sie die Gewinn-Verlust-Bilanz ihrer Mannschaft wirklich wichtig sei, wenn es ihr Ziel sei, die große Trophäe zu ergattern, dann würden sie von mir als Fußballtrainer ihrer Kinder ernsthaft enttäuscht werden. „Ich werde mein Training als erfolgreich ansehen, wenn die Kinder dieses Spiel lieben lernen, es gut spielen und nächstes Jahr wieder zum Spielen antreten. Das sind meine Ziele. Daher werde ich erst im nächsten Jahr um diese Zeit wissen, ob ich erfolgreich war oder nicht!"

Die Eltern saßen wie versteinert da. Ich erwähnte, dass – falls ihnen dies nicht recht sei – es möglich sei, die Kinder in einer anderen Mannschaft unterzubringen, wofür ich noch mehr Schweigen erntete. Das Treffen endete in gedrückter Stimmung. Schließlich hatten die Kinder bereits beschlossen, ihr Team die „mächtigen Hornissen" zu nennen, „weil wir sie stechen werden", prahlten sie.

Bei unserem ersten Training ließ ich die Kinder einfach ein bisschen spielen, um mir einen Eindruck davon zu verschaffen, was sie konnten und wozu sie in der Lage waren. Es sah nicht berauschend aus. Dann sagte ich zu den Kindern, dass ich zwar nicht wisse, wie gut wir an diesem Wochenende in unserem ersten Spiel abschneiden würden, dass ich mir aber einer Sache sicher sei. Wir würden *eine Sache* perfekt machen!

Wir begannen mit dem Training einer der grundlegendsten fußballerischen Fertigkeiten, nämlich dem Wiedereinwurf des Balls, wenn er über die Begrenzungslinie des Spielfelds hinausgerollt war. Dutzende Male hatte ich erlebt, wie Mannschaften den Ballbesitz verloren, nur weil die Kinder beim Einwurf einen Fuß hochgehoben oder die Linie übertreten hatten oder weil sie nicht beide Hände benutzt hatten. Wir übten in dieser Woche auch noch andere Dinge, aber wir konzentrierten uns wirklich auf den einen Schwerpunkt des korrekten Einwurfs.

Der Samstag nahte. Meine Mannschaft erschien mit vor Eifer glänzenden Augen in sauberen, neuen Trikots. Die Mütter hatten Fotoapparate mitgebracht, die jüngeren Geschwister und genügend Orangenstückchen, um nach dem Spiel damit das ganze Land zu füttern. Die Väter versammelten sich voller Erwartung mit verschränkten Armen entlang der Seitenlinie. Ich ermahnte meine storchbeinige kleine Schar: „Egal, was passiert, wir machen die eine Sache richtig! Okay?"

Meine kleinen Hornissen schwärmten aus, und der Zählerstand stieg rasch zugunsten der anderen Mannschaft an. Aber in der Halbzeitpause sprach ich nur davon, wie gut sie die Einwürfe hinbekommen hatten. Die zweite Halbzeit verlief im Wesentlichen ähnlich, und beim Schlusspfiff betrug der Spielstand 9:0. Eine enttäuschte Horde von Dreikäsehochs trottete zum Spielfeldrand. Zu ihrer Überraschung wurden sie von einem überschwänglich jubelnden Trainer empfangen. Ich klatschte jeden einzelnen Spieler ab und hüpfte vor Begeisterung, weil ich es kaum fassen konnte: „Ihr habt es geschafft!", rief ich. „Es war perfekt! Nicht ein einziger schlechter Einwurf! Ich bin so stolz auf euch!" Dabei hoffte ich, dass die Stille der Eltern, die sich hinter mir versammelt hatten, nicht die Ruhe vor dem Sturm war.

In den nächsten Wochen trainierten wir eine weitere grundlegende Fertigkeit, nämlich wie man abspielte und dann seine Position auf dem Spielfeld beibehielt. Den größten Frust erlebt jeder Trainer einer Kinderfußballmannschaft auf der Welt: „Bienenstockfußball". Egal, wo der Ball hinrollt, alle Kinder verfolgen ihn wie ein Schwarm hungriger Bienen (in unserem Fall Hornissen!). Es ist ein sinnloses Geschiebe und Gekicke, wobei meistens die Schienbeine getroffen werden und nicht der Ball. Das Ergebnis sind Tränen und blaue Flecken.

Ich fertigte ein Sperrholzmodell von einem Fußballfeld an und zeigte meiner Mannschaft mit Hilfe von kleinen Spielzeugfiguren die ganze Woche über genau, wo jeder Spieler in welcher Spielsituation positioniert sein musste. Wir übten dasselbe auf dem Platz und waren vorbereitet für den Samstag.

Wieder rief ich den Kindern ins Gedächtnis, dass Erfolg für uns an diesem Spieltag nur eins bedeutete, nämlich dass jeder auf seiner Position blieb, komme, was wolle! Und natürlich, dass jeder wieder perfekte Einwürfe machte wie in der letzten Woche schon. Sie können sich vorstellen, dass das Ergebnis dieses Spiels beinahe ein Déjà-vu-Erlebnis der Vorwoche war. Indem wir unser Positionsspiel durchzogen, erzielten wir geringfügige Fortschritte im Vergleich zur Vorwoche, die sich im Endergebnis von 7 : 2 widerspiegelten.

Die Kinder wussten nicht, was sie erwartete, als sie vom Spielfeld schlurften mit hängenden Schultern und Köpfen! „Wow!", rief der überglückliche Trainer. „Ihr habt es geschafft! Ich bin so stolz auf euch! Ein perfektes Spiel! Ihr habt eure Positionen beibehalten und keinen Einwurf vermasselt!" Ich drehte mich zu den erstaunten Müttern und rief: „Zwei Schokoriegel für jeden Spieler! Eure Kinder sind die Sieger!"

Während der zweimonatigen Saison blieb ich beharrlich bei meiner Linie. Jede Woche bot die Chance, eine weitere Fußballfertigkeit zu meistern: dribbeln, passen, köpfen. Ich ließ es nicht zu, dass die Kinder über Spielstände oder über das Gewinnen sprachen. Sie begannen, sich zu entspannen, und verstanden allmählich, worum es ging. Unser Training wurde zum Vergnügen, da wir uns gegenseitig engagiert anfeuerten und das Spiel *verinnerlichten*.

Immer bestand ich darauf, dass jedes Kind in jedem Spiel zum Einsatz kam. Die Väter wurden schier verrückt, wenn ich, trotz eines engen Spielstandes, ein kleines zerbrechliches Mädchen gegen unseren größten und besten Kicker, einen ägyptischen Jungen namens Muutez, einwechselte. Ich ging sogar noch weiter und ließ bis zum Ende der Saison jedem Kind die Chance, mindestens einmal auf jeder Position gespielt zu haben.

Bei all meinen innovativen Ideen brauche ich Ihnen wohl nicht zu sagen, dass wir am Ende der Saison vor dem letzten Spiel eine Bilanz von null Siegen zu sieben Niederlagen aufwiesen.

„Mächtige Hornissen?", hörte ich einen Vater maulen. „Wann werden *wir* anfangen zu stechen?"

Der eindringliche Appell, den ich in der letzten Woche der Saison an jeden meiner Spieler richtete, lautete: „Schieß den Ball aufs Tor!" Wenn ein Spieler in der Position war, ein Tor schießen zu können, bestand ich darauf, dass er oder sie den Torschuss ausführte. Keinen weiteren Pass, keinen Moment des Zögerns. „Wenn du am Ball bist, schieß!" Und – natürlich – mussten sie weiterhin die perfekten Einwürfe ausführen, auf ihrer Position bleiben, gute Pässe spielen, gezielt köpfen und all die anderen Dinge, die sie inzwischen so gut konnten.

Unglücklicherweise trafen wir bei unserem letzten Spiel auf das beste Team der Liga. Die „Krieger" hatten noch niemals verloren. An diesem Tag kamen wir am Spielfeld an und schauten zum Gegner hinüber. Wir fühlten uns so, wie sich die Israeliten gefühlt haben müssen, als sie über das Tal hinweg zu den riesigen Philistern schauten an Davids großem Tag. Meine eingeschüchterten kleinen Hornissen hatten sich bereits mit ihrer Niederlage abgefunden, das konnte ich in ihren Augen erkennen. „Vergesst das Ergebnis!", ermahnte ich sie. „Wir sind hierhergekommen aus einem einzigen Grund. Was werden wir perfekt machen, egal was passiert?"

Schicksalsergeben riefen sie kleinlaut und monoton: „Nimm den Ball an. Schieß ihn aufs Tor!"

„Das machen wir!", jubelte ich.

Meine kleine Mannschaft von Fußballstars lief hinaus und machte alles, was sie gelernt hatte, einschließlich den Ball aufs

Tor zu schießen. Als der Halbzeitpfiff ertönte, führten wir mit 3 : 2. Die Kinder kamen mit einem verdutzten Gesichtsausdruck vom Spielfeld, so als fragten sie sich: „Was haben wir gemacht?" Die Eltern waren längst heiser geworden von ihren wilden Gesängen, sodass sie vor lauter Aufregung die Orangenstücke in sich selbst hineinstopften.

Entschlossen, der Versuchung nicht nachzugeben, nur weil der Sieg in greifbarer Nähe war, zwang ich mich selbst, nicht von dem Zwischenergebnis zu sprechen. Ich lobte sie für ihre super Leistung, dass sie jeden Schuss sofort ausgeführt hatten.

Sie rannten zurück auf das Spielfeld und meisterten die zweite Halbzeit in gleicher Weise. Über das Spielfeld schollen die Schreie des gegnerischen Trainers, der mittlerweile krebsrot angelaufen war, während er die Eltern seiner Spieler beschwor: „Sorgt dafür, dass sie etwas machen!" Die Sekunden vergingen wie in Zeitlupe. Ich schaute hinauf zur Uhr, um sicherzugehen, dass die Sonne nicht wirklich stehen geblieben war, wie sie es für Josua getan hatte. Schließlich ertönte der Schlusspfiff. Die Ergebnistafel brachte die eindeutige Gewissheit: „Mächtige Hornissen: 9 Tore – Krieger: 8 Tore!"

Ich ging zur Mittellinie, um dem Trainer der Krieger die Hand zu schütteln. Er war völlig perplex, wie benommen. „Was zum Kuckuck ist hier passiert?", stammelte er.

Ich zuckte die Achseln, als könne auch ich mir dies alles nicht erklären. Ich bezweifle, dass er es verstanden hätte.

„Also, Glückwunsch … schätze ich", gratulierte er mir und stolperte kopfschüttelnd davon, während er etwas von Voodoo-Zauber murmelte. Ich grinste bloß. Irgendwie *war* es Zauber, ein Wunder!

Unterdessen hatte sich meine Mannschaft an der Seitenlinie versammelt und machte große Augen. „Wir haben gewonnen? Wir haben gewonnen!" Für manche war es ein Ausruf, für andere schien es mehr eine Frage zu sein. Ich blieb beharrlich bei meiner Linie und sagte nichts von dem Spielergebnis, sondern überschüttete mein kleines Team mit Lob dafür, dass sie ein perfektes Spiel abgeliefert hatten. Sie hatten den Ball angenommen und aufs Tor geschossen!

Die Saisonabschlussparty an diesem Abend wurde zu einem denkwürdigen Ereignis, eine wirkliche Aschenputtelgeschichte. Solche Dinge passieren normalerweise nur im Kino. Bereits vor Saisonbeginn und bevor ich wusste, ob wir auch nur ein einziges Spiel gewinnen würden, hatte ich für jeden einzelnen Spieler der Mannschaft einen Pokal gekauft, der genau so aussah wie die große Trophäe, die es zu gewinnen galt. In meinen Augen war jede einzelne meiner kleinen Hornissen ein Sieger. In meiner Abschiedsrede schließlich gab ich ihnen gegenüber zu, dass ich ebenso gern gewinnen wollte wie jeder andere auch. „Das wussten wir!", jubelten die Kinder. Die Väter schenkten mir ein stilles respektvolles Nicken, während die Mütter mich gar nicht fest genug in den Arm nehmen konnten.

An diesem Abend waren meine letzten Fragen an die kleinen Sieger: „Liebt ihr Fußball? Werdet ihr in der nächsten Saison wieder spielen?" Die tosenden Beifallsrufe ließen mich siegreich nach Hause gehen.

Ich weiß, dass diese Geschichte nicht glaubhaft klingt, eher wie ein Märchen von Walt Disney, aber es ist die reine Wahrheit. Erinnern Sie sich an meinen besten Kicker Muutez? Seine Eltern hatten einen Sandwichladen in der Einkaufspassage unseres Ortes. Noch zehn Jahre später konnte ich nicht an ihrem Geschäft vorbeilaufen, ohne dass sie mich herbeigerufen hätten, um mir ein Roastbeef-Sandwich zu schenken. Jedem, der zufällig dastand, um ein Sandwich zu kaufen, erzählten sie, ich sei „der beste Trainer, den Muutez jemals gehabt hatte". Aus Muutez wurde später an der Highschool ein Fußballstar, und er bekam sogar ein Stipendium für das Fußballcollege. Gern möchte ich glauben, dass dies zumindest ein bisschen damit zu tun hatte, dass er nicht nur eine Liebe für das Spiel entwickeln konnte, sondern auch die gesunde Einstellung, dass es nötig ist, zunächst die grundlegenden Techniken zu meistern, was dazu führte, dass er sich später zu einem so exzellenten Spieler entwickeln konnte. Hatte er erst einmal die Grundlagen verinnerlicht, so hatte ich nichts dagegen, dass er sich ein bisschen mehr auf die Anzeigetafel konzentrierte, als ich dies tat.

Was will ich damit sagen? Dass es einen Sieg gibt, der über den Sieg auf der Anzeigetafel hinausgeht. Wir alle können uns auf

Konkurrenzkämpfe einlassen, aber sie sollten nicht zum Selbstzweck werden. Wir sollten sie als eine Reise verstehen. Wettbewerb sollte unser Diener sein, ein Instrument, um uns zu herausragender Leistung anzuspornen.

Wenn Ihre Kinder, Enkelkinder oder die Kinder um Sie herum Erfolg erleben, erkennen Sie deren Leistung mit großer Freude an und erzählen Sie ihnen, wie stolz Sie sind. Aber was noch wichtiger ist: Sprechen Sie in einem ruhigen Moment mit ihnen über den Mut, die Entschlossenheit, die harte Arbeit, das Opfer, Integrität und Charakterstärke, die es gebraucht hat, um diesen Sieg zu erlangen. Wenn Sie in einer Schule einem Spiel beiwohnen, seien Sie der Erste auf den Beinen, um stehenden Beifall zu spenden, selbst wenn Linien übertreten wurden oder andere Dinge schiefgelaufen sind. Belohnen Sie die Anstrengung, nicht das messbare Ergebnis. Wann immer Kinder ihr Bestes geben, applaudieren Sie! Wann immer ihnen etwas misslingt, richten Sie sie auf.

Jede Niederlage birgt auch einen gewissen Sieg, und jede Niederlage kann in einen Sieg umgewandelt werden. Sensibilisieren Sie die Kinder um sich herum für das labile Gleichgewicht zwischen Wettbewerb und Mitgefühl, das es im Leben zu halten gilt. Lassen Sie die Kinder wissen, dass der wahre Sieg darin liegt, mit Triumph und Desaster gleichermaßen fertig zu werden.

8 | *Das Schweigen der Lämmer*

Ich muss Ihnen etwas gestehen. Was ich Ihnen bis jetzt über meine Kindheit in Afrika erzählt habe, ist absolut wahr, aber es ist nicht die ganze Geschichte. Die meisten der vorangegangenen Kapitel handeln von den Perioden, die ich mit meinen Eltern in dem Dorf Nielle verbrachte. Leider dauerten diese wunderbaren Zeiten nur drei Monate im Jahr, von Mitte Dezember bis Mitte März. Die übrigen neun Monate des Jahres verbrachten meine Schwester und ich in einem 1200 Kilometer entfernten Internat – einer völlig anderen Szenerie, auf die ich jetzt Ihre Aufmerksamkeit lenken möchte.

Bis vor wenigen Jahren wussten noch nicht einmal meine Frau und meine Kinder Genaueres über diese dunklen Tage. Selbst als Erwachsener konnte ich jahrzehntelang dieses schmerzliche Puzzlestück nicht in das Mosaik meines Lebens einpassen. So versuchte ich einfach, die Zeit in „das Grab der Vergangenheit" zu verbannen, und obwohl mich die Erinnerungen weiter verfolgten, sprach ich mit fast keinem Menschen darüber.

Aber es gibt einen zwingenden Grund für mich, an dieser Stelle darüber zu berichten. Das Bild, das ich versuchen werde, von den damaligen Ereignissen zu zeichnen, wird einigen Raum einnehmen. Ich hoffe, Sie werden mir folgen, wenn ich dieses Thema vor Ihnen ausrolle.

Wir waren als Missionarsfamilie nach Afrika gegangen, wie alle Missionare in dem Bewusstsein, dass es Opfer erfordern würde. Wir wussten im Voraus, dass unsere spezielle Mission ein Programm für alle schulpflichtigen Kinder vorgesehen hatte, das ihnen eine „gute amerikanische Erziehung" zuteilwerden lassen sollte. Zu diesem Zweck wurden die Kinder in ein Internat geschickt, das von Mitarbeitern einer anderen missionarischen Gesellschaft geleitet wurde. Die Dorfschule in Nielle besuchte ich gern mit meinen Freunden, aber der Unterricht dort fand auf Französisch statt.

Andere Missionsgesellschaften – so hatten wir gehört – erlaubten ihren Familien im Missionsdienst Hausunterricht, was zu der damaligen Zeit ein neues und etwas zweifelhaftes Konzept darstellte. In unserer Missionsgesellschaft hingegen gab es keine solche Alternative. Die Väter luden ihre Kinder im März jedes Jahres in Pick-ups, die dann tagelang über holprige Straßen zu einer Einrichtung fuhren, die ich in diesem Buch „Christliche Akademie von Bandulo" nennen werde. Dort lebten und lernten wir die nächsten neun Monate lang. Es gab eine zehntägige Semesterpause vom späten Juli bis zum frühen August, aber es war unmöglich, in der Zeit nach Hause zu fahren, weil das Reisen während der Regenzeit sehr beschwerlich gewesen wäre.

Dies mag im frühen 21. Jahrhundert seltsam klingen, aber vor 50 Jahren wurde diese Regelung als Notwendigkeit betrachtet. Das Evangelium in die entlegensten Ecken der Erde zu bringen war das Gebot der Stunde, nachdem der Zweite Weltkrieg vorüber war und Frieden herrschte. Jedenfalls kam allmählich afrikanischer Nationalismus auf, und die koloniale Hegemonie hätte bald zu Fall gebracht werden können. Wir mussten daher schnell handeln, solange es die Umstände noch zuließen.

Hatte nicht Jesus versprochen: „… wer Häuser oder Brüder oder Schwestern oder Vater oder Mutter oder Kinder oder Äcker verlässt um meines Namens willen, der wird's hundertfach empfangen und das ewige Leben haben" (Matthäus 19,29)? Ja, es war ein hoher, schmerzlicher Preis für diese missionarischen Pioniere, aber sie schreckten nicht davor zurück, ihn zu zahlen. Sie wussten, dass *ihre* Vorgänger im späten 18. Jahrhundert noch Schlimmeres mitgemacht hatten. Die durchschnittliche Amtszeit eines westlichen Missionars in Afrika war zu der Zeit – so hieß es – weniger als ein Jahr, was zurückzuführen war auf die verheerenden Auswirkungen von Malaria, Cholera, Typhus und Gelbfieber. Mit kühlem Realismus packten einige von ihnen ihre Sachen für die Reise nicht in Kisten oder Fässer, sondern in mannsgroße, metallene Behältnisse – ihre eigenen Särge. Die Wahrscheinlichkeit war hoch, dass die Särge gebraucht werden würden.

Meine Eltern waren in den 50er-Jahren natürlich nicht annähernd so pessimistisch. Aber beide hatten auf einschneidende

Weise den Ruf in den missionarischen Dienst erlebt, und nichts hätte sie davon abgehalten, dieser Berufung zu folgen. Sie und ihre Kollegen waren leidenschaftliche Befolger von Gottes Geboten. Das Schlimmste, was sie sich vorstellen konnten, war, in ihren Bemühungen nachzulassen.

Das Gelände, das zu der Bandulo-Akademie gehörte, zu der meine Schwester Carol und ich gebracht wurden, war ganz hübsch. Es lag im Dschungel an einem Hang inmitten von sanft ansteigenden grünen Hügeln mit Mango- und Guavebäumen, die allen möglichen Arten von Affen und interessanten Vögeln eine Heimat boten. Eidechsen huschten über die Stufen, aber das machte uns nichts aus. Die meisten von uns liebten bereits die afrikanische Natur. Es gab Schaukeln, ein Karussell und einen kleinen Swimmingpool mit einem Sprungbrett, wo man sich in der tropischen Hitze eine Erfrischung gönnen konnte. Ein Zug tuckerte im nahe gelegenen Tal vorbei, und in der Ferne am Horizont ragte der Zuckerhut auf, der der Landschaft noch etwas Markantes verlieh.

Wir waren 35 Schüler, als wir das erste Mal dort ankamen. Im Laufe der Jahre wurden es mehr. Jeweils zu zweit waren wir in einem Zimmer untergebracht, die Jungen im langen Flügel des Gebäudes, die Mädchen in dem kürzeren. Ich war erst sechs Jahre alt, als ich in Bandulo in die erste Klasse kam; Carol war mir zwei Jahre voraus. In so einem zarten Alter war es für uns sehr schmerzhaft, unserem Vater an diesem Tag Auf Wiedersehen zu sagen. Wir weinten und hingen an seinem Hals. Die Hauseltern, ein ziemlich strenges Ehepaar, die ich hier Herr und Frau Staber nennen werde, warteten in der Nähe. Um den seelischen Schock abzumildern, sagte Frau Staber zu meinem Vater: „Es wird schon gut gehen, Ken. Mach dir keine Sorgen. Wir haben die Erfahrung gemacht, dass sich die Kinder schnell eingewöhnen, sobald die Eltern erst abgereist sind, und gut zurechtkommen.“

Richtlinien und Lineale

Was keiner von uns am Anfang ahnte, war, dass Bandulo ein Ort strenger Kontrollen und fürchterlicher Strafen war. Der Fairness halber muss ich einräumen, dass es glückliche Momente gab – Fahrradtouren und Picknicks –, aber die Repressionen wogen viel schwerer. Dies fand ich schnell heraus, als der Unterricht begann. Wir hatten drei Unterrichtsräume: einen für die erste bis dritte Klasse, einen für die vierte bis sechste und einen dritten für die „großen Kinder" in der siebten bis neunten Klasse. Die Lehrer richteten ihre Aufmerksamkeit abwechselnd auf die verschiedenen Klassen, indem sie eine Stunde lang uns Kleinen in der ersten Stufe unterrichteten, in der nächsten Stunde die Zweitklässler, danach die Drittklässler. Als ich schließlich in die dritte Klasse kam, hatte ich den Unterrichtsstoff bereits zweimal gehört, was die dritte Klasse leicht machte. Aber dann war natürlich das nächste Jahr eine totale Überraschung mit brandneuem Material und neuen Begriffen.

Fehlverhalten wurde sehr streng geahndet. Nicht nur, dass man uns mit einem Lineal auf die Hände schlug, sondern sogar mit der *Kante* des Lineals, was noch viel schmerzhafter war. Das Vorrecht, auf die Toilette zu gehen, wurde nach strengem Ritual gewährt: Man musste die Hand heben, mit Daumen und Zeigefinger einen Kreis formen – ich glaube, er stand für ein „o" wie „outside" (englisch für „draußen"). Die Toilette befand sich draußen am Ende der Veranda. Wenn der Lehrer aus irgendeinem Grunde gerade mit einem Schüler unzufrieden war, konnte das Privileg des Toilettengangs für eine quälend lange Zeitspanne verweigert werden. Mehr als einmal fand ich mich in einer Erörterung mit mir selber: *Warte ich, bis meine Blase explodiert, oder gebe ich auf und mache in die Hose, was mir Schläge auf meine nackten Beine einbringen wird?* In einer Pfütze von Urin zu sitzen und darauf zu warten, dass man entdeckt und geschlagen wurde, blieb eine furchterregende Erinnerung für viele der Schüler.

Schnell war ich so weit, dass ich jegliche Zeit, und war sie auch noch so kurz, schätzte, die ich außerhalb des Klassenzimmers verbringen konnte. Ich starrte aus dem Fenster hinaus über das kleine Dschungeltal hinweg, hinüber zu einem von Weinreben bedeckten Hügel mit einer flachen, steinigen Oberfläche an seiner Ostseite. Im Laufe des Vormittags versammelten sich dort die Schimpansen, die Paviane, die roten und die grauen Klammeraffen, um sich zu sonnen, weshalb wir Schüler diesen Hang den „Affenfelsen" nannten. Sie kamen still, einer nach dem anderen, um zu schwatzen und zu quietschen.

Dann zerriss ein Kreischen die Luft: Irgendein größeres Tier wollte den Platz eines kleineren einnehmen, und ein Ausbruch von Gebell, Geheul und Gequieke schwoll an zu einem ohrenbetäubenden Lärm der kämpfenden Tiere. Rasch wurde es so laut, dass man nicht mehr verstehen konnte, was der Lehrer, der nur einige Meter entfernt stand, sagte.

Miss Long, meine erste Klassenlehrerin, stand dann abrupt auf, ging auf die Veranda hinaus und schrie aus Leibeskräften. Man munkelte, dass in den „guten alten Zeiten" die Lehrer eine Pistole aus ihren Schreibtischschubladen zu nehmen pflegten, hinaus auf die Veranda gingen und einen Schuss in die Luft abfeuerten. Auf jeden Fall degradierte der plötzliche dominante Klang eines wütenden Mitgliedes der Gattung *Homo sapiens* auf der Veranda selbst den größten Pavian und brachte die ganze Affenhorde zum Schweigen – zumindest für eine Weile. Sobald sich das Crescendo aus dem Dschungel wieder hören ließ, wurde das Szenario wiederholt, sooft es nötig war. Ich liebte das ganze Schauspiel und hielt immer zu den Affen!

Das Lesen lernten wir aus den alten „Dick und Jane"-Büchern. Diese beiden temperamentvollen, weißen Vorstadtkinder hatten wunderbare Eltern, liebten ihre kleine Schwester Sally, ihre Katze und ihren Hund. Die Lektüre schürte unsere Träume, dass Amerika der ideale Platz zum Leben sein müsse. Tatsächlich machte es mir Hoffnungen, dass wenigstens irgendwo auf der Welt kleine Jungen und Mädchen mit ihren Eltern zusammenlebten, die freundlich waren und sich um sie kümmerten. Ich wusste, dass dies in Nielle der Fall war, aber unter weißen Kindern? Niemand weinte in diesen Büchern; niemand wurde geschlagen; die Lehrer waren sowohl nett als auch hübsch; Streitigkeiten wurden immer fair ausgetragen – meine Güte, was für ein Ort!

Im Laufe der nächsten Wochen sank meine Stimmung immer tiefer und tiefer. In Gegenwart von Erwachsenen entwickelte ich eine undeutliche Aussprache; aus Angst, überhaupt etwas zu sagen, begann ich zu murmeln, ohne meine Lippen zu bewegen. In Gegenwart von Kindern ging es mir gut, aber ansonsten schaute ich hinunter auf den Boden, brummelte meine Worte leise vor mich hin und hoffte, dass der Moment vorübergehen würde, ohne dass mir Schmerzen zugefügt wurden. In gleicher Weise schrieb ich auch. Meine Handschrift wurde zu einer flachen Linie mit winzigen Schnörkeln von undeutlichen Buchstaben mit minimalen Höhen und Tiefen. Oberhalb unserer Wandtafel hingen Plakate von Druckbuchstaben, wie sie zu schreiben waren und wie sie in der Schreibschrift miteinander zu verbinden waren. Ich konnte diese Buchstaben auf Papier abmalen, aber wenn ich sie benutzen sollte, um einen Satz zu schreiben oder einen Gedanken auszudrücken, kehrte ich zu meiner undeutlichen, verschwommenen Handschrift zurück.

Ich erinnere mich noch genau daran, wie ich das erste Mal ein wirklich schlimmes Wort hörte, das ich nicht verstehen konnte. Es geschah eines Morgens, als Miss Long an ihre Grenzen kam, als sie wieder einmal mit meiner Art zu sprechen und zu schreiben konfrontiert war. Ich geriet in die gefürchtete Lage, aus der Klasse herausgegriffen zu werden und meiner Lehrerin vor der ganzen Klasse gegenüberstehen zu müssen. Ich versuchte gerade, etwas zu sagen, als sie mich vorne beim Hemd packte, mich vom Boden hochhob und mir ins Gesicht schrie: „*Sprich deutlich*, du kleiner Idiot!"

Heute noch habe ich das Kreischen ihrer Stimme im Ohr, spüre ihren Atem in meinem Gesicht und die Enge in meinem Hals. Meine Klassenkameraden saßen wie versteinert. Schließlich ließ sie mich wieder auf den Boden fallen. Ich kroch zurück zu meinem Sitzplatz, unterdrückte meine Tränen, setzte mich hin und machte in die Hose. Miss Long erkannte nicht, dass sie mich so demoralisiert hatte, dass ich mir nicht mehr vorstellen konnte, irgendetwas zu sagen zu haben, was irgendjemand interessieren könnte. Ich glaubte nicht mehr, dass irgendjemand Interesse hatte, was ich mit meiner zitternden Hand schrieb. Wann immer ich versuchte, mich einem Erwachsenen verständlich zu machen, endete es nur in Schmerz und Demütigung. Ich war wie ein kleines, verängstigtes Tier und wollte einfach nur noch überleben.

Nur durch die Gnade Gottes und die Fürsorge und Freundlichkeit der anderen Kinder stand ich diese Behandlung überhaupt durch. Jahre später, nachdem ich meinen Master in Kommunikationswissenschaften gemacht, eine tiefe Radiostimme entwickelt und sogar eine Radiosendung ins Leben gerufen hatte, konnte ich nicht anders, als zu denken: *Was sagen Sie dazu, Miss Long? Sind Sie jetzt zufrieden? Ihr „kleiner Idiot" verdient heute seinen Lebensunterhalt mit seiner guten Aussprache.*

Während sich meine Stimme von der frühen Einschüchterung erholt hat, muss ich zugeben, dass meine Handschrift bis heute ein winziges Gekritzel geblieben ist, eine Herausforderung für jeden, angefangen bei meiner Frau über meinen Assistenten bis hin zu Freunden und Kollegen. Ich bin sicher, ein Experte für Handschriften hätte seinen großen Tag, wenn er auf der Basis meiner verklemmten Handschrift meine Neurosen interpretieren dürfte.

Die Liste der schlechten Nachrichten

Innerhalb von ein oder zwei Jahren hatte ich beschlossen, dass Schule etwas war, dem ich so früh wie möglich entkommen musste. Ich wusste, dass ich dazu verdammt war, bis zur neunten Klasse dort zu bleiben – aber danach würde ich mein Möglichstes tun, um mich von diesen Torturen zu befreien. Aber auch zwischendurch gelang es mir auf verschiedenste Arten, den Schulbesuch zu unterbrechen.

Bei meiner Liebe zur Tierwelt war es für mich keine Zeitverschwendung, etwas über die seltenen, aber hochgeschätzten St.-Joe-Ameisen in Erfahrung zu bringen. Diese großen, schwarzen Kreaturen, fast zweieinhalb Zentimeter lang, haben die einzigartige Eigenschaft, erbärmlich zu stinken, sobald sie getötet werden. Wenn eine ziellos im Klassenzimmer herumirrte und in Reichweite meines ausgestreckten Fußes kam, ergriff ich die Gelegenheit, der ganzen Klasse etwas Gutes zu tun. Ich zermalmte den Stinker, zog ihn mit dem Fuß über den Boden zu mir hin, um seinen Kadaver zu verbergen ... und wartete.

Innerhalb einer Minute war der Raum erfüllt von einem fürchterlichen Gestank. Die Lehrerin wirbelte an der Tafel herum: „*Okay*. Wer hat die Ameise getötet?" Natürlich meldete sich niemand, sodass sie kapitulieren musste. „Alle verlassen das Zimmer!", rief sie.

Ah, mein Gebet war erhört worden! Wir preschten hinaus an die frische Luft, und der Unterricht wurde draußen wieder aufgenommen, wo wir alle gemütlich unter Bäumen Platz nahmen, was meiner Vorstellung vom Paradies schon recht nahekam. Jeder meiner Klassenkameraden wusste natürlich, dass ich der Killer war, aber sie verrieten mich nie, da das, was ich unter großem persönlichem Einsatz tat, uns allen diente.

Ich war ein dynamischer Junge mit großem Bewegungsdrang. Eines Tages rannte ich und sprang eine Steinmauer hinunter, die etwa einen Meter hoch gewesen sein mag, um einen Ast zu ergreifen. Weil dieser noch nass war vom letzten Regensturm, rutschte meine Hand ab. Ich fiel auf den Boden und brach mir den Arm. Trotz der Schmerzen war meine größere Sorge die, dass ich wegen meiner schmutzigen Schulkleidung enormen Ärger bekommen würde. Wie sollte ich das jemals Frau Staber erklären?

Es gelang mir zu verbergen, dass mein Arm gebrochen war, bis meine Schwester (die später Krankenschwester wurde) meinen Schmerz bemerkte und darauf bestand, dass ich der Schulkrankenschwester meinen Unfall meldete. In dieser Nacht wurde ein Gipsverband angelegt. Danach wurde ich geschlagen, weil ich das akrobatische Kunststück in meiner Schulkleidung ausgeführt hatte. Dass ich mir für dieses „Vergehen" bereits den Arm gebrochen hatte, war offenbar für mich nicht Strafe genug.

Das Bestrafungssystem war tatsächlich sehr ausgefeilt. Es gipfelte jeden Tag nach dem Mittagessen in der Verlesung der „Liste der schlechten Nachrichten", wie diese Bestrafungsprozedur genannt wurde. Während wir im Klassenzimmer waren, inspizierten Herr oder Frau Staber oder irgendein anderer ausgewählter Erwachsener die Räume aller Kinder. Dass manche von uns Kindern erst sechs Jahre alt waren, machte keinen Unterschied. Die

Zimmer mussten in einwandfreiem Zustand sein. Die Schubladen unserer kleinen Kommoden durften keine Spur von Staub aufweisen. Wir mussten unsere Betten machen, sodass keine einzige Falte mehr im Stoff war, selbst wenn unsere kurzen Arme die gegenüberliegende Seite an der Wand nicht erreichen konnten. Die Teppiche mussten gerade liegen, und die tägliche Kleidung sollte entweder in den Schmutzwäschebehälter geworfen werden oder in militärischer Manier gefaltet und in unseren Schränken gestapelt werden.

Gegen Ende des Mittagessens wurde eine Glocke geläutet. Herr Staber pflegte dann süffisant zu grinsen und mit hörbarer Genugtuung zu sagen: „Und jetzt die Liste der schlechten Nachrichten." Wenn ich heute diese Worte schreibe, kann ich immer noch fühlen, wie sich mir der Magen umdrehte. Herr Staber lehnte sich in seinem Stuhl zurück und begann, die Namen all der kleinen Straftäter des Morgens zu verlesen. Es waren durchschnittlich zehn bis fünfzehn pro Tag.

„Wesley Stafford! Ein Paar Socken unter dem Bett, ein runzeliger Teppich und eine staubige Kante an der linken Schublade." Mein Herz rutschte mir in die Hose. Ich konnte die schreckliche Rechenaufgabe lösen: Ein Paar Socken bedeutete zwei Teile; dafür erwarteten mich zwei heftige Schläge. Ein runzeliger Teppich war gnädigerweise nur ein Schlag, ebenso wie der grobe Verstoß, ein bisschen Staub an meiner Kommode zu haben. Die Summe des Tages: vier Schläge.

Wenn Herr Staber am Ende der Liste der schlechten Nachrichten oder Neuigkeiten angekommen war, klingelte eine andere Glocke, und es erscholl das ohrenbetäubende Kratzen von Metallstühlen auf dem Betonfußboden, wenn die Flüchtlinge dankbar davonflitzten in die Mittagspause. Wir Kriminellen blieben zurück, schon weinend vor Angst, und stellten uns vor dem Büro der Heimeltern in einer Reihe auf. Frau Staber öffnete die Tür genau in dem Moment, wenn das vorherige Kind schreiend und weinend aus der anderen Tür auf der anderen Seite des Raumes floh. Mit flauem Gefühl im Magen trat ich ein. Da stand dieser große Mann mit der gewählten Waffe des jeweiligen Tages in seiner rechten Hand. Es konnte der dicke Ledergürtel sein oder der verhängnisvolle Gummischlappen, der aus Lastwagenreifenprofil gefertigt war.

Wie am Jüngsten Tag wurden mir nochmals meine Vergehen vorgelesen. Dann zischte Herr Staber: „Beug dich nach vorne."

„Bitte, nein, Herr Staber, nein … biiitte!"

Er ergriff mich und legte mich über das Fußende seines Bettes, oder er ließ mich meine Knöchel umfassen, sodass meine Shorts eng an meine Haut gepresst wurden. *Paff!* Der erste Schlag schmerzte am meisten und schickte den plötzlichen Schmerz durch alle Glieder meines kleinen Körpers.

Paff! Der zweite Schlag brachte den Schmerz an die Grenze des Erträglichen. Nur der Tapferste konnte es sich verkneifen, in Tränen auszubrechen.

Paff! Der dritte Schlag wandelte sich auf geheimnisvolle Weise von einem körperlichen Schmerz zu einer Art seelischem Schmerz. Ich musste bereits mehr Schmerzen aushalten, als meine Seele ertragen konnte, und ich fühlte, wie ein Schluchzen in meinem Hals stecken blieb. Was mich an diesem Punkt überwältigte, war die Panik, dass ich mich völlig hilflos in den Händen eines Monsters befand.

Bei dem vierten Schlag musste ich mich für gewöhnlich krümmen und dermaßen schluchzen, dass ich schier keine Luft mehr bekam. Jetzt war der Schmerz ganz tief in meinem Inneren angekommen.

Ich fühlte mich vergewaltigt, verletzt und überwältigt von einem Kummer, den ich immer noch nicht erklären kann. Heute noch muss ich aufhören zu schreiben, bis meine Tränen versiegen. Was die Stabers nicht verstehen konnten oder nicht verstehen wollten, war, dass solche Schläge weit mehr bedeuteten als reine körperliche Qual. Sie zerstörten unsere Seelen. Und es passierte Tag für Tag, wirklich, und das tragischerweise ein Jahr nach dem anderen.

Indem ich diese Geschichte erzähle, möchte ich nicht sagen, dass ein wohlüberlegter Klaps außerhalb des Denkbaren ist; manche willensstarken Kinder brauchen möglicherweise diese Methode. Aber nie sollte ein Erwachsener so etwas tun, solange er wütend ist. Und es gibt absolut keine Entschuldigung dafür, bei einem Kind Striemen zu hinterlassen oder seine Haut blutig zu schlagen, wie es oft in der Bandulo-Akademie passierte. Für das, was sie uns antaten, benutze ich nicht den Ausdruck „Klaps"; es handelte sich um ganz direktes, gemeines, rachsüchtiges Prügeln.

Sobald ich in Freiheit sein würde, würde ich darum kämpfen, wieder aufrecht zu stehen. Meine Beine und Füße konnten kaum den Willen aufbringen, sich zu bewegen, aber schon bald würde ich mich selbstständig durch den Vorhang bei Stabers Ausgangstür bewegen in den Vorraum und schluchzend zu meinem Zimmer gehen. Meistens warf ich mich verzweifelt auf mein Bett, um dort meine Schreie mit einem Kissen zu ersticken. Ein erbärmlicher Versuch, die Seelenqualen aus meinem Geist zu tilgen. *Oh, Jesus, hab Erbarmen!*, schrie ich oft mit erstickter Stimme.

Wenige Minuten später hörte ich das flehentliche Bitten und die Schreie meiner Freunde, die nach mir auf der Liste standen. Auf dem Flur vernahm man ein Wirrwarr aus schrillem Geschrei, Flehen und Jammern der Kinder und dem Knallen des Gürtels. Diejenigen, die glücklicherweise nicht auf der Liste der schlechten Nachrichten von heute standen, weinten für diejenigen mit, die darauf standen.

Die nächste Phase des makabren Schauspiels war ebenso gefährlich für uns alle. Ob müde oder nicht, in der nächsten Stunde Mittagspause durfte man keinen Mucks machen und noch nicht einmal mit offenen Augen angetroffen werden. Traf einen der Blick eines umherstreifenden Erwachsenen, so bedeutete das nur eines: erneute Prügel. Für diesen Fall war die Anzahl der Schläge nicht systematisch festgelegt. Es hing davon ab, wer man war, wie viel Rache der Erwachsene auf einem Kind abladen wollte und wie lange es dauerte, bis das Kind in Tränen ausbrach oder um Gnade winselte.

Manche der älteren Jungen versuchten ihre Schmerzen nicht zu zeigen, wenn sie ausgepeitscht wurden. Schlag für Schlag unterdrückten sie ihre Schreie in stiller Auflehnung gegen die Grausamkeit. Wir Kleinen unsererseits kreischten vor Angst und schrien schon los, noch bevor der erste Schlag uns traf. „Nein, nein, nein, bitte, Frau Staber. Bitte, bitte!", schluchzten wir. *Paff,*

paff, paff!, knallte der Gummischlappen oder der Ledergürtel auf uns hernieder.

Brüder und Schwestern erkannten die individuellen Schreie ihrer Geschwister und weinten, obwohl sie in verschiedenen Gebäudeflügeln wohnten, laut mit vor Mitleid. Carol kannte meine Schreie und vergoss jede Woche viele, viele Tränen um ihren kleinen Bruder.

Nichts brachte die Hauseltern, wenn sie durch die Korridore patrouillierten, mehr in Rage, als wenn irgendein Kind, überwältigt von dem Schmerz eines Freundes, aus seiner eigenen Tür heraustrat, nachdem die Gefahr vorüber war, und durch den Flur lief, um den Freund zu trösten. Das war ein häufiges Vergehen meinerseits, das mir viele Schläge einbrachte. Die Erwachsenen kannten mein zartes Herz und meine Neigungen, Freunde zu trösten. Herr Staber hatte seine Freude daran, bei seinen Korridorpatrouillen rasch kehrtzumachen, weil er wusste, dass er mich auf diese Weise erwischen konnte.

Er hatte keine Ahnung, dass der kleine Junge, den er damals schlug, der zukünftige Präsident eines internationalen Werkes sein würde, das ausgerechnet den Namen „Compassion", „Mitgefühl", tragen würde.

Terrorherrschaft

Weitere Verstöße waren zu spätes Ankommen im Speisesaal, zu spätes Eintreffen nach dem Läuten der Duschglocke, den Teller nicht leer zu essen und zu schnelles Essen. Die Palette von möglichen Vergehen war immens. Als ich in die dritte Klasse kam, setzte ich meine neu gewonnenen Mathematikkenntnisse ein, um auszurechnen, wie viele Schläge insgesamt an mich ausgeteilt wurden. Wir hatten gelernt, den Durchschnitt zu errechnen. So führte ich einige Wochen lang eine geheime Liste, auf der ich meine körperlichen Bestrafungen eintrug. *Soll ich eintragen, wie viele Schläge ich bekomme,* fragte ich mich, *oder nur, wie oft es passiert?* Ich versuchte, es zu vereinfachen, indem ich nur die einzelnen Male eintrug. Nach einigen Wochen erstellte ich die

traurige Bilanz und fand heraus, dass ich durchschnittlich sieb-
zehnmal pro Woche verprügelt worden war.

War ich ein so schrecklicher kleiner Junge? Was war mit den
anderen Kindern? Wie würde ihre statistische Auswertung aussehen? Ich wusste es nicht, aber ich war mir bewusst, dass andere so
oft Schläge bekamen wie ich, wenngleich es auch welche gab, die
nur halb so viele Hiebe bekamen. Die gesamte Anzahl an Grausamkeiten und Missbrauchsfällen gegenüber uns Kindern war
jedenfalls erschütternd.

Einmal besserte ein Maurer eine Wand im Waschraum der
Jungen aus. Dabei hinterließ er einen Flecken mit feuchtem Putz
von ungefähr dreißig Zentimetern Durchmesser. Nach dem Ende
des Abendessens ließ Herr Staber alle Jungen feierlich zur Bade-
zimmerwand marschieren. Schrecken über Schrecken: Im Putz
befanden sich die Abdrücke von drei Fingern.

Er stellte uns alle in einer Reihe auf und wollte von uns wissen,
wer von uns diese Wand berührt hatte. Wir waren alle in Panik;
niemand gab etwas zu. Wir alle schüttelten unsere Köpfe. „Ich
war's nicht. Ich hab's nicht getan, Herr Staber, ehrlich!", erklärten
wir.

„*Okay*", verkündete er. „Niemand spielt mehr draußen, bis wir
den Schuldigen gefunden haben. Findet heraus, wer das getan
hat!" Damit machte er auf dem Absatz kehrt und ging davon. Wir
standen fassungslos da.

Bald inszenierten die älteren Jungen ein Scheingericht: „Also,
gebt es zu! Gesteht!", riefen sie. Aber niemand gab zu, den Putz
berührt zu haben, und so durfte am Abend keiner hinaus zum
Spielen.

Am nächsten Tag stellte sich jeder gegen jeden. Es gab un-
schöne Szenen mit Anschuldigungen, Abstreiten, Schlägen, an
den Haaren ziehen, Tränen und Angst. An diesem Nachmittag
hielt Herr Staber Wort und ließ uns wieder frei, damit wir für ihn
den Schuldigen unter uns ausmachen konnten. Den ganzen Tag
und auch noch den nächsten durfte keiner zum Spielen hinaus.
Es schien schon, als würde dies ewig so weitergehen. Der Druck
wuchs stetig an.

Es war fast wie eine Szene aus dem Buch *Der Fänger im Roggen*, eine Folterkammer, von Kindern gesteuert und von Erwachsenen protegiert. „Gesteh, Wesley! Wir alle wissen, dass du es warst!", schrie ein Achtklässler namens Paul, der ranghöchste Junge unter uns. „Keiner von uns darf spielen gehen, alles wegen dir!"

Nachdem dies drei Tage so gegangen und die ganze Schule traumatisiert war, verkündete Herr Staber, dass er am nächsten Tag jeden kleinen Jungen verhauen würde und dass es ihm inzwischen egal sei, wer es tatsächlich gewesen sei. Das zog die Daumenschrauben noch mehr an. Ich war der jüngste und kleinste der ganzen Gruppe. In einem Ausbruch von Masochismus gelangte ich zu dem Gedanken: *Ich bin der Kleinste. Ich habe immer irgendwie Probleme. Ich werde mehr geschlagen als irgendjemand sonst. Wahrscheinlich kann ich die Bestrafung besser ertragen als alle anderen, weil ich es gewohnt bin.*

Schließlich verkündete ich meinen Freunden gegenüber, dass ich es zwar nicht getan hatte, aber dass ich sagen würde, ich hätte es getan, bloß um all das zu beenden und damit wir alle wieder hinausgehen könnten zum Spielen. „... bevor wir dafür zu alt werden", fügte ich hinzu. Die Erleichterung im Raum war greifbar. Niemand fragte mehr nach Gerechtigkeit; sie wollten nur noch, dass die Quarantäne endete, und schließlich war der kleine Wesley bereit, den Sündenbock zu spielen. Niemand sagte ein Wort, nicht einmal „Danke". Niemand wusste, was er sagen sollte.

Ich marschierte durch den Flur davon, meinem Schicksal entgegen. Herr Staber war entzückt, wie ich ihn nie zuvor gesehen hatte. Er packte mich an einem Arm, zerrte mich in sein Zimmer, griff nach seinem LKW-Reifen-Hausschuh und schlug auf meinen kleinen Hintern und meine bloßen Beine, bis er erschöpft und außer Atem von mir abließ. Ich zog mich tief in mich selbst zurück.

„Weiter, Herman, schlag ihn weiter!" Es war die Stimme von Frau Staber aus dem Hintergrund. Sie hatte still der Strafvollstreckung beigewohnt und war unzufrieden, dass ihr Mann aufhörte, um auszuruhen. *Herman* – das war das erste Mal, dass ich seinen Vornamen hörte.

Gnädigerweise hörte er auf. Aber seine Frau war noch nicht ganz fertig. Sie drückte mir ein Stück Pappe von der Seitenwand eines Kartons in die Hand, dazu einen Farbstift, und zischte: „Schreib."

„Was soll ich schreiben?", fragte ich unter Schluchzen.

Sie buchstabierte es für mich, da ich zu jung war, um die Wörter zu kennen.

M-A-N

K-A-N-N

N-I-C-H-T

G-L-A-U-B-E-N (An diesem Punkt griff sie nach dem Stift und machte selbst ein Komma, da ich in der Schule noch nicht so weit war.)

W-A-S-

I-C-H

S-A-G-E ! (Sie machte auch das Ausrufezeichen. Irgendwie waren die Worte allein ihr nicht markant genug.)

„Man kann nicht glauben, was ich sage!", las sie für mich vor und bezog sich damit auf meine früheren Unschuldsbeteuerungen. „Das hier hast du mit deiner eigenen Hand geschrieben." Ihr Mann pikste ein paar Löcher in die Karte und band ein Stück Schnur daran fest. Sie hängte es mir als Schild um meinen Hals. „Das wirst du eine ganze Woche lang tragen", fauchte sie und stieß mich hinaus in den Gang.

Ich rappelte mich wieder auf und ging mit hängendem Kopf schluchzend zu meinen Freunden. Die Schläge brannten auf meinem Körper, aber nicht annähernd so sehr wie die Worte in meiner Seele. Ich fühlte mich beschämt, gedemütigt, verletzt, wütend und verwundet. Die anderen kleinen Jungen lasen mein Schild und traten von mir zurück, als wäre ich aussätzig. Ich war total allein.

Jeder war verängstigt und wie erstarrt. Die ganze Schule war traumatisiert wegen drei kleiner Fingerabdrücke in feuchtem Putz. Ich ging direkt ins Bett, wo ich unhörbar in meine Kissen hineinschrie.

Am nächsten Tag lernte ich die Macht der geschriebenen Worte kennen. Wenn etwas niedergeschrieben ist, dann muss es wahr sein. Ich weiß, dass meine Freunde aus Kindertagen in Nielle an dieses Prinzip glaubten, was deutlich wurde, als ihre

Sprache erstmals in Schriftform überführt wurde. Aber die gleiche Haltung herrschte auch hier unter uns in Bandulo. Als wir beim Schulgebäude ankamen, nahm ich mein demütigendes Schild ab und versuchte es unter dem Tropenhelm an meinem Haken zu verstecken. Die Stabers schickten jemand mit einer Notiz vorbei, die lautete: „Sorgt dafür, dass Wesley sein Schild trägt. Kostet das aus!"

Die Lehrer befolgten die Anweisung, und ich trug das Schandabzeichen in der längsten Woche meines Lebens. Mir war, als schrumpfe meine Seele zusammen. Ich ging fast ein. Meine Schwester Carol war mein einziger wirklicher Trost. Sie glaubte mir, hielt mich im Arm, wenn ich weinte, und stand zu mir, wenn alle anderen zu viel Angst dazu hatten.

Das war das Wesen dieser Anstalt. Es waren nicht nur die Fingerabdrücke, die an diesem Tag im Putz bleibende Spuren hinterließen. Auch in der Seele eines kleinen Jungen gab es unauslöschliche Spuren. Sie formten einen dauerhaften Eindruck von Grausamkeit und Ungerechtigkeit und von *dem* Unrecht, das Menschen in der Lage sind anzurichten – und das sogar im Namen Gottes.

Das große Schweigen

Sie fragen sich jetzt sicherlich: „Wie um alles in der Welt konnte eine Missionsschule von so gehässigen Menschen geführt werden?" Sicherlich hatte die unterstützende Denomination nicht die Absicht, solche Gräueltaten zuzulassen, tagein, tagaus, Jahr um Jahr. Als Erwachsener habe ich mich noch oft mit dieser Frage beschäftigt: Was um alles in der Welt konnte ein Dutzend erwachsener Missionare so weit bringen, Kinder so brutal zu behandeln?

Ich kann es ehrlich nicht sagen, aber ich halte die folgenden Umstände für den wahrscheinlichsten Grund: Diese Menschen waren zweifellos nach Afrika gegangen – wie alle unsere Eltern –, um das Evangelium zu predigen und Menschen für Christus zu gewinnen. Ich bin sicher, dass sie das auch ihren unterstützenden

Gemeinden und den Menschen aus ihrem Freundeskreis in den Vereinigten Staaten zurückgemeldet haben. Aber für zumindest einige von ihnen muss etwas schiefgelaufen sein. Sie haben es in ihrer ursprünglichen Berufung nicht geschafft. Lag es an kulturellen Schwierigkeiten? An sprachlichem Versagen? Was auch immer es war, die Missionsdirektoren erkannten schließlich die Notwendigkeit, diese Missionare zurückzubeordern.

Natürlich werden Missionare, die bereits selbst durch die Bereitstellung von Spenden für ihre Gehälter gesorgt haben, selten wirklich entlassen. Wenn man sie nicht entlassen kann, so muss man ihnen einfach eine neue Aufgabe zuweisen – dort, wo sie am wenigsten Schaden anrichten können. Das führt uns zurück zur „untersten Sprosse der Leiter", die ich in der Einleitung erwähnt habe: Hier stehen die Kinder. Ich schätze, dass die unter Druck geratenen Missionsdirektoren etwas sagten im Sinne von: „Wir schicken euch nicht in Ungnade nach Hause, sondern, ähm, also, wie wäre es, wenn ihr euch um Missionarskinder drüben in Bandulo kümmern würdet?"

Verletzt und wütend über diese „Degradierung" fügten sich diese Missionare in ihr Schicksal, brachten keine Liebe mit, keine Leidenschaft und hatten keine wirkliche Berufung, Kindern zu dienen. Sie mussten einfach nur ihr Gesicht wahren und gingen pflichtbewusst auf ihre neuen Posten. Ihren Frust und ihre Verbitterung nahmen sie in das neue Amt mit.

Darüber hinaus wurde nicht viel gesagt. Sie erhielten uneingeschränkte Autorität über unser Leben, ohne dass sie irgendjemand überwachte. Kein Aufsichtsgremium hatte ein Auge auf die Schule oder kam zu Besuchen vorbei. Das Schulgelände befand sich in einem entlegenen Dschungel, quasi an der Straße nach Nirgendwo. Ich kann mich noch nicht einmal erinnern, dass Eltern während des Schuljahres einmal vorbeigekommen wären, um nachzusehen, wie es ihren Kindern ging. Jeder nahm an, dass alles in Ordnung sei.

Ich muss einräumen, dass ich mich an zwei Internatsmitarbeiter erinnere, die nicht grausam waren. Der Schuldirektor war ein freundlicher Mann, aber er konnte seine Lehrkräfte einfach nicht unter Kontrolle bekommen. Jahre später erfuhr ich, dass eine jüngere Lehrerin in dieser Zeit versucht hatte, den Missbrauch an die Missionsleiter zu melden. Es war ihr sinngemäß mitgeteilt worden, sie solle sich um ihre eigenen Angelegenheiten kümmern.

Die Wahrheit kam erst über dreißig Jahre später ans Tageslicht, aber das ist wieder eine andere Geschichte. (Mehr über meine Rolle in diesem schmerzlichen Prozess mit den Missionsleitern erfahren Sie im Nachwort.)

Sie mögen sich noch etwas anderes fragen: „Warum haben Sie nicht einfach Ihren Eltern davon erzählt, sodass diese Sie von diesem schrecklichen Ort befreien konnten?" Alle Kinder schrieben Briefe nach Hause, jeden Sonntagnachmittag. Die älteren halfen den jüngeren Kindern. Bevor wir für unseren neunmonatigen Aufenthalt nach Bandulo gekommen waren, hatten unsere Mütter liebevoll etwa sechsunddreißig Briefumschläge vorbereitet, mit Briefmarken versehen und Briefbögen aus Wachspapier unter die Klappen der Umschläge geschoben. Dies sollte verhindern, dass diese sich bei der hohen Luftfeuchtigkeit, die im Dschungel herrschte, selbst verschlossen. Jede Woche schrieben wir nach Hause.

Das Tragische war, dass es streng verboten war, unseren Eltern irgendetwas Negatives zu berichten. Die Briefe wurden am Ende des Tages von den Hauseltern eingesammelt und durchgelesen. So wurde sichergestellt, dass nichts von dem furchtbaren Albtraum nach außen drang. Wenn wir das versuchten, wurden wir in das Zimmer der Heimeltern zitiert und ausgepeitscht. Dann mussten wir uns in ihrer Gegenwart hinsetzen und unsere Briefe neu schreiben.

Meine Eltern besitzen Schuhkartons voller Kindheitsbriefe von mir mit ausschließlich fröhlichen Nachrichten. Hier ist ein Beispiel aus meiner zweiten Klasse:

2. Juni 1957

Liebe Mami, lieber Papi!

Wie geht es Euch? Mir geht es gut.

Am Freitagabend haben wir Verstecken gespielt und „Schafe in der Hürde".

Am Samstag haben Olen, Jimmy Stevin, David und ich Cowboy gespielt.

Bitte frag Oma, ob sie mir ein paar Süßigkeiten schicken kann.

In Liebe,

Wesley

XOXOXOXOXOXOXOXOXOXOXOXOXOXOXOXOXOXOXO

Es gibt auch eine handgemalte Karte für meinen Vater mit einem großen gelben Ozeanriesen darauf. Rauch quillt aus seinen Schornsteinen, und Seemöwen fliegen am Himmel. Die Nachricht ist mit verschiedenfarbigen Stiften geschrieben und lautet:

Frohen Vatertag.

Mir gefällt Bandulo. Es geht mir gut in der Schule. Ich liebe Dich sehr, sehr, sehr.

In Liebe,

Wesley

Die Stabers ließen keinen Zweifel bei uns aufkommen: „Wenn ihr euren Eltern erzählt, dass ihr hier unglücklich seid, dann werdet ihr zu Satans Werkzeug. Durch euch will er ihren Dienst in Afrika kaputt machen. Sie werden entmutigt und müssen vielleicht aus dem Missionsdienst ausscheiden. Dann kommen Afrikaner in die Hölle wegen euch!" Wir befanden uns in einer teuflischen Falle. Unsere Liebe zu unseren Eltern und zu Gott wurde dazu benutzt, die Gräuel, die man uns antat, zu kaschieren.

Sie mögen es glauben oder nicht, aber diese Hintergründe waren stark genug, um unsere Lippen selbst dann zu verschließen, wenn wir für die dreimonatigen Ferien nach Hause fuhren. Unmittelbar bevor der Konvoi ankam, der uns alle in die über ganz Westafrika verstreuten Missionsstationen bringen würde, erhielten wir eine letzte eindringliche Warnung: „Vergesst es nicht – wenn ihr euren Eltern Dinge erzählt, die ihren Dienst zerstören, verurteilt ihr damit Afrikaner zur Hölle!" Man kann das Verhalten von uns Kindern in etwa so betrachten wie das „Schweigen der Lämmer". Ich sagte nicht einmal meinem eigenen Vater, den ich von Herzen liebte, die Wahrheit. Sein Dienst in Afrika für den Herrn, den er so sehr liebte, war zu wertvoll. Ich opferte mich freiwillig.

Kinderpsychologen haben dieses Phänomen mit großer Verwunderung untersucht, da es während der gesamten Geschichte immer wieder aufgetreten ist. Sie haben herausgefunden, dass Kinder schreckliche Geheimnisse für sich behalten können, um diejenigen zu schützen, die sie lieben. Und so war es auch mit uns, den Kindern von Bandulo.

Ich sollte noch erwähnen, dass diese Warnung vor den Ferien in fröhlicher Atmosphäre ausgesprochen wurde. Die letzte Woche des Schuljahres wurde die Landstreicherwoche genannt. Da alle unsere Kleidungsstücke, die gewaschen werden sollten, in die Koffer gepackt wurden, mussten wir alte, abgetragene Kleidung anziehen, die von den Vorjahren übrig geblieben war. Die Kleidungsstücke passten niemals richtig, und wir hatten sehr viel Spaß daran, wie albern wir aussahen. In dieser Woche versiegten auch die Prügel, wie ich mich erinnere, vielleicht damit die Striemen und Blutergüsse verschwinden konnten, bevor unsere Eltern sie bemerkt hätten. Dies ließ uns in jedem Dezember abreisen mit einem gewissen Gefühl des guten Willens seitens des Internats und diente dazu, sicherzustellen, dass nichts Unangenehmes durchsickerte.

Aber dann, als Ostern näher kam und der gefürchtete Konvoi aus Pick-ups sich wieder von Station zu Station vorarbeitete, um seinen langen Weg zurück quer durch Westafrika anzutreten, begann der Kummer von Neuem. Wir Kinder bettelten, zu Hause bleiben zu dürfen bei unseren Eltern. Unsere Herzen waren voller Angst, Trauer, Verzweiflung. Ich erinnere mich, dass Mütter an den Seiten des Pick-ups hingen und schluchzten, dass sie ihre Kinder wieder hergeben mussten, während wir langsam davonfuhren. Sie nahmen an, dass wir aus dem gleichen Grund traurig und verzweifelt waren wie sie, weil wir einfach nicht von ihnen getrennt werden wollten. Sie hatten keine Ahnung, dass wir viel tiefer sitzende Ängste durchlitten. Wir wussten, dass wir auf dem Weg zurück in die Hölle waren, aber wir liebten unsere Eltern zu sehr, um es ihnen zu sagen.

9 | *Das Ende des Schweigens*

Sie werden sich vorstellen können, dass die Mahlzeiten ein Lichtblick in unserem sonst eher trostlosen Schulalltag waren. Und welcher Junge im Wachstum würde nicht gerne essen? Im Speisesaal konnte es wirklich heiter und vergnüglich zugehen, aber das hing von der jeweiligen Sitzordnung am Tisch ab. Bekam ich einen Platz am Tisch zusammen mit guten Freunden, hüpfte mein Herz vor Freude. Die Acht- und Neuntklässler wurden meist am Kopf- und am Fußende des Tisches platziert mit jeweils acht von uns Jüngeren zu beiden Seiten des Tisches. Sehr gern saß ich neben den Torgesen-Zwillingen Martha und Marilyn; denn sie verbrachten üblicherweise die Essenszeit damit, uns aus dem Stegreif Geschichten zu erzählen, die sie sich in dem Moment gerade ausdachten. Sobald die Glocke klingelte, lächelten Martha und Marilyn und sagten: „Fortsetzung folgt!" Wir stöhnten alle, aber wir warteten gespannt auf die nächste Mahlzeit. Wir konnten ihnen dann immer ganz genau sagen, wo sie das letzte Mal stehen geblieben waren.

Jeden Sonntagnachmittag änderte sich unsere Sitzordnung. Unsere Serviettenringe, die alle unterschiedlich oder mit unseren Namen gekennzeichnet waren, tauchten an einem neuen Platz auf. Mein Serviettenring bestand aus limonengrünem Kunststoff, wie ich mich erinnere. Wenn der Gong ertönte, rannten alle Jungen und Mädchen in den Speiseraum, aufgedreht und kichernd, um herauszufinden, wo sie dieses Mal für die kommende Woche hingesetzt worden waren.

Ich hastete in den Speiseraum und begann am hinteren Ende mit der Suche nach meinem Sitzplatz, jedes Mal mit frischer Hoffnung auf eine glückliche Platzierung. Tisch für Tisch umkreiste ich den Raum auf der Suche nach meinem Serviettenring. Wenn ich ihn nicht sofort fand, bewegte ich mich weiter und weiter in die Raummitte, was gleichzeitig bedeutete, dass ich näher und näher an den Tisch der Stabers herankam. Mein Herz wurde mit jedem Schritt schwerer und schwerer.

Dann schließlich erkannte ich durch einen Tränenschleier, dass ich tatsächlich wieder einmal entweder rechts neben Herrn Staber oder – noch schlimmer – genau neben Frau Staber sitzen musste. Über Monate – so wollte es mir scheinen – bekam immer ich einen Platz genau neben dem gefürchteten Paar. Jeden Sonntag hegte ich neue Hoffnungen … doch dann brachen sie wieder zusammen.

So stand ich also hinter meinem Stuhl. Mein Magen krampfte sich zusammen, ich ließ den Kopf hängen und fügte mich eine weitere Woche lang in mein Schicksal. Herr Staber stimmte das Tischlied an, das wir dreimal am Tag sangen, sieben Tage in der Woche. Es war der Refrain eines alten Gospelsongs über Jesus, das Brot des Lebens:

„Kommt zu Tisch", ruft der Meister, „kommt zu Tisch";
du darfst dich jederzeit am Tisch Jesu weiden;
er, der die 5000 gespeist hat, hat das Wasser in Wein verwandelt
und ruft nun den Hungrigen zu: „Kommt zu Tisch."[1]

Wenn dies wirklich der „Tisch Jesu" war, dachte ich mehr als einmal, konnte nicht derjenige, der „das Wasser in Wein verwandelte", das viel bescheidenere Wunder tun, meinen Serviettenring an einen anderen Tisch zu verschieben? Die Antwort habe ich nie herausgefunden. Mit einem donnernden Geräusch schabten die Stühle über den Betonfußboden, und das Essen begann.

Während der Mahlzeiten schaute ich auf meinen Teller hinunter, um den wütenden Blicken der Stabers auszuweichen. Ich hatte ein nervöses Augenzucken entwickelt, das die Stabers um jeden Preis abstellen wollten. Das bedeutete üblicherweise, dass ich einen plötzlichen Schlag mit dem Handrücken ins Gesicht bekam oder einen Hieb auf meinen Kopf, jedes Mal, wenn das Zucken auftrat. Später wurde bei mir eine Augenkrankheit diagnostiziert, die tatsächlich eine Trockenheit bedingte und ein Jucken hervorrief. Unterbewusst hatte ich versucht, die Augen zu befeuchten, indem ich sie im Kreis herumrollte. Die Symptome waren äußerlich, aber der größere Schaden entstand mit jedem einzelnen Schlag in mir drinnen.

Außerdem hatte ich noch ein plötzliches Zucken an der Hand. Aus dem Nichts heraus krampfte meine Hand und machte eine heftige Bewegung. Wenn sich zufällig gerade Bohnen auf meiner Hand befanden, dann flogen sie in die Luft. Dieses spezielle Vergehen reizte die Hauseltern mehr als alles andere. Mir wurde gedroht, ich wurde angebrüllt, ich wurde beschimpft, und ich bekam bei fast jedem Regelverstoß eine Ohrfeige – wiederum mehrmals pro Mahlzeit. Später fand man heraus, dass es sich um eine muskuläre Reaktion auf das Medikament handelte, das mir gegen Ungeziefer gegeben wurde. Die Dosierung war offensichtlich zu hoch.

Das Essen in unserem Speisesaal war für gewöhnlich nahrhaft und wurde von Ouseman, unserem wunderbaren afrikanischen Koch, zubereitet. Aber natürlich haben Kinder auch mal einen Widerwillen gegen gewisse Nahrungsmittel. Bei mir war es die Aubergine, ein echt ekelhaftes Gemüse, das schon schlimm schmeckt, wenn es warm ist, aber wenn man es bis zuletzt auf dem Teller zurücklässt, wird es schleimig und faserig. Mir grauste vor dem Zeug, und meine Peiniger wussten dies.

Unser Essen wurde immer wie in einer Familie vom Ältesten am Tisch serviert. Wann immer es Auberginen gab, delektierte sich Frau Staber daran, mich zuerst anzuschauen, dann ihren Kopf schief zu legen, als versuche sie zu entscheiden, was sie tun sollte, um mir dann den Teller vollzuhäufen mit dem glitschigen Zeug, um es mit einem Aufblitzen ihrer Augen geräuschvoll vor mich auf den Tisch zu stellen. Ich hatte keine Wahl, als es hinunterzuschlucken. Mein Magen krampfte manchmal, und ich musste den Gang hinunterrasen, um zu den Toiletten zu kommen, bevor ich mich tatsächlich übergeben musste. Ich erinnere mich an so viele Male, wo ich es nicht schaffte, sondern schon auf halbem Wege erbrach, wobei ich den Flur bespritzte.

Das Ergebnis war immer dasselbe. Selbst im Alter von sechs Jahren musste ich alles mit den Händen aufwischen, in einen Eimer befördern und dann den ganzen Gang mit einem Wischlappen reinigen. Das dauerte natürlich eine ganze Weile. Bis ich zum Tisch zurückkehrte, nun deutlich in Verzug, wartete dort auf mich der Rest der Aubergine, kälter und glibberiger als je zuvor. So würgte ich weiter.

Ungeachtet des Menüs brachte das Ende jeder Mahlzeit die gefürchtete Liste der schlechten Nachrichten mit den unweigerlich damit verbundenen Schmerzen und Qualen. Ich war mager und immer hungrig. Allmählich gelangte ich zu der Haltung, Essen mit Schmerzen zu verbinden. Bis zum heutigen Tag kann ich nicht sagen, dass ich Essen wirklich genießen kann.

Vorsicht vor grünen Bohnen

Auf eigentümliche Weise war auch ein Nahrungsmittel in die Frage verstrickt, die sich jeder kleine Junge stellt: Wo kommen die Babys her? Wir wussten, dass dies selbst bei unseren Eltern ein Tabuthema war. Somit war dieses Geheimnis außerordentlich verlockend. Diejenigen, die die Wahrheit kannten, hatten – wie ich vermutete – einen heiligen Eid geschworen, absolutes Stillschweigen zu bewahren.

Wir Jungen hatten Millionen von Theorien entwickelt, aber keine von ihnen schien mir plausibel zu sein. Ich wusste ein bisschen vom Beobachten der Hunde und Ziegen im Dorf, aber sicherlich würde Gott von den Menschen nicht erwarten, dass sie etwas so Widerwärtiges taten, oder doch?

Eines Jahres kam mein sehr guter Freund Stanley von seinen Ferien in den Vereinigten Staaten zurück, der Quelle allen Segens und der Wahrheit, soweit wir das beurteilen konnten. Wir waren zu der Zeit beide etwa sieben oder acht Jahre alt, und Stanley erzählte mir, dass er, während er fort war, herausgefunden hatte, wodurch Babys entstanden! Ich bat ihn, es mir zu sagen. Er ließ mich einen Eid der Verschwiegenheit schwören. Dann führte er mich mitten in der Nacht hinunter in das Badezimmer. Wir nahmen die Petroleumlampen mit in eine Duschkabine und zogen den Vorhang zu. Ich schaute ihn erwartungsvoll an.

Er beugte sich zu meinem Ohr und flüsterte: „Grüne Bohnen. Babys kommen, wenn du grüne Bohnen isst!"

„Wirklich?", flüsterte ich. Dann fügte ich hinzu: „Ich hatte mir so etwas gedacht." Dabei versuchte ich, ähnlich weltmännisch und gut informiert zu wirken.

Grüne Bohnen – wer hätte das gedacht? Nicht einmal Auberginen, wie ich vielleicht vermutet hätte.

Ich war zu jung und unschuldig, um zu bemerken, dass sowohl Männer als auch Frauen grüne Bohnen aßen, aber nur Frauen Babys bekamen. Jedenfalls beschloss ich insgeheim (verantwortungsbewusst, wie ich war), dass ich warten würde, bis ich alt genug wäre, mich wirklich um ein Baby zu kümmern. Die Entscheidung war sehr privat, sehr persönlich – und sehr bestimmt.

Nun, diese Entschlossenheit eröffnete eine völlig neue Kategorie von Qualen für mich. Wann immer grüne Bohnen auf den Tisch kamen, suchte ich nach Wegen, sie loszuwerden. Anfangs warf ich sie einzeln unter den Tisch, so wie ich es oft mit Knorpelstückchen machte, auf denen ich endlos herumgekaut hatte. Die fraß Pepe, der Hund, immer auf, normalerweise unbemerkt. Aber es stellte sich heraus, dass Pepe (der Verräter!) keine grünen Bohnen mochte!

Mein nächstes Manöver war es, zu versuchen, sie unter dem Besteck zu verbergen, das wie eine Art Dickicht auf meinem Teller angeordnet war. Den wachsamen Augen der Stabers entging auch dies nicht. Es gab Prügel. Jedes Mal, wenn ich auf meinem Teller grüne Bohnen vorfand, wusste ich, dass ich zu Hieben verdammt war. Dies ging mehrere Jahre so weiter.

Was mich heute noch wundert, ist, dass keiner der Erwachsenen, nicht ein einziger, sich jemals die Mühe machte, mich zu fragen, warum ich plötzlich keine grünen Bohnen mehr aß. Wenn es irgendjemand wichtig genug gewesen wäre, mich zu fragen, wäre ich sehr erleichtert gewesen, es ihm erklären zu dürfen. Ich war ziemlich sicher, dass jeder Erwachsene bereits das Geheimnis des Lebens kannte, sodass es eigentlich nicht geschadet hätte, wenn ich es erwähnt hätte. Aber nein, sie nahmen einfach an, dass ich ein böser kleiner Junge sei, und benutzten die Peitsche.

Heute ist eine meiner vordringlichsten Botschaften an die immerhin über tausend Mitarbeiter von Compassion International in vierundzwanzig Ländern: *Hört auf die Kinder!* Gott hat uns zwei Ohren gegeben, aber nur einen Mund, und das aus gutem Grund: damit wir zweimal so viel zuhören können, wie wir reden.

Oft habe ich mich gefragt, ob die Erwachsenen in Bandulo hinter meinem Rücken über mich sprachen. Vermutlich taten sie es, besonders wenn sie sich hinter verschlossenen Türen versammelten, was manchmal Stunden dauerte. Sie nannten das Mitarbeiterbesprechungen (englisch „staff meetings"), aber ich war nicht dumm. Ich wusste, dass das nur das Codewort war für STAFFord-Besprechungen. Mein Herz pochte vor Angst, wann immer ich eine solche Ankündigung hörte.

Nächtliche Rückenmassage

In diesem Klima von Vernachlässigung und Missbrauch bekam das Kennenlernen unserer sich entwickelnden Körper einen düsteren Beigeschmack. Jenseits der physischen und psychischen Grausamkeit gab es auch keinen Schutz gegen sexuelle Ausbeutung. Genau die Menschen, bei denen wir hätten Zuflucht finden sollen, waren entweder diejenigen, die uns missbrauchten, oder sie waren zumindest die Menschen, denen wir am wenigsten vertrauen konnten. Das war unser Gefühl.

Ebenso wie wir bezüglich der Bestrafungsrituale Stillschweigen bewahrten, so verrieten wir auch niemandem etwas über diesen Missbrauch. Aber er geschah über Jahre hinweg Nacht für Nacht. Es handelte sich nicht um eine einmalige Schandtat an einem Kind, ausgeführt von einem verirrten Priester, oder eine sexuelle Begegnung bei einem Campingwochenende. Lassen Sie mich meine Situation schildern. Meine Peiniger waren ältere Jungen, die sich dieses Missbrauchssystem ausgedacht hatten und die dieselben Terrortaktiken benutzten, um kleinere Jungen zu schikanieren. Diese Jugendlichen hatten keine Angst, entdeckt zu werden, wenn sie uns zwangen, sie manuell zu befriedigen oder sogar oralen Sex mit ihnen auszuüben. Unter der Androhung, unser ohnehin schon miserables Leben noch gefährlicher zu machen, fanden ihre Erpressungen und ihre Perversion in einer Atmosphäre statt, in der sie gedeihen konnten.

Man sollte eigentlich erwarten, dass erwachsene Betreuer solch ein Verhalten gestoppt hätten. Tatsächlich aber hatte sich Herr Staber um andere Angelegenheiten zu kümmern... im Korridor der Mädchen. Wenn der Generator für die Nacht heruntergefahren worden war und die Lichter aus waren, schlich er für gewöhnlich den Gang entlang. In einem Zimmer nach dem anderen leuchtete er mit seiner Taschenlampe in die Augen der kleinen Mädchen, „um zu sehen, ob sie schliefen".

Meine Schwester und andere Mädchen erzählten mir Jahrzehnte später, dass sie sich angewöhnt hatten, mit dem Gesicht zur Wand zu schlafen. Sie stellten sich schlafend, selbst wenn sie noch wach waren, und bemühten sich, nicht zu blinzeln, wenn sein Lichtstrahl in der Dunkelheit auf ihre Augen fiel. Hätte er sie nämlich nicht schlafend angetroffen, wäre er in das Zimmer eingetreten, hätte sich auf die Bettkante gesetzt und sanft mit ihnen gesprochen: „Was, du kannst nicht schlafen? Komm, lass mich deinen Rücken massieren." Er streichelte ihre zitternden kleinen Körper nach Belieben.

Nach einer Weile murmelte er dann: „Wie ist es jetzt? Besser? Jetzt dreh dich einmal herum..."

Ich brauche nicht weiter ins Detail zu gehen.

All dies war nur möglich, weil die Mädchen durch die schlimme Gesamtsituation bereits zermürbt waren. Erwachsene, die unsere Beschützer sein sollten, waren stattdessen unsere Zerstörer. Religiöse Schuldgefühle, Scham und der Erfolg ihrer Übergriffe ermutigten die Feinde noch und machten die Schwächeren zu Opfern. Aufstrebende Jugendliche lernten anderen das anzutun, was ihnen selbst angetan worden war. Kleine Kinder, die noch kein Selbstwertgefühl hatten, die verängstigt wurden durch mächtigere Menschen, vegetierten dahin wie verwundete Tiere, deren einziges Ziel es war, stillzuhalten, um zu überleben.

Die Bibel ermahnt in Sprüche 31,8: „Tu deinen Mund auf für die Stummen und für die Sache aller, die verlassen sind." Aber in Bandulo hatten wir Kinder keine Fürsprecher, niemanden, der uns schützte, und wir litten ohne Ende.

Kein Wunder, dass viele von uns daran beinahe zerbrachen. Viele von meinen Freunden aus der Kindheit strauchelten und standen nie wieder auf. In ihrem Erwachsenenleben zeigten sich die Auswirkungen in Form von psychosomatischen Störungen, mehrfach gescheiterten Ehen, Suchtkarrieren und Depressionen. Ich ging aus dieser Kindheit mit schweren Schädigungen hervor, geriet aber niemals außerhalb der Reichweite meines himmlischen Vaters. Bis zum heutigen Tag bin ich ein schieres Produkt von Gottes Gnade.

Ich danke ihm, dass er mich in diesen Jahren nach neun Monaten an diesem Ort der Grausamkeiten und Übergriffe jeden Dezember zu meinem Dorf und zu meiner Familie zurückkehren ließ. Diese wunderbaren Menschen in Nielle, die Leid und Schmerz aufgrund ihrer Armut nur zu gut kannten, nahmen mich kleinen weißen Jungen in ihre Arme und stellten drei wundervolle Monate lang meine Seele wieder her. Sie schlossen mich in die Arme wie eines ihrer eigenen Kinder, trösteten mich und richteten mein Selbstwertgefühl wieder auf.

Ein Gott zum Lieben?

Es mag Ihnen seltsam erscheinen, dass ich mich inmitten dieses ganzen Traumas nicht gegen den Gott gewandt habe, zu dessen Namen sich jeder bekannte. Schließlich waren es gerade diejenigen Erwachsenen, die uns täglich missbrauchten, die auch mit der Aufgabe betraut waren, uns in unserer spirituellen Entwicklung anzuleiten. Gehorsam folgten wir ihren Anweisungen, täglich in unserer Bibel zu lesen. Wir hatten einen tiefen Respekt vor Gott und seinem Wort. Beispielsweise legten wir unsere Bibeln niemals unter unsere Stühle. Sie mussten mindestens in Brusthöhe getragen werden, in der Nähe unseres Herzens.

Was für eine unglaubliche Ironie das war, dass sich unsere Peiniger, nachdem sie uns am Tag geschlagen, angeschrien und gedemütigt hatten, zur Schlafenszeit auf unsere Bettkante setzten und uns biblische Geschichten vorlasen. Wir saßen zu ihren Füßen wie kleine Lämmer.

Wir vergaben ihnen so schnell.

Die Gebetszeiten waren interessant. Die kleinsten Kinder hatten schon ihre Schlafanzüge und Bademäntel an. Man traf sich in dem Raum, in dem man vorher geschlagen worden war. Aber wenn es Zeit wurde, mit Gott zu reden, gab es fast ein Gerangel um die Teilnahme. In dem Sekundenbruchteil, in dem ein Kind, das gerade gebetet hatte, „Amen" sagte, versuchten zwanzig andere, das nächste zu sein, und ratterten die ersten paar Sätze herunter wie Reporter, die sich bei einer Pressekonferenz des Präsidenten bemühten, das Wort zu erlangen. Es konnte drei oder vier im Maschinengewehrtempo gesprochene Sätze dauern, bis man die anderen Wettbewerber abgehängt hatte.

Warum strebten wir so ernsthaft danach, mit Gott zu sprechen? Weil wir ihn aufrichtig liebten, ungeachtet der Umstände um uns herum, und, um ehrlich zu sein, weil wir dachten, dass das Zurschautragen unserer Frömmigkeit unserem Ansehen bei den Erwachsenen, die unser Leben beherrschten, verbessern könnte. Eigentlich sollte ich nicht sagen „wir", weil ich mich selten an dem abendlichen Wetteifern beteiligte, sich Gehör zu verschaffen. Ich pflegte mich mit den anderen auf den Boden zu knien, aber ich zog den Kragen meines Bademantels ganz hoch über meinen Kopf und stellte mir vor, ich sei in meiner eigenen kleinen Höhle. Ich konnte niemanden sehen, und ich nahm an, mich könnte auch niemand sehen. Für einen kurzen Moment fühlte ich mich sicher.

Am ersten Sonntagabend eines jeden Monats betrieben wir das noch seltsamere Ritual, das des Abendmahls. Wir trugen unsere Stühle aus dem Speisesaal in das benachbarte Wohnzimmer und funktionierten es in einen Altarraum um. Wir saßen stets dem Alter nach gestaffelt – die Kleinsten in der vordersten Reihe, die Ältesten in der hintersten. Herr Staber spielte die Rolle des Pastors. Er las immer die Passage aus 1. Korinther 11, die in den meisten Gemeinden für die Abendmahlszeremonie benutzt wird. Ich erinnere mich nur allzu gut an seine kräftige Stimme, wenn er betonte: „Wer so isst und trinkt, dass er den Leib des Herrn nicht achtet, der isst und trinkt sich selber zum Gericht." Wenn man es wagte, an dem Mahl des Herrn teilzunehmen, dann sollte besser absolut keine Sünde in seinem Leben sein. Anderenfalls verdamme man sich selbst in die Hölle. Hier unterbrach er, sah uns streng an und formulierte dann weiter: „Wenn jemand in diesem Raum etwas mit jemand anderem zu bereinigen hat, dann soll er es jetzt tun."

Sofort sprangen wir Kinder auf, drängten uns zu unserem nächsten Freund oder Erwachsenen hin und baten umfassend um Vergebung für „alles, was ich jemals getan habe, was dich geärgert hat oder wo ich gegen dich gesündigt habe". Die Erwachsenen saßen alle in ihren Stühlen in den Ecken des Raumes, beinahe wie Weihnachtsmänner, während ein Dutzend Kinder sich vor ihnen aufreihte und darauf wartete, sie um Vergebung bitten zu dürfen, *ausgerechnet sie!*

Dieses turbulente Beichten konnte eine halbe Stunde lang andauern, da ängstliche Kinder verzweifelt versuchten, sich jede erdenkliche Sünde ins Gedächtnis zu rufen, um sie einbringen zu können. Allmählich klangen die Gespräche aus. Kinder mit tränenüberströmten Gesichtern kehrten zu ihren Stühlen zurück, nun reinen Herzens. Aber stellen Sie sich nur die Angst in meiner jungen Seele vor, da ich so viele Gründe hatte zu glauben, dass ich böse war und Bestrafung verdiente! Wie konnte ich meine Sünden überhaupt jemals nachzählen? Bei jedem Abendmahl verdammte ich mich wieder selbst in die Hölle. Ich erinnere mich an kein einziges Mal, wo auch nur ein einziger Erwachsener auf meine Bekenntnisse geantwortet hätte, indem er gesagt hätte: „Und bitte vergib du mir auch, kleiner Wesley." Das Ritual war streng einseitig.

Ich wollte wirklich gottgefällig sein. In meinem ganzen Leben hatte ich niemals anders gefühlt. In der Tat hatte ich in meinem ersten Schuljahr in diesem selben Raum ein ernsthaftes und sogar verzweifeltes Glaubensbekenntnis abgelegt. Es geschah während der jährlich stattfindenden Themenwoche in Bandulo, zu der ein Gastredner eingeladen wurde, der sich an die Schülerschaft wandte.

An den Abend kann ich mich gut erinnern. Der Sprecher war ein großer Mann mit bärtigem Gesicht und haarigen Armen. Ich konnte ihn natürlich gut sehen, denn weil ich erst sechs Jahre alt war, saß ich ganz vorn in der Mitte der ersten Reihe. Er war nicht mehr als einen Meter von mir entfernt.

Er begann mit einem dramatischen Schweigen. Dann öffnete

er seinen Mund. Ohne eine freundliche Aufwärmphase kam er sofort auf den Punkt.

„Ihr kleinen Kinder, ihr seid alle Sünder", begann er und blickte bedrohlich in jedes einzelne Gesicht – wie es uns schien, eine Ewigkeit lang. „Du!", schrie er mich an. „Du verdienst es, in die Hölle verdammt zu werden, in die heißen Feuer des Hades!" Ich hatte keine Ahnung, was das griechische Wort *Hades* bedeutete, aber es klang ziemlich Furcht einflößend.

Plötzlich förderte er hinter seinem Rücken ein Ei zutage und legte es behutsam auf einen Tisch. Ich betrachtete dieses ebenmäßige weiße Oval eine Zeit lang. Dann erhob er – ebenfalls urplötzlich – einen Hammer. „Du bist dieses Ei", erklärte er. „Gott ist dieser Hammer". Du verdienst es, für deine Sünden verurteilt und zerstört zu werden."

Gut, nun hatte er mich so weit. Ich war sowieso schon bereit, zu glauben, dass ich nichts als böse war und all die Bestrafung, die mir tagtäglich zuteilwurde, verdiente.

Als Nächstes hielt der Redner in seiner großen haarigen Hand eine blecherne Nescafé-Dose in die Höhe. Er stülpte die Dose über das Ei und erhob seinen Hammer. „Aber, Kinder, hört zu: Jesus ist gekommen, um die Bestrafung für eure Sünden auf sich zu nehmen – Bestrafung, die ihr reichlich verdient hättet. Wenn ihr in der Schule schummelt, verdient ihr die Hölle." Damit ließ er den Hammer auf die Dose heruntersausen und dellte deren Oberseite ein. Ich saß mit aufgerissenen Augen da und erinnerte mich, wie ich meine gute Sehschärfe genutzt hatte, um in der Woche davor Janice Mills' Klassenarbeit auszuspähen.

„Wenn ihr lügt", fuhr er fort, indem er den Hammer wieder auf die Blechdose hinuntersausen ließ, „verdient ihr es, zerstört zu werden. Wenn ihr euer Spielzeug nicht mit anderen teilt … Wenn ihr euch beschwert …" Inzwischen zitterte ich bereits angesichts dieser Demonstration von Gewalt und Macht. Ich war so besorgt um das Ei. Ich dachte, es könnte ein Küken darin sein. Ich war überzeugt, dass der Redner jede meiner Sünden kannte. Ich stimmte voll darin überein, dass ich schrecklich war und es verdiente, von Gott zerschmettert zu werden. Gott sei Dank gab es Jesus, die Nescafé-Dose.

Plötzlich holte mich seine durchdringende Stimme zurück in die Realität. „Aber wenn du nicht Jesus in dein Herz einlädst, dann hast du keine Nescafé-Dose." Es folgte eine längere Pause. Dieses Mal schaute er mich geradewegs an. Ich erinnere mich noch an seine aufblitzenden Augen, seine buschigen Augenbrauen, den Speichel auf seinem Schnurrbart, die Stille dieses Moments. Seine Augen flammten auf, als er mit einer Handbewegung die Büchse vom Tisch katapultierte. „Und das ist es, was ihr am Jüngsten Tag bekommen werdet!" Damit ließ er den Hammer hinuntersausen. Das Ei zerbarst, flog – wie in Zeitlupe – durch die Luft und spritzte mir ins Gesicht.

Ich fiel geradewegs auf meine Knie und schrie voller Verzweiflung: „Oh Gott! Schlag mein Ei nicht kaputt!"

Ich weiß nicht, ob Theologen diesen Ausruf als das gültige Reuegebet eines Sünders anerkennen würden oder nicht, zumal es unter solch extremer Manipulation aus mir hervorgebrochen war. Was für eine fürchterliche Methode, Kinder zur Erlösung zu bringen. Lassen Sie mich jetzt als Erwachsener anmerken: Obwohl diese Art von visueller Veranschaulichung ein hochwirksames Werkzeug für „Kinderevangelisation" zu sein scheint, sollten Sie es bitte niemals benutzen!

Allerdings muss ich hinzufügen, dass ich – trotz der widersprüchlichen Internatserfahrungen – immer Gottes Kind sein wollte. Nie wäre es mir in den Sinn gekommen, *ihn* für meine qualvolle Existenz in den Händen dieser fehlgeleiteten Diener verantwortlich zu machen. Bereits in diesem jungen Alter begann ich mir vorzustellen, dass Gott gut sein konnte, selbst wenn Menschen es nicht waren. Ich fühlte mich trotzdem angezogen von seinem weisen und liebenden Charakter. Wenn eine Korrektur direkt von ihm ausging, dachte ich, dass sie gerechtfertigt war.

Die Auflösung

Eine solche Art von Spiritualität half mir jedenfalls nicht, mich vor den anschließenden Peinigungen an der christlichen Bandulo-Akademie zu bewahren. Ich hörte meinen Namen auf der Liste der schlechten Nachrichten so oft wie sonst auch. Mein Mut sank weiterhin in sich zusammen, wenn sich der Zorn der Hauseltern und Lehrer über mich ergoss. Allein und unter Tränen fragte ich mich immer wieder, ob es einen Ausweg aus dieser Misere gab.

Das tragische Stillschweigen über die Vorgänge im Internat wurde schließlich gebrochen, als ich zehn Jahre alt war. Wir waren ein ganzes Jahr lang auf Heimaturlaub in Amerika gewesen. Ich hatte die vierte Klasse einer öffentlichen Schule in Denver besucht, wo ich zumindest herausfinden durfte, dass meine Internatsbildung – neben all ihren Fehlern – mich wenigstens auf ein annehmbares Bildungsniveau gebracht hatte.

Nun war es Zeit, nach Afrika zurückzukehren. Eine Gruppe von Missionarskindern versammelte sich mit ihren Eltern am Idylwild-Flughafen in New York (dem zukünftigen John-F.-Kennedy-Flughafen), um zurückzufliegen. Unsere Eltern folgten mit einem billigeren Frachtschiff. Ich wusste, dass jetzt unweigerlich das Trauma wieder seinen Lauf nehmen würde.

Am Gate unseres Fluges angekommen streckte ich meine Arme aus, um das Gesicht meiner Mutter zwischen meine Hände zu nehmen. Ich sah sie sehr eindringlich an. Ich hielt sie fest – und konnte sie nicht loslassen.

„Was tust du?", fragte sie.

„Mami, ich möchte einfach nicht vergessen, wie du aussiehst", weinte ich. Aus irgendeinem Grunde hatte keines von uns Kindern in Bandulo Fotos von seinen Eltern. Ich schätze, die Verwaltung der Missionsgesellschaft riet davon ab in der irrigen Annahme, so das Heimweh zu verringern.

Nun mussten wir beide weinen. Sie hielt meine Arme in ihren Händen und ließ es zu, dass ich ihr hübsches Gesicht ansah. Sie biss sich auf die Lippen, um die Fassung zu bewahren.

Plötzlich sprudelte es aus mir heraus. Ich konnte mich nicht bremsen: „Mami, bitte schickt mich nicht zurück nach Bandulo.

Es ist schrecklich! Sie schlagen uns die ganze Zeit, für alles! Sie hassen mich. Ich vermisse dich und Papa so sehr. Ich habe Angst. Bitte, bitte ..." Inzwischen schluchzte ich so sehr, dass sie meine Worte kaum noch verstehen konnte.

Die Gesichtszüge meiner Mutter erstarrten vor Schreck, als sie mich in ihre Arme zog und mich fest drückte. „Oh, Wesley! Ich hab dich so lieb! Es tut mir so leid, dass du Angst hast ... Ich weiß nicht, was wir tun sollen ..." Nun begannen ihre Schultern zu zucken vor lauter Schluchzen.

Binnen einer Minute war es Zeit für Carol, mich und die anderen Kinder, an Bord des Flugzeugs zu gehen. Ich setzte mich völlig aufgelöst in meinen Sitz. Bald befand sich der Flieger über dem Atlantik. Ich starrte aus dem Fenster in den Abendhimmel, während mir immer noch Tränen die Wangen hinunterliefen. Ich empfand Erleichterung, dass ich endlich etwas gesagt hatte. *Jetzt weiß sie es wenigstens*, sagte ich mir selber. Die anderen Missionarskinder schauten über den Mittelgang zu mir herüber, als wäre ich dem Untergang geweiht. Sie wussten, ich hatte das Undenkbare getan. Ich wandte mich von ihren Blicken ab und fiel erschöpft in einen unruhigen Schlaf.

Als unsere Gruppe wieder in Bandulo eintraf, waren Herr und Frau Staber nirgends zu sehen. Wir empfanden große Erleichterung: Die Heimeltern hatten gewechselt. Aber bereits am ersten Tag wurde uns klar, dass ihre Nachfolger, Herr und Frau Edwards, im Wesentlichen aus demselben Holz geschnitzt waren. Die Taktiken der Kontrolle und der Misshandlung blieben in Kraft: die Liste der schlechten Nachrichten, die Patrouillen während der Mittagspausen, das unablässige Prügeln.

Die Ozeanüberquerung meiner Eltern dauerte einen ganzen Monat. Jeden Tag sprachen sie über das Ungeheuerliche, mit dem ich herausgeplatzt war, und machten sich Sorgen um mich. Konnte das wirklich stimmen? Oder handelte sich alles um ein riesiges Missverständnis? Die wöchentlichen Briefe hatten so positiv geklungen, aber scheinbar enthielten sie nicht die ganze Wahrheit. So viele offene Fragen, so viele fehlende Beweise ...

Sobald sie am 20. September 1959 im Hafen von Abidjan von Bord gingen, schickte mein Vater mir einen Brief, in dem er versuchte, herauszufinden, ob die schockierenden Bemerkungen, die ich über Bandulo gemacht hatte, auch so gemeint gewesen waren. Nicht dass er meine Worte anzweifelte, aber es war natürlich ein gravierender Vorwurf, und er wollte sichergehen, dass ich mich nicht über eine Bestrafung beschwerte, die ich tatsächlich verdient hatte, oder dass ich nicht die Beschuldigungen der älteren Jungen nachplapperte. Vater schrieb: „Ich hoffe, Du vergisst nicht, jeden Tag für Deine Mutter zu beten … Es geht ihr immer noch nicht richtig gut", und er bat mich, ihr zu schreiben.

Als dieser Brief in Bandulo ankam, wurde er – wie jede eingehende Post – zuerst von den Hauseltern gelesen, bevor er in meine Hände gelangte. Das war die übliche Vorgehensweise. Die Anfrage meines Vaters bestätigte das Ehepaar Edwards in dem, was sie bereits über den Flurfunk gehört hatten, nämlich dass es Marge Stafford psychisch nicht gut ging. Nun hatten sie den Beweis dafür, was den Kummer meiner Mutter ausgelöst hatte.

Eines Tages beim Mittagessen gab Herr Edwards den Schülern bekannt, Carols und Wesleys Mutter habe offenbar so etwas wie einen Nervenzusammenbruch erlitten. Das sei ein ernsthaftes Problem. Sie wissen nicht, was dafür verantwortlich war, aber wir alle könnten für sie beten.

Mein Herz begann in meiner Brust zu pochen. Oh nein! Was war mit meiner Mutter geschehen? Jetzt war ich derjenige, der jede Menge Fragen hatte. Ich hatte wenig Zeit, über sie nachzudenken; jedenfalls wurde noch am selben Tag gegen Ende des Abendessens angekündigt, dass direkt im Anschluss eine „Sondersitzung" im Speisesaal stattfinden werde. Niemand durfte den Saal verlassen. Binnen weniger Minuten wurde ich nach vorne gerufen und geheißen, mich vor allen meinen Freunden auf einen Stuhl zu stellen.

„Ich möchte euch Satans Lieblingswerkzeug vorstellen", begann Mister Edwards. Ich sah ihn geschockt an und spürte, wie ich innerlich zu zittern begann. „Wesley hat sich entschlossen, Satan zu dienen. Er hat seiner Mutter davon erzählt, was hier passiert, und jetzt ist sie nicht mehr in der Lage, ihre wichtige Arbeit hier auf dem Missionsfeld zu tun."

Die Kinder – es waren etwa siebzig – saßen wie versteinert.

Zwei oder drei hüstelten leise; ansonsten herrschte Stille. „Satan hat gewonnen", fuhr der Mann fort. „Er hat Wesley benutzt, und jetzt werden Afrikaner in die Hölle kommen wegen dieses Jungen, den ihr hier vor euch stehen seht."

Meine Hände begannen zu zittern, und meine Beine schlotterten. Tatsächlich vibrierte mein ganzer Körper unkontrollierbar. Ich habe furchtbare Dinge gesehen, und ich bin hier an diesem Ort gequält worden, aber nichts war so schlimm wie dies hier. Ich hatte das Schweigen gebrochen.

„Man kann nicht beiden gleichzeitig dienen, Gott und Satan, sagt die Bibel. Wesley hat es versucht. Man kann eine Kerze nicht an beiden Enden anzünden, ohne sich zu verbrennen."

Ich weiß nicht, ob das, was dann passierte, geplant war oder ob es bloß eine böse spontane Idee war, wie auch immer. Herr Edwards verlangte, man möge ihm eine Geburtstagskerze bringen. Er zog sein Taschenmesser heraus und schnitzte das stumpfe Ende der Kerze so zurecht, dass eine verkürzte Kerze entstand, die tatsächlich an beiden Enden einen Docht hatte.

„Hier, Wesley", sagte er mit leuchtendem Gesicht. „Du möchtest sowohl Gott als auch Satan dienen? Versuch es!"

Ich nahm die Kerze zwischen meine kalten, zitternden Finger. Hier stand ich nun vor meinen Freunden. Ich erinnere mich noch an die absolute Stille. Niemand wagte es zu atmen. Mister Edwards rieb ein Streichholz an und zündete beide Enden meiner zitternden Kerze an. Ungläubig starrte ich vor mich hin, während ich überlegte, was wohl in wenigen Momenten passieren würde.

Er wandte mir seinen Rücken zu und setzte seinen Vortrag fort in der Annahme, dass ich die Kerze nach nicht allzu langer Zeit fallen lassen würde. Ich hörte nur die ersten paar Worte, weil das Pochen meines Herzens und das Geräusch des pulsierenden Blutes in meinen Ohren übermächtig wurden. Ich hatte Angst, taub zu werden. Als die Flammen näher und näher an meine Haut heranzüngelten, weiteten sich die Augen der Kinder. Herr Edwards schaute mich an und zeigte sich überrascht, dass ich die Kerze immer noch festhielt, sprach dann aber umso lauter und schneller weiter.

Plötzlich besann ich mich wieder. In einem kurzen Aufblitzen von Wirklichkeitssinn erkannte ich das große Unrecht, das hier geschah. Ich war nicht Satans Werkzeug; ich war nur ein kleiner Junge mit einem gebrochenen Herzen, der versucht hatte, sich von diesem bösen Ort wegholen zu lassen. Ich liebte Jesus, und ich war der Partner meines Vaters bei seinem Dienst in den Dörfern. Herr Edwards war ein Lügner, und alle meine Freunde waren nur verängstigte kleine Lämmer.

Ich zog mich tief in mich selbst zurück und sagte zu mir selber: *Dieses Mal nicht. Dieses Mal werden sie nicht gewinnen. Egal wie weh es tut. Ich bin nicht ... Ich werde diese Kerze nicht loslassen! Ich werde ihnen nicht die Freude machen, mich wieder zu demütigen.* Ich knirschte mit den Zähnen, kniff die Pobacken zusammen und machte mich auf den Schmerz von unabschätzbarer Intensität gefasst, der mich erwartete. Nichts, ich meine gar nichts, nein, aber auch gar nichts würde mich dazu bringen, zu weinen oder diese Kerze fallen zu lassen ... dieses Mal nicht ... dieses Mal nicht.

Nur undeutlich konnte ich seine Worte hören, als ich beobachtete, wie die Haut an beiden Seiten meiner Finger zuerst rot wurde und dann begann, Blasen zu schlagen. Im Hintergrund hörte ich ein undeutliches „... Werkzeug des Satans ... Afrikaner in der Hölle ...". Jetzt stieg ein bisschen Rauch von meinen Fingerspitzen auf. Die Flammen berührten meine Haut.

„Nein!", schrie ich durch die zusammengebissenen Zähne. „Nein!"

In diesem Moment sprang ein Erstklässler aus der ersten Reihe auf und schlug mir die Kerze aus meinen glühenden Fingern. Es war vorbei. Die Sitzung brach ab, da die Kinder nach vorne strömten, um mich zu umarmen und zu trösten.

Ich kann mich ehrlich nicht daran erinnern, was Herr Edwards in diesem Moment tat, aber die Versammlung war vorüber. Wenigstens die Kinder hatten genug gesehen. Mehr konnten sie nicht ertragen. Letztendlich hatten sie das Böse erkannt.

Die Liebe eines Vaters

Als die Eltern zwei Monate später Anfang Dezember in Bandulo ankamen, um uns Schüler für die dreimonatigen Ferien aus dem Internat nach Hause zu holen, war ich erstaunt, unter ihnen meinen Vater zu erkennen. Er war nicht an der Reihe mit dem Abholen, weil er sich mit meiner Mutter abwechselte.

Jahrzehnte später, nach seinem Tod, reimte ich mir aufgrund vergilbter Dokumente und Briefe auf Zwiebelschalenpapier zusammen, wie intensiv er sich um unsere Angelegenheit bemüht hatte. Wie ich zwischen den Zeilen lesen konnte, war er zu der jährlichen Konferenz der Missionare der Konservativen Baptisten, die jedes Jahr im Oktober abgehalten wurde, angereist mit einer ernsten Botschaft im Gepäck: Etwas läuft verkehrt in Bandulo, und wir müssen herausfinden, was es ist. Am Ende dieser Konferenz waren drei Entscheidungen getroffen worden: (1) Ken Stafford sollte mit den anderen Vätern am Ende des Schuljahres zu einer Vor-Ort-Besichtigung in das Internat reisen; (2) Sie drängten darauf, dass die Kinder der Konservativen Baptisten in anderen Quartieren untergebracht wurden mit anderen Hauseltern, und zwar vom nächsten Schuljahr im März an; (3) Der letzte Teil der Lösung war es, ein brandneues Internat an einem zugänglicheren Ort zu gründen, das besser kontrolliert werden konnte. Mein Vater wurde zu diesem Zweck in den Leitungsausschuss berufen.

Aber er war nie jemand, der mit seiner Arbeit angegeben hätte. Als Carol und ich für die Ferien zu Hause ankamen, wurde nicht viel gesprochen. Meine Mutter schien Stimmungsschwankungen zu haben. An manchen Tagen war sie fröhlich, an anderen bekümmert. Wir verbrachten die Wochen zusammen und genossen unser Familienleben. Das Faszinierendste an diesen Ferien – daran erinnere ich mich noch – war, dass unser Haus in Nielle nun elektrischen Strom hatte.

Als wir im März nach Bandulo zurückkehrten, waren wir und etwa ein Dutzend anderer Kinder überglücklich, in die sogenannte Villa überzusiedeln, die einen knappen Kilometer vom Hauptgebäude entfernt hangabwärts lag. Unsere neuen Hauseltern, Rolf und Clara Rose Parelius, waren ein entzückendes Ehepaar, das sich freiwillig für diesen Posten gemeldet hatte. Sie waren freigiebig mit Freundlichkeiten und Komplimenten und zeigten uns dennoch die im Leben notwendigen Grenzen auf. Das Schulleben begann, erträglicher zu werden.

Aber unsere Mutter zu Hause in Nielle litt weiterhin unter Stimmungsschwankungen, bis mein Vater sie im Juli schließlich zurück in die Vereinigten Staaten schickte, wo ihr geholfen werden sollte. Sie verbrachte insgesamt neun Monate dort und erhielt psychologische Betreuung und eine medizinische Behandlung wegen einer Unterfunktion der Schilddrüse. Außerdem hatte sie in der Zeit eine Totaloperation. Dies bedeutete, dass sie nicht zu Hause sein konnte, als Carol und ich für die nächsten Ferien ins Dorf zurückkehrten.

Unser Vater erzählte uns von den Fortschritten, die die neue Schule in Bouake machte, einem viel leichter zugänglichen Ort in der Landesmitte. Es würde natürlich noch eine ganze Weile dauern, genügend Spenden zu sammeln, das Schulgelände fertig herzurichten und qualifiziertes Personal zu rekrutieren. Aber unser Vater war begeistert von den Möglichkeiten. Er trieb das Projekt so schnell wie möglich vorwärts.

Mein achtes Schuljahr brachte für mich die Früchte seiner Arbeit ein: Ich konnte zu der brandneuen Elfenbeinküsten-Akademie überwechseln, einer Oase von Liebe im Vergleich zu vorher. Als ich als 13-Jähriger zusammen mit meinem Vater zum letzten Mal die Schotterauffahrt von Bandulo hinunterlief, ging ein Schaudern durch meinen Körper. Ich ließ all die schrecklichen Erinnerungen hinter mir und wandte mich der Zukunft zu.

Viele Jahre lang erzählte ich als Erwachsener keinem Menschen etwas über Bandulo. Stattdessen erwähnte ich nur mit Stolz, dass ich die Ehre hatte, zu den ersten Absolventen der Abschlussklasse der Elfenbeinküsten-Akademie zu gehören. Als ob das nicht der Ehre genug wäre, fügte ich noch stolz hinzu, dass ich der Zweitbeste der ganzen Klasse war – okay, es gab nur zwei, aber trotzdem war ich ziemlich weit vorn. Nur Janice Mills und ich, was bedeutete, dass im Schnitt jede zweite Frage, die die Lehrer in diesem Jahr stellten, von mir beantwortet werden musste, dabei wedelte die meiste Zeit Janice' Hand bereits wild in der Luft, während sie ausrief: „Ich weiß es, ich weiß es!"

Meine Eltern führten Gespräche miteinander über ihre Zukunft. Als wir uns darauf vorbereiteten, in den nächsten Ferien in die Vereinigten Staaten zu reisen, gaben sie der Missionsgesellschaft bekannt, dass sie in den bevorstehenden Highschool-Jahren nicht von meiner Schwester und mir getrennt sein wollten. Carol hatten sie bereits nach Denver zurückgeschickt, wo diese bei Verwandten unterkam, bei denen sie wohnen und die zehnte Klasse besuchen konnte. Falls nötig würden sie aus dem Missionarsdienst ausscheiden. Die Missionsgesellschaft überzeugte sie, bei der Stange zu bleiben, aber dieses Mal in den Vereinigten Staaten. Hier sollten sie mit den Navajo-Indianern in Arizona arbeiten.

In unserer Familie sprachen wir nicht viel über die vorangegangenen Missbrauchsvorfälle. Ich erinnere mich jedoch, dass mein Vater im Jahr 2003, während er 77-jährig mit einer Lungenfibrose im Sterben lag, auf das Thema zurückkam. Eines Tages saß ich im Krankenhaus an der Seite seines Bettes und hielt seine Hand, als er mit verschwommenen Augen sagte: „Oh, Wess, ich bedaure es so sehr, dass du für unseren Missionsdienst in Afrika einen so hohen Preis zahlen musstest."

Damit endete er. Er konnte nicht mehr genügend Luft in seine Lunge einziehen, um weiterzusprechen. Ich drückte seine Hand und sagte: „Vater, es ist schon in Ordnung. Ich liebe dich, und durch Gottes Gnade geht es mir gut, wirklich…" Er starb eine Woche später.

Der Werdegang eines Fürsprechers für Kinder

Über 40 Jahre sind seit dem Zwischenfall mit den Kerzen ins Land gegangen. Dies war damals ein entscheidender Moment für mich. Er war richtungsweisend für mein Lebenswerk als leidenschaftlicher Fürsprecher für die leidenden Kinder dieser Welt. Ich weigere mich, mich geschlagen zu geben. Ich weigere mich, den einflussreichen Mächten nachzugeben, die den Geknechteten und

Unterdrückten unter uns Gewalt antun. Das ist der Grund, warum ich mit so viel Inbrunst schreibe und Reden halte. Hier stehe ich nun, als Erwachsener jenseits der Lebensmitte, und immer noch halte ich diese Kerze fest und beiße die Zähne zusammen, während ich dafür kämpfe, dass den Kindern in unserer Welt der Wert und die Bedeutung beigemessen werden, die ihnen zustehen. Sie sollen einen Beschützer haben, einen Vorkämpfer, einen Fürsprecher, letzten Endes einen Anwalt (*englisch „advocate"*)!

Warum ließ mich Gott die Höllenqualen dieses Internats erleiden? Warum ist er nicht eingeschritten, wenn ich ihn Nacht für Nacht um Hilfe anflehte? Manchmal habe ich mir vorgestellt, dass mein Schutzengel an Gottes Ärmel zupfte und sagte: „Hörst du den kleinen Wesley nicht? Siehst du nicht seine mitleiderregenden Tränen? Kannst du nicht etwas tun, um ihn von diesem ungeheuren Übel zu befreien?"

Falls es so war, so glaube ich, dass Gott geantwortet hat: „Ich weiß. Ich sehe seinen Schmerz. Ich höre sein Schreien. Aber er muss das durchleben. Ich habe Pläne für sein Leben. Durch seine schmerzlichen Erfahrungen will ich andere retten. Vertraue mir."

Ich sage nicht, dass es Gottes Plan war, dass der Missbrauch stattfand. Aber ich glaube, er kann alles ausgleichen und aus Bösem Gutes hervorbringen. Er formte mich für einen lange anhaltenden Kampf im Namen missbrauchter und misshandelter Kinder. Wenn ich heutzutage dieses Thema anspreche, ist es für mich nicht nur eine rein akademische Abhandlung wie etwa das Thema einer Doktorarbeit. Ich habe es *erlebt*. Ich habe aus erster Hand erfahren, dass, wenn Kinder in unserer Welt nicht wertgeschätzt werden, sehr hässliche Dinge passieren können.

Aber wenn Erwachsene sich für die Verletzlichen und die Schwachen einsetzen, indem sie einfordern und selbst daran mitarbeiten, dass Kindern Sicherheit gewährt und Respekt gezollt wird, dann werden Gottes kleine Lämmer beschützt und ernährt. Dann dürfen Kinder erfahren, dass sie nicht alleingelassen werden, sondern dass sie geliebt und angenommen sind. Dann haben wir ein Stückchen Himmel auf Erden.

Die Evangelien zeigen uns, dass Jesus niemals so wütend war wie in der Situation, als er die verblüffenden Worte herausschleuderte: „Wer aber einen dieser Kleinen, die an mich glauben, zum Abfall verführt, für den wäre es besser, dass ein Mühlstein an seinen Hals gehängt und er ersäuft würde im Meer, wo es am tiefsten ist. Weh der Welt der Verführungen wegen!" (Matthäus 18,6–7). Niemals dürfen wir selbst in dieses furchtbare Muster verfallen. Wir müssen unbedingt mit aller Entschlossenheit dafür kämpfen, das Leid in der Welt, das die Seele und den Geist von Kindern auf so furchtbare Weise verformen kann, bei der Wurzel zu packen und auszumerzen.

Teil zwei

10 | *Zurück in der „Zivilisation"*

Es war die letzte Nacht in Nielle vor den Ferien, wenige Wochen vor meinem vierzehnten Geburtstag. Ich lag auf meinem Bett und hörte auf die dumpfen, harmonischen Klänge der Dorftrommeln und Balaphone, die in die tropische Nacht hinausschallten. Plötzlich erinnerte ich mich wieder daran, dass ich dieselben Klänge gehört hatte bei Gedenkfeiern für Kinder, die gestorben waren.

Wie oft hatte ich das über die Jahre hinweg gehört? Warum war ich noch am Leben? Warum war ich so privilegiert, diese kleine Impfnarbe an meinem Oberarm zu haben, während meine Freunde nicht immun waren gegen Masern, Malaria, Pocken? Es war nicht fair. Beinahe die Hälfte der Kinder unseres Dorfes, mit denen ich im Laufe meiner Kindheit zusammen war, lebte jetzt nicht mehr. Dutzende Male hatte ich den Trommeln gelauscht und mich in den Schlaf geweint.

Am nächsten Morgen bei Tagesanbruch verließen wir Nielle. Das Schmerzhafteste daran war für mich, meinem besten Freund Alezye Auf Wiedersehen zu sagen. Wir hatten zusammen so viel erlebt. Wie ein großer Bruder hatte er mir sehr viel beigebracht. Als die anderen sich in der Nähe des Hauses verabschiedeten, liefen Alezye und ich niedergeschlagen ein letztes Mal zu „unserem Baum". Obwohl wir seit unseren frühesten Kindertagen Hunderte von kleinen Setzlingen gepflanzt hatten, war dies immer noch der einzige Baum von nennenswerter Größe. Sicher verankert in seinen Zweigen gab es ein Baumhaus, das wir Jahre zuvor zusammengebaut hatten. Dort oben zwischen den Zweigen hatte ich so viele Geschichten gehört und so viele Lektionen gelernt.

Immer noch war es Alezyes Traum, Pastor zu werden, vielleicht sogar eines Tages der Pastor von Nielles Gemeinde, die noch in den Kinderschuhen steckte. Und mein tiefster Wunsch war immer noch, ihm das Handwerkszeug hierzu in die Hände zu legen. Eines Tages würde ich zurückkehren und die Bibelübersetzung zu Ende bringen, die mein Vater so beherzt begonnen hatte – häufig mit Alezye an seiner Seite. Der Junge war so talentiert, eine so natürliche Führungspersönlichkeit, und er liebte Gott aus tiefstem Herzen.

Wir standen unter unserem Baum einander direkt gegenüber, ergriffen gegenseitig unsere Arme und schauten einander in die tränengefüllten Augen. „Alezye", begann ich, „ich weiß nicht, ob ich dich jemals wiedersehen werde. Falls ja, so wird es bis dahin sehr lange dauern. Ich danke dir, dass du mein Freund bist. Danke, dass du mir so viel beigebracht hast."

Er verlagerte sein Gewicht, bevor er antwortete: „Nun, im Laufe von vielen Jahren kann sich vieles ändern. Viele junge Männer laufen in die Irre. Was können wir tun, um sicherzustellen, dass uns das nicht passiert?"

„Lass uns einander versprechen", antwortete ich, „dass wir niemals zulassen wollen, dass irgendjemand oder irgendetwas zwischen uns und Gott kommt. Wir werden fleißig studieren. Wir werden in der Spur bleiben. Lass uns beschließen, dass alles, was aus uns werden wird, für Gott sein soll. Ich bin so stolz auf dich. Und ich bin so sicher, dass du ein großartiger Pastor werden wirst."

Dann sagten wir beide einstimmig: „Ich verspreche es." Wir umarmten einander stumm und weinten.

Bald waren meine Eltern und ich in unseren Pick-up gestiegen. Gerade stieg die Sonne über dem Horizont auf, als wir die holprige Straße entlangfuhren. Alle drei hatten wir mit den Tränen zu kämpfen. Lange Zeit konnte keiner ein Wort sagen. Dies war die einzige Heimat, die ich je gekannt hatte.

Die Perlen der Armut

Auf der Reise zurück nach Amerika hatte ich viel Zeit zum Nachdenken. Ich war natürlich nicht reif genug, meine Gedanken in wohlklingende Worte zu fassen. Aber ich wusste, dass ich in Nielle einen reichen Schatz von Verständnis und Erfahrungen gewonnen hatte, der mein Leben für immer prägen würde.

Wenn ich heute vor Publikum spreche, sage ich oft, dass ich alles, was ich wirklich brauche, um ein weltweites Kinderentwicklungswerk zu leiten, von den Armen selbst gelernt habe – bei der Arbeit auf den Feldern, bei unseren abendlichen Zusammenkünften am Lagerfeuer. Sie haben mir beigebracht, was am wichtigsten ist, und ich bediene mich dieser Werte, indem ich versuche, die Kultur der Gegenwart zu formen.

Diese so kostbaren Werte nenne ich inzwischen die „Perlen der Armut", die ich von den Bauern in Westafrika bekommen habe. Die Perle ist ein Juwel wie der Rubin, der Diamant und der Saphir. Aber anders als die anderen entstammt diese Perle ursprünglich dem Leiden. Der Auster gerät ein Sandkorn in ihre Schale. Das ist unbequem. Mit der Zeit beginnt die Auster, sich selbst vor diesem Ärgernis zu schützen, indem sie es mit einem Sekret ummantelt, Schicht für Schicht, bis daraus ein glatter, glänzender und strahlender Schatz wird – eine Perle! Wohlhabende Frauen tragen Perlen um ihre Hälse und Handgelenke und erinnern sich selten daran, dass eine kleine Kreatur sehr gelitten hat, um solche Schönheit hervorzubringen.

Die Lektionen, die ich in meinem Dorf gelernt habe, waren ebensolche Schätze. Viele von ihnen entstanden aus dem Leid, dem Hunger, der Krankheit und der Verletzlichkeit der Bauern, die hart arbeiteten für ihren Lebensunterhalt und den ihrer Familien in dem rauen, ländlichen Umfeld Afrikas. Hier sind ein paar der wertvollen Perlen, die ich heute noch in meinem Herzen trage:

Die Perle der Liebe. Nichts ist in der heutigen Welt mächtiger. Liebe kann man nicht kaufen; sie gehört tatsächlich den ganz Armen ebenso sehr wie den ganz Reichen. Mein Dorf hat mich in so vielfältiger Weise gelehrt, dass man immer Liebe geben kann, selbst wenn man nichts anderes zu geben hat. Das große Geheimnis ist, dass sie, auch wenn man sie verschenkt, niemals ausgehen wird.

Inmitten von Hunger oder Krankheit, wenn die Dorfbewohner praktisch kein Geld hatten, keine Medizin, keine Antworten, dann war manchmal das Einzige, was wir füreinander tun konnten, uns gegenseitig Liebe zu schenken. In Nielle starb niemand alleine. Wenn es uns auch das Herz brach, so waren wir doch da für die letzten Momente im Leben eines Mitmenschen. Wenn du einen Freund in deinen Armen hältst und spürst dieses letzte Zittern, wenn er oder sie in die Arme des himmlischen Vaters hinübergleitet, dann wirst du nie wieder derselbe sein. Du wirst vereinnahmt von der Liebe.

Die Perle der Freude. Die Armen verstehen, dass Freude nicht durch die Lebensumstände hervorgebracht wird. Freude ist eine Entscheidung, eine sehr tapfere, darüber, wie du auf das Leben *antworten* wirst. In der westlichen Welt tendieren wir dazu, freudig zu reagieren, wenn die Dinge nach unserem Geschmack laufen und wenn Gutes in unserem Leben passiert. Für die Armen kommen solche Glücksfälle oder Gutes fast nie vor. Trotzdem ist gerade bei ihnen das Lachen und Lächeln in besonderem Maße vorhanden.

Im Laufe der Jahre habe ich im Rahmen meiner Arbeit bei Compassion viele Dutzende sogenannter „Visionsreisen" in die Dritte Welt unternommen. Dabei konnte ich beobachten, dass westliche Besucher sehr erstaunt reagieren. Sie können einfach nicht glauben, wie viel Freude inmitten der unwirtlichen Lebensumstände herrscht. Würden sich die Armen entscheiden, mit Wut oder Frustration zu reagieren, wäre die Welt ein sehr viel gefährlicherer Ort. Da die Armen beinahe zwei Drittel der gesamten Bevölkerung ausmachen, wären die Auswirkungen kaum auszudenken, wenn diese Menschen nicht gelernt hätten, aus ihrem harten täglichen Leben Freude zu ziehen.

Die Perle der Hoffnung. Dies ist eine andere couragierte, beherzte Entscheidung. Selbst wenn die Widrigkeiten und Ungerechtigkeiten des Lebens sich häufen, halten die Armen beharrlich an der Hoffnung fest. Sie beschämen einen mit ihrem unerschütterlichen Glauben an einen liebenden Gott, bei dem man darauf vertrauen kann, dass er sie versorgt und segnet. Wir tendieren dazu, Hoffnung zu haben, wenn wir mehr Guthaben als Schulden besitzen. Die Armen haben immer mehr Schulden als Guthaben. Dennoch ist ihre Hoffnung gleichbleibend und erstaunlich stark.

Ihre Gebete in Zeiten unermesslicher Krisen haben mich über

die Jahre bescheiden werden lassen, aber auch gestärkt. Nichts liebe ich mehr, als einem Pastor aus dem bäuerlichen Milieu zuzuhören, wenn er die Heilige Schrift für seine kleine Dorfgemeinde auslegt. Er bietet damit wertvolle Wahrheiten an. Diese Haltegriffe der Hoffnung sind für uns alle da, aber am offensichtlichsten für diejenigen, die in Armut leben, für die das Überleben tatsächlich von ihrer Hoffnung auf ihren Gott abhängt.

Die Perle der zeitlichen Perspektive, über die ich in Kapitel 5 geschrieben habe. Die Armen verstehen, dass Zeit unser Diener sein soll, nicht unser Herr. Infolgedessen schaffen sie es, immer Zeit füreinander zu haben und für die wichtigen Dinge im Leben. Die Tyrannei der Zeit empfinde ich als eine grässliche Krankheit, besonders für die Wohlhabenden; für sie ist es geradezu ein fataler Zustand und fürchterlich ansteckend. Während meiner häufigen Reisen in der ganzen Welt empfinde ich die Diskrepanz sehr stark: Wenn ich in Paris in ein Flugzeug steige und fünfeinhalb Stunden später in Ouagadougou in Burkina Faso von Bord gehe, habe ich den Eindruck, dass die Besessenheit vom Zeitdruck irgendwo da oben in 10.000 Metern über dem Erdboden verloren gegangen sein muss.

Eine weitere *Perle*, die die Armen mir gezeigt haben, ist die Tatsache, dass *Menschen wichtig sind*, Gegenstände nicht. Hier in der westlichen Welt scheint eine Spielregel zu heißen: „Benutze Menschen, um Dinge zu bekommen." Wir besitzen sogar Autoaufkleber, die humorvoll, aber nur allzu treffend unsere Werte beschreiben: „Wer mit den meisten Spielsachen stirbt, gewinnt." Wenn wir einmal innehalten und die Werte der Ewigkeit in den Blick nehmen, wird uns klar, dass wir letztlich nichts mitnehmen können. Unser einziges Erbe ist das Leben der Menschen, die wir im Namen Jesu berührt haben.

Verstehen Sie mich nicht falsch. Geld zu verdienen oder Güter zu beschaffen, sind Dinge, die durchaus ihre Berechtigung haben können, wenn es das ist, wozu Gott einen Menschen begabt hat. Aber ihr ultimativer Zweck liegt jenseits dieser irdischen Welt. Vor ein paar Jahren nahm ich den preisgekrönten amerikanischen Baseballspieler, den Werfer Orel Herisher, auf eine Reise nach Zentralamerika mit. Wir saßen zusammen mit einheimischen Mitarbeitern im Kreis, wo einer nach dem anderen seine Geschichte erzählte und begründete, warum er jetzt bei den Armen arbeitete. Als Orel an die Reihe kam, zog er einen Baseball aus seinem Rucksack und starrte ihn an. Jeder im Raum kannte natürlich seinen Ruf. „Wenn ich euch allen hier zuhöre", sagte er sanft, „denke ich darüber nach, was ich tue. Ich werfe dieses Ding hier. Das scheint irgendwie blöd zu sein. Aber für manche Leute in Amerika ist das eine sehr wichtige Sache; denn sie geben mir viel Geld dafür, dass ich genau das tue. Was ich also als Mann Gottes tun muss, ist, diesen Ball zu werfen, so gut ich kann, dann das entgegenzunehmen, was die Welt mir dafür bezahlt, und es weiterzugeben an Gottes Königreich."

Ich möchte eine weitere Perle der Armut erwähnen: *zu wissen, wie man gibt und empfängt.* Eine Redensart lautet: „Man kann Gott im Geben nicht überbieten." Das ist wahr. Und die logische Konsequenz ist diese: „Du kannst die Armen im Geben nicht überbieten." Sie werden dich – wie Gott – mit ihrer Großzügigkeit überwältigen, wenn sie die Gelegenheit dazu erhalten.

Selbstlos zu geben ist wahrhaftig eine der größten Freuden im Leben. Unglücklicherweise neigt unsere westliche Kultur sehr dazu, Geben als *Investition* zu verstehen. Wenn wir unsere Spendenüberweisung unterschreiben, fragen wir uns gleichzeitig innerlich: *Was springt dabei für mich heraus?* Im Gegensatz dazu hat die alte Witwe, die damals ihre letzten Münzen im Tempel geopfert hat, Jesu Herz berührt, weil sie alles gab, was sie besaß, wobei sie keine Ahnung hatte, dass der Herr der Herrlichkeit dastand und sie beobachtete. Es hätte sie umgehauen, wenn man ihr gesagt hätte, dass uns 2000 Jahre später ihr stiller Akt des Spendens als ein nobles Beispiel dienen und die Grundlage bilden würde für den gemeinhin bekannten Ausdruck „sein Scherflein beitragen".

Eine noch größere Herausforderung ist es, liebenswürdig etwas entgegenzunehmen, besonders aus den Händen der Armen. Die Schrift lehrt uns, dass Geben seliger ist als Nehmen. Meiner Erfahrung nach ist es auch *leichter*, zu geben, als zu empfangen. Wir in der entwickelten Welt sind in dieser Hinsicht generell etwas kompliziert. Wenn es eine große Perle gibt, die ich in den

Jahren des Dienstes unter den Armen beobachtet habe, dann ist es ihre Fähigkeit, fröhlich zu sein und sich von Herzen dankbar zu zeigen.

In meinem Dorf wurde Egoismus als schwerwiegendes Übel angesehen. Ich habe erstaunliche Demonstrationen von den stärkeren Dorfbewohnern erlebt, wie sie ihre Stärke einsetzten, um die Schwächeren zu unterstützen, um mehr zu tragen als ihren eigenen Anteil der Last. Dies taten sie in solcher Bescheidenheit, dass es diejenigen ehrte, denen geholfen wurde. Ich habe beobachtet, wie Bauern nicht nur ihre eigenen Felder bearbeiteten, sondern stillschweigend über die Grenzen ihres Feldes hinweg große Stücke der Parzelle ihres schwächeren Nachbarn mit bearbeiteten. Wurde ihnen dafür gedankt, lächelten sie nur und murmelten etwas wie: „Ich habe mich wohl vertan."

Das Gleiche galt für Mut. Wenn Gott sie drängte, tapfer zu sein und sich nicht vor Dingen zu fürchten, die anderen Furcht einflößten, dann glaubten sie, dass dies nicht nur ihrer eigenen Behaglichkeit und Sicherheit diente. Ich beobachtete Frauen und sogar Kinder, die auf ihrem abendlichen Heimweg zum Dorf zurückblieben, um die Älteren zu begleiten, die nicht mit den anderen mithalten konnten; denn sie kannten die Gefahren der Nacht und die Angst, die so leicht von den Alten und Schwachen Besitz ergreifen kann. Stärke und Mut waren dazu da, anderen zu helfen.

Diese „Perlen der Armut", die bescheiden und beständig von den Menschen in Armut vorgelebt wurden, hinterließen tiefe Eindrücke in dem feuchten Putz meiner Seele. Im täglichen Trubel des Lebens kann man auch ohne sie erfolgreich sein, aber wenn Menschen mit solchen Perlen als Eigenschaften auftauchen, werden sie wahrgenommen und von Herzen geschätzt. Wir alle kennen solche Menschen, die so sind, wie wir alle, wenn wir ganz ehrlich sind, sein möchten.

Eine andere Welt

Nach einem langen Flug nach Europa und einer Überfahrt mit dem Schiff nach Amerika kamen wir im Hafen von New York an – dem Punkt, an dem ich im ersten Kapitel meine Geschichte zu erzählen begann. Ich habe den Kulturschock des Taxifahrers in Manhattan überlebt und dann in Coney Island mit meiner Schleuder den großen Triumph verbucht. Wir verbrachten ungefähr eine Woche in der Stadt und taten das, was die Missionsgesellschaft als „Wiedereinleben" bezeichnete, bevor wir uns in diesem großen Land weiter westwärts wagten in unsere neue Heimat.

Die Mission besaß ein Mutterhaus im Herzen von New York, das, soweit ich mich erinnere, den Häusern aus der Sendung „Sesamstraße" ziemlich ähnlich sah. Es hatte rote Ziegelsteine, war ungefähr vier Stockwerke hoch und hatte einen Hydranten vor der Haustür. Am Fuße der Treppe an der Straße standen eine Reihe von rußigen Abfalltonnen, genau wie die, in der Oscar aus der Fernsehsendung lebt. Die Straße war ein endloser Strom von Autos, Hupen, heulenden Sirenen und wummernden Presslufthämmern.

Direkt gegenüber auf der anderen Straßenseite befand sich der Maschendrahtzaun eines innerstädtischen Schulhofs. Das Schulgebäude ragte sechs Stockwerke hoch auf; seine Fenster waren mit rostigen Eisengittern gesichert. Alles, was meine Augen wahrnahmen, schien Welten entfernt von meinem kleinen ruhigen Dorf in der Ebene Westafrikas. Alles, außer der Hitze. Es war Ende Juni, und in jedem Fenster surrten Ventilatoren in dem drückend heißen Sommer. Die Temperaturen waren das einzige Gesprächsthema. Sie sorgten für Spannungen und gereizte Stimmung in den Straßen und Geschäften, und ich musste unwillkürlich denken, dass es ja immerhin noch acht Grad kühler war als an jedem durchschnittlichen Tag in Nielle.

Der Himmel bildete einen schmalen Lichtstreifen hoch über dem rot geziegelten Dächermeer der Großstadt. Ich konnte kein Gefühl dafür entwickeln, wo sich eigentlich der Horizont befand. Die Menschen in unserer Nachbarschaft hatten verschiedene

Hautfarben und kamen aus verschiedenen Kulturen. Ich wusste, dass sie Englisch sprachen, aber wenn ich mit ihnen zu sprechen versuchte, konnte ich kaum ein Wort verstehen.

Von meinem Aussichtspunkt am Fenster des dritten Stockwerks unseres Mietshauses beobachtete ich eines Tages Kinder, die auf der anderen Straßenseite spielten. Die Kinder rannten durcheinander, und wie bei Kindern üblich gab es viel Lärm und Gelächter. Und wie in meinem Dorf waren alle diese Kinder schwarz. Ich beobachtete sie und lächelte. Wenigstens gab es etwas in dieser verwirrenden Stadt, das mir vertraut war. Die Jungen spielten eine Art Baseball, nur dass sie es „Stockball" (englisch *stickball*) nannten. An die hohe Backsteinmauer hatten sie mit Kreide ein Rechteck gezeichnet, von dem ich später erfuhr, dass es die Schlagzone darstellte. Ein kleiner schwarzer Gummiball wurde mit großer Geschwindigkeit zu dem Schlagmann geworfen, der neben dem weißen Rechteck vor der Mauer stand und einen abgesägten Besenstiel in den Händen hielt. Das Ziel des Spieles war es, den Ball so hoch wie möglich an die gegenüberliegende Mauer zu schlagen.

Wir hatten in Bandulo eine Art Baseball gespielt, sodass ich die Idee des Spiels kannte. Wir hatten auch ein Schlagholz benutzt, nur dass unseres ein geschnitzter Ast war, den wir die „Keule des Höhlenmenschen" nannten. Wir besaßen keine Gummibälle; stattdessen benutzten wir grüne Grapefruit, die wir von den Bäumen pflückten, die unser Spielfeld umgaben. Eine grüne Grapefruit, unreif und hart, taugte für etwa ein halbes Dutzend ziemlich guter Schläge. Die ersten paar Schläge schmerzten ganz schön an der Hand oder hinterließen einen blauen Flecken an dem Körperteil, wo die Pampelmusen auftrafen. Aber bald wurde die Grapefruit weicher, bis sie schließlich mit einem mächtigen Knall über dem Innenfeld explodierte und jeden von uns mit Fruchtfleisch und Kernen bespritzte. Dann holten wir uns einfach eine neue vom Baum. Die Mädchen spielten daher – ich erinnere mich noch gut – lieber im Außenfeld, wo sie vor den im gesamten Innenfeld explodierenden „Baseballs" sicher waren.

Die New Yorker Schulen waren zu der Zeit wegen der Sommerferien geschlossen. Etwa ein Dutzend Jungen spielte auf dem Schulhof gegenüber Stockball, und mir war danach, mitzumachen. Niemals wäre ich darauf gekommen, dass es eine Rolle spielen könnte, dass ich weiß war.

Im Abstellraum fand ich einen alten Strohbesen, mit dem ich mich auf den Weg machte zur anderen Straßenseite hinüber. Als ich mich dem Schulhof näherte, kam urplötzlich das Spiel zum Erliegen. Das Tor war mit einem Vorhängeschloss abgesperrt, aber ich hatte mehrere Jungen gesehen, die einfach darübergeklettert waren, und so tat ich dasselbe.

„Kann ich mitspielen?", fragte ich.

Offenbar hatten diese Jungen bisher nur sehr wenige weiße Kinder getroffen, und schon gar keine, die mit ihnen Stockball spielen wollten. Es entstand eine peinliche Stille, während ich dastand, den Besen in der Hand. Dann sagte das größte Kind, der Anführer: „*Yeah*, na klar. *Come on!*"

Bald war ich mit dem Schlagen an der Reihe. Da ich kein Missionseigentum zerstören wollte, war ich das einzige Kind auf dem Spielfeld, dessen Besenstiel noch die Strohborsten trug. Alle mussten darüber lachen, und ich war in meiner Bewegungsfreiheit ein bisschen eingeschränkt, aber das machte mir nichts aus. Bald lachte auch ich; denn ich machte den Anschlag ebenso hart wie jeder andere auch.

Plötzlich tauchte aus dem Nichts heraus ein halbes Dutzend Polizeiautos auf dem Schulhof auf mit aufgeblendeten Scheinwerfern. „Die Bullen, diese Schweine!", riefen alle Jungen aus und kletterten in Windeseile über den Maschendrahtzaun, während sie ihre Besenstiele zurückließen. Im Nu stand nur noch dieses weiße Kind allein im Abschlagfeld, den Besen in der Hand mit einem irritierten Blick. Warum waren die anderen weggelaufen? Wer waren alle diese Männer in Uniform, und warum waren sie hier?

Einer hatte offensichtlich einen Schlüssel zu dem Vorhängeschloss. Es öffnete sich mit einem Klacken, und ein großer Mann stolzierte herein. „Du kannst hier nicht spielen, Junge", knurrte er.

„Aber – *pourquoi pas?*", stammelte ich in der ersten Sprache, die mir in den Sinn kam.

Er schaute mich an, als sei ich ein Naseweis, den er ein bisschen aufmischen müsste.

„Oh – wieso nicht?", sagte ich auf Englisch.

„Das geht einfach nicht. Es ist gegen das Gesetz. Jetzt gib mir deinen Besen."

Er riss ihn mir aus der Hand und steckte ihn, zu meinem Entsetzen, zusammen mit all den anderen konfiszierten in die untersten Löcher des Maschendrahtzauns. Dann ging er am Zaun entlang uns trat mit seinem Stiefel auf jeden Stock, sodass alle in der Mitte durchbrachen.

Dann traten die Polizisten für einen Moment zurück, wahrscheinlich, um sich zu beraten, wie ich wohl einzuschätzen war. Wer war ich, und warum um alles in der Welt stand ich da immer noch herum? Sie schüttelten ihre Köpfe, und einer von ihnen murmelte: „Verschwinde hier, Lausbub, und komm nicht wieder her."

Ich lief verloren zurück, während die Polizisten wieder in ihre Autos stiegen und davonfuhren. Ich schwieg betreten und hob meine zerbrochenen Besenteile wieder auf. Über die Straße ging ich zurück nach Hause. Wie würde ich dem Missionsleiter erklären, dass mir da etwas Dummes mit einem „Missionseigentum" passiert war?

Das war meine erste Begegnung mit Recht und Ordnung in diesem neuen Land. Ich war absolut konsterniert, dass etwas, was so viel Spaß machte und so harmlos war, nicht nur einfach falsch war, sondern sogar illegal. Ich staunte über die Geschicklichkeit der Kinder auf der Straße und die Härte der Ordnungshüter. Hier ging Bandulo von Neuem los. Gleich in meiner ersten Woche in diesem neuen Land namens Amerika war ich bereits ein „jugendlicher Delinquent"! Ich hatte noch eine Menge zu lernen.

Zu meinem Glück war mein Vater an diesem Tag nicht zu Hause. Als meine arme Mutter diese Geschichte hörte, wusste sie auch nicht, was richtig gewesen wäre. Ich war in Konflikt mit der New Yorker Polizei geraten. Das musste einfach schlecht sein, wirklich schlecht. Aber was genau war jetzt das Verbrechen dieses neuen „Immigranten"? Sie wusste es ebenso wenig wie ich.

Der Angriff

An diesem Abend war mein Vater noch bei einem Treffen in der Stadt. Er wollte erst am nächsten Tag zurück sein. Mein Zimmer lag im dritten Stock oberhalb des Gebäudeeingangs mit Blick auf die Straße. Gegen 22 Uhr gingen meine Mutter und ich schlafen.

Um 2 Uhr morgens wurde ich plötzlich durch Schreie einer Frau auf der Straße geweckt. „Hilfe! Lasst mich los. Hört auf! Hilft mir denn keiner?", rief sie.

Ich sprang aus meinem Bett und rannte zum Fenster. Niemals zuvor hatte ich so etwas gesehen. Unten zwischen den Mülltonnen, die direkt vor unserem Haus aufgereiht standen, wurde eine Frau von zwei Männern traktiert. Sie schlugen sie und zerrten an ihrer Kleidung.

Alles in mir drängte mich, hinunterzurasen und ihr zu Hilfe zu kommen. Ich zog meine Jeans an und rannte aus meinem Zimmer in Richtung Treppenhaus. Genau in diesem Moment kam meine Mutter um die Ecke. In der Dunkelheit griff sie nach meinem Hemd und zog mich zurück.

„Mama!", japste ich. „Da unten sind Männer, die tun einer Frau weh! Ich muss ihr helfen!"

„Nicht hier, nicht jetzt, nicht in diesem Land!", bestimmte sie. „Wesley, du *kannst nicht* da hinuntergehen! Die bringen dich um!" Sie drängte mich in das Schlafzimmer, von dem aus man die Straße überblicken konnte. Das Schreien und die Hilferufe gingen unvermindert weiter.

Alles, was ich in meinem Dorf gelernt hatte, gebot mir, dieser Frau zu helfen. Dass jemand in Not war, bedeutete doch, dass wir alle in Not waren, oder? Innerlich bebte ich, zerrissen zwischen meinem Instinkt und dem Gehorsam meiner Mutter gegenüber.

Wir schlichen zum Fenster und beobachteten die Szene, die sich unten abspielte. Auch niemand anderes rannte hinaus, um einzulenken. Stattdessen wurde auf der gegenüberliegenden Straßenseite quietschend ein Fenster geöffnet, und ich hörte einen Mann rufen: „Hey, seid endlich ruhig! Wir versuchen hier zu schlafen!"

Bald gingen weitere Fenster auf, und noch mehr Stimmen forderten Ruhe ein, während die Schlägerei weiterging. Ich dachte fieberhaft nach. Was für ein Ort ist das hier? Warum hilft hier niemand? Warum kümmert sich keiner?

Ich schätze, wir hätten zumindest zum Telefon greifen sollen, um die Polizei zu rufen, aber das befand sich im Erdgeschoss des Gebäudes, und keiner von uns hatte es jemals auch nur berührt. Wir wussten nichts darüber, wie man die hiesigen „Trommeln" benutzte. (Die allgemeingültige dreistellige Notrufnummer wurde erst sieben Jahre später eingeführt.)

In der Ferne heulte eine Sirene auf, und die Geräusche unter uns verstummten. Mülltonnendeckel schepperten noch auf dem Gehweg. Dann herrschte Ruhe. Als wir erneut aus unserem Fenster schauten, waren die Männer und die Frau nicht mehr da. Wir hatten nicht gesehen, wo sie hingegangen waren.

Zitternd kehrte ich in mein Bett zurück und hatte über so vieles nachzudenken. Zwischen den „Guten", die am Nachmittag meinen Besen zerbrochen hatten, und den „Bösen", die mit allem durchkamen, was sie nur wollten, dachte ich bei mir: *Das war's. Ich gehöre nicht in dieses Land. Die Menschen hier sind auf einer anderen Wellenlänge. Hier gehe ich wieder weg, zurück nach Afrika, und zwar so schnell wie möglich.* Natürlich hatte ich keine Chance, dieses Vorhaben zu realisieren. Aber wäre es nach mir gegangen, wäre ich mit Sicherheit nach Afrika zurückgekehrt.

Am nächsten Tag, noch erschüttert vom Trauma der Nacht, machte ich einen Spaziergang um den Block. Auf halbem Weg sah ich Menschen, die mit großen Taschen voller Essen herumliefen. Bald entdeckte ich die Quelle: einen großen Lebensmittelmarkt. Staunend ging ich durch dessen hell erleuchtete Gänge. Bereits an der nächsten Straßenecke befand sich ein ähnliches Geschäft.

Plötzlich traf es mich wie ein Schlag in die Magengrube. *Es gibt für jeden auf dieser Welt jede Menge Essen! Schau dir das alles an! Meine Freunde, die am Hunger gestorben sind, hätten nicht sterben müssen. Warum haben uns diese Menschen hier nicht etwas von ihrem Essen abgegeben? Stattdessen haben sie uns ihre Kleidung geschickt; warum haben sie uns nicht das gegeben, was wir wirklich gebrauchen konnten?*

Noch auf dem gleichen Spaziergang um den Häuserblock betrat ich eine Apotheke. Wieder traf mich die Realität wie ein Schlag: *Es gibt hier auch Unmengen von Medizin! Nur in meinem Dorf gab es keine, wo sie so dringend nötig gewesen wäre.* Ich stolperte hinaus, übermannt von Tränen der Trauer und Enttäuschung.

Die meisten meiner Jugendjahre in Amerika verbrachte ich mit gebrochenem Herzen. Ich kam von einem wundervollen Ort, von dem niemand jemals gehört hatte. Ich trug tiefe Narben von Schmerz und Leid in mir. Die Menschen interessierten sich nicht sonderlich, etwas darüber zu erfahren. Jeder, der die Mittel hatte zu helfen und dies nicht tat, wurde – per Definition – zu meinem Feind. Ich war ein wütender junger Mann, der in einem fremden Land nur seine Zeit abwartete, bis er zurückfahren können würde: „nach Hause".

11 | Warum Armut nicht einfach verschwindet

Natürlich habe ich nach einiger Zeit die Verbitterung, die mich als Jugendlichen ergriffen hatte, abgebaut. Ich begann zu erkennen, dass es neben Millionen von Menschen, die sich nicht für die Notlage der Armen interessierten, auch eine ganze Reihe von Menschen gab, die es taten. Die Ungerechtigkeiten, die an mir nagten, während ich an jenem Abend in Manhattan um den Wohnblock lief, frustrierten sie ebenso. Sie wollten helfen – aber wie?

Wissen Sie, Armut ist viel komplexer, als es den Anschein hat. Zu viele Menschen nehmen an, dass es sich nur um Geldmangel handelt. Wären die Armen in angemessener Weise mit finanziellen Mitteln versorgt, so würden sie ihre Probleme schnell lösen können, und die Welt wäre ein wunderschöner Ort. Man organisiert eine weitere Benefizveranstaltung, ein weiteres Wohltätigkeitskonzert, eine weitere Spendengala …

Jedes Eingehen auf die Bedürfnisse armer Menschen erfordert zu irgendeinem Zeitpunkt Geld. Aber dies ist nicht in jedem Fall das Allheilmittel. Regierungen und gemeinnützige Organisationen haben Milliarden eingesetzt, um die Armut zu lindern. Zu der Zeit, als meine Familie und ich gerade nach Amerika zurückgekehrt waren, führte Präsident Lyndon B. Johnson gerade einen aggressiven Feldzug gegen die Armut („War on Poverty"). Er bewirkte tatsächlich einiges Gute, aber er löste natürlich das Problem nicht für alle Zeiten. Heute, 40 Jahre später, lebt in Amerika *immer noch* jedes sechste Kind unterhalb der Armutsgrenze.[1] Weltweit ist es eher eines von zwei Kindern.[2] Denken Sie einen Moment darüber nach: Diese Welt mit all ihren Ressourcen und all ihren Anstrengungen, sich zu organisieren, um der Not zu begegnen, schafft es einfach nicht, *beinahe die Hälfte* ihrer kostbaren Kinder angemessen zu versorgen. In einem Test, wie gut wir für die kommende Generation sorgen, erreichen wir nicht mehr als 54 %, was als Schulnote eine schwache Vier bedeuten würde.

Die besten Wirtschaftsfachleute der Welt haben gegrübelt, geforscht, analysiert und dicke Bücher zu diesem Thema geschrieben. Dennoch werden die Reichen der Welt immer reicher und die Armen immer ärmer.

Ist das Problem wirklich nicht in den Griff zu bekommen?

Das Wagenrad

Angesichts der langen Zeit in meinem Leben, die ich mit den Armen zusammengelebt und gearbeitet habe, möchte ich Ihnen veranschaulichen, was sich unter der Oberfläche befindet. Dazu werde ich ein einfaches Bild verwenden. Stellen Sie sich ein Wagenrad mit sechs Speichen vor:

Die Nabe in der Mitte stellt die zermürbende, anhaltende Armut dar. Die Menschen, die in diesem Bereich leben, haben absolut gar nichts. Sie leben auf den Mülldeponien von Caracas, Kairo und Kalkutta, halten sich ihre Bäuche vor Hunger und zittern im Regen.

Der äußere Radkranz steht für **„Angemessenheit"**, für „genug". Bitte beachten Sie, dass ich nicht gesagt habe, für „Reichtum" oder gar „Überfluss". Das wäre ein Thema für sich. Ich möchte hier einfach nur den Zustand umreißen, bei dem die laufenden Bedürfnisse befriedigt werden.

Bewegt man das Rad von Speiche zu Speiche im Kreis herum, wird deutlich, wo die Bedürfnisse liegen: Eine Speiche heißt natürlich **„Wirtschaft"**. Wenn man nicht viel Geld hat, sind die eigenen Möglichkeiten enorm eingeschränkt. Mit Ende zwanzig begann ich für vier Jahre in Haiti zu arbeiten, dem ärmsten Land der westlichen Hemisphäre. Eine durchschnittliche Bauernfamilie verdiente zu der Zeit etwa 140 US-Dollar *im Jahr*, indem sie versuchte, Kaffee oder Baumwolle an Hängen anzubauen, deren

Böden schon längst keine Nährstoffe mehr enthielten, ausgelaugt durch intensiven Ackerbau und Erosion. Die meisten Eltern haben praktisch keinerlei Bildung, die sie befähigen würde, in einem anderen Bereich zu arbeiten. Sie waren darauf festgelegt, das zu tun, was sie schon immer getan haben.

Für ihre sechs, sieben oder acht Kinder würden sie sich aber ein besseres Leben wünschen. Nur *ein* einziges von ihnen in die Schule zu schicken würde ungefähr fünfzig Dollar im Jahr kosten. Somit atmen die Eltern einmal tief ein, wählen ein Kind aus, schicken es fort zum Lernen und ziehen dadurch für ihre Familie die Schlinge der anderen lebensnotwendigen Bereiche noch enger zu. Dieses auserwählte Kind nennen sie dann ihren „Krückstock für das Alter". Sie hoffen, dass das Kind einmal eine bessere Arbeit finden und seine Eltern unterstützen wird, wenn diese zu alt und gebrechlich werden, um den Boden zu bearbeiten, da es für sie keine Altersversorgung gibt.

Besonders hart ist es für diese Armen auf Haiti, wenn sie zu Fuß in die Stadt laufen und fast von einem vorbeirauschenden Rolls-Royce oder Mercedes von der Straße gefegt werden. Ja, in Haiti gibt es wirklich extrem reiche Menschen. Das Leid der armen Menschen wird noch dadurch verdoppelt, dass sie den Überfluss anderer miterleben müssen, die sich beinahe alles leisten können, was sie sehen.

Im täglichen Leben bedeutet ein Mangel an Geld automatisch einen *Mangel an Auswahlmöglichkeiten*, was vielleicht eine noch treffendere Definition von Armut ist. Die Armen dieser Welt sehen sich mit einer Situation konfrontiert und können nicht sagen: „Also, ich könnte Weg A, B oder C einschlagen. Welcher davon ist der sinnvollste? Welcher würde meine Familie und mich weiterbringen?" Nein, unter ihren Umständen gibt es nur Möglichkeit A. Das ist die Realität von Armut.

Die nächste Speiche des Rades nenne ich „Gesundheit". Ich habe Ihnen bereits von den unnötigen Todesfällen erzählt, die ich in Afrika erlebt habe. Kinder litten und starben an so etwas Banalem wie Windpocken oder an anderen Krankheiten, die man mit einem kurzen Besuch einer Kinderarztpraxis schnell in den Griff bekommen könnte, der von einer Krankenversicherung bezahlt und von unseren Arbeitgebern bezuschusst würde. In Nielle hingegen gab es kein solches System.

Eine wichtige Rolle bei der Erhaltung der Gesundheit ist natürlich eine angemessene Ernährung. Manche Menschen glauben, die Erde könne den Nahrungsbedarf ihrer Bevölkerung nicht decken. Das stimmt aber nicht. Stattdessen hat die Ernährungs- und Landwirtschaftsorganisation der Vereinten Nationen FAO (Food and Agricultural Organization) bei ihrem Welternährungsgipfel in Rom erklärt, unser Planet könne genügend Nahrung für jeden von uns hervorbringen, sodass auf jeden Menschen 2720 Kalorien täglich entfallen würden.[3] Ein sechsjähriger Junge benötigt durchschnittlich 600 Kalorien pro Tag, ein vierzehnjähriges Mädchen 2200 und ein gleichaltriger Junge 2500.[4]

Warum kämpft dann beispielsweise rund ein Drittel der Weltbevölkerung mit Übergewicht bis hin zu Fettleibigkeit und gibt große Summen aus, um überschüssige Kalorien zu verbrennen, während die anderen zwei Drittel sich danach sehnen, mehr davon zu bekommen?

Die Wahrscheinlichkeit, dass ein haitianisches Kind seinen fünften Geburtstag erlebt, ist so gering, dass viele Eltern ihren Kindern bis dahin nicht einmal einen Namen geben. Sie sprechen von dem Kind als von „ihrem kleinen Ausreißer". Das soll heißen, dass dieses kleine Kind dem Tod bisher entwischen konnte, aber wer weiß letztlich, ob es tatsächlich überleben wird? Warum sollte man sich also bemühen, ihm einen richtigen Namen zu geben? Das kann man später immer noch tun, falls nötig.

Schlechte Gesundheit ist eine wesentliche Komponente von Armut und kann nicht getrennt von der ersten Speiche „**Wirtschaft**" betrachtet werden. Wie Sie bei unserer Reise um das Rad herum bemerken werden, hängen die Speichen alle miteinander zusammen. Jede einzelne muss stark sein. Eine Schwachstelle an nur einer einzigen von ihnen kann leicht die anderen unter der Belastung zerbrechen lassen.

Die nächste Speiche heißt „**Lernen**". Armut wird erheblich verschlimmert durch fehlende Informationen und mangelnde Fertigkeiten. Ohne sie aber wirbelt die große Welt um einen herum wie ein Sandsturm und bombardiert einen von allen Seiten mit Überraschungen, ohne dass man eine Chance hat, sie zu verstehen, zu verarbeiten, geschweige denn, damit fertig zu werden.

Zu den häufigsten Todesursachen in der heutigen Welt zählen Durchfallerkrankungen. Ich sage nicht nur, dass sie lästig sind, sondern dass sie tödlich ausgehen können. Wie kann das sein? Weil ein falscher Ratschlag über Generationen hinweg von den Großmüttern an die Töchter weitergegeben worden ist: „Schau dir dieses Kind an: Es hat Durchfall. Woran liegt das wohl? Offenbar *zu viel* Flüssigkeit im Körper! Wir müssen ihm eine Weile nichts mehr zu trinken geben, um es zu entwässern. Dann wird es wieder gut!" Und die Kinder sterben zu Hunderttausenden an Dehydratation.

Das nennt man dann einen tragischen Mangel an Informationen.

In unseren Compassion-Programmen haben wir uns dieser Problematik angenommen, indem wir unseren Patenkindern innerhalb eines naturwissenschaftlichen Unterrichts beibringen, dass der häufigste Grund für Durchfall verunreinigtes Wasser ist. Wir sprechen darüber, wie sie sich und ihre Familien schützen können. Wir zeigen ihnen, wie man Salz und Zucker zu Hause selbst unter das Trinkwasser mischt, sodass immer aufbauende Getränke mit den notwendigen Elektrolyten parat sind, die das Problem lindern können. Dadurch haben wir – davon sind wir überzeugt – Tausende von Leben retten können. Alles, was es dazu brauchte, war ein kleines bisschen Aufklärungsunterricht.

Die Fähigkeit zu lesen und zu schreiben scheint in der heutigen Welt unbedingt erforderlich zu sein. Das Gleiche gilt für viele praktische Fertigkeiten. Zu viele meiner afrikanischen Freunde sind inzwischen erwachsen und verbringen ihre Tage und Jahre damit, Gräser zu zerhacken oder Tiere zu jagen, deren Zahl rapide abnimmt, ohne dass sie jemals das Potenzial ausschöpfen werden, das Gott in sie hineingelegt hat. Armut wird niemals ausgelöscht werden ohne Wissen.

Das Schöne ist, dass ein gebildetes Kind in den Entwicklungsländern zum Multiplikator des Gelernten wird, vergleichbar mit dem sich ausbreitenden Wellenschlag, den ein ins Wasser geworfener Stein hervorruft. Es geht nach Hause und bringt seinem

Vater, seiner Mutter oder seinem Großvater das Lesen bei. Indem sich die Kinder – um beim Bild des Rades zu bleiben – in Richtung des äußeren Radkranzes der angemessenen Versorgung bewegen, ziehen sie oft ihre ganzen Familien mit.

Die vierte Speiche heißt „**Umwelt**". Ich weiß, dass einige entscheidende Menschen in den Industrieländern dies für ein nachrangiges Anliegen halten. In Nielle ist es das ganz gewiss nicht. Dort ist das lebensspendende Sumpfland inzwischen fast völlig ausgetrocknet. Man kann nicht mehr fischen, baden, Reis anbauen oder sich einfach einmal abkühlen. Das beeinträchtigt das tägliche Leben eines jeden Dorfbewohners.

Die Republik Elfenbeinküste hat so viel Holz exportiert – im Wesentlichen nach Europa –, dass sie vom Volumen her mit Brasilien konkurrieren kann, einem Land mit einer zwanzigmal so großen Fläche. Seit 1975 hatte die Elfenbeinküste die höchste Abholzungsrate in der Welt. Infolgedessen ist die Anzahl vieler Wildtiere – wie Elefanten, Löwen, Flusspferde, Leoparden, Antilopen und viele andere – stark zurückgegangen. Dies wiederum hat auch für die Menschen vieles verändert.

Als Christopher Columbus im Dezember 1492 an der Nordküste des heutigen Haiti landete, schaute er sich deren üppige Wälder an und nannte die Landschaft die „Mahagoni-Königin". Bäume bedeckten rund 80 Prozent des Terrains. Heute sind es nur noch 5 Prozent mit Tendenz nach unten, da verzweifelte Menschen die wenigen verbleibenden Bäume fällen, um daraus Holzkohle zu machen als Kraftstoff. Jeglicher Treibstoff auf der Basis von Erdöl wäre zu teuer für sie. Infolgedessen sieht sich Haiti einem ökologischen Desaster gegenüber. Die Sonne brennt auf die nackte, ausgedörrte Erde hernieder, die die Wärme wieder nach oben abstrahlt. Ich habe beobachtet, wie sich Regenwolken über dem Land bilden, von der Hitze hoch hinaufgetrieben werden und dann in Richtung Meer abtreiben, um ihre wertvolle Feuchtigkeit dort abzugeben, wo die durstigen Menschen nicht herankommen.

Die fünfte Speiche wird als „**Soziales**" oder „**Sozialpolitik**" bezeichnet. Armut ist unter anderem eine Folge von Machtlosigkeit gegenüber den Regierenden oder innerhalb der sozialen Strukturen, die unser Leben bestimmen. Ich suche hier weder nach

Ausflüchten noch nach Sündenböcken. Ich gebe lediglich zu bedenken, dass man sehr leicht entmutigt oder fatalistisch werden kann, wenn man feststellen muss, dass die eigene Stimme nichts zählt und dass jegliche Steuergelder, die man an den Staat zahlen muss, ohnehin nur dazu verwendet werden, einen Krieg zu finanzieren oder womöglich das persönliche Vermögen der Staatschefs zu vermehren. Wenn Arbeitsplätze und Verbesserungen der Infrastruktur unweigerlich dem Stamm oder dem Umfeld der machthabenden Partei zugutekommen, während andere Teile der Bevölkerung ignoriert werden, wächst der Groll. Korruption schmälert die spärlichen Mittel, die der Durchschnittsbürger aufbringen kann, und macht es noch härter für ihn, auf die Füße zu kommen. Nichts erstickt die Initiative eines Bauern schneller als das Gefühl, dass das System auf seinen Nachteil bedacht ist.

Die letzte Speiche des Rades heißt „Spiritualität". Religiöse Zwänge können den Armen auf entsetzliche Weise knechten. Ich habe gesehen, wie hungrige Afrikaner auf die Nährstoffe, die ihnen ein Huhn geboten hätte, verzichteten, weil sie das Gefühl hatten, sie müssten den Anweisungen des Medizinmanns gehorchen und es opfern, um böse Geister fernzuhalten. Ich habe beobachtet, wie gewisse asiatische Religionen es ablehnen, ihren verzweifelten Nachbarn zu helfen, weil sie glaubten, das beeinträchtige ihr Karma. Sie reden sich ein, das hungernde Kind auf der Straße bereinige gerade eine Angelegenheit aus einem früheren Leben, weshalb sie nur von Weitem zusehen können, wie dieser Prozess seinen Lauf nimmt.

Jesus fragte einmal: „Was hat ein Mensch davon, wenn er die ganze Welt gewinnt, aber zuletzt sein Leben verliert? Womit will er es dann zurückkaufen?"(Matthäus 16,26; *Hfa). Alle Dollars, Euros, Pesos und Rupien dieser Welt können den Frieden nicht aufwiegen, der aus der Gewissheit entsteht, dass man Gott kennt und weiß, dass er uns liebt. Er hat es nicht darauf abgesehen, den Menschen zu ärgern oder zu zerstören. In Wirklichkeit ist er auf unserer Seite. Er ist mächtiger als alle bösen Geister um uns herum. Er hat seinen Sohn gesandt, um uns zu befreien, und „Wenn der Sohn euch freimacht, dann seid ihr wirklich frei" (Johannes 8,36; *GNB).

Einmal während meiner beruflichen Laufbahn sollte ich von USAID, der staatlichen Organisation, die gegen weltweite Armut ankämpft, abgeworben werden. Dazu hätte ich meine Position im Dienst von Jesus verlassen müssen. Es wäre eine fabelhafte Stelle gewesen, bei der ich das Vierfache dessen verdient hätte, was ich bei Compassion bekam. Eigentlich sogar das Fünffache; denn das Gehalt wäre steuerfrei gewesen, da ich es in Übersee verdient hätte. Aber nie werde ich vergessen, wie der Personalchef mir im Vorstellungsgespräch ein halbes Dutzend verschiedener Fragen stellte, die alle auf das eine hinausliefen: „Nun, wir wissen, dass Sie Christ sind und dass dies einen erheblichen Teil Ihrer Überzeugungen beeinflusst. Meinen Sie, Sie können diese Tätigkeit ausfüllen, ohne dass Ihnen die geistlichen Dinge in die Quere kommen? Wir müssen nach allen Seiten offen bleiben, wissen Sie?"

Ich antwortete: „Der Glaube an Christus bildet das Zentrum meiner Persönlichkeit. Ein Teil dessen, was ich bei meiner Arbeit mit den Armen immer getan habe, ist es, Hoffnung in ihr Leben zu bringen durch die Botschaft Jesu Christi. Wenn das nicht in Ihr Betriebsschema passt, dann bin ich wahrscheinlich nicht der Richtige für Ihre Stelle."

Trotz dieser Antwort bot man mir dennoch die Position an. Ich lehnte ab. Diese Geschichte erzähle ich nicht, um anzugeben, sondern um zu bekräftigen, dass die geistliche Dimension entscheidend ist für das Verständnis von Armut. Man kann sie nicht einfach auf die Seite schieben oder sie als zusätzliche Option betrachten.

Alles ist spirituell

Der geistliche Aspekt ist in der Tat in keiner Hinsicht unbedeutend, sondern vielmehr von wesentlicher Bedeutung für die anderen fünf Speichen des Rades. Manche Kirchgänger mögen dies nicht begreifen, aber Gottes Interesse erstreckt sich auf alle Bereiche unseres Lebens, sieben Tage in der Woche rund um die Uhr.

Trifft er auch Aussagen zum Thema „Wirtschaft"? Auf jeden

Fall: „Wo man arbeitet, da ist Gewinn", sagt er in Sprüche 14,23, „wo man aber nur mit Worten umgeht, da ist Mangel." Die Heilige Schrift ist voll von Aussagen zum Thema Arbeit und Geld.

Interessiert sich Gott für Gesundheit? Auf jeden Fall. An vielen Stellen des Alten Testaments macht das Gesetz deutlich, was für Tiere wir essen dürfen und welche nicht, wie mit dem Blut im Fleisch umzugehen ist und wie mit Infektionen umzugehen ist. An einem Punkt – ob Sie es glauben oder nicht – lässt sich Gott sogar ein auf die schmutzigen Details der Hygiene in Bezug auf menschliche Exkremente (siehe 5. Mose 23,12–13). Warum? Wenn wir nicht auf diese Dinge achten, handeln wir uns schnell Epidemien ein. Um nur ein Beispiel zu nennen: Auf unserer Erde tritt immer noch alle drei Minuten ein neuer Fall von Cholera auf, einer Krankheit, die von verschmutztem Wasser hervorgerufen wird.

Kümmert sich Gott um Bildung? Sicherlich. Seine gesamte Offenbarung an uns liegt uns in Form eines Buches vor, von dem er erwartet, dass wir es ganz lesen und anderen dabei helfen, es zu verstehen. Das „Lehren" wird sogar als eine der besonderen Gaben des Heiligen Geistes aufgezählt (Römer 12,7).

Hat Gott Interesse an der Umwelt? Sorgt er sich um Bewässerungssysteme oder Wiederaufforstung? Ist für ihn das Leben von Tieren von Belang? Lesen Sie diese Passage aus dem majestätischen 8. Psalm:

> Du hast ihn zum Herrscher gemacht über deine Geschöpfe,
> alles hast du ihm unterstellt:
> die Schafe, Ziegen und Rinder,
> die Wildtiere in Feld und Wald,
> die Vögel in der Luft
> und die Fische im Wasser,
> die kleinen und die großen,
> alles, was die Meere durchzieht.
> HERR, unser Herrscher,
> groß ist dein Ruhm auf der ganzen Erde! (Verse 7–9; *Hfa)

Schließlich ist es seine Erde; er hat sie überhaupt erst erschaffen. Er hat diesen Planeten so gestaltet, dass er die Bedürfnisse seiner höchstentwickelten Kreatur, des Menschen, erfüllen kann. Wenn wir das System stören oder korrumpieren, das uns erhalten soll, dann ist er darüber nicht glücklich. Er möchte, dass seine geschaffene Ordnung zur vollen Funktionsfähigkeit wiederhergestellt wird.

Sorgt sich Gott um die sozio-politische Welt? Definitiv ja. Die Schriften der Dichter und Propheten im Alten Testament zeugen von der Sorge um Gerechtigkeit, Gleichheit und Kooperation. „Auf den steinigen Feldern der Armen wächst gerade genug zum Überleben, aber rücksichtslose Menschen nehmen ihnen auch das Letzte noch weg", heißt es in Sprüche 13,23. Wie oft stellt sich dies als wahr heraus! Es bricht Gott das Herz. In Sprüche 22,22–23 äußert Gott eine eindringliche Warnung:

> Beraube nicht den Armen, der sich nicht wehren kann,
> und hintergehe keinen Hilflosen vor Gericht!
> Denn der Herr sorgt für ihr Recht,
> und denen, die sie hintergehen, raubt er das Leben. (*Hfa)

Wenn wir ernsthaft dazu beitragen wollen, die Armut zu besiegen, wenn wir Menschen helfen wollen, aus dem dunklen Loch im Zentrum des Rades herauszukommen in den Sonnenschein am äußeren Radkranz, müssen wir uns um alle Bereiche ihres Lebens kümmern. Es reicht nicht aus, wenn wir uns nur auf unser Lieblingsthema konzentrieren – sagen wir Gesundheit oder Bildung – und annehmen, dass das auch den Rest in Ordnung bringen wird. Das ist so, als fände man morgens an seinem Auto einen platten Reifen vor und würde sagen: „Na gut, nur ein Teil des Reifens ist platt. Der Rest ist noch heil. Dann fahre ich heute eben auf den anderen fünf Sechsteln des Reifens." Das funktioniert leider nicht.

Als Jesus diese Erde verließ, gab er seinen Jüngern den großen Auftrag: „Darum gehet hin und machet zu Jüngern alle Völker: Taufet sie ... und lehret sie halten *alles*, was ich euch befohlen habe" (Matthäus 28,19–20). Damit meinte er, dass wir bei der Erfüllung seines Auftrags einen großen Bereich abdecken sollen. Von all den Themen, die er angesprochen hat, sollen wir 100 Prozent übernehmen. Er hat uns nicht die Wahl gelassen, uns nur auf eines, zwei oder drei zu konzentrieren.

Armut umfasst einen großen Komplex von Themen, und Jesus hat zu jedem einzelnen Stellung genommen. Unsere Reaktion darauf darf nicht eingleisig sein. Sie muss thematisch ebenso viele Bereiche abdecken, wie er es tat.

An diesem Punkt wird sicherlich jemand einwenden: „Hat Jesus aber nicht auch etwas gesagt über die ‚Armen, die wir immer unter uns haben werden'? Dieses Problem haben wir schon seit Jahrhunderten, und es wird nie ganz auszuräumen sein." Betrachten Sie nicht nur den halben Satz, den Jesus gesagt hat! Der Kern seiner Aussage war *nicht*, dass Armut in unserer Welt chronisch sei und dass man sich daher keine Gedanken machen müsse. Was er an jenem Tag im Tempel tatsächlich sagte, war: „Arme, die eure Hilfe nötig haben, wird es immer geben. Ihnen könnt ihr jederzeit helfen. Ich dagegen bin nicht mehr lange bei euch" (Markus 14,7; *Hfa). Jesus war die ganze Zeit *für Hilfe*. Er nahm an, dass die Menschen den Armen helfen würden, da dies in Einklang stand mit einer der fundamentalen Anweisungen des jüdischen Glaubens: Almosen für die Armen. Das Gesetz Moses hatte es überdeutlich gezeigt: „Seid nicht hartherzig gegenüber den Armen, die mit euch in dem Land leben, das der Herr, euer Gott, euch schenkt. Sie sind eure Nachbarn und Landsleute! Verschließt euch nicht vor ihrer Not! Seid großzügig, und leiht ihnen, so viel sie brauchen ... Gebt ihnen gern, was sie brauchen, ohne jeden Widerwillen. Dafür wird euch der Herr, euer Gott, bei all eurer Arbeit segnen und alles gelingen lassen, was ihr euch vornehmt" (5. Mose 15,7–8 u. 10; *Hfa).

Wir haben nicht die Wahl, Armut zu ignorieren. Wir sind aufgerufen, die Hände von Jesus zu sein, seine Füße und seine Stimme. Selbst ein einfacher Becher kalten Wassers, den wir in seinem Namen austeilen, sagte er, sei wie ein direktes Geschenk an ihn. Wer wollte schon *diese* Gelegenheit auslassen?

Antwort: nur diejenigen, die den Einen nicht sehen, der im Schatten hinter dem armen Kind, Teenager oder Erwachsenen steht und abwartet, wie wir reagieren werden. Für diese Menschen wird der Tag der Ernüchterung kommen, wenn

> der König antworten wird: „Wahrlich, ich sage euch: Was ihr getan habt einem von diesen meinen geringsten Brüdern, das habt ihr mir getan. Dann wird er auch sagen zu denen zur Linken: Geht weg von mir, ihr Verfluchten, in das ewige Feuer, das bereitet ist dem Teufel und seinen Engeln! Denn ich bin hungrig gewesen und ihr habt mir nicht zu essen gegeben. Ich bin durstig gewesen und ihr habt mir nicht zu trinken gegeben. Ich bin ein Fremder gewesen und ihr habt mich nicht aufgenommen. Ich bin nackt gewesen und ihr habt mich nicht gekleidet. Ich bin krank und im Gefängnis gewesen und ihr habt mich nicht besucht.“ (Matthäus 25,40–43)

Am Jüngsten Tag werden die Menschen natürlich schockiert protestieren, dass da eine Verwechslung vorliegen muss. Aber der Herr wird davon nichts hören wollen. Er wird darauf beharren, dass eine Zurückweisung der Armen einer Zurückweisung seiner selbst gleichkommt. Ein Glaube, der Großzügigkeit und Mitleid ausschließt, ist offenbar – wie aus dieser Passage hervorgeht – kein errettender Glaube. Und nun muss der hohe Preis dafür gezahlt werden.

Was ist der Ausgangspunkt?

Wenn mangelnder Einsatz zugunsten der „Geringsten“ so verhängnisvolle Auswirkungen für uns haben kann, sollten wir uns schleunigst bemühen, herauszufinden, wie man die Leiden der Armen auf der Welt verringern kann. Das führt uns zu der Frage: Was ruft die Misere hervor? Was liegt der Armut letztlich zugrunde?

Ich habe gute Nachrichten! Die Antwort ist für jeden von uns zu verstehen. Dafür brauchen wir keine medizinischen, wirtschaftlichen oder politischen Experten zu sein. Wir sind menschliche Wesen mit Herz, Seele und Geist.

Im Kern ist Armut eine Geisteshaltung, die weit über die tragischen Umstände hinausgeht. Es ist die grausame, zerstörerische Botschaft, die Millionen von Menschen ins Ohr geflüstert wird: „Gib auf! Du bist nicht wichtig. Niemand interessiert sich für dich. Schau dich um: Die Umstände sind schrecklich. Sie sind es immer gewesen und werden es immer sein. Denk einmal zurück. Dein Großvater war ein Versager. Deine Eltern konnten dir keine Geborgenheit bieten. Sie haben sich nicht um dich gekümmert. Jetzt bist du an der Reihe. Auch du wirst versagen. Gib einfach auf!"

Die Armen werden beherrscht von dem Gefühl der *Ohnmacht*. Ohne finanzielle Mittel, ohne ein Dach über dem Kopf, ohne Nahrung, Bildung, Gerechtigkeit, ohne die Fähigkeit, gegen die eigene Misere vorzugehen, geraten Arme in eine Abwärtsspirale, die in Hoffnungslosigkeit und Verzweiflung mündet. Das, lieber Leser, ist das Funktionsprinzip des „Systems Armut".

Tragischerweise kann Armut einen Menschen schon in sehr jungem Alter heimsuchen. Funkelnde Kinderaugen verlieren ihren Glanz. Die Körperspannung verschwindet, das Gesicht spiegelt Niedergeschlagenheit wider. Ich erinnere mich, wie ich die Gesichter von drei- oder vierjährigen Kindern in Haiti eingehend betrachtete. Wenn man ihnen eine Frage stellte, murmelten sie sofort: „*M'pa kone.*" („Ich weiß nicht."). Noch bevor sie überhaupt überlegten, was sie gefragt wurden, ließen sie die Köpfe hängen und ergaben sich ihrem Gefühl der Unwissenheit.

Forderte man sie auf, auch nur einfachste Dinge zu tun, antworteten sie: „*M'pa kapab.*" („Ich kann das nicht."). Sie hätten ebenso gut hinzufügen können: „Kannst du nicht sehen, dass ich niemand bin? Wie kommst du dazu, zu denken, dass ich irgendetwas kann?"

Ein anderer verbreiteter Satz war: „*M'pa gagna.*" („Habe ich nicht", was so viel bedeutete wie: „Ich habe nichts, was du brauchen oder wollen könntest").

Nach einer Weile lernte ich einfach nur ruhig dazusitzen, anstatt zu versuchen, sie durch Reden aus ihrer Apathie zu holen. Ich wartete auf irgendein Zeichen der Hoffnung oder des Selbstwerts. Aber meistens war das, was ich bekam, nur eine besondere Geste, die ich selten bei einem amerikanischen Kind gesehen habe: Die haitianischen Kinder begannen, ihre kleinen Hände zu ringen. Sie schauten mich traurig an und sagten: „Pa fot mwe." („Ich kann nichts dafür."). Meist nahm ich diese Geste nur durch einen Tränenschleier wahr. Die Geste erinnerte mich manchmal an Pontius Pilatus, der seine Hände in einer Schüssel wusch, so als wolle er sagen: „Ich kann nichts tun. Ich bin nicht verantwortlich."

Wenn ein Kind aus Versehen bei einer Mahlzeit ein Glas Wasser umwarf, schaute es sich die Bescherung an und sagte in aller Ernsthaftigkeit: „Das Wasser hat sich selbst ausgeschüttet." Das Kind verteidigte sich nicht selber, es drückte lediglich seine ehrliche Sichtweise aus. Mit anderen Worten hieß das: „Ich habe keine Kontrolle über meine Umstände und schon gar nicht über mein Leben. Jegliche Kontrolle liegt außerhalb meiner Person. Ich bin nichts; ich kann nichts; ich bin ein Opfer – *pa fot mwe.*"

Wenn hier nicht mit Liebe und Hoffnung interveniert wird, führen diese Anzeichen von Gleichgültigkeit, ja Apathie, unweigerlich bergab zu einer Haltung, die schlimmer ist als ein Todesurteil. Sie heißt Fatalismus. Das Wort allein riecht schon nach Tod. Es ist die unterste Stufe, auf die ein menschliches Wesen sinken kann. Wenn der menschliche Geist wirklich fatalistisch wird, ist es beinahe unmöglich, ihn zu retten. Das ist die absolute, äußerste Armut. Das ist das Ende.

In Fatalismus verfällt man nicht schnell oder leicht. Es passiert nicht über Nacht. Er dringt allmählich in die Seele ein wie ein Einbrecher, aber dies geschieht im Laufe von Jahren, bisweilen von Generationen.

In den Vereinigten Staaten von Amerika und anderen Ländern der unbegrenzten Möglichkeiten hat man Mühe, das zu verstehen: „Warum steht dieser arme Mensch nicht einfach auf?", fragen wir schnippisch. „Warum rappelt er sich nicht auf, erholt sich wieder und geht einfach weiter?"

Nachdem ich an beiden Enden der Brücke gelebt habe – sowohl unter den Reichen als auch unter den Armen –, kann ich Ihnen versichern, dass niemand freiwillig in diese tiefe Hoffnungslosigkeit abgleitet oder weil es ihm an Mut oder Entschlossenheit fehlen würde. Es ist eine logische Folge der harten Lebensumstände.

Aus unserer Perspektive mag es einfach scheinen, ein Motivationsgespräch zu führen. Aber wenn *wir selbst* unseres Erbes beraubt würden, unserer Zuversicht, unserer Bildung, unseres Geldes, unserer Gesundheit und der Gerechtigkeit, die wir für selbstverständlich halten, würden auch wir schnell zu dem Schluss kommen, dass „wir nicht wissen, was wir wissen müssen; wir nicht tun können, was wir tun müssen; wir nicht haben, was wir brauchen. Das ist uns alles zu hoch. Es ist nicht unsere Schuld!" Das ist der Charakter von Armut.

Als ich 1977 zum ersten Mal in Haiti war, herrschte im ganzen Land eine furchtbare Dürre. Es hatte seit fast achtzehn Monaten nicht mehr geregnet, dabei waren 90 % der Bevölkerung als Kleinbauern von landwirtschaftlichen Erträgen abhängig. Die Menschen im Nordwesten waren besonders betroffen. Sie waren darauf angewiesen, Baumrinde zu essen, oder rissen sich die eigenen Haare aus, um sie zu essen.

Eines Tages war ich auf dem Weg in diese Region und rumpelte in einem Landrover die steinige Straße entlang, als ich plötzlich im Augenwinkel durch die Staubwolke, die mein Fahrzeug aufwirbelte, einen alten Mann sah. Er kauerte am Fuße eines großen, wunderschönen Mangobaums, in seiner Hand eine abgewetzte Machete, mit der er langsam, Schlag um Schlag den Baum fällte.

Solche Bäume waren selten auf Haiti. Der Mann hatte schon eine beträchtliche Kerbe in die eine Seite des Baumes geschlagen, als ich neben ihm eine Vollbremsung machte. Noch bevor der Staub sich verzogen hatte, sprang ich aus meinem Wagen und fing die Hand des Alten noch in der Luft ab.

„Was machen Sie da?!", keuchte ich auf Kreolisch. (Es ist dem Französischen sehr ähnlich, das ich als Kind gelernt hatte.)

„Ich fälle diesen Baum", antwortete der Mann unverblümt.

Ich schaute ungläubig in sein runzeliges, wettergegerbtes Gesicht. „Warum?", rief ich. Dies war die einzige grüne Pflanze, die hier im Umkreis von Meilen wuchs.

„Ich werde daraus Brennholz machen", antwortete er geduldig.

„Warum?", fragte ich wieder.

„Weil ich das Geld brauche, um Essen zu kaufen. Meine Familie und ich sind sehr hungrig."

Ich versuchte, mit meinem Verstand meine Gefühle im Zaum

zu halten, und atmete tief ein. Dann beschloss ich – angesichts dieses Irrsinns – ruhig und geduldig seiner Argumentation entgegenzutreten. „Trägt dieser Baum noch Mangos?", fragte ich.

„Ja."

„Wie oft im Jahr kann man ernten?", fragte ich.

„Zweimal im Jahr – alle sechs Monate."

„Wann hat er das letzte Mal Mangos getragen?"

„Erst im letzten Monat habe ich Mangos geerntet." Ich blieb dran.

„Wenn Sie die Mangos zur Erntezeit verkaufen, wie viel Geld bekommen Sie normalerweise dafür?"

Mit der Antwort brauchte er nicht zu zögern. Er hatte viele, viele Male im Laufe der Jahre Mangos geerntet und verkauft. „Ungefähr 75 Dollar", antwortete er.

„Wenn Sie diesen Baum in Brennholz verwandeln, wie viel Geld – glauben Sie – werden Sie dafür bekommen?"

Er stand auf und reckte den Hals, um die Zweige des Baumes zu begutachten. Mit seinen Fingern schrieb er in die Handfläche seiner schwieligen, knotigen Hand. Dann blickte er auf und sagte: „Ungefähr 75 Dollar."

Jetzt hatte ich ihn dort, wo ich ihn haben wollte. „Aber das wird Ihre letzte Ernte von Ihrem wunderbaren Baum sein, der Sie so viele Jahre lang versorgt hat", verkündete ich mit einer Spur des Triumphes in der Stimme, weil ich die Argumentation gewonnen hatte. „Er wird für immer weg sein!"

Traurig schaute er auf den staubigen Boden und scharrte mit seinen nackten Füßen im Staub, während seine Machete an seiner Hüfte herunterhing.

Ich fuhr fort mit meiner Argumentation: „Sehen Sie nicht ein, dass, wenn Sie den Baum leben lassen und nur fünf weitere Monate lang geduldig sind, er Ihnen weitere 75 Dollar bescheren wird? Dieses Geld wird er Ihnen in der Zukunft wieder und wieder einbringen! Ich bitte Sie, hauen Sie ihn nicht um."

Seine müden, blutunterlaufenen Augen schauten mich einen Moment lang an. Dann – ohne ein Wort – bückte er sich wieder hinunter und begann erneut, rhythmisch auf den Baum einzuschlagen.

Erneut griff ich nach der Machete in seiner Hand. „Verstehen Sie nicht?", sagte ich flehentlich. „Wenn Sie ihn jetzt töten ..."

„Nein, verstehst *du* nicht?!", schrie er plötzlich *mich* an, während Tränen in seine Augen schossen. „Ich weiß nicht, ob meine Kinder oder ich in fünf Monaten überhaupt noch am Leben sein werden! Alles, was wir haben, ist das Heute. Etwas anderes haben wir nicht!"

Ich stand da und beobachtete sein Tun noch eine Weile. Neben der Hand des Mannes war die Hand des Feindes am Werk: Diese ganze Tragödie, die ich hier miterlebte, trug die Handschrift des Zerstörers. Er hatte ein weiteres Leben besiegt mit einem seiner Lieblingswerkzeuge: Armut.

Ich konnte es nicht ertragen, den Baum fallen zu sehen. Während ich davonfuhr, hörte ich das Krachen. Ein weiteres wertvolles Stück von Haitis Hoffnung und Zukunft stürzte auf den ausgedörrten Boden.

Die Wurzel des Übels

Wenn wir die Armut bei der Wurzel packen wollen, müssen wir auf diesen Zustand des Fatalismus abzielen. Dieser hält die Menschen mittellos, krank, ungebildet, verletzlich, unterdrückt und gottlos.

Ich weiß, dass dies vielleicht eine andere Perspektive von Armut ist, als man es typischerweise hört. Die meisten Menschen sehen nur die Umstände und Bedingungen. Aber bei Armut liegt die Sache genau umgekehrt: Sie richtet den größten Schaden im Inneren an, wo es oft nicht gesehen werden kann.

Verstehen Sie mich bitte nicht falsch: Wenn es um Armut geht, glaube ich, dass es „gut ist, Gutes zu tun". Aber nicht alles Gute hat den gleichen Stellenwert oder ist strategisch ausreichend, um Armut in ihrem Kern zu treffen und ihre tödlichen Auswirkungen umzukehren. Wenn wir schon Gutes tun wollen, warum sollten wir nicht strategisch vorgehen? Henry Ford hat einmal über die Armen gesagt: „Das Einzige, was man einem Menschen geben kann, ohne ihn zu verletzen, ist eine Chance." Er wusste, dass keine noch so große Anzahl von Flugblättern oder guten Taten zugunsten eines Menschen zum Kern der Sache vordringt. Dieser besteht nämlich in der inneren, zerstörerischen Botschaft: „Gib einfach auf." Eine Chance hingegen trifft genau das Herz und signalisiert: „Ich glaube an dich! Du kannst es. Wage es nicht, aufzugeben!"

Denken Sie an einen Rebstock, der ständig bittere Trauben hervorbringt. Keiner will sie essen. Was sollte man hier tun? Ich schätze, es wäre gut (wenigstens besser, als nichts zu tun), die schlechten Früchte abzupflücken und wegzuwerfen. Es fühlt sich gut an, dies zu tun. Man hat das Gefühl, etwas zu verändern.

Aber in der nächsten Saison werden die gleichen schlechten Früchte wieder da sein – vielleicht sogar noch mehr davon. Das wird Jahr für Jahr so weitergehen, bis jemand beschließt, das unterirdische Abwassersystem zu untersuchen, das für die bitteren Früchte verantwortlich ist. Erst dann wird der Rebstock fruchtbar werden und die süßen Früchte hervorbringen, die man erwartet.

Auf dem bitteren Rebstock der Armut gibt es alle möglichen Arten von schlechten Früchten: ärmliche Behausungen, verunreinigtes Wasser, Ungerechtigkeit, wirtschaftliche Einschränkungen, extreme Umweltbedingungen … fehlende Infrastruktur … schlechte Gesundheit … Krieg – aber das ist nicht Armut. Diese Erscheinungen sind nur ihre Symptome. Sie sind bedauerlich, und mitfühlende Menschen sollten sich darum kümmern. Aber die bloße Eliminierung der Symptome allein wird niemals den Sieg im Kampf gegen die Armut bringen.

Vor ungefähr zweiundvierzig Jahren war ich selbst als junger Student leidenschaftlich und recht intensiv am Moody Bibelinstitut engagiert. Das Jugendgericht von Chicago setzte mich als Gemeindebeistand in dem erbärmlichsten Getto der Stadt ein: Cabrini Green. Meine Kommilitonen und ich arbeiteten hart und engagiert daran, uns mit Risikokindern anzufreunden und ihnen Nachhilfeunterricht zu geben. Um uns herum nahmen große Regierungsprogramme alles ins Visier außer dem menschlichen Element im Zentrum des Problems. Leider sind die Wohnhochhäuser von Cabrini Green inzwischen bereits wieder abgerissen

worden, ebenso die Basketballfelder und die beleuchteten Park-
plätze. Es hat nicht funktioniert. Die Armut wurde nicht besiegt.
Gewalt, Verbrechen, Hass und Hunger bestehen fort. Mehr als
vier Jahrzehnte sind ins Land gegangen, und wir haben eine weitere ganze Generation verloren! Und das liegt daran, dass Armut
tief in ihrem Kern immer nur neue Armut produzieren wird, so
wie aus verkümmerten Wurzelstöcken in einem ausgemergelten
Boden niemals ertragreiche Rebstöcke wachsen werden.

Albert Einstein definierte einmal Geisteskrankheit als „dasselbe immer wieder und wieder zu tun und unterschiedliche Ergebnisse zu erwarten". Der Kampf gegen Armut ist mehr als einmal in diese Falle geraten.

Etliche Jahre nach der Erfahrung mit Cabrini Green arbeitete
ich an meiner Doktorarbeit an der Michigan State-Universität.
Zu der Zeit hatte ich bereits eingehende Erfahrungen mit der Armut und deren Zerstörungskraft gemacht, nicht nur im Leben der
Westafrikaner, sondern auch in dem der Haitianer. Ich belegte in
meinem Studium ein Seminar nach dem anderen und analysierte
die verschiedenen Aspekte von Armut, deren Ursachen, Bedingungen und Funktionsmechanismen, um das Problem der Armut aus der Perspektive verschiedener Experten, bilateraler und
multilateraler Organisationen und Regierungen zu betrachten
und dadurch in den Griff zu bekommen.

Gelegentlich provozierte ich meine Kommilitonen, indem ich
mich in meinem Stuhl zurücklehnte und sagte: „Und ich sage
trotzdem: Die liebevollste und gleichzeitig strategischste Hilfe für
Kinder in Armut ist, sie zu ihrem himmlischen Vater hinzufüh-
ren."

Sie stöhnten und antworteten: „Ach, Wess, willst du wieder
einmal ein geistliches Heftpflaster auf die Wunden dieser Welt
kleben?" Dabei klangen sie wirklich informiert und sachkundig,
wenn sie meine Perspektive einfach als naiv abtaten.

Ich pflegte dann nur zu lächeln und zu sagen: „Habt ihr ein
Problem damit?" Nach einem gutmütigen Lachen erklärte ich
dann: „Wenn man die Wurzeln von Armut versteht, ihr Wesen als
eine zerstörerische Geisteshaltung erkennt, nach dem Motto ‚Ich
bin nicht wichtig. An mir ist nichts Besonderes. Warum sollte ich

es versuchen? Warum sollte ich es wagen, zu hoffen? Wer interessiert sich für mich?', dann stolpert man direkt in das Herz des Evangeliums hinein." Jeder Christ, der die Liebe Gottes in seinem Leben erfahren hat, ist in der Lage, die Schlüsselrolle dieser Perspektive zu erkennen.

Manchmal, wenn ich mit Pastoren spreche, empfinde ich sie als ein bisschen zögerlich oder peinlich berührt von dem ganzen Thema Armut. *Gehört das zu unserem Auftrag?*, fragen sie sich. Was ist mit dem Kampf zwischen dem Geistlichen und dem Materiellen? Gehört das überhaupt zu ihrer pastoralen Berufung?

Ich sage ihnen, dass niemand besser in der Lage ist als sie, die eigentliche Ursache von Armut zu verstehen oder sich für den strategischsten Weg aus der Misere einzusetzen. Wenn ein armes Mädchen zu der Erkenntnis gelangt, dass der allmächtige Gott, der Schöpfer des Himmels und der Erde, seinen Namen kennt, dass dieser Gott sich innig um es sorgt, dass er weiß, wie viele Haare auf seinem Kopf sind, dass er das einzigartige Muster ihres Fingerabdrucks gestaltet, ihr das einzigartige und entzückende Lachen geschenkt und seinen eigenen Sohn an das Kreuz geschickt hat, um sie zu retten, führt das zu einer Erkenntnis, die alles verändert: „Ich schätze, ich bin doch von Bedeutung!"

Wenn ein Kind in Armut sagt: „Ich bin wichtig", hat es soeben den ersten vorsichtigen Schritt heraus aus der Armut getan! Die äußeren Umstände, mit denen es kämpft, mögen sich kein bisschen verändert haben, aber der innere Kern, die Wurzeln seines Menschseins, sind deutlich verändert. Jetzt kann Heilung beginnen, von innen nach außen.

Wie geschieht das? Das Kind beginnt zu überlegen: „Wenn ich also wichtig bin, dann ist es auch wichtig, was ich denke, und das, was ich fühle, ist berechtigt und bedeutend." Dieser Schritt versetzt ein Kind in die Lage, den schlimmsten Missbrauch hinter sich zu lassen. Das kleine Mädchen in Bangkok wird nicht länger einwilligen, seinen wertvollen Körper für ein paar Dollar an einen Perversen auf der Straße zu verkaufen. Der kleine Junge in Port au Prince wird nicht mehr mit den Schultern zucken und sagen: „Das Wasser hat sich selbst ausgeschüttet." Das Bewusstsein für den eigenen Wert ist zurückgewonnen worden.

250

Wenn ein Kind in einem Compassion-Projekt in seiner persönlichen Entwicklung in dieses wichtige Stadium gelangt, ist es umgeben von Menschen seiner Gemeinde, die sich liebevoll um es kümmern und die dem Kind dadurch – in Übereinstimmung mit der christlichen Botschaft, die das Kind kennt – vermitteln: „Du hast recht, Schatz. Du *bist* wichtig. Sag mir, was du dazu denkst. Was fühlst du? Hier, kannst du es mir aufmalen? Kannst du das auf dieser Gitarre spielen? Kannst du es für mich singen? Kannst du es in einem Brief an deinen Vater schreiben?" Tag für Tag, Woche für Woche wird dieses neu erwachte Bewusstsein liebevoll genährt. Das Zwinkern, das fast erloschene Leuchten kehrt in die Augen des Kindes zurück. Seine Haltung strafft sich wieder. Das Selbstbewusstsein wird wiederhergestellt. Das lange verloren geglaubte Lächeln und die Sehnsucht, jemanden zu umarmen oder ihn vertrauensvoll bei der Hand zu nehmen, erblüht langsam wieder wie eine Blume. Die Mutter und der Vater beginnen es zu bemerken, und Freude erhellt ihre Gesichter.

Im Laufe der Jahre erleben die Kinder einen Erfolg nach dem anderen. Ein gelungenes Bild. Applaus für einen schönen Tanz. Die Versetzung von der ersten in die zweite Klasse nach einer schwierigen Prüfung. Ein Schulterklopfen, wenn die Fußball- oder die Volleyballmannschaft sich tapfer geschlagen hat. Das blaue Band für gutes Lernen von Bibelsprüchen oder für ein schön gestaltetes Wandbild.

Paten beobachten die Fortschritte der Kinder über Jahre hinweg aus der Ferne und beteiligen sich an dem Lob und der Bestätigung des Kindes. Es ist faszinierend, dies zu beobachten!

Dann kommt ein Tag, gewöhnlich im Laufe der Jugendzeit, wenn die Jugendlichen uns gerade in die Augen schauen, die Schultern straffen und sagen: „Möchtest du wissen, was ich denke und fühle? Ich werde es dir sagen!" (Das kann in Form eines kleinen Briefes sein, in einer kurzen Ansprache an die Gemeinde oder in einem leisen Gespräch unter einem Mangobaum.) Die gereiften jungen Menschen schauen sich in ihrer Umgebung um und sagen kühn: „Ich glaube nicht, dass meine Gemeinde so aussehen sollte." Oder sie nehmen eine Ungerechtigkeit oder Grausamkeit wahr und sagen: „Ich glaube nicht, dass es richtig ist, dass

Menschen so miteinander umgehen." Und dann werden sie sagen: „Was ist denn dort drüben los? Das ist falsch – und ich kann es in Ordnung bringen!"

Die unmittelbare Antwort des mitfühlenden Erwachsenen ist: „Weißt du was? Ich glaube, du hast absolut recht! Das könntest du machen! Geh hin und bring das in Ordnung. Verbessere deine Welt!" In so einem wunderbaren Moment wird ein produktives Leben in Gang gesetzt. Ab jetzt ist es die Rolle des Erwachsenen, es zu beobachten, zu helfen und zu loben.

Alles beginnt – so behaupte ich – mit der gewaltigen und nicht ausreichend genutzten Macht der Liebe. Gottes Liebe zu jedem einzelnen Menschen zeigt sich an den Menschen, die seine Liebe in ihren Worten und Taten widerspiegeln. Dies ist eine Sprache, die das Kind, das in Armut lebt, verstehen und akzeptieren kann. Und durch die Liebe dieses Individuums zu seinen Mitmenschen wird die Welt verändert.

Ein verändertes Kind verändert automatisch eine Familie. Eine veränderte Familie bewirkt Veränderungen in ihrer Gemeinde. Sind erst einmal genügend Gemeinden verändert, so werden sich die Städte verändern, dann die Regionen und schließlich – nach einer gewissen Zeit – die gesamte Nation.

Der Läufer

Dies, liebe Freunde, ist der Weg aus der Armut heraus! Und er führt über ein einzelnes Kind nach dem anderen. Ich weiß, dass das zum Klischee geworden ist, aber es ist absolut wahr. Armut ist eine überwältigende globale Tragödie, die aber immer in einem Leben gleichzeitig stattfindet. Sie zerstört *einzelne* Leben. Und sie muss daher besiegt werden *ein Leben nach dem anderen*.

Kurioserweise scheinen die Armen dies instinktiv zu wissen. Auf der ganzen Welt habe ich festgestellt, dass, wenn man einen armen Mann oder eine arme Frau fragt: „Was kann ich tun, um Ihnen zu helfen?", die Antwort die gleiche ist. Unabhängig, ob sie in Asien, Afrika oder Lateinamerika sind, ob sie sich auf Spanisch, Tagalog oder Lingala unterhalten. Egal, wie die Umstände auch sind, die Armen bitten *nicht* um Geld oder persönliche Dinge. Ausnahmslos schauen sie einen mit hoffnungsvollen Augen an und sagen: „Wenn Sie mir helfen wollen, helfen Sie meinen Kindern."

Wenn Sie im Verlauf dieses Buches meine Leidenschaftlichkeit belächelt haben, indem sie zu sich selbst gesagt haben: „Also, dieser Wess Stafford ist ja der reine Gefühlsmensch. Sobald es um Kinder geht, wird er sentimental", dann möchte ich Ihnen sagen, dass es mir um viel mehr geht als um Gefühle. Ich glaube wirklich an diese Sache, und zwar aus nüchternen, objektiven, strategischen Gründen. Ich trachte nicht lediglich danach, mich gut zu fühlen oder mein Gewissen zu beruhigen. Ich glaube, dies ist der *kluge* Weg, das Armutsproblem zu bekämpfen.

Beachten Sie bitte, dass ich nicht sage, der *schnelle* Weg. Die kinderorientierte Strategie benötigt mehrere Jahre Anlaufzeit, bevor sie Früchte bringt. Sie ist nicht so schnell wie die, das Portemonnaie zu zücken und eine Rahmenbedingung in einem armen Viertel zu ändern. Sie ist viel beständiger. Sie erzielt bleibende Ergebnisse.

Manche Ansätze für die Bekämpfung von Armut sind „Mikrowellenlösungen". Ich spreche stattdessen von einem Römertopf-Ansatz. Er mag mehr Zeit in Anspruch nehmen, aber der Geschmack am Ende ist weit besser, und das Essen ist gehaltvoller. Es nährt die Seele.

Somit gibt es für jeden etwas zu tun. Wir, die wir Gottes Liebe kennen und etwas Geld in unseren Taschen haben, können die Hand ausstrecken, um ein Kind aus der Armut herauszuholen. Dieses Kind wird, wenn ihm erst sein Wert bei Gott bewusst gemacht worden ist, weitermachen und die Bedingungen in seiner unmittelbaren Umgebung verändern. Es geht hier nicht um ein Entweder-oder. Die Verantwortung liegt nicht alleine auf den Schultern eines Einzelnen. Wir arbeiten zusammen.

Lassen Sie mich auf meine Aussage zurückkommen, dass es nicht ausreicht, lediglich die Umstände und Bedingungen der Armut auf der Ebene einer ganzen Gesellschaft anzuvisieren. Es gibt einfach zu viele korrupte Schichten, als dass finanzielle Unterstützung überhaupt bis zu den bedürftigsten Bevölkerungsschichten durchsickern würde. Dieses Gießkannenprinzip funktioniert einfach nicht – oder wenigstens nicht oft genug, als dass es die Anstrengungen in meinem Leben rechtfertigen würde!

Wenn es aber die Ärmsten der Armen sind, die verändert werden, dann werden sie lebendig und durchdringen von unten her alle Gesellschaftsschichten. Das bricht der Armut das Genick und bringt nachhaltige Umwandlung durch umgewandelte Menschen: eine Umwandlung, die unumkehrbar ist. Veränderte Menschen verändern *immer* die Umstände!

Ich möchte Ihnen eine meiner Lieblingsgeschichten über die positiven Auswirkungen einer Kinderpatenschaft erzählen. Sie hat sich nicht im Rahmen von Compassion zugetragen, sondern bei einer anderen Organisation, aber für mich veranschaulicht sie die wunderbare Macht eines fürsorglichen Erwachsenen, das Leben eines Kindes zu verändern. In diesem Fall handelt es sich um eine britische Lehrerin, die um 1970 herum begann, einen kleinen Jungen in Kenia als Patin zu unterstützen. Seitdem schickte sie jeden Monat ihren bescheidenen Scheck. Aber sie tat mehr als das. Diese Lehrerin verfolgte die Entwicklung ihres Patenkindes. Aus seinen frühen Briefen konnte sie ablesen, dass der kleine Junge in Hoffnungslosigkeit gefangen war.

„Liebe Patin!", schrieb er am Anfang. „Hier ist ein Foto von mir. Du kannst sehen, dass ich nicht sehr hübsch bin."

Seine britische Patin lächelte liebevoll und schrieb zurück: „Ich denke, da irrst Du Dich. Ich habe Dein Bild auf meinem Schreibtisch stehen. Ich schaue Dich jeden Tag an, und ich denke, dass Du sehr hübsch aussiehst."

Im nächsten Brief aus Kenia stand: „Danke schön, aber an meinem Zeugnis kannst Du erkennen, dass ich nicht sehr klug bin. Es tut mir so leid."

Wiederum lächelte sie. „Ich verspreche Dir", schrieb sie, „dass Du so klug bist, wie Gott es möchte, damit Du alles tun kannst, wovon er will, dass Du es tust", schrieb sie zurück. „Gib einfach Dein Bestes!"

Schon bald begann dieser kleine Junge zu spüren, dass seine Patin tatsächlich an ihn glaubte und von ihm überzeugt war. Er war acht Jahre alt, als er sich hinsetzte und schrieb: „Rate, was ich gerade herausgefunden habe? Ich habe entdeckt, dass ich schneller rennen kann als irgendjemand sonst in meiner Klasse. Wir sind fünf, und ich bin der Schnellste!"

Da die Frau wusste, wie wichtig die Erfahrung von Erfolg für jedes Kind ist, besonders aber für ein Kind, das in Armut lebt, schrieb die Frau zurück: „Es ist gut, in etwas gut zu sein. Ich bin stolz auf Dich. Lauf, so schnell Du nur kannst!"

Der kleine Junge hörte auf sie und begann, regelmäßig zu laufen. Wenige Jahre später kam ein Brief, in dem stand: „Weißt Du was? Ich kann jetzt schneller rennen als alle anderen in meiner ganzen Schule!"

Ihre Antwort erhielt er wenige Wochen später: „*Wow!* Das ist wirklich toll! Ich bin so stolz auf Dich. Lauf weiter, und sei so gut, wie Du nur kannst!"

Die Jahre ihrer Freundschaft vergingen. Die Frau ging in Rente und ließ sich in einem kleinen Häuschen im Süden Englands nieder. Inzwischen erinnerte sich der junge Bursche an ihre ermutigenden Worte und legte jede Strecke, die er zurückzulegen hatte, im Laufschritt zurück: zum Geschäft, zur Kirche, zur Schule und wieder nach Hause. Bald gewann er alle Rennen in der ganzen Region. Als junger Erwachsener setzte er sich hin und schrieb diesen Brief an seine inzwischen alt gewordene Patin: „Du errätst nicht, was ich Dir jetzt erzählen werde: Ich kann inzwischen schneller laufen als irgendjemand sonst, nicht nur in meiner Region, sondern in ganz Kenia. Ich bin tatsächlich ins olympische Team aufgenommen worden!"

Hinter ihren Brillengläsern begannen Tränen in ihren Augen zu glitzern, als sie ihren Kopf senkte und ein Gebet für ihren jungen kenianischen Freund hauchte. Es war das Jahr 1988, und die Olympischen Spiele sollten bald in Seoul in Südkorea stattfinden. Eifrig verfolgte sie die Nachrichten.

Es kam der Tag des Langstreckenlaufes. Sie klebte in England am Bildschirm und beobachtete ihren jungen Mann. Als er als zweiter Läufer über die Ziellinie stürmte, weinte sie vor Freude über seine Silbermedaille. Ihr Patenkind, das als kleiner Junge das Gefühl gehabt hatte, zu nichts nütze zu sein, war herangewachsen und hatte die ganze Welt beeindruckt.

Kurz darauf erhielt sie eine Nachricht von dem jungen Mann, dass er auf seinem Rückweg von den Olympischen Spielen in London das Flugzeug wechseln müsse. Er könne nicht nach Hause gehen, sagte er, ohne zuerst seine liebe Lady besucht zu haben. Als der Tag da war, musste der schlaksige Olympionike sich bücken, um durch die Tür ihres kleinen Häuschens hindurchzupassen. Vor ihm in einem Rollstuhl saß *sein* Champion.

Einen Moment lang blieb er mit Tränen in den Augen stehen. Dann hielt der gut aussehende junge Mann seiner Patin seine olympische Medaille hin: „Die ist für dich", gelang es ihm schließlich zu flüstern.

„Oh, nein, nein, nein!", rief sie aus. „Ich musste dir diesmal im Fernsehen zuschauen, als du gelaufen bist. Du hattest die ganze Zeit über recht. Du warst echt schnell! Ich bin so stolz auf dich. Ich bin so unheimlich stolz auf dich!"

„Nein, halt", unterbrach er sie sanft. „Wenn du nicht an mich geglaubt hättest, als ich acht Jahre alt war, wenn du mir nicht damals als kleinem Jungen gesagt hättest, ich solle laufen, hätte ich dies nie erreicht. Das ist deine Medaille. Das ist dein Sieg."

Ich wünschte, ich könnte jedem Menschen, der sich um ein Kind in Armut kümmert, versprechen, dass ihn eine olympische Medaille erwartet. Nicht jeder kleine Junge oder jedes kleine Mädchen hat genetisch die Voraussetzungen für solche Leistungen vom Schöpfer mitbekommen. Aber ich bin absolut überzeugt, dass jedes einzelne Kind im Leib seiner Mutter liebevoll ausgestattet worden ist mit den Talenten und Möglichkeiten, große Dinge zu erreichen – wenn es nur eine Chance dazu erhält. Jedes Kind ist für Gott wichtig. Sobald dieses Kind durch unsere Intervention die erstaunliche Wahrheit kennen und verstehen lernt, kann der kalte Griff der Armut ein für alle Mal gelöst werden.

12 | Der Fürsprecher der Kinder: berechtigter Zorn

Wie Sie inzwischen wissen, brenne ich für die Bedürfnisse und Belange von Kindern. Sie sind meine Lebensaufgabe. Manche Menschen nehmen fälschlicherweise an, dass Menschen, die sich beruflich für Kinder und Jugendliche einsezten, nur ihren Verpflichtungen nachkommen, bis sie in einen prestigeträchtigeren Job aufsteigen können. Für mich ist meine Arbeit genau das, was ich für den Rest meiner Tage tun möchte: für die Interessen von Kindern eintreten. Nach meinem Verständnis der Prioritäten in Gottes Königreich bietet keine andere Arbeit eine höhere, strategisch anspruchsvollere Berufung.

Sollte ich diesbezüglich manchmal etwas überreizt wirken, so entschuldige ich mich dafür nicht. Ich beziehe diese Leidenschaft, dieses Feuer, aus einer würdigen Quelle. Ich spreche nicht nur einfach über meine Kindheitserfahrungen, über das Aufwachsen unter den Armen oder über persönlich erlebten Missbrauch. Ich spreche über die Werte, an denen der größte Mensch, der je gelebt hat, beharrlich festgehalten hat – Jesus von Nazareth.

Jeder kennt die Geschichte, wie Jesus die kleinen Kinder in seine Arme gerufen hat – aber nicht jeder ist sich der Geschichte hinter der Geschichte bewusst. An diesem Tag sagte er: „Lasst die Kinder zu mir kommen und haltet sie nicht zurück, denn für Menschen wie sie ist Gottes neue Welt bestimmt" (Matthäus 19,14; *Hfa sowie die Parallelstellen in Markus 10,14 und Lukas 18,16). Diese Bibelstelle hat Maler, Bildhauer, Dichter und Komponisten über die Jahrhunderte in praktisch jeder Sprache und Kultur inspiriert. Bei meinen Reisen durch die Welt habe ich jede nur erdenkliche Interpretation dieser Szene in Kunstgalerien, Kirchen und Wohnzimmern gesehen.

Was Jesus an diesem Tag getan und gesagt hat, war außergewöhnlich. Schließlich war er kein politischer Kandidat im

Wahlkampf, der vor laufenden Fernsehkameras kleine Babys küsste. Er hatte kein äußeres Motiv. Er streckte einfach die Hände nach den Kindern aus um ihrer selbst willen. Dies irritierte zweifellos jeden, der es mitbekam. Die Tatsache, dass dieses Ereignis überhaupt berichtenswert zu sein scheint, zeigt sich darin, dass alle drei synoptischen Verfasser der Evangelien sich gedrängt fühlten, sie in ihre Berichte über Jesu Leben einzuschließen: Lukas, der aus dem Blickwinkel eines Arztes schrieb, benutzte andere Worte als Matthäus und Markus, um die Kinder in dieser Szene zu beschreiben. Er nannte sie Babys (griechisch „*brephos*"). Das gleiche Wort benutzte er früher in seiner Weihnachtsszene („Und daran werdet ihr ihn erkennen: Das Kind liegt, in Windeln gewickelt, in einer Futterkrippe!" [Lukas 2,12]. Die anderen beiden Evangelisten Markus und Matthäus nannten sie „*paidion*" [griechisch „kleine Kinder"]). Wahrscheinlich lagen sie altersmäßig zwischen temperamentvollen Sechsjährigen und Kleinkindern in Windeln.

Es war schließlich nur ein Ereignis an einem von über tausend Tagen von Jesu Wirken in der Öffentlichkeit. Es war eine einzelne Handlung, die in nur wenigen Sätzen berichtet wird. Aber offenbar war sie beeindruckend genug, um niedergeschrieben zu werden.

Heute halten die meisten Pastoren, Kindergottesdienstmitarbeiter, christlichen Moderatoren und Lehrer an theologischen Seminaren eine Predigt oder Bibelstunde über diesen Text. Ich habe auf der ganzen Welt vor den unterschiedlichsten Kulissen und in verschiedensten Sprachen bereits Dutzende gehört. Dennoch habe ich selten erlebt, dass jemand das Wesentliche dessen erfasst hätte, was an diesem Tag wirklich stattgefunden hat. Nur wenige Ausleger verweilen bei dem starken Wort in Markus' Darstellung, dass Jesus „*zornig*" war (Markus 10,14; *Hfa), als die Kinder beiseitegeschoben wurden. Warum wurde Gottes Sohn *wütend*?

Im Grunde genommen waren die religiösen Führer und Jesus zu diesem Zeitpunkt mitten in einer Diskussion über das wichtige Thema der Ehescheidung. Die Jünger empfanden es als unpassend, dass *Kinder*, die in diesem Gespräch keine Rolle spielten, die ernsthaften Angelegenheiten der Erwachsenen unterbrachen. Ich weiß nicht, wie lange Jesus die Versuche der Jünger, die Kinderschar abzuwehren, tolerierte, aber ab einem gewissen Punkt konnte er es nicht länger ertragen. Was brachte ihn dazu, die Jünger anzufahren? War es der betretene Gesichtsausdruck der Kinder? War es ihr Umschwenken von freudiger Erregung und Hoffnung in Enttäuschung, Furcht und Resignation? Weinten manche von ihnen? Was immer der Fall war: Jesus, der Herr der Herrlichkeit, der Schöpfer des Universums, der gute Hirte, der allmächtige Gott, bekam einen Wutanfall und nahm sie in Schutz.

Das ist der Punkt, an dem jede Predigt, die ich bisher gehört habe, zu kurz greift.

Jesus sagte nicht liebevoll und leise: „Oh, lasst einfach die kleinen Kinder für einen Moment zu mir herüberkommen." Dieser starke, kraftstrotzende, muskulöse Zimmermann war verärgert, ja sogar wütend, und erhob in großer Erregung seine Stimme: „Lasst die kleinen Kinder zu mir kommen! *Wagt es nicht*, sie daran zu hindern! Mein Königreich gehört solchen wie ihnen" (vgl. Matthäus 19,14 und Lukas 18,16).

Niemals habe ich bei meinen Recherchen irgendwo auf der Welt in bildlichen Darstellungen *diesen* Jesus gefunden. Er, der nur kurze Zeit später im Tempel eine Peitsche schwingen würde, um die Geldwechsler hinauszutreiben und ihre mit Waren bedeckten Tische umzuwerfen, war jetzt in dieser Situation ähnlich empört über das unangemessene Verhalten seiner Jünger. Er schockierte alle Anwesenden und hinterließ einen tiefen Eindruck bei seinen Jüngern, die damit betraut waren, sein Königreich aufzubauen, und er sprach so leidenschaftlich, dass seine Worte durch die Jahrhunderte hindurch bis zu uns vorgedrungen sind.

Die Kinder begriffen, dass dieser Erwachsene, der hier offensichtlich das Sagen hatte, *sie* verteidigte und beschützte, indem er andere Erwachsene ihretwegen ausschimpfte. Da sie nun wussten, dass sie geliebt und angenommen waren, kamen sie zunächst zaghaft, dann schon mutiger näher. Kein Erwachsener hätte jetzt noch gewagt, sie zu stoppen. Jesus nahm sie zärtlich in seine starken Arme. Er legte ihnen sachte die Hände aufs Haar und sprach einen Segen über ihnen aus. Wie sehr wünschte ich mir, einer der Jünger hätte sich rechtzeitig von seinem Schock erholt, um diese Worte des Segens aufzuschreiben, sodass wir auf ewig einen direkt aus dem Herzen Gottes heraus formulierten Ausdruck seiner Liebe, seiner Hoffnung und seines Trachtens nach ihrem Wohlergehen vorliegen hätten.

Was ist in ihn gefahren?

Jetzt könnten Sie sagen, dass ich es so klingen lasse, als habe Jesus seine Beherrschung verloren, und Sie hätten das nie wirklich von ihm gedacht.

Garantiert war Jesus kein Hitzkopf. Ich kann nur drei Beispiele in seinem Leben finden, wo er wirklich wütend war:

1. in einer Synagoge, wo ein Mann mit einer verkrüppelten Hand der Heilung bedurfte und die religiösen Führer ruhig dasaßen und Jesus herausforderten, dies am Sabbat zu tun (vgl. Markus 3,5);
2. die oben beschriebene Szene mit den kleinen Kindern;
3. im Tempel von Jerusalem, in dem es von Korruption und Kommerz wimmelte (vgl. Markus 11,15–17).

Da Jesus ganz Mensch und doch ganz Gott war, fühlte er all die Emotionen, die auch wir kennen, von Liebe und Freude bis zu tiefer Traurigkeit, Enttäuschung und, ja, sogar Wut. Seine Reaktionen waren beileibe keine plötzlichen Ausbrüche. Sie waren geplant, das Ergebnis seines Nachdenkens über frühere Geschehnisse. In Markus 11,11 heißt es, dass Jesus am Abend *vor* seinem gewaltsamen Eingriff zu dem Tempel ging, sich anschaute, was dort schon wieder passierte, aber nichts unternahm, „da es schon spät war". Das muss ihm in Bethanien die ganze Nacht über im Herzen wehgetan haben. Am nächsten Morgen konnte er es nicht länger aushalten. Er stürmte den Tempel, die Peitsche in der Hand, und trieb die Händler hinaus.

Einen ähnlichen Hintergrund gibt es für Jesu heftige Reaktion den Jüngern gegenüber, nachdem diese die Kinder weggescheucht hatten. Um seine nachhaltige Verärgerung an diesem

Tag zu verstehen, müssen wir zu einem früheren Gespräch Jesu mit seinen Jüngern zurückkehren, in dem Jesus den Stellenwert, den Kinder bei seinem Vater haben, absolut deutlich macht. Wie konnten sie eine so essenzielle Lektion vergessen haben? Wie konnten sie diesen Leitsatz des Königreichs vergessen haben: „Kinder sind wichtig!"?

Gemäß dem vorigen Kapitel (siehe Markus 9,33) begann alles mit einer hässlichen Unterhaltung auf dem Weg nach Kapernaum. Die Jünger hatten einige barsche Bemerkungen ausgetauscht. Es muss Jesus das Herz gebrochen habe, festzustellen, dass sie die Bedeutung von Demut und Dienerschaft noch immer nicht verstanden hatten. Später zog Jesus sie zur Rechenschaft, indem er fragte: „Worüber habt ihr auf dem Weg diskutiert?"

Natürlich wollte keiner von ihnen seine Worte Jesus gegenüber wiederholen; der Text sagt: „Sie aber schwiegen" (Markus 9,34). Aber Jesus wusste es. Sie hatten einander angeknurrt wegen der Statusfrage, wer unter ihnen der Größte, der Bedeutendste sei. Wir werden nie erfahren, wodurch dieses Thema unter ihnen aufkam. Unglaublich, dass sie gerade frisch von einem geistlichen Höhepunkt kamen. Erst unmittelbar vorher hatten sie die Erfahrung der Verklärung machen dürfen. Vielleicht fragen Sie sich, warum für diese glorreiche Begegnung auf dem Berg Mose und Elia ausgewählt worden waren. Warum nicht Abraham, David oder Samuel? Vielleicht waren die Jünger auf der Straße einer Legion römischer Soldaten begegnet und hatten einen stolzen Zenturio auf einem atemberaubenden weißen Pferd sitzen sehen, während ein demütiger Fußsoldat brav hinterhertrottete, und waren darüber in eine Debatte bezüglich Hierarchie geraten. Oder vielleicht wetteiferten sie nur miteinander um ihre eigenen Zukunftschancen und spekulierten auf einen möglicherweise bevorstehenden Aufstieg, der ihnen Macht und Prestige einbringen würde.

Der Wortwechsel erscheint uns belanglos, fast kindisch. Aber wir waren natürlich nicht dabei. Jeder von uns könnte wahrscheinlich in seiner persönlichen Geschichte stöbern und sich verschämt erinnern an manche Plänkeleien, in die wir hineingeraten sind. Ich kann mir vorstellen, dass Andreas für seine

Argumentation die Länge seiner Dienstzeit heranzog. Schließlich war er der erste Jünger, der auserwählt wurde. Philippus könnte angemerkt haben, dass sich im Königreich alles um ihr soziales Engagement drehe und dass bisher nur er bereits einen anderen Jünger rekrutiert habe, nämlich Nathanael. Petrus hat möglicherweise argumentiert, dass er der Sprecher und somit so etwas wie der stellvertretende Befehlshaber sei. Können Sie ihn nicht sagen hören: „Also, wenn Jesus abwesend ist, habe ich hier das Sagen, alles klar?"

Matthäus mag darauf hingewiesen haben, dass er als ehemaliger Steuereintreiber als einziger Ahnung von Kapitalbeschaffung hatte, und wo wären sie letztlich alle ohne Geld? Judas, der Verräter, mag eingewandt haben: „Ja, aber was nützen finanzielle Mittel ohne eine Verwaltung?" Johannes hielt sich sicherlich für „den, den Jesus liebte", was einer Bestätigung seines hohen Ansehens gleichkam.

Thomas' bestes Argument mag gewesen sein: „Ich bezweifle ..., dass irgendjemand von euch meine Vorzüge überhaupt wahrnehmen kann!" Simon, der Zelot (von griechisch „zelos" – Eifer), könnte ausgerufen haben: „Mein Name sagt schon alles." Unterdessen hätte wahrscheinlich Jakobus, der Sohn des Zebedäus, bereits geplant, seine Mutter dazu zu überreden, später in seinem Namen für den Platz rechts vom Thron zu plädieren. Es kam nur auf die Wahl des richtigen Zeitpunkts an.

Wie auch immer die Unterhaltung verlaufen sein mag, all das führte dazu, dass es Jesus schier das Herz brach. Seine Zeit war bald abgelaufen. Drei Jahre lang hatte er gelehrt und die Eigenschaften seines Königreichs aufgezeigt, und ausgerechnet seine Jünger hatten offenbar so wenig kapiert. Würde er wirklich später eine Schüssel mit Wasser und ein Handtuch nehmen und ihre unwürdigen Füße waschen? Sie hatten noch so viel zu lernen.

Die Augen aller waren auf Jesus gerichtet. Würde er die Hackordnung ein für alle Mal klären?

Miniaturvorbild

In kritischen oder schwierigen Momenten pflegte Jesus auf überraschende Weise den Spieß herumzudrehen. Er konnte Menschen schockieren – und dann das Gespräch auf eine viel tiefere Ebene führen. Als die Steine schon bereitlagen, mit denen die Ankläger Jesu eine Frau töten wollten, die beim Ehebruch erwischt worden war, verlangten diese von Jesus die sofortige Verkündung des Urteils. Sie waren reichlich konsterniert, als er sich in aller Seelenruhe hinunterbeugte und anfing, mit seinem Finger im Staub zu malen. Dann forderte er sie heraus und sagte: „Wer unter euch ohne Sünde ist, der werfe den ersten Stein auf sie" (Johannes 8,7). Bei einer anderen Gelegenheit sagte er zu einem gelähmten Mann, er solle aufstehen und gehen (und nebenbei sagte er noch, seine Sünden seien ihm vergeben).

Indem Jesus mit sündigen Steuereintreibern und Prostituierten zusammen aß, tat er Dinge, die streng genommen „politisch nicht korrekt" waren. Jesus, ein mächtiger Lehrer, steckte in entscheidenden Momenten voller Überraschungen.

In unserer Szene mit den Kindern war sein Vorgehen vergleichbar: Zum Erstaunen aller rief er einen kleinen Jungen zu sich. Sicher waren die Jünger verwirrt und ungehalten. Was hatte das hier mit der eigentlichen Fragestellung zu tun? (Einige Historiker haben darüber spekuliert, ob sich die Szene im Hause des Petrus zugetragen haben könnte und ob der Junge Petrus' Sohn war.)

Niemand hatte der Gegenwart des Jungen weitere Aufmerksamkeit geschenkt. Für die Jünger war er einfach Teil der Situation – unsichtbar, unwichtig. Manche Menschen vertreten heute noch die Ansicht, dass Kinder zu sehen, aber nicht zu hören sein sollten. Das Tragische ist, dass heutzutage Kinder nicht nur nicht gehört, sondern auch noch übersehen werden.

Das Gesicht des Kindes muss Jesus einen Augenblick lang wie eine erfrischende Oase vorgekommen sein in der verdorrten Wüste von machtgierigen Egoisten um ihn herum. Der Anblick des Kindes hatte in ihm eine Flut von Plänen, Träumen und die Hoffnungen auf das Königreich aufwallen lassen, die nun fern und unerfüllbar schienen. Wie konnten die Jünger seine zentrale Botschaft überhört haben? Dies war genau das Prinzip seines Lebens: den Glanz des Himmels zu verlassen, um in eine Krippe nach Bethlehem zu kommen. Er hatte sich dafür entschieden, nicht unter den Reichen und Mächtigen zu leben, sondern unter den Armen und Schwachen. Er kam, um zu dienen, und nicht, um bedient zu werden. Es war sein Wunsch, nicht der Größte zu sein, sondern ein Diener. Die Zukunft seiner Kirche hing an grundlegenden Begriffen wie Demut und Dienerschaft und an der Haltung, andere höher einzustufen als sich selbst.

Als der Blick des obersten Lehrers auf diesen wertvollen kleinen Jungen fiel, überkam ihn vielleicht eine Woge der Inspiration. Diese Jünger waren alle auch einmal Kinder gewesen. Konnte er sie innerlich wieder dahin zurückbringen, wo sie vor nicht allzu langer Zeit noch gewesen waren? Konnten sie sich daran erinnern, einen kindlichen Geist gehabt zu haben? Wussten sie noch, wie es sich anfühlte, vollständig zu vertrauen, zu beinahe jedem um sie herum aufzusehen und freiwillig der Führung anderer zu folgen? Er beschloss, es zu versuchen.

Die Heilige Schrift sagt uns, dass Jesus zu diesem Kind sagte, es solle sich in ihre Mitte *stellen*. Wie lange? Wahrscheinlich lange genug, dass alle genügend Zeit hatten, es zu betrachten, bevor es zu Jesus auf den Schoß kletterte. Jedenfalls lange genug, dass sich ihre Augen auf das Kind fixieren konnten, sein junges Gesicht studieren – lange genug, um ihre Haltung zu ändern. Hatte der Junge sich gerade noch am Fuße der Leiter befunden, so stand er jetzt plötzlich ganz oben im Scheinwerferlicht der Aufmerksamkeit. Wahrscheinlich haben die Jünger ihn angestarrt, als hätten sie noch nie zuvor ein Kind gesehen. Was versuchte ihr Herr ihnen zu sagen?

Schließlich sprach Jesus: „Wahrlich, ich sage euch: Wenn ihr nicht umkehrt und werdet wie die Kinder, so werdet ihr nicht ins Himmelreich kommen" (Matthäus 18,3). Und er könnte hinzugefügt haben: „… und ihr wäret schon gar nicht der Größte darin!" Das Wort *umkehren* ist hier dasselbe Wort, das Petrus später am Pfingsttag benutzte, als er der Menge ihre Rolle bei der Kreuzigung von Gottes Sohn vor Augen hielt: „Jetzt aber *kehrt um* und wendet euch Gott zu, damit er euch die Sünden vergibt" (Apostelgeschichte 3,19; *Hfa).

Jesus sprach zu seinen Jüngern nicht über eine geringfügige Veränderung, eine leicht veränderte Perspektive. Er rief sie vielmehr auf, ihre Gesinnung einer radikalen Prüfung zu unterziehen, um überhaupt Teil des Königreiches zu werden, geschweige denn darin einen der „oberen Plätze" einzunehmen. Er hätte hinzufügen können: „Hier auf der Straße habt ihr gezeigt, dass ihr kind*isches* Benehmen perfekt beherrscht. Was ihr aber werden müsst, ist kind*lich*!"

Damit meinte er nicht, dass sie perfekt werden mussten. Eine sündige Natur manifestiert sich in Kindern wie in Erwachsenen. Dies war keine Lektion darin, wie man sich irgendwie durch geeignetes Verhalten einen Platz im Himmel verdient (etwa dadurch, dass man sich „lieb Kind" macht). Nein, dies war ein Einblick in ihr Innerstes, ihre Natur, wie sie nur der göttliche Planer und Schöpfer überhaupt kennen konnte. Jesus sprach von Demut. Einer Niedrigkeit von Herz und Gemüt. Einem lehrbaren Geist. Einer Bereitschaft oder sogar Freude zu lernen. Einer Art von einfachem Glauben, der nicht versucht hätte, zögerlich auf dem Wasser zu *laufen*, wie Petrus es tat, sondern zu *hüpfen* und ausgelassen herumzutollen, völlig sicher in der Gegenwart und unter dem Schutz seines Herrn. Jesus sprach von dem Vertrauen, das es einem erlaubt, nach den Regeln eines anderen zufrieden zu leben, sogar ohne diese ganz zu verstehen. Dem Bedürfnis, zu lieben und geliebt zu werden, einem Charakter, der einfach keinen Groll kennt, sondern rasch vergeben kann, im Vertrauen darauf, dass die Liebe weitergehen kann.

Ein ganzes Buch könnte (und sollte) darüber geschrieben werden, wie zentral eine kindliche Haltung für den Einzug in Gottes Königreich ist. Jesus sagte, dass die Jünger in diesem Moment weit davon entfernt waren zu sein, wie sie sein sollten, dass sie sogar in genau die falsche Richtung steuerten. Die Zeit wurde knapp. Eine radikale Veränderung war angesagt.

Absolut klar

In diesem Moment regte sich vielleicht das Kind in den Armen Jesu. Oder vielleicht streckte es die Hand aus, um sein Bein zu berühren. Irgendwie scheint es die Aufmerksamkeit des HERRN wiedergewonnen zu haben, denn Jesus fuhr fort: „Wer sich nun selbst erniedrigt und wird wie dies Kind, der ist der Größte im Himmelreich" (Matthäus 18,4). In diesem Moment eröffnete sich ein anderes Thema. Bis dahin hatte Jesus über die Größe in seinem Königreich gesprochen und hatte das Kind zur Veranschaulichung benutzt. Nun gelangte das Kind in seinen Fokus, als er mit neuer Leidenschaft weiter formulierte: „Und wer ein solches Kind aufnimmt in meinem Namen, der nimmt mich auf" (Matthäus 18,5).

Lukas fügt in seinem Bericht hinzu: „Denn wer der Kleinste ist unter euch allen, der ist groß" (Lukas 9,48). Markus geht sogar noch einen Schritt weiter: „Wer ein solches Kind in meinem Namen aufnimmt, der nimmt nicht mich auf, sondern den, der mich gesandt hat" (Markus 9,37).

Diese Worte ließen mit Sicherheit die Wortgefechte am Straßenrand verstummen! Zweifellos waren die Jünger geschockt und aufgewühlt, als die Worte von Jesus in ihr Bewusstsein drangen. Ein Akt der Freundlichkeit einem Kind gegenüber hatte den gleichen Stellenwert wie gegenüber Jesus Christus – also Gott selbst?

Man sollte meinen, dass ein großer, neuer Respekt und eine Wertschätzung für Kinder ihre Herzen ergriff. Eine völlig neue Theologie hätte entstehen müssen, die Kinder in den Mittelpunkt der Arbeit von Gemeinden gestellt hätte. Augenblicklich hätten neue Prioritäten für Programme, Strategien und Budgets eingeführt werden müssen. Jesu Worte hätten nicht deutlicher sein können.

Wie unglaublich, dass sie all dies innerhalb weniger Tage vergaßen. Wie unglaublich traurig, dass auch die Kirche es für die nächsten zwei Jahrtausende vergaß!

Als Markus und Lukas ihre Berichte schrieben (ungefähr vier Jahrzehnte später), war ihnen offensichtlich der Rest der Debatte entfallen, die an diesem Tag entstand. Ihre Erzählungen kehren sofort zu „erwachsenen" Themen zurück. Beide berichten, dass Johannes aus heiterem Himmel eine Frage stellte zu einem Mann, der in Jesu Namen Dämonen ausgetrieben hatte, und dass er wissen wollte, was diesbezüglich zu tun sei (vgl. Markus 9,38 und Lukas 9,49). Den entscheidenden Moment der Erleuchtung hatten offensichtlich beide Evangelisten verpasst.

Matthäus jedoch war so umsichtig, die Szene zu vervollständigen. In Kapitel 18, Vers 6 scheint Jesus besorgt zu sein, dass das kleine Kind, das er vor sich hat, Schaden erleiden könnte. Er spricht mit ernster Stimme: „Wer aber einen dieser Kleinen, die an mich glauben, zum Abfall verführt, für den wäre es besser, dass ein Mühlstein an seinen Hals gehängt und er ersäuft würde im Meer, wo es am tiefsten ist." Er zeichnet dieses grauenhafte Bild, um zu verdeutlichen, wie schwer ein solches Vergehen wiegt. Er fordert seine Zuhörer auf, sich vorzustellen, wie sie wild um sich schlagend kopfüber in das aufgewühlte Meer geworfen werden und dort vom Gewicht eines zwei Tonnen schweren Mühlsteins unweigerlich in den Tod gerissen werden. Jetzt hatte Jesus mit Sicherheit ihre Aufmerksamkeit erlangt! Als er in ihre bleichen Gesichter sah, mag er hinzugefügt haben: „Habt ihr das verstanden? Kann ich es euch noch deutlicher machen, dass Kinder für mich wichtig sind?"

Zweifellos hämmerte es in seinem Kopf von all den Untaten, die im Laufe der Geschichte an den kleinen unschuldigen Kindern begangen worden waren, sogar das Massaker an seinen Altersgenossen in Bethlehem nach seiner Geburt. Als Nächstes mag er vorausgedacht haben an zukünftiges Unrecht wie: Kindersklavenhandel in Afrika, sexuelle Ausbeutung von Kindern, streitende Eltern, zerbrochene Familien, Kinderpornografie, Kindersoldaten und die Geißel AIDS. Mit einem innerlichen Seufzer fuhr er mit seiner gewichtigen Lehre fort und sagte in drei weiteren überlieferten Versen, dass, wenn jemand zu einer dieser verabscheuungswürdigen Sünden neigen sollte, es besser für ihn wäre, seine Hand abzuhacken, seinen Fuß abzuschneiden oder sich das Auge auszustechen. Es sei besser, auf der Erde verstümmelt zu werden, als in das ewige Feuer der Hölle geworfen zu werden!

An diesen Vers muss ich denken, wenn ich ein Land wie Guatemala südlich von Mexiko besuche. Es ist ein kleines Land wie viele andere, das darum kämpft, wirtschaftlich auf die Beine zu kommen und die über 60 % seiner Bevölkerung, die unter der Armutsgrenze leben, aus dem Elend zu holen oder zumindest besserzustellen. Einer der Vorzüge dieses Landes ist seine touristische Anziehungskraft. Guatemala hat das ganze Jahr über ein mildes Klima, herrliche Ozeanstrände, aktive Vulkane, geringe Preise, farbenfrohe Märkte und drei verschiedene Orte, die von der UNESCO als Weltkulturerbe ausgewiesen wurden, einschließlich der überwältigenden Maya-Ruinen Tikal.

Aber manche Touristen haben heutzutage andere Vergnügungen im Sinn. Es sind vorwiegend Europäer, aber auch Nordafrikaner, auf der Suche nach zwölf- bis dreizehnjährigen Mädchen. Der aktuelle Preis für einen nächtlichen „Dienst" beträgt lächerliche zehn US-Dollar. Das hingegen ist so viel, wie ein Familienvater bei langen Schichten in einer halben Woche in einer Bekleidungsfabrik verdient. Würde er versuchen, auf der Straße Souvenirs zu verkaufen, hätte er netto sogar noch weniger. Wenn die Familie hungern muss, sind manche besorgte und verzweifelte Eltern bereit, ihre unschuldigen Töchter hinauszuschicken, damit sie beim Geldverdienen helfen.

Stellen Sie sich vor, wie dieses junge Mädchen in den frühen Morgenstunden vom Hotel nach Hause läuft, in ihrer Hand ein zerknitterter 10-Dollar-Schein. Aber das ist nicht das Schlimmste an dieser Gräueltat. In manchen Fällen weiß das Mädchen nicht, dass es aus dieser Nacht noch etwas anderes mit nach Hause bringt: das Aidsvirus. Infolge dieses grässlichen Handels – Sextourismus genannt – haben Guatemala und sein Nachbarland Honduras inzwischen die höchste HIV-Ansteckungsrate von allen lateinamerikanischen Ländern.

Wenn bei dieser jungen Frau die Krankheit voll ausbricht, wird die medizinische Hilfe weit geringer ausfallen als in der entwickelten Welt. Antiretrovirale Therapien, die sie am Leben erhalten könnten, wären für ihre Familie bei Weitem zu teuer. Somit kommt der Tod früher. Sehen Sie sich diese Gegenüberstellung von Zahlen aus dem Jahr 2003 an:

- Die Vereinigten Staaten von Amerika, das flächenmäßig drittgrößte Land in der Welt mit 300 Millionen Einwohnern, hatten 14.000 Aidstote zu beklagen.
- Laut einer Studie des SPIEGEL waren es in Deutschland deutlich unter 1000 Menschen, die an AIDS starben.
- Guatemala mit nur 11 Millionen Einwohnern beerdigte 44.000 Aidstote.[1]

Ruft das bei Ihnen nicht Empörung hervor? Wie widerlich ist es, dass wohlhabende Reisende mit häufig wechselnden Sexualpartnern diese kostbaren Kinder ausnutzen! Das ist genauso eine Sache wie die, über die Jesus in Matthäus 18 vor Wut schäumte. Sicherlich stimmten die Jünger letztlich mit ihm überein. Natürlich würden sie niemals von sich aus einem Kind etwas Böses antun.

Aber Jesus wusste, dass Kinder noch unter etwas anderem zu leiden haben; denn die Sünden, die Gott das Herz brechen, müssen keine Sünden sein, die *begangen* werden. Ebenso verwerflich, aber weit verbreiteter sind die *Unterlassungssünden*. Kinder werden einfach für nachrangig, ja, für unwichtig gehalten.

Mit Blick auf die Kultur, in der Jesus lebte – aber auch durch alle Zeiten hindurch bis in die Gegenwart hinein –, war er nicht bereit, dieses Schlupfloch zuzulassen. In Vers 10 drängte er weiter: „Hütet euch davor, hochmütig auf die herabzusehen, die euch gering erscheinen. Denn ich sage euch: Ihre Engel haben immer Zugang zu meinem Vater im Himmel" (*Hfa).

Diese Gedanken waren Neuland. Man soll diejenigen, die einem gering erscheinen, dennoch nicht gering schätzen? Im Verlauf der Geschichte hat keine Gesellschaft Kindern den gleichen Stellenwert eingeräumt wie Erwachsenen, und sicherlich nicht die damals vorherrschende römische oder jüdische Kultur. Aber Jesus sprach über die Werte und Vorlieben eines völlig neuen Königreichs – dem Königreich, das diese Jünger verkünden sollten.

Den Prunk und die Anbetungszeremonien, die sich im Himmel abspielen, kann ich nicht ermessen. Selbst dem Apostel Johannes fehlten die Worte, um unseren sterblichen Geistern den Glanz der Herrlichkeit des Himmels zu beschreiben. Aber gemäß dem, was Jesus hier sagte, gibt es inmitten der Ältesten und des himmlischen Gastgebers eine Menge von Engeln, die ganz auf die Bedürfnisse kleiner Kinder eingestellt sind – „ihre" Engel. Theologen diskutieren darüber, ob es tatsächlich Schutzengel gibt, die damit betraut sind, sich um uns zu kümmern und jeden Einzelnen von uns zu beschützen. (Falls es sie gibt, so befürchte ich, dass ich bei meinem Eintritt in den Himmel eine beträchtliche Rechnung vorgelegt bekommen werde für die „Überstunden" meines Schutzengels!)

Was dieser Vers ausdrücken möchte, ist wohl, dass es in den obersten Reihen des Himmels Engel als Repräsentanten dieser Kleinen gibt und dass man deshalb nicht auf sie herabsehen darf oder sie behandeln, als seien sie nicht wichtig.

Können Sie sich vorstellen, wie ein Schutzengel inmitten des Lobpreises plötzlich seine Hand hebt und dadurch die „Heilig, heilig, heilig"-Rufe unterbricht, nur um dem allmächtigen Gott auf seinem Thron zu sagen: „Entschuldige bitte, aber wir haben gerade eine Nachricht von der kleinen Maria unten in Fortaleza erhalten. Sie klingt aufgeregt. Sie sagt: ‚Oh, Gott, bitte lass es heute Nacht nicht wieder passieren.' – Es hört sich an, als würde sie weinen ..."

Der Lobpreis hört abrupt auf. Große Betroffenheit, gemischt mit einer Spur von Trauer, lässt sich vom Gesicht des ewigen Gottes ablesen. „Engel!", beginnt er seine Anordnungen. „Geh sofort hinunter. Steh die ganze Nacht an ihrem Bett Wache und stell sicher, dass sie in Frieden schläft."

Einen derartigen Einfluss, solchen Zugang, solch ein „Durchsetzungsvermögen" haben Kinder im Himmel. Ich bin überzeugt, dass das Gebet eines Kindes eine der mächtigsten Kräfte auf der Erde ist.

Jesus beendet seinen Diskurs über die Prioritäten in seinem Königreich mit dem bekannten Gleichnis vom verlorenen Schaf. Viele Prediger sagen, der Kernpunkt an dieser Geschichte sei es, den Wert jedes einzelnen Individuums für den Guten Hirten zu illustrieren, was sicherlich stimmt. Diese exemplarische Bedeutung kann man sehen, wenn man die Version von Lukas in Kapitel 15 liest (Verse 4–7). Aber hier in Matthäus 18 wird klar, dass Jesus immer noch speziell über seine Liebe zu Kindern spricht. In

Vers 14 schlussfolgert er: „So ist's auch nicht der Wille bei eurem Vater im Himmel, dass auch nur eines von diesen *Kleinen* verloren werde."

Ich muss mich einfach fragen, ob Jesus, als die Jünger in betretenem Schweigen davongingen, noch einen Moment mit diesem Kind zusammenblieb. Vielleicht hat es in Ehrfurcht zu ihm aufgeschaut und gesagt: „Wow, denen hast du es aber gezeigt. Das war eine Lektion, die sie nie vergessen werden! Deine Hände haben sogar gezittert!"

Jesus mag nachdenklich genickt haben: „Das hoffe ich. Ich hatte das Gefühl, mein Herz würde platzen. Ich kann mich nicht erinnern, jemals jemandem so energisch etwas nahegebracht zu haben."

Die Mutter des Jungen mag Jesus dankbar angeschaut und ein leises „Danke" gehaucht haben, weil sie verstand, dass soeben etwas sehr Wichtiges für ihr Kind passiert war. Jesus hat vermutlich in dieser Nacht gut und fest geschlafen, nachdem er einen der entscheidenden Grundsätze seines Königreichs abschließend behandelt hatte.

Zumindest schien es so.

Abgelenkt?

Wenig später liefen Jesus und seine Jünger die Straße hinunter in Richtung Süden, von Galiläa nach Perea, einem Gebiet östlich des Flusses Jordan. Dort „kamen einige Pharisäer zu ihm und versuchten, ihm eine Falle zu stellen" (Matthäus 19,3). Auf diese Weise begann die komplizierte Diskussion über Ehescheidung, bei der sich auch Kinder und ihre Mütter in der Nähe aufhielten.

Ich wage sehr zu bezweifeln, dass dies das erste Mal war, dass Jesus seine Aufmerksamkeit auf die Kinder richtete. Ich kann mir vorstellen, dass dies bei Gottes Sohn öfters passierte. Kinder haben eine frappierende Fähigkeit, zu spüren, ob ein Erwachsener sie mag oder nicht. Sie können erraten, was in den Gedanken eines Erwachsenen vorgeht. Sie haben es im Gespür, ob die Großen sie mit einem Lächeln willkommen heißen oder sie frustriert beiseiteschieben werden. Für mich besteht kein Zweifel daran, dass Jesus aussah wie jemand, auf den Kinder gerne zukommen.

Vielleicht wussten das die Jünger von ihrem Herrn. Sie hatten es schon vorher erlebt: Er war mit Erwachsenen im Gespräch über ein ernstes Thema, als ein Kind auftauchte und die ganze Konzentration der Gruppe störte. „Warum kann er nicht bei der Sache bleiben? Die Angelegenheit ist so wichtig. Es steht so viel auf dem Spiel", mögen seine Gesprächspartner untereinander gebrummelt haben. Die Szenerie an diesem speziellen Tag kann ich mir bildhaft vorstellen: Jesus in der Mitte, umringt von Pharisäern, im äußeren Kreis um diese herum die Jünger, die sich nahe herandrängten, um jedes bedeutsame Wort mitzubekommen. Schließlich liebten sie es auch, in der Nähe der Macht zu sein.

Dann kommt ein kleiner grinsender Junge mit Zahnlücke, der verstohlen hinter dem Gewand von Petrus hervorschaut und Jesus schüchtern zuwinkt. Wenige Schritte entfernt hält ein kleines Mädchen eine Blume hoch mit einem Stiel, der sich in der Hitze schon merklich zu neigen beginnt. Dann streckt ein Baby, das auf dem Rücken seiner Mutter zufrieden gurrt, seine speckigen Ärmchen nach dem Herrn aus …

Mitten im Satz unterbricht Jesus das ernste Gespräch und zögert nur eine Sekunde, bevor er dem spitzbübischen kleinen Gesicht zuwinkt, die Augenbrauen hochzieht in Anerkennung der Blume, von der er weiß, dass sie ein Geschenk des Mädchens an ihn sein soll. Er kann die Liebe und den Respekt der jungen Mütter spüren, die immer noch geduldig am Rande der Szene warten.

Rasch gerät die Situation außer Kontrolle. Die Jünger fühlen sich verantwortlich, die Ordnung wiederherzustellen, damit dieser wichtige Dialog nicht völlig abdriftet. *Jetzt fängt er schon wieder mit Kindern an*, denken sie. *Ist ihm eigentlich nicht bewusst, welche Macht und welches Prestige die Männer um ihn herum besitzen? Dies ist ein Moment von großer Bedeutung.* Sie beginnen, unruhig zu werden, gestikulieren mit ihren Händen, und ihre Lippen formen ein *Pssst!*. „Nicht jetzt, liebe Frau. Können Sie nicht sehen, dass der Meister beschäftigt ist?"

Das ist der ergreifende Moment, von dem Markus berichtet: „Als Jesus das merkte, wurde er zornig" (Markus 10,14; *Hfa).

Hierzu würde ich wieder allzu gerne eine Illustration sehen, die *diesen* explosiven Moment einfängt, ungefähr zwanzig Sekunden vor der Szene, die normalerweise in Gemälden dargestellt wird. Sie würde nicht nur das Gesicht eines erschütterten, aufgewühlten Jesus zeigen, sondern auch, wie gleichzeitig alle Zeugen im Himmel und in der Hölle verblüfft zusammengefahren sein müssen. In diesem Moment erlitt die Hölle eine vernichtende Niederlage. Ich kann mir nur vorstellen, dass der ganze Himmel in Jubelrufe ausbrach! Die Geringsten unter ihnen – so leicht anzugreifen, so verletzlich, so ungeschützt – waren in Sekundenschnelle emporgehoben worden auf einen bedeutenden Platz im Vordergrund, protegiert und beschützt von Gott selbst. In diesem Moment wurde überdeutlich, dass die Jünger die falschen Leute in Schutz genommen hatten.

Die nächsten Worte waren für alle laut und deutlich zu hören: „Lasst die Kinder zu mir kommen und haltet sie nicht zurück." Diese wenigen überlieferten Worte sprechen Bände darüber, wie Jesus als menschliches Wesen war. Er sagte nicht: *„Bringt* jetzt diese Kinder zu mir. Es ist 11 Uhr 20, genau die Uhrzeit, um die wir für gewöhnlich in unserem Morgengottesdienst die Aufmerksamkeit kurz den Kindern widmen." Nein, Jesus sagte: „Geht mal aus dem Weg und *lasst sie herkommen.* Ihr müsst nur endlich aufhören, ihnen den Weg zu versperren. Schaut sie an; sie fühlen sich bereits zu mir hingezogen. Wagt es nicht, sie am Näherkommen zu hindern."

Jesus war zu barmherzig, als dass er seine Jünger weiter gedemütigt hätte, aber er könnte hinzugefügt haben: „Erinnert ihr euch denn an gar nichts von unserem gestrigen Gespräch?! Ich habe euch so klar und eindringlich gesagt, dass das Königreich Gottes solchen wie ihnen gehört." Sogar ohne diese Schelte kann ich mir vorstellen, wie die Jünger – entwaffnet und ernüchtert – stumm zuschauten, wie eine Lawine von triumphierenden Kindern an ihnen vorbei in die Arme ihres Herrn sauste. Jesus nimmt sie instinktiv in die Arme, drückt sie fest an sich und segnet sie. Gekicher und Gelächter füllen die Luft. Tränen steigen den jungen Müttern in die dankbaren Augen.

Ich glaube, dass Jesus diese Momente grenzenloser Liebe und

Freude ebenso sehr brauchte wie die Kinder. Die Menschen kamen immer zu Jesus, um etwas zu *bekommen*, etwas für sich selbst mitzunehmen – Heilung, Information, Nahrung, Segen. Selten bekam Jesus etwas. Aber wenn er der Empfangende war, so war er tief bewegt, wie zum Beispiel von einem Becher kalten Wassers oder einem Fläschchen mit Parfüm. An diesem speziellen Tag kamen die Kinder nur, um zu geben. Sie hatten nicht viel, aber sie gaben alles, was sie hatten.

Wir wissen nicht, wie viel Zeit Jesus dort mit den Kindern verbrachte, aber ich könnte mir vorstellen, dass er eine Weile bei ihnen blieb – um ihretwillen und um seiner selbst willen. Er brauchte diese süße, großzügige Liebe, weil sie ihm reichen musste. Sehr bald, inmitten seines Leidens, würde er die so dringend benötigte Stärke aus diesen Momenten einfacher, aufrichtiger Liebe ziehen.

Zugabe

Nur ein oder zwei Kapitel später erzählen uns die Verfasser der Evangelien über den triumphalen Einzug Jesu in Jerusalem. Eine große Menschenmenge – Väter, Mütter und Kinder – säumte die Straßen, schwenkte Palmenzweige und rief aufgeregt: „Gelobt sei, der da kommt in dem Namen des Herrn! Hosianna in der Höhe!" (Matthäus 21,9). Jesus war der Held des Tages.

Nur wenige Menschen waren irritiert von dieser feierlichen Szene. „Als aber die Hohen Priester und Schriftgelehrten die Wunder sahen, die er tat, und die Kinder, die im Tempel schrien: Hosianna dem Sohn Davids!, entrüsteten sie sich" (Vers 15).

Sofort verteidigte Jesus die Kinder. Er zitierte Psalm 8,3: „Aus dem Mund der Kinder erklingt dein Lob." Zweifellos hätte er hinzufügen können: „Oh ja, ich höre sie! Und auch die gewaltigen Heerscharen im Himmel und in der Hölle. Nichts erfreut Gott mehr. Wenn ihr versucht, sie zum Schweigen zu bringen, dann werden die Steine schreien" (vgl. Lukas 19,40).

Zumindest blieben die Jünger an diesem Tag still. Offensichtlich hatten sie endlich verstanden, was wir alle lernen müssen zu verstehen: *Kinder sind wichtig.* Jesus wird einem Kind Zeit einräumen, unabhängig davon, was außerdem noch seine Aufmerksamkeit beansprucht. Er liebt Kinder leidenschaftlich. Sie sind zu wertvoll, als dass man sie verletzen dürfte, und sie haben ihren Platz genau mitten im Herzen Gottes und belegen einen hohen Rang in seinem Königreich.

13 | Nachfolge ist ein „Kinderspiel"

Im vorigen Kapitel haben wir Kinder aus ihrem Schattendasein geholt und in die vorderste Reihe gestellt, indem wir dem Standpunkt Jesu Nachdruck verliehen haben: „Hütet euch davor, hochmütig auf die herabzusehen, die euch gering erscheinen" (Matthäus 18,10). In diesem Kapitel will ich mich noch weiter vorwagen. Ich glaube ehrlich, und werde dies anhand der Bibel belegen, dass Gott bei bestimmten Gelegenheiten Kinder *anstelle von Erwachsenen* benutzt, um strategische Ziele innerhalb seines Königreichs durchzusetzen.

Das klingt weit hergeholt. Aber warten Sie ab.

Soweit wir aus der Lektüre der Evangelien erkennen können, hat Jesus niemals Kinder ermahnt, erwachsener zu werden. Er hielt jedoch Erwachsene dazu an, mehr wie Kinder zu werden (Markus 10,15). Wie oft haben Sie einen aufgebrachten Elternteil (vielleicht sich selber?) ein Kind anknurren hören: „Wann wirst du endlich erwachsen?!" Jesus sagte genau das Gegenteil zu seinen erwachsenen Jüngern: „Wann werdet ihr endlich wie die Kinder? Das ist es, was es braucht, um in mein Königreich zu gelangen."

Ich betrachte es als einen *Teilsieg*, wenn ich christliche Leiter von Kindern als der „Kirche von morgen" sprechen höre. Es ist nicht der ultimative Standpunkt, aber wenigstens ein Schritt in die richtige Richtung. Vielleicht werden diese Leiter in nicht allzu ferner Zeit lernen, Kinder auch als einen Teil *der Kirche von heute* zu betrachten. Gott hat Freude daran, sein Königreich durch Kinder aufzurichten, und zwar in noch viel spektakulärerer Art und Weise, als sich die meisten von uns vorstellen können, eben darum, weil es Kinder *sind* und somit noch reinen Herzens.

Auf ihrem Weg ins Erwachsenendasein durchleben Kinder Phasen und sind zu einem gewissen Zeitpunkt genau so, dass

Gott sie gebrauchen kann. So zeigt auch ein Gang durch die Bibel an mehreren Stellen, dass der allmächtige Gott, wenn er ein perfektes Werkzeug brauchte, ein Kind auswählte – gerade *weil* es ein Kind war. Die Aufgabe konnte keinem Erwachsenen aufgetragen werden. Sie denken zu viel. Sie wissen zu viel. Oder wenigstens glauben sie das! Mit Sicherheit zweifeln sie zu viel, fürchten zu viel, sind zu egoistisch und auch zu sehr auf Ruhm bedacht ... eben Erwachsene! Jesaja beschrieb dieses Phänomen gut in seiner Darstellung von Gottes Reich, in dem die Werte auf dem Kopf stehen. Er endete mit den Worten: „Dann werden Wolf und Lamm friedlich beieinander wohnen, der Leopard wird beim Ziegenböckchen liegen. Kälber, Rinder und junge Löwen weiden zusammen, ein kleiner Junge kann sie hüten" (Jesaja 11,6; *Hfa).

Hier sind ein paar Ereignisse – sowohl aus der Bibel als auch aus der Gegenwart –, wo Gott scheinbar eine Pause einlegte, sich die Hände rieb und warmherzig lächelte. *Für diese Aufgabe brauche ich wirklich jemand Mächtigen. Ich weiß schon – ich wähle ein Kind aus.*

Benötigt: Mut und Kreativität (2. Buch Mose)

Es brauchte ein sehr kluges Mädchen, um das Leben eines großen Anführers von Israel zu retten, als er noch ein Baby war. Sie war seine fürsorgliche große Schwester. Ihr Name war Mirjam, und er war Mose.

Wenn ich diese Geschichte höre oder lese, stelle ich mir immer das Sumpfgebiet direkt bei unserem afrikanischen Dorf vor. Dort fingen wir als Kinder Frösche, wir angelten und versteckten uns zwischen den Schilfrohren an genau dem Platz, von dem wir wussten, dass dort die wilden Tiere ans Wasser kommen würden, um zu trinken. Dort war auch der Ort, wo am Abend die Stammesmitglieder hinkamen, um zu baden. An einem ebensolchen Schauplatz benutzte Gott ein Sklavenmädchen, um das Herz einer Prinzessin zu durchschauen und das Leben ihres Bruders zu retten – und damit das Schicksal ihres ganzen Volkes.

Der böse ägyptische Pharao, der Gottes Volk versklavt hatte,

hatte verfügt, dass alle kleinen hebräischen Jungen ihren Eltern gleich nach der Geburt weggenommen und in den Nil geworfen werden sollten. Moses Mutter und Vater konnten den Gedanken nicht ertragen, dass dies auch mit ihrem Baby passieren sollte. Unter großem Risiko versteckte die Mutter ihren kleinen Sohn drei Monate lang bei sich zu Hause.

Als aus dem leisen Wimmern des Babys ein lauteres Schreien wurde, schmiedete die Mutter einen verzweifelten Plan. Sie flocht einen Korb aus Schilfrohr und dichtete ihn mit Teer ab, sodass er „niltauglich" wurde; denn sie hatte vor, ihn flussabwärts treiben zu lassen, einem ungewissen Schicksal entgegen. Mutter und Tochter müssen gebetet haben, während sie die Schilfrohre miteinander verwoben. Sicherlich gingen sie in Gedanken jedes mögliche Schreckensszenario durch: Ein Krokodil könnte nach dem Korb schnappen, eine große Schlange könnte das Baby erwürgen, irgendwo flussabwärts könnte eine schnelle Machete in der Hand eines wütenden Ägypters zuschlagen. Aber vielleicht würde ja auch ein Wunder geschehen?

Die Schreie des Babys wurden lauter und häufiger. Es hatte schon zu viele heikle Situation gegeben. Vielleicht würden die Nachbarn nervös werden, obwohl sie bislang verständnisvoll und hilfsbereit gewesen waren, aber immerhin riskierten sie ihr eigenes Leben, um die Sache geheim zu halten.

Schließlich war der Korb fertig. Bei Tagesanbruch machten sich Moses Eltern mit ihrem wertvollen Bündel leise auf den Weg zum Flussufer. Es muss ein herzzerreißender Abschied gewesen sein – das sorgenvolle Gebet einer Mutter, die zittrige Umarmung eines Vaters, das lautlose Schluchzen einer Schwester am Flussufer. „Mirjam, versteck dich im Schilf", flüsterte die Mutter, „und hab ein Auge auf deinen kleinen Bruder. Ich kann den Gedanken nicht ertragen, ihn alleine hier draußen zu lassen. Sei tapfer." Mirjams Mutter wusste, dass ein Mädchen, das am Wasser „spielte", viel weniger verdächtig sein würde als eine herumstehende erwachsene Frau.

Mirjam tat, wie sie geheißen wurde, und versteckte sich im Schilf. Bald wurde die Stille des Morgens durch helle Stimmen unterbrochen. Auf dem Pfad zum Flussufer hinunter näherte sich eine Schar junger Frauen scherzend und singend. Sie liefen genau in Richtung von Mirjams Versteck.

Dann trat durch das sich leicht öffnende Schilfgras die hübscheste junge Frau, die Mirjam je gesehen hatte, genau auf das Körbchen mit ihrem Brüderchen zu. Während Mirjams Familie sich alle möglichen Schreckensszenarien ausgemalt hatte, passierte nun etwas, das keiner von ihnen jemals erwartet hätte: Ihr kleiner Mose wurde von der Prinzessin von Ägypten und einer Schar von Dienerinnen entdeckt. Darauf war die kleine Mirjam nicht vorbereitet gewesen.

Die Augen der Prinzessin fielen auf das Körbchen im Schilf. Mit großer Neugier gebot sie einer Dienerin, es zu holen. Mirjam konnte aus ihrem Versteck heraus alles beobachten. Ihr Herz klopfte wild, als sie sich vorstellte, wie das tropfende Körbchen der Tochter von Israels größtem Feind – dem verhasstesten und bösesten Mann auf der ganzen Welt – vor die Füße gelegt wurde. Sicher war jedes Mitglied seiner Familie genau wie er. Was für eine fürchterliche Tortur mochte ihren kleinen Bruder am Ende seines Lebens erwarten? Im Vergleich zu dieser unerwarteten Wende der Ereignisse mochte der Gedanke an Krokodile und Schlangen noch harmlos erscheinen.

An dieser Stelle hätten die meisten von uns Erwachsenen sich falsch verhalten. Wir wären in Verzweiflung versunken angesichts unseres „Wissens" über Ägypter und ihre Grausamkeit, die man vom Hörensagen kannte. Durch die vorgefassten Meinungen in unseren Herzen und unsere berechtigte Empörung wären wir geblendet gewesen. Wir hätten nur das gesehen, was unserer Erwartung entsprochen hätte.

Anders ein Kind. Kinder sind unbedarft. Außerdem sind sie gesegnet mit der frappierenden Fähigkeit, den Charakter eines Menschen spontan zu erfassen. Obwohl sie unerfahren und naiv sind, wissen sie oft instinktiv, wem man trauen kann und wer ein Scharlatan ist.

Es brauchte die Haltung und den gesunden Menschenverstand eines Kindes, um zu verstehen, was passierte, als die Prinzessin den Korb öffnete. Zunächst war die Tochter des Pharao erschrocken, überrascht, aber dann strahlte ihr Gesicht vor Freude und

Zärtlichkeit über das kleine Flüchtlingsbaby. Die Prinzessin erkannte, dass ihr eben gefundener Schatz ein hebräisches Baby sein musste, und schätzte rasch die Lage ab. Mirjam beobachtete jede Regung im Gesicht ihrer Feindin. Sie beobachtete, wie deren Augen rasch nach rechts und links huschten, um herauszufinden, ob irgendjemand ihre Entdeckung beobachtet hatte.

Als Nächstes taxierten die Augen der Prinzessin jede ihrer Dienerinnen. Das Lachen und Singen waren längst verstummt. Sie fragten sich, was die Prinzessin mit diesem Baby tun würde, das offenbar ihre Zuneigung gefunden hatte.

In diesem spannenden Moment schmiedete Mirjams hellwacher Verstand einen raffinierten Plan. Sie riskierte ihr eigenes Leben, indem sie aus dem Schilf heraustrat und eine brillant formulierte Frage stellte: „Soll ich gehen und eine der Hebräerinnen holen, damit sie das Baby für Euch stillt?" Was hier stattfand, war ein fruchtbares Zusammentreffen von Herz und Verstand über kulturelle Grenzen, Wohlstand und Status hinaus.

„Ja, geh!", flüsterte die erleichterte und dankbare Prinzessin.

Wären Sie nicht gern dabei gewesen und hätten die Ankunft der kleinen Mirjam zu Hause miterlebt? „Mama, rate mal, was passiert ist. Du wirst es nicht glauben!" Sie hatte nicht nur die Gedanken einer fremdländischen Prinzessin richtig interpretiert und ihrem kleinen Bruder das Leben gerettet, sondern es war ihr auch gelungen, dafür zu sorgen, dass ihre Mutter von der Regierung dafür bezahlt wurde, ihr eigenes Kind großzuziehen!

Als Gott jemand mit Mut brauchte, mit einem scharfen Verstand und inspirierter Kreativität, um das Leben eines der größten Führer, die die Welt jemals haben würde, zu retten, war nur ein Mädchen geeignet.

Benötigt: Ein reiner Bote in korrupten Zeiten (1. Samuel 3)

Wir machen in der Geschichte einen großen Sprung um drei Jahrhunderte vorwärts in eine Zeit, die nicht gerade Israels Glanzzeit war. Die Erinnerungen an die Befreiung aus der Sklaverei in Ägypten, das Wunder der Durchquerung des Roten Meers, Manna in der Wildnis und die Eroberung des Landes Kanaan begannen allmählich zu verblassen. Als das Volk Israel sich niederließ und begann, sich zu organisieren, waren ihr Glaube und ihre Inbrunst bereits abgekühlt. Die Priesterschaft war die reine Katastrophe:

Eli, der Hohepriester, war nun ein alter Mann, und seine zwei Söhne Hofni und Pinhas waren korrupt und arrogant. Sie verhöhnten ihre eigene priesterliche Stellung. Während Eli als Hohepriester mittelmäßig war, war er als Vater ein Versager. Er wusste alles über diese Sünden seiner Söhne, aber er jammerte bloß darüber und nörgelte herum, dass sie sich bessern sollten.

Israels Feinde, die Philister, spürten, dass das Feuer des einst so mächtigen Gottesvolkes erloschen war. Ihre letzte Niederlage, die ihnen durch die Hand Samsons zugefügt worden war, lag eine Weile zurück. Jetzt stach die Philister wieder der Hafer, und sie stellten sich zu einem Angriff auf.

Es mag sein, dass meine Worte Sie deprimieren. Ich stelle mir vor, dass Gott ebenso gefühlt haben muss. Es war Zeit, einmal Frischluft zu tanken, Zeit für einen neuen Anfang, eine Erweckung. Es war Zeit für ein Kind!

Sein Name war Samuel. Seine fromme Mutter Hanna, die untröstlich darüber war, dass sie keine Kinder bekommen konnte, hatte mit Gott eine Vereinbarung getroffen. Sie hatte in der Stiftshütte gebetet und schluchzend versprochen, dass, falls Gott ihr einen Sohn geben sollte, sie ihn ihm zur Verfügung stellen würde, damit er ihm lebenslang diene. Gott war bewegt: Er hatte einen Plan, für den er ein Kind benötigte, und gab ihrem Wunsch nach.

So wurde ihr Sohn, Samuel, in der Stiftshütte großgezogen, umgeben von den Dingen Gottes. Er war Elis Gehilfe. Sein Bett stand nahe dem des alternden Priesters, sodass er diesem jederzeit rasch zu Hilfe eilen konnte. Eli brauchte bei Tag oder bei Nacht nur einfach „Samuel" zu rufen.

Eines Nachts bediente sich Gott derselben Methode, um mit Samuel in Kontakt zu treten. Er hatte lange nicht zu den Menschen geredet. Jetzt brach er sein Schweigen und wandte sich an ein Kind: „Samuel!"

Sofort antwortete der Junge: „Hier bin ich."

Es brauchte zwei weitere Rufe Gottes, bis der schlafende Eli erkannte, dass hier etwas Göttliches passierte. Er wies Samuel an, beim nächsten Mal, wenn er gerufen würde, zu sagen: „Sprich, HERR, dein Diener hört!" (1. Samuel 3,10).

Wie lange hatte Gott darauf gewartet, solche Worte von seinem apathischen Volk zu hören. Dieser kleine Junge war demütig und der perfekte, reine Bote für seine Nachricht.

In diesem Fall wollte Gott, dass das Kind eine Botschaft überbrachte, die sich an keinen Geringeren richtete als an den höchsten geistlichen Leiter im Land. Und als ob das allein für ein Kind nicht beängstigend genug gewesen wäre, handelte es sich auch noch um eine sehr erwachsene und sehr heikle Botschaft! Sie lautete im Wesentlichen: „Du bist ein schrecklicher Vater gewesen, deine Söhne sind eine Schande, und außerdem sind große Probleme im Anmarsch. Du bist gefeuert!"

Das gibt einen aufschlussreichen Einblick in Gottes Perspektive und den Wert, den er Kindern beimisst. Gott sagte nicht: „Na ja, es ist bloß der kleine Samuel. Für den Anfang betraue ich ihn mit einer einfachen, angenehmen Botschaft." Nein, Gott sah dieses Kind als fähig und würdig an, eine größere Intervention im Leben eines mächtigen Mannes zu starten. Er schränkte den Auftrag in keiner Weise ein. Und tatsächlich sagt die Bibel, dass der junge Samuel am nächsten Morgen Eli „alles" sagte, ohne etwas zu verschweigen (1. Samuel 3,18). Er konfrontierte Eli mit der ganzen Botschaft, die Gott ihm in der Nacht anvertraut hatte.

Ich frage Sie: Würden Sie ein Kind mit einer solchen Nachricht losschicken? Natürlich nicht – aber Gott tat es. Offensichtlich sieht Gott Kinder völlig anders als wir. Wir sind weit davon entfernt, Gottes Haltung Kindern gegenüber und ihren hohen Rang in seinem Königreich zu verstehen.

Gott benötigte einen reinen, glaubwürdigen Boten für die Übermittlung seines Machtworts an die kritikwürdigen Anführer. Er wusste, dass dies nur ein Kind leisten konnte.

Benötigt: Großer Glaube (1. Samuel 17)

Je älter wir werden und je mehr Bildung und Erfahrung wir ansammeln, umso schwieriger wird es für uns, an einem der in Gottes Augen größten Werte festzuhalten – dem Glauben. Aber ohne ihn ist es unmöglich, Gott zu gefallen (vgl. Hebräer 11,6). In einer langen Auflistung positiver Werte belegen die Plätze eins bis drei: Glaube, Hoffnung und Liebe (vgl. 1. Korinther 13,13). Das Schwierige daran, den rechten Glauben zu bewahren, ist, dass er gegen jede Vernunft verstößt. Wir sind inzwischen viel zu intellektuell und gebildet, als dass wir „eine feste Zuversicht" hätten „auf das, was man hofft, und ein Nichtzweifeln an dem, was man nicht sieht" (Hebräer 11,1). Das klingt für uns naiv.

Keine Geschichte der Bibel unterstreicht den Triumph von Glauben über Intellekt, Körperkraft und Taktik deutlicher als die Kraftprobe zwischen David und Goliath. Das war die „erwachsenste" aller Situationen: Armeen waren in voller Ausrüstung aufmarschiert und standen einander in einem engen Tal gegenüber. Das Ziel des Tages war es, Mut, Können und überlegene Stärke unter Beweis zu stellen. Bald würde der Kampf Mann gegen Mann losbrechen, ein Kampf bis zum Tod. Alles stand auf dem Spiel – und die Verlierer würden die Sklaven der Sieger werden.

Davids Vater hatte seinen jugendlichen Sohn lediglich als Boten losgeschickt: „Nimm dieses Essen mit zu deinen kämpfenden Brüdern und schau, wie sie sich schlagen." Sobald David im Lager angekommen war, zeigte sich sein ältester Bruder Eliab irritiert: „Warum bist du hergekommen?", schnauzte er. „Und wer ist jetzt an deiner Stelle bei den Schafen in der Wüste?" Mit einer gemeinen Stichelei, die nur ein großer Bruder loslassen konnte, fuhr er fort: „Ich weiß doch genau, wie hochnäsig und eingebildet du bist! Du bist nur zu uns gekommen, um dir eine Schlacht anzusehen" (1. Samuel 17,28; *Hfa).

Andere Krieger erzählten David von den üppigen Belohnungen, die denjenigen erwarteten, der den Riesen bezwingen würde. Vielleicht taten sie dies aber auch nur, um David zu provozieren. Der Gedanke, dass der junge Hirte sich diese Belohnungen verdienen könnte, kam ihnen gar nicht erst in den Sinn.

Die Geschichte wird noch merkwürdiger. Dass König Saul überhaupt mit dem Schafhirten sprechen würde, geschweige denn ihm einen Schuss auf Goliath gewähren würde, spottet jeder Logik – davon abgesehen lief im Leben des zukünftigen Königs ein göttlicher Plan ab. David probiert Sauls zu große Rüstung an, setzt den ihm gereichten Bronzehelm auf und nimmt ein massives Schwert entgegen. Wieder einmal werden wir daran erinnert, dass David ein Junge ist und kein Mann. Der Riese Goliath tönt ihm noch entgegen: „Bin ich denn ein Hund, dass du mir nur mit einem Stock entgegenkommst?" (1. Samuel 17,43; *Hfa).

Was für ein Moment! Zwei mächtige Armeen werden Zeugen, wie ihr Schicksal von einem Riesen und einem Jungen entschieden wird. Ein abgebrühter Koloss von einem Kämpfer und ein einfacher, junger Schafhirte. Ein grobschlächtiger Gotteslästerer und ein Knabe, voller Vertrauen darauf, was sein Gott kann und mit Sicherheit auch tun wird.

Von diesem Moment an war nichts Kindliches an dem, was David sagte oder tat. „Du, Goliath, trittst gegen mich an mit Schwert, Lanze und Wurfspieß. Ich aber komme mit der Hilfe des Herrn. Er ist der Herr, der allmächtige Gott und der Gott des israelitischen Heeres. Ihn hast du eben verspottet. Heute noch wird der Herr dich in meine Gewalt geben. Ich werde dich besiegen und dir den Kopf abschlagen" (1. Samuel 17,45–46).

Ich kann Goliaths schnippische Antwort und sein Gelächter hören: „Oh, ja? Das willst du tun? Und mit wessen Hilfe, sagtest du? – Hahaha!"

Als an diesem Tag auf dem Schlachtfeld das Gute und das Böse aufeinandertrafen, berief Gott ein Kind. Alle militärischen Mittel und Taktiken waren zwecklos. Was diese Situation erforderte, war nicht der Glaube an menschliche Stärke, sondern der Glaube an die Stärke Gottes. Der hatte bedauerlicherweise den erwachsenen Kriegern in den 40 vorangegangenen Tagen gefehlt; in dem kleinen Schafhirten war er in vollem Ausmaß vorhanden. Nur ein Kind konnte dies erreichen.

Benötigt: Ein mitfühlendes und vergebendes Herz (2. Könige 5)

Wir kennen nicht einmal den Namen dieses bemerkenswerten kleinen Mädchens in der Bibel. Alles, was wir wissen, ist, dass sie eine Sklavin war. Sie war in einer Razzia in Nordisrael durch andere aramäische Plünderer gefangen genommen und grausam von ihren Eltern und ihrem Zuhause getrennt worden. In der Region, in der dieses Mädchen lebte, gab es jedes Frühjahr heimtückische, blutige Anschläge. Wie alt sie war, als sie gefangen genommen wurde, ist nicht bekannt, aber ihr Charakter, Glaube und Mut waren durch ihre liebende Familie bereits vor dieser tragischen Invasion fest in ihr verwurzelt.

Sie landete in dem Haus eines der mächtigsten Männer in dem neuen Land. Sein Name war Naaman. Er war der Befehlshaber des Heeres. Dieser Mann hatte alles – Erfolg, Ansehen, Wohlstand, Einfluss – und er litt an Lepra. Die Schrecken dieser Krankheit habe ich persönlich kennengelernt. Ihre verheerenden Auswirkungen habe ich bei den Eltern meiner Freunde in Nielle mit angesehen: groteske, knubbelige Finger und Zehen, zerfressene Ohren und zwei Löcher in der Mitte des Gesichts, wo einmal die Nase gewesen war. Es ist eine erschreckende Krankheit, die einen Menschen langsam der Schönheit, der Würde und der Hoffnung beraubt.

Geld war natürlich kein Problem, und der ehrwürdige Militärkommandant Naaman hatte bereits alle möglichen Heilmittel ausprobiert, um die gefürchtete Plage loszuwerden. Er hätte alles gegeben, um von diesem einen Feind befreit zu werden, den zu besiegen er nicht die Macht hatte.

Seine Rettung befand sich eigentlich in greifbarer Nähe, nämlich in seinem eigenen Haushalt. Die kleine, fromme, israelitische Sklavin hatte offenbar eine kindliche Fähigkeit zu vergeben. Während ihr eigenes Herz noch vom Heimweh schmerzte, beobachtete sie das Leid ihrer Herrin und des immer schrecklicher aussehenden Ehemanns. Diese beiden Menschen waren ihre Feinde, die ihr junges Leben zerstört hatten; dennoch war sie ihnen zugetan.

Eines Tages, als schon alle Hoffnung verloren schien und ihre Herrin untröstlich im Bett lag und vielleicht in ihre Kissen weinte, nahm das kleine Mädchen das Gesicht der Frau zwischen seine Hände und flüsterte die weisen Worte: „Wenn mein Herr doch zu dem Propheten gehen könnte, der in Samaria lebt! Der würde ihn von seiner Krankheit heilen" (2. Könige 5,3; *GNB).

Damit setzte sie eine Reihe von gewaltigen und dramatischen Ereignissen in Gang. Der König von Aram schrieb einen Brief an den König Israels. Eine Kompanie von Soldaten wurde für die Reise bereitgestellt. Eine großzügige Belohnung wurde für den Propheten, der Naaman heilen sollte, mitgenommen: 750 Pfund Silber und 150 Pfund puren Goldes. Rein vom Körpergewicht betrachtet war dieses kleine Mädchen sicherlich Gold wert!

Den Rat, den Elisa Naaman gab, wäre im Prinzip ein „Kinderspiel" gewesen, aber es erforderte von dem großen Krieger eine solche Demut, dass dieser sich zunächst nicht dazu überwinden konnte: Er sollte siebenmal in dem schlammigen Fluss Jordan untertauchen? Naamann war empört und gekränkt, als er für die Rückreise packte. Wenn er schon in einem Fluss untertauchen sollte, dann würde er das vielleicht in privatem Rahmen tun, in seinen eigenen Flüssen von Damaskus! Warum hatte er bloß auf das Kind gehört? Und was würde eigentlich seine Frau denken?

Nachdem Naamans Truppen mindestens 200 Kilometer hermarschiert waren, hielten sie natürlich überhaupt nichts von der Idee, einfach umzukehren und nach Hause zu laufen, ohne den geringsten Versuch unternommen zu haben, den Auftrag zu erfüllen. Sie drängten ihren Anführer, Elisas Anweisungen zu befolgen. Schließlich überwand Naaman seinen Stolz und tat, wie ihn Elisa geheißen hatte. Sicherlich wurde sein Gefühl der Beklommenheit mit jedem wirkungslosen Eintauchen größer: …, drei, vier, fünf, sechs … Nach jedem Eintauchen in den Fluss streifte er den ekeligen Schmutz von seinen Armen ab. Dann tauchte er ein letztes Mal unter.

Was für ein Moment das war! Als Naaman das siebte Mal wieder auftauchte und sich die Augen rieb, hatte sich seine ganze Welt verändert. Die Bibel sagt: „Da wurde er völlig gesund, und seine Haut wurde wieder so rein wie die eines Kindes" (2. Könige 5,14; *GNB). Sein Glaube war auch so stark geworden wie der eines jungen Sklavenmädchens: „Jetzt weiß ich, dass der Gott Israels der einzige Gott ist auf der ganzen Erde" (2. Könige 5,15; *GNB), rief der dankbare Befehlshaber aus.

Das ist das Letzte, was wir über dieses mitfühlende kleine Mädchen erfahren. Ich wünschte, die Bibel würde uns mehr über sie erzählen. Ich schätze, Fortsetzungsgeschichten gibt es überall um uns herum, wenn wir nur die Augen hätten, sie zu sehen.

Benötigt: Echte Großzügigkeit (Johannes 6)

Eine enorme Menschenmenge hatte sich an diesem Tag versammelt, um Jesu Lehre zu hören – ein größeres Publikum als bei vielen Basketball- oder Handballspielen in der Profiliga. Die Heilige Schrift spricht von fünftausend Männern, wobei Frauen und Kinder noch nicht einmal mitgezählt waren. Der Tag ging vorüber, die Sonne sank am westlichen Himmel. Aber es gab keine Würstchenbuden in der Nähe, die koschere Hot Dogs oder Pepsi-Cola verkauft hätten. Nicht einmal Mineralwasser.

Den Jüngern war das Problem bewusst, das sich hier anbahnte: „Es ist schon spät und die Gegend hier ist einsam", sagten sie leise zu Jesus. „Schick doch die Leute weg. Sie sollen in die Höfe und Dörfer ringsum gehen und sich etwas zu essen kaufen!" (Markus 6,35–36; *GNB).

Das schien sinnvoll, oder? Das war ein vernünftiger, praktischer Vorschlag, gutes Erwachsenendenken.

Aber Gottes Sohn hatte eine bessere, wenn auch völlig andere Idee – eine, die mit einem Kind zu tun hatte. Jesus forderte die Jünger auf, Soforthilfe zu leisten, damit die Menschen sofort gesättigt werden konnten.

Die praktisch veranlagten Jünger sagten, dass dies nicht funktionieren werde. Eine solche Lösung ging weit über ihre finanziellen Mittel hinaus. Wie um alles in der Welt sollten sie jemals …

Dann sagte Andreas etwas wie: „Also, ich habe da einen Jungen gesehen mit einem mitgebrachten Lunchpaket. Während der letzten Pause habe ich ihn gefragt, was er darin hat. Er hat nachgeschaut, was seine Mutter eingepackt hat, und dann stolz gesagt: ‚Fünf kleine Laibe Gerstenbrot und zwei kleine Fische!‘" Die übrigen Jünger zuckten sicherlich die Achseln.

Neutestamentler sagen uns, dass die Erwähnung von „Gerstenlaiben" hier von Bedeutung ist. Das war das Essen der Armen, also derjenigen, die billig essen mussten. Jesus, der Freund der Armen, fühlte sich zweifellos wie zu Hause, als er dieses Essen in seine Hände nahm, dankte und dann direkt vor den Augen der Jünger das erstaunliche Wunder der Brotvermehrung tat, ermöglicht durch die Großzügigkeit eines kleinen Jungen.

Natürlich hätte Jesus der Menge auf beliebig viele andere Arten zu essen geben können. Er hätte mit den Fingern schnippen können, und Wagenladungen voller Essen wären vom Himmel heruntergefallen. Oder er hätte mit der Hand winken und den nagenden Hunger einfach verschwinden lassen können, ohne irgendwelches Essen zu beschaffen.

Aber all das tat er nicht. Er benutzte die Essensvorräte eines Kindes.

Ich frage mich, was passiert wäre, wenn Andreas stattdessen an einen Erwachsenen herangetreten wäre. Möglicherweise hätte dieser gesagt: „Also, ich habe für diesen Tag vorausgeplant und mir mein Essen selber mitgebracht. Wenn andere nicht so vorausschauend waren, ist das nicht mein Problem, oder?"

Vielleicht hätte er auch verhandelt: „Gut, ich teile mein Essen mit dir. Ich gebe dir drei Leibe Brot und einen Fisch. Dann habe ich für mich selbst auf jeden Fall noch etwas übrig." Der offenherzige Junge hingegen gab freimütig alles, was er dabeihatte.

Wenn man Kindern das Evangelium nahebringt – das haben wir bei unserer Arbeit festgestellt –, ist es ganz wesentlich, sie wissen zu lassen, dass dann, wenn man Gott alles gibt, was man hat, man erstaunt darüber sein wird, was er damit tut. Das klingt nicht eingängig. Man sollte denken, dass man, wenn man wenig hat, an dem Wenigen festhalten sollte, weil man nicht weiß, wie oder wann man jemals mehr bekommen wird. Jesus hingegen verändert solche Rechnungen. Er nimmt unser Abendessen und macht daraus genug, um ein ganzes Stadion voller Menschen sattzubekommen.

Kinder kapieren das. Sie fangen nicht an, dagegenzuargumentieren, warum sie ihre Vorräte behalten müssen. Sie geben das, was sie haben, freimütig Jesus, und er segnet sie dafür – zusammen mit allen, die dabei sind.

Ich frage mich, was die Mutter des Jungen sagte, als er an diesem Abend nach Hause kam. „Wie ging es heute mit deinem Essen, Josua? Hattest du genug dabei für den ganzen Tag?"

Wahrscheinlich hat er nur gelächelt und gesagt: „Ja, klar, Mama, mehr als genug."

Benötigt: Die reine Wahrheit (Markus 14)

Das Wunderbare an Kindern ist ihre Art, direkt auf den Punkt zu kommen. Sie haben noch nicht gelernt, unbequemen Tatsachen auszuweichen oder sich durchzulavieren. Sie sind noch nicht durchtrieben genug, Dinge unter den Teppich zu kehren, selbst wenn es Erwachsenen manchmal lieber wäre, sie hielten den Mund.

So eine Situation gab es nicht einmal, sondern gleich zweimal in den frühen Stunden des Morgens, als Jesus vor den Hohepriester und die Ältesten geführt wurde, die ihn beschuldigten. Die Jünger standen Todesängste aus. Alles, wovor sie sich gefürchtet hatten, schien nun über sie hereinzubrechen. Petrus konnte nicht näher zu Jesus vordringen als bis zum Lagerfeuer im Innenhof des Palastes. Dort hatten sich einige Menschen versammelt, rieben ihre Hände und versuchten sich aufzuwärmen.

Schon früher hatte Jesus vorausgesagt, dass Petrus sich in dieser Nacht in eine peinliche Lage bringen würde. Der aber wollte Jesus nicht glauben. Er wollte tapfer und mutig sein, aber was stattdessen geschah, berichtet Markus: „Eine Dienerin des Hohepriesters kam vorbei. Als sie Petrus am Feuer bemerkte, sah sie ihn genauer an."

Petrus stockte in diesem Moment das Blut in den Adern. Er wollte nicht, dass ihn irgendjemand erkannte, am allerwenigsten eine junge Bedienstete des Hohepriesters! Er starrte weiter in die orangen Flammen, die in den nächtlichen Himmel emporloderten.

Dann sprach das Mädchen: „Du warst doch auch mit dem Jesus aus Nazareth zusammen!"

Petrus zuckte innerlich zusammen. Wortfetzen schossen ihm durch den Kopf. Was sollte er sagen? Sollte er überhaupt etwas sagen?

Er musste etwas sagen. „Ich – ich weiß nicht, wovon du sprichst", stammelte er und versuchte, seine Stimme zu kontrollieren, obwohl sein Herz pochte. Er war soeben von einem jungen Mädchen ertappt worden! Rasch wandte er sich ab und strebte dem Ausgang zu.

Das war eine Probe für Petrus' Loyalität. Der Herr gab ihm eine Gelegenheit, seine Standhaftigkeit unter Beweis zu stellen. Ja, es war eine harte Probe, aber muss man andererseits solche Angst haben, einem jungen Mädchen gegenüber die Wahrheit über seinen Glauben zu sagen? Wenn man seinen Glauben nicht mit einem Kind teilen kann, mit wem kann man dann darüber sprechen?

Petrus zitterte in der Kälte und der Dunkelheit und wünschte sich, er könnte ans Feuer zurückkehren. Er musste aber befürchten, dann noch mehr ins Blickfeld zu geraten. Gelegentlich warf er einen Blick in die Richtung. Das Mädchen stand immer noch dort und beäugte ihn. In Markus 14,69 sagt die Bibel, dass die Dienerin ihn hier erkannte und vor allen Leuten sagte: „Das ist auch einer von denen, die bei Jesus waren!"

Hey, Mädchen, sei doch einfach still! Wieder schüttelte Petrus seinen Kopf, vielleicht ein bisschen zu heftig, und leugnete ihre Behauptung.

Gott brauchte jemand, der diesen großen Fischer dazu brachte, ehrlich zu sich selbst zu sein. Er brauchte jemand, der Petrus seine Großspurigkeit austrieb und die heiße Luft herausließ, damit Petrus wieder realistisch werden konnte. Sein zukünftiger Dienst als Apostel hing voll und ganz davon ab, dass er selbst herausfand, wie schwach er in Wirklichkeit war und wie sehr er sich auf Gottes Stärke verlassen musste.

Solch einen persönlichen Zusammenbruch in einem stolzen Mann konnte nur ein Kind bewirken.

Benötigt: Wachsamkeit gegenüber Gefahren (Apostelgeschichte 23)

Normalerweise beschützen Erwachsene Kinder – aber gelegentlich beschützen auch Kinder Erwachsene. Die Bibel erzählt davon, wie der Apostel Paulus nach vielen Jahren seines missionarischen Dienstes an Nichtjuden nach Jerusalem zurückkehrt, eine denkbar unpopuläre Idee in diesem Zentrum des Judentums. Er war gerade erst eine Woche in der Stadt, als eine Menschenmenge ihn beim Tempel umringte und ihn auf der Stelle gelyncht hätte, wenn nicht der römische Befehlshaber des Ortes mit seiner Truppe eingegriffen hätte. Paulus hatte einer großen Menge überzeugend seine Mission erklärt, bis er an den Punkt kam, dass der Herr ihn „zu den Nichtjuden" gesandt hatte. Da brach die Menge erneut in Wut aus. „Weg mit ihm! Er darf nicht länger leben!", schrie die wütende Menge (Apostelgeschichte 22,22; *Hfa).

Glücklicherweise griffen die Römer in die Situation ein und nahmen ihn in Gewahrsam. Am nächsten Tag wurde er zur Anhörung vor den Hohen Rat gebracht, aber auch diese artete in eine lautstarke Auseinandersetzung aus. Paulus' Gegner waren so außer sich vor Wut, sodass am nächsten Morgen über vierzig von ihnen einen Eid leisteten: „Wir werden nichts mehr essen oder trinken, bis wir diesen Halunken beseitigt haben." Sie entwickelten sogar einen ausgefeilten Plan für einen Anschlag: Sie planten, ihn zu ergreifen, wenn er das nächste Mal zum Verhör geführt würde.

Aber für einen solch tückischen Moment in Paulus' Leben hatte Gott einen Jungen bei der Hand.

Der junge Neffe von Paulus war gerade zufällig zur rechten Zeit am rechten Platz. Wachsam registrierte er das Geflüster und die verstohlenen Blicke. Er entschlüsselte die verklausulierte

Sprache. Sein Onkel war in höchster Gefahr, weit mehr als er oder die römischen Behörden wussten.

In Apostelgeschichte 23,16–17 heißt es: „Als aber der Sohn der Schwester des Paulus von dem Anschlag hörte, ging er und kam in die Burg und berichtete es Paulus. Paulus aber rief einen von den Hauptleuten zu sich und sprach: ‚Führe diesen jungen Mann zu dem Oberst, denn er hat ihm etwas zu sagen.'" Innerhalb einer Stunde befand sich das Kind Auge in Auge mit einem der verantwortlichen Offiziere, und der Anschlag auf Paulus konnte vereitelt werden. Gegen neun Uhr am selben Abend hatten die Römer Paulus ein Pferd zur Verfügung gestellt und begleiteten ihn mit 470 Soldaten aus der Stadt auf eine nächtliche Reise nach Cäsarea in Sicherheit. Was wäre gewesen, wenn dieser Junge nicht in der Nähe gewesen wäre? Wenn Paulus tatsächlich noch in dieser Woche von dem Todeskommando gestellt und getötet worden wäre? Was, wenn im Jahr 59 n. Chr. Paulus' Dienst vorzeitig abgebrochen worden wäre? Er wäre niemals nach Rom gelangt. Was aber für Sie und mich am schlimmsten gewesen wäre, ist das, was dann heute im Neuen Testament fehlen würde: Epheser, Philipper, Kolosser, Philemon, 1. Timotheus, 2. Timotheus und Titus. Was für ein Verlust das gewesen wäre!

Gott hatte in den folgenden Jahren noch vieles mit Paulus vor, selbst wenn dieser sich hinter Gittern befand. Um sicherzustellen, dass die Ausführung dieses Plans nicht behindert wurde, stellte Gott Paulus als Sicherungsmaßnahme dessen cleveren Neffen an die Seite. Er war genau der richtige Kundschafter und Aufklärer für diese Gelegenheit.

Benötigt: Ein heilendes Gebet
(Albanien, in den späten 1980er-Jahren)

Solche Geschichten aus der Bibel fesseln uns mit ihrer Dramatik. Wir haben jedoch noch keineswegs die ganze Liste abgearbeitet. Wir könnten weitermachen, indem wir andere junge Leute, die Gott benutzt hat, ins Rampenlicht setzen: Joas, der mit sieben Jahren ein gottesfürchtiger König von Juda wurde; Josia, der denselben Thron im Alter von acht Jahren bestieg und dann eine mitreißende Wiederbelebung in Gang setzte; die Teenager Shadrach, Meshach und Abednego, die sich weigerten, das goldene Götzenbild des Königs anzubeten, und für ihre Integrität tapfer in den Feuerofen gingen; Rhode, das Dienstmädchen, das eine Gebetsversammlung mit der Nachricht unterbrach: „Petrus ist an der Tür!", und die sich das auch nicht ausreden lassen wollte; oder selbst der ungeborene Johannes der Täufer, der – obwohl er noch im Bauch seiner Mutter war – ein anderes ungeborenes Kind im Raum wahrnahm, nämlich den kommenden gottgesandten Messias, und der als Reaktion darauf vor Freude hüpfte.

Aber wie ist das heute? Benutzt Gott immer noch Kinder, um in der gegenwärtigen Epoche seine strategischen Ziele zu erreichen? Auf jeden Fall.

Während der kommunistischen Periode in Albanien, die 1991 endete, war der kleine Balkanstaat beinahe von allen seinen Verbündeten isoliert mit Ausnahme eines einzigen Alliierten, dem weit entfernten Nordkorea. Reisen waren nahezu unmöglich. Rundfunk- und Fernsehsignale aus dem Westen wurden im ganzen Land unterdrückt.

In dieser tristen Gesellschaft spielte eines Tages eine kleine Gruppe von Kindern auf einem Dachboden und fand ein altes Radio, das mit Staub und Spinnweben bedeckt war. Irgendwie bekamen sie es wieder zum Laufen, und siehe da, es konnte einen christlichen Radiosender empfangen! Wie es diesem Signal gelang durchzudringen, hat niemand je erfahren. Die Kinder begannen, sich heimlich auf dem Dachboden zu versammeln und bei geringer Lautstärke zuzuhören, wann immer ein albanischsprachiges Programm gesendet wurde.

Im Laufe der Zeit erreichte sie die gute Nachricht vom Evangelium und berührte ihre empfänglichen Herzen tief. Einer nach dem anderen übergaben sie im Gebet ihr Leben Jesus als ihrem Retter und Herrn. Nun wurden die geheimen Programme zu Lektionen der Nachfolge: Die Kinder lernten zu beten und reiften allmählich auf ihrem Weg mit Christus. Ihre Zusammenkünfte wurden vor Erwachsenen streng geheim gehalten; denn die Kinder wussten, dass ihre Eltern – in großer Angst vor der Obrigkeit – ihnen ihr kostbares Radio wegnehmen und wahrscheinlich zerstören würden, wenn sie es denn wüssten.

Eines Tages, als sie wieder einmal dem Sprecher zuhörten, erfuhren sie etwas Neues über Jesus, nämlich dass er der große Arzt sei. Jesus habe die Kranken geheilt, sagte der Mann, und offenbar könne er dies heute immer noch tun. Die Kinder schauten einander an und sagten einfach: „Also, wir wissen, wo die kranken Leute sind. Lasst uns hingehen!"

Die kleine Gruppe von couragierten und mitfühlenden Kindern machte sich auf den Weg die große Straße hinunter in das staatlich geführte marxistische Krankenhaus. Sie beschlossen, im obersten Stockwerk, dem dritten Stock, zu starten. Zuerst warfen sie einen verstohlenen Blick in den ersten Raum, wo sie einen sehr kranken Mann sahen. „Herr Jesus", beteten sie im Gang, „hier ist einer. Bitte mach ihn gesund."

Sie schlurften weiter zum zweiten Zimmer und entdeckten eine kranke Frau, für die sie ihr kindliches Gebet wiederholten: „Jesus, du kannst das tun. Bitte heile sie", sagten sie leise.

Hinter der dritten Tür entdeckten sie betroffen ein Kind in ungefähr ihrem Alter. „Jesus", beteten sie, „bitte heile diesen kleinen Jungen. Er braucht dich so sehr."

So arbeiteten sie sich Tür für Tür den Gang hinunter vorwärts, während hinter ihnen eine Unruhe entstand. Angefangen bei Zimmer 1 entdeckten die Patienten, dass sie geheilt worden waren, und standen verwundert aus ihren Betten auf. Die Kinder waren sich nicht bewusst, was für eine Aufregung sie da verursachten, und setzten ihren Gebetsweg entlang des Ganges weiter fort. An jeder Tür beteten sie, und weiterhin geschahen Wunder.

Die verdutzten Krankenschwestern waren zu sehr damit beschäftigt, die frohlockenden Menschen zurück in ihre Betten zu befördern, als dass sie die kleine Gebetstruppe bemerkt hätten. Diese erreichte das Ende des dritten Stockwerks und verschwand dann. Nachdem die Patienten einhellig dieselbe Geschichte von einer kleinen Gruppe von Kindern in ihren Türrahmen erzählten und dass sie kurz darauf geheilt waren, wurde eine Suche nach den Kindern gestartet. Aber diese waren nirgends zu finden.

Besa Shapalo, die wunderbare albanische Sozialarbeiterin, die mir davon erzählte, sagte, dass sie von dem Wunder in dem Krankenhaus erfuhr, die Kinder nach der Beschreibung wiedererkannte und die kleine Schar ausfindig machte.

„Wisst ihr, was da neulich im Krankenhaus passiert ist?", fragte sie mit Begeisterung und Staunen in der Stimme.

„Was denn?", wollten die Kinder wissen.

„Es sind Menschen geheilt worden! Gott hat eure Gebete erhört. Viele Menschen sind gesund geworden. Wusstet ihr das?"

Die Kinder schauten sie mit unschuldigen Augen an und sagten: „Ja, Jesus ist der große Arzt. Er kann das tun."

„Ich weiß, ich weiß", antwortete sie. „Aber warum habt ihr nicht weitergemacht? Warum habt ihr nicht im zweiten Stockwerk auch gebetet und dann im ersten? Ihr hättet jeden im Krankenhaus heilen können!"

Die Kinder schauten ein bisschen verlegen und antworteten dann mit Unschuldsmiene: „Oh, wir hatten irgendwie genug davon. Wir wollten einfach wieder etwas anderes machen!"

Benötigt: Ein Evangelist im Dorf (Ecuador 2004)

Der Leiter von Compassion in Südkorea, Dr. Justin Suh, und Mitglieder seines Vorstands besuchten unsere Arbeit in Ecuador und trafen eines Abends bei dem Standort eines Projekts ein, das sie am nächsten Morgen anschauen und kennenlernen wollten.

„Wir sind so dankbar, dass Sie uns besuchen", sagte der Pastor, als die Gruppe aus dem Minibus ausstieg, „aber es tut mir so leid, Ihnen mitteilen zu müssen, dass der morgige Tag nicht wie gewöhnlich stattfinden kann. Ich weiß, dass Sie die Kinder treffen wollen, um zu sehen, was wir hier in dieser desolaten Gemeinde in unserem Compassion-Projekt versuchen, für sie zu tun, aber ..." An diesem Punkt musste der Mann schlucken. „Die Kinder werden sich morgen nicht wie gewöhnlich versammeln. Stattdessen wird eine Beerdigung stattfinden."

Er atmete tief ein, bevor er fortfuhr: „Zwei unserer kleinen Jungen, zwei Brüder, wollten gestern zum Projekt kommen und liefen gerade über die viel befahrene Straße, als sie von einem großen Laster angefahren wurden. Der achtjährige Junge wurde schwer verletzt und befindet sich auf der Intensivstation des Krankenhauses in der Stadt. Aber der kleine sechsjährige Bruder wurde zerquetscht und starb noch auf der schmutzigen Straße. Er war ein wunderbarer kleiner Junge. Wir sind alle total niedergeschlagen."

Justin Suh antwortete: „Oh, mein Bruder, das tut uns so leid."

Der Pastor wischte sich eine Träne vom Gesicht und fuhr fort: „In unserer Kultur nehmen Kinder normalerweise nicht an Beerdigungen teil, besonders nicht an so tragischen wie dieser. So fürchte ich, dass Sie bei uns nicht das erleben werden, wofür Sie so weit angereist sind."

Die südkoreanischen Gäste berieten sich untereinander und boten dann an: „Wäre es in Ordnung für Sie, wenn wir trotzdem kämen und an Ihrem Gottesdienst teilnehmen und unseren ecuadorianischen Brüdern und Schwestern in ihrem großen Verlust zur Seite stehen? Wir kennen auch große Trauer in unserem eigenen Land."

Am nächsten Morgen, als die koreanische Delegation bei der kleinen Kirche ankam, war der ganze Raum randvoll mit Menschen. Zu ihrer Überraschung waren ungefähr sechzig der Trauernden, die auf den groben Holzbänken saßen, Kinder. Der Pastor begrüßte die Besucher an der Tür und zuckte bloß die Achseln; er hatte keine Erklärung dafür, warum so viele Kinder zu der Beerdigung erschienen waren.

Während wir auf den Beginn des Gottesdienstes warteten, begannen unsere einheimischen Mitarbeiter durch die Reihen der Kinder zu gehen und ruhig mit ihnen auf Spanisch zu sprechen. Schließlich erfuhren auch Justin und seine Gruppe den Hintergrund. Ein Kind nach dem anderen hatte erklärt: „Er war mein Freund. Er war derjenige, der mir von Jesu Liebe erzählt hat. Er hat mir geholfen, Jesus in mein Herz einzuladen. Ich bin traurig, aber ich bin heute gekommen, um ihn in seine himmlische Heimat zu verabschieden."

So hatte dieser kleine ecuadorianische Junge über fünfzig Freunden den Weg zu Jesus gewiesen! Bereits im zarten Alter von sechs Jahren hatte er sein Lebenswerk ruhmreich erfüllt. Gott benötigte für dieses Dorf einen großen Evangelisten. Er brauchte ein Kind.

Bereit für anfallende Arbeiten

Was diese Geschichten veranschaulichen, ist, dass Gott weniger interessiert ist an unserer *Fähigkeit*, sondern vielmehr an unserer *Verfügbarkeit*. Er verlangt kein Talent und keine Erfahrung; er sucht im Wesentlichen nach der nötigen Bereitschaft, selbst wenn sie in einem kleinen Körper daherkommt.

Der Apostel Paulus erinnerte die Korinther daran, dass Gott „sich die aus menschlicher Sicht Törichten ausgesucht" hat, „um so die Klugen zu beschämen. Gott nahm sich der Schwachen dieser Welt an, um die Starken zu demütigen. Wer von Menschen geringschätzig behandelt, ja verachtet wird, wer bei ihnen nichts zählt, den will Gott für sich haben. Aber alles, worauf Menschen so großen Wert legen, das hat Gott für null und nichtig erklärt. Vor Gott kann sich niemand etwas auf sein Können einbilden" (1. Korinther 1,27–29; *Hfa). Das schließt bestimmt Kinder ein. Sie sind naturgemäß schwach oder gering geschätzt. Manchmal sind sie töricht. In der heutigen Welt werden sie oft verachtet.

Beobachten Sie einmal sorgfältig die Kinder um Sie herum. In manch kostbarem Moment werden Sie einen flüchtigen Blick auf das Gesicht ihres Erlösers erhaschen. Hören Sie ihnen aufmerksam zu, und Sie werden Seine Stimme hören. Bewegen Sie sich behutsam unter ihnen; Seine Fußabdrücke sind überall um Sie herum. Umarmen Sie sie, denn damit umarmen Sie ihn. Respektieren Sie sie, denn sie sind manchmal Gottes Beauftragte – exakt das Werkzeug, das er braucht. Für solche Fälle eignet sich nur ein Kind.

14 | *Stellen Sie sich vor …*

Ich bin mir bewusst, dass ich hier manchmal ein bisschen übertreibe. Ich porträtiere Kinder in einer Weise, wie Sie sie bisher vielleicht niemals betrachtet haben. Manche Leser mögen dies abwegig finden oder wenigstens als eine Ausnahme von der allgemeinen Regel ansehen.

Solange wir aber bei unseren festgefahrenen Vorstellungen bleiben, werden wir niemals erkennen, was wir übersehen. Die Kennedy-Brüder zitierten sehr gerne eine Zeile aus einem Theaterstück von George Bernard Shaw: „Manche Menschen sehen die Dinge so, wie sie sind, und fragen sich: *Warum?* Ich träume von Dingen, die es noch niemals gegeben hat, und sage: *Warum nicht?*" Ja, es ist unbequem, unkonventionell zu denken. Von Natur aus tun wir das nicht. Aber wir müssen uns darum bemühen.

Nur allzu oft sind wir wie die Footballtrainer. In meinem ersten Jahr in Amerika ging ich in die neunte Klasse der Lakewood-Realschule in Denver. Im Herbst erschien ich eifrig bei Testspielen, und als ich gefragt wurde, welche Position ich gern spielen würde, sagte ich sofort: „Mittelstürmer!" Schließlich war das die anspruchsvollste Position beim *Fußball,* was ich in meinem Dorf und im Internat so oft gespielt hatte. Der Mittelstürmer musste der schnellste und geschickteste Spieler auf dem Spielfeld sein. Fast immer schoss er die meisten Tore. Ich war schlank und war flink auf den Beinen, sodass ich mir sicher war, dass ich mich für diese Position eignete. Das dachte ich zumindest.

Die ganze Turnhalle brach in Gelächter aus: „Mittelstürmer? Bist du verrückt, Stafford? Sie werden dich niedermachen!" Innerhalb weniger Minuten erfuhr ich, dass es beim American Football einen zentralen Spieler gibt, den Center, der groß und kräftig sein muss. Dieser sollte den Ball rennenderweise zum Quarterback mitnehmen und sich dabei gegen die Spieler der gegnerischen Mannschaft durchsetzen können, ohne selbst überrannt zu werden. Ich fand jedoch heraus, dass ein oder zwei Spieler in dieser seltsamen Sportart tatsächlich ihren *Fuß* benutzten, um den *Ball* vorwärtszutreiben! Der Cheftrainer erwähnte, dass er einen Placekicker brauchte, der den Ball mit dem Fuß durch die Torstangen am Ende des Spielfeldes schießen konnte. Ich sagte ihm, dass ich aus fast fünfzig Metern Entfernung Tore geschossen hatte. Sicher war ich die Lösung für sein Kickerproblem. Na schön, sagte er, und notierte mich auf seinem Klemmbrett.

Das einzig Dumme war, dass wir das Jahr 1963 schrieben, und das war in der *National Football League*, der amerikanischen Profiliga, der Höhepunkt der George-Blanda-Ära. Blanda benutzte einen schweren Footballstiefel mit breiter Kappe, um den Ball durch die Torpfosten zu donnern; sie besaßen einen ledernen Riemen, der von den Zehen bis nach hinten um den Knöchel herum reichte. Ich schaute verwirrt, als ein Co-Trainer einen dieser Apparate über meinen Fuß streifte, dann den eigenartig geformten Football auf ein Tee (sprich: „ti") – die Abschlagstelle – legte, und sagte: „Okay, lass uns sehen, was du kannst."

Ich konnte in diesem Monsterstiefel kaum laufen, geschweige denn kicken. Die ganzen Jahre auf den Fußballplätzen Afrikas hatte ich den Ball mit dem Spann (für Weitschüsse) oder mit dem Innenrist (für kurze Pässe) gespielt. Meine Ergebnisse mit diesem neuen Schuh waren erbärmlich, und die Trainer zuckten die Achseln und strichen meinen Namen wieder von ihrer Liste.

Wenige Jahre später, als ich das letzte Jahr meiner Highschool erreicht hatte, kam das Spielen des Balles mit dem Fuß als neue Stilvariante in der National Football League auf. Heute benutzt jeder Placekicker diese Technik. Der alte Blanda-Stiefel ist nirgendwo mehr zu finden.

Wenn ich zurückdenke, frage ich mich, was passiert wäre, wenn die Trainer damals die geistige Flexibilität besessen hätten, die Tradition zu verlassen. Was wäre gewesen, wenn sie gesagt hätten: „Alles, was wir wollen, ist zu sehen, wie der Ball deinen Fuß verlässt und in der Endzone zwischen den Pfosten durchsaust. Wie du das machst, ist uns egal"? Ich hätte der Held der Schule sein können! Ich hätte ein Collegestipendium bekommen können und zu Ruhm und Reichtum in der amerikanischen Profiliga gelangen … Na ja, vielleicht auch nicht. Aber die Bereitschaft, zu träumen, zu experimentieren, einen anderen Ansatz zuzulassen, hätte zu anderen Resultaten geführt.

Wollen Sie sich einmal mit mir zusammen vorstellen, wie unsere Welt aussehen könnte, wenn sie Kinder wertschätzen würde? Lassen Sie einmal Ihrer Fantasie freien Lauf. Wie könnten unser Land, unsere Städte, unsere Kirchen und unsere Familien aussehen, wenn wir wirklich glauben würden, dass Kinder wichtig sind? Was würden wir anfangen, anders zu machen? Welche alten Verhaltensweisen würden wir ablegen? Wie würden Sie und ich denken und handeln, wenn wir wirklich unsere kostbaren Kinder berücksichtigen würden, die Gott uns geschenkt hat?

Es folgen nur ein paar Gedanken – die Spitze des Eisbergs –, um Ihre Fantasie anzuregen. Schließen Sie Ihre Augen und stellen Sie sich vor: Was wäre, wenn …?

Eine Welt, in der Kinder zählen

- Was wäre, wenn wir tatsächlich hinter jedem Kleinkind dessen Schutzengel im Einsatz erkennen könnten: einen großen Krieger, eine imposante Erscheinung – so wie die Engel, die an vielen Stellen in der Bibel sogar bei Erwachsenen eine spontane Panik ausgelöst haben? Wenn nur einer dieser Engel sich auf dem benachbarten Schulhof oder im Park offenbaren würde, würden wir sofort beginnen, Kinder mit neu entdecktem Respekt, ja, mit Ehrfurcht zu behandeln. Vorbei wäre es mit den erbärmlichen Verhaltensmustern wie Kindesmissbrauch, Vernachlässigung. Die Welt und ihre Prioritäten würden auf den Kopf gestellt. Stellen Sie sich vor …
- Was wäre, wenn jedes Kind gegen alle bekannten Kinderkrankheiten geimpft würde? Wir können das tun – wenn wir es wirklich wollen. Nehmen Sie Masern als nur ein Beispiel. Die Weltgesundheitsorganisation berichtete, dass im Jahr 2001 745.000 Kinder an dieser Krankheit gestorben sind, und die Gesamtkosten für die Impfung aller Kinder würde sich auf lediglich 558.750 $ belaufen. *Fünfmal so viel* geben allein die

Amerikaner jeden einzelnen Tag des Jahres für Kaugummi aus. Es ist alles eine Frage der Prioritäten.

- Was wäre, wenn unsere Politiker jedes neue Gesetz, bevor es in Kraft tritt, daraufhin überprüften, inwiefern es die Versorgung, die Ernährung und den Schutz von Kindern berücksichtigt? Stellen Sie sich vor, ein großes Transparent mit der Aufschrift „Wer denkt an die Kinder?" hinge im Saal der Vereinten Nationen, in den Plenarsälen der nationalen Parlamente und im Sitzungssaal jedes Unternehmens. Selbst wenn Kinder die Komplexität von Entscheidungen der Regierung nicht verstehen können, so sind sie doch unweigerlich davon betroffen. Die Gesetzgeber müssten während ihrer Beratungen einmal darüber nachdenken.

- Was wäre, wenn wir uns richtig dafür ins Zeug legten, dass die Bestimmungen der Genfer Konvention in Bezug auf Kinder in Kriegsgebieten tatsächlich durchgesetzt würden? Damals, 1949, in dem Jahr, in dem ich geboren wurde, haben alle schön brav diesen Vertrag unterzeichnet. Richten wir uns heute danach? Wir haben uns darauf geeinigt, dass die Konfliktparteien Kinder respektieren, ihnen die nötige Fürsorge gewähren und sie vor jeder Form von sexueller Nötigung beschützen müssen. Wir haben versprochen, dass Kinder unter fünfzehn Jahren nicht in kriegerische Auseinandersetzungen hineingezogen und nicht in die bewaffneten Streitkräfte eingezogen werden dürfen. Wir haben zugestimmt, dass die kriegsführenden Parteien versuchen müssen, lokal Vorkehrungen zu treffen, um die Entfernung von Kindern aus belagerten oder eingekreisten Gebieten zu ermöglichen, dass freie Durchfahrt gewährleistet wird für medizinische Güter, Lebensmittel und Kleidung, die für Kinder unter fünfzehn Jahren bestimmt ist, dass wir sicherstellen wollen, dass Waisen oder verloren gegangene Kinder nicht alleingelassen werden und dass man sich um sie kümmert und ihnen erlaubt, ihre Religion auszuüben und ihrer Bildung nachzugehen gemäß ihrer kulturellen Tradition, sofern dies möglich ist.

Hatten wir irgendetwas davon so *gemeint*? Oder war es nur politische heiße Luft? Wenn kleine Kinder missbraucht werden als Sklaven für Gefechte, als menschliche Schutzschilder oder gar als Sexspielzeuge für die Soldaten, ist es unglaubwürdig, wenn wir weiterhin gleichzeitig unsere Ernsthaftigkeit beteuern. Was wäre, wenn wenigstens unser Land erklären würde, dass wir die oben genannten Schutzmaßnahmen für bare Münze nehmen und uns weigern, zu tolerieren, dass andere Nationen sie verletzen? „Kämpfe, wenn du musst, aber wage es nicht, die Kinder mit hineinzuziehen!"

Ein Tag hat sich für immer in mein Gedächtnis eingebrannt. Es war kurz nach den Massakern in Ruanda (1994), als ich in einem Camp im Lager der Hauptstadt Kigali völlig benommene kleine Jungen und Mädchen in meinen Armen hielt. Ich fragte unsere Mitarbeiter, warum die Kinder so apathisch schienen. Sie erzählten mir, dass diese Kinder hier gezwungen worden waren, zuzusehen, wie ihre schwangeren Mütter brutal vergewaltigt wurden, ihnen dann die Bäuche aufgeschnitten und die Föten ihrer kleinen Brüder und Schwestern aus den Leibern gerissen wurden. Diese wurden über einem offenen Feuer gebraten. Schließlich waren die Kinder gezwungen worden, das Fleisch zu essen. Ich stand da und zitterte vor Tränen und Wut über solch unaussprechliche Verkommenheit. Warum steht nicht die gesamte zivilisierte Welt auf und vertreibt solche Niedertracht vom Angesicht der Erde? Sie sollte keinerlei Chance haben, im Verborgenen weiterzuwüten.

■ Was wäre, wenn sich Menschen in dieser Welt ganz bewusst als von Gott berufene Beschützer von Kindern betrachteten? Was wäre, wenn der Appell jeder Kulturgesellschaft an ihre Menschen lautete: „Es ist Teil deiner Lebensaufgabe, als großer, starker Erwachsener dafür zu sorgen, dass Kinder vor Hunger, Entbehrungen und jeglichem Missbrauch bewahrt werden"? Das würde bedeuten, bei der Familie zu bleiben, anstatt sie zu verlassen. Es würde bedeuten, finanzielle, emotionale und spirituelle Bedürfnisse befriedigen zu können. Frauen lassen selten ihre Kinder im Stich, egal wie ernst die Umstände sind. Was wäre, wenn ein Mann es als Teil seiner Männlichkeit betrachten würde, die gleiche Hingabe aufzubringen oder diese noch zu übertreffen?

Eine neue Nation

Wenn all das zu schwer vorstellbar ist, können wir vielleicht unsere Träume ein bisschen näher holen. Wenn das Konzept eines kinderfreundlichen Planeten außerhalb jeder Reichweite ist, was ist dann mit unserem eigenen Land?

Wir haben uns der Gerechtigkeit und der Freiheit verschrieben. Wir haben das Recht der freien Meinungsäußerung, nationale Richtlinien und Verhaltensregeln zu diskutieren. Wenn wir entschlossen wären, aus unserer Nation ein Land zu machen, in dem Kinder aufblühen, was wären die Konsequenzen?

- Was wäre, wenn wir automatisch die Strafe für jegliche kriminelle Handlung zulasten eines Kindes verdoppelten? Was wäre, wenn die Geld- oder Gefängnisstrafe für jedes Verbrechen zum Schaden eines Kindes verdoppelt würde? Wenn man ein Haus ansteckt, in dem sich ein Kind befindet, wenn man ein Kind bei einem Ladendiebstahl verletzt oder beim Fahren unter Alkoholeinfluss, verbringt man die doppelte Zeit hinter Gittern.

- Was wäre, wenn unser Bildungssystem frische und effektive Wege fände, Männer als Grundschullehrer zu rekrutieren und auch zu halten, und man damit das Verhältnis von den wenigen Männern und den vielen heldenhaften Frauen, die dort bereits lehren, ausgleichen könnte? Kürzlich sprach ich zu einer Gruppe von Studenten, zukünftigen Lehrern. In einem Kurs befanden sich dreißig Frauen und ein Mann. Verstehen Sie mich nicht falsch; ich sage nicht, dass Männer kleine Kinder besser unterrichten können als Frauen. Ich sage lediglich, wir sollten unseren Kindern eine vom Geschlecht her in etwa ausgewogene Lehrerschaft bieten.

- Wenn wir von Schule sprechen – werden wir uns jemals mit der längst überfälligen Geldfrage beschäftigen? Wenn ein durchschnittlicher Grundschullehrer in den Vereinigten Staaten von Amerika zwischen 20.000 und 23.000 Euro verdient für die Arbeit eines Jahres, während Baseballspieler Pedro Martinez das gleiche Geld bekommt für *jedes Out* (und davon gibt es insgesamt siebenundzwanzig im ganzen Spiel). Da läuft etwas gewaltig aus dem Ruder.

- Wie wäre es, wenn wir die Anforderungen an diejenigen erhöhten, die sich (außerhalb der Familie) um unsere Kinder kümmern, aber gleichzeitig auch deren Bezahlung? In diesem Land kann man nicht einmal jemandem die Zähne reinigen oder die Haare schneiden ohne die Absicherung durch eine staatliche Zulassung, die üblicherweise in einem Bilderrahmen an der Wand hängt. Wenn Zahnarzthelferinnen und Friseure eine vorgeschriebene Ausbildung absolvieren müssen, wie viel mehr dann diejenigen, die sich um unsere Kinder kümmern! Und was ist mit der Staffelung der Gehälter? Verdienen es nicht diejenigen, die für unsere Kinder – unser wertvollstes Gut – sorgen, mehr als nur einen Minimallohn zu bekommen?

- Stellen Sie sich vor, was passieren könnte, wenn Eltern sich aufrafften, die Unterhaltungsindustrie (Film, Fernsehen, Radio, Musik) unter Druck zu setzen, sobald diese gegen die im Lande herrschende Moral verstößt. Was wäre, wenn wir alle uns verpflichteten, Gewalt als Unterhaltung abzulehnen, Sexvoyeurismus als Entspannung abzulehnen, Drogen als Ausflucht abzulehnen und pure Gier als schlichten Ehrgeiz zu bezeichnen? Diejenigen Wettbewerber, die daran festhielten, solchen Müll zu unterstützen, würden auf dem Markt prompt die Quittung dafür bekommen, da ihre Produkte schlichtweg ignoriert würden. Wenn wir wirklich glaubten, dass Kinder (und Erwachsene) davon beeinflusst werden, was sie sehen und hören, würden wir nicht still sitzen und einfach nur zuschauen, wie uns endlose Ströme von Unmoral und Gewalt überschwemmen.

- Was wäre, wenn jeder Haushalt seine Kinder einmal im Vierteljahr für einen Besuch ins nächstgelegene Seniorenheim mitnähme, um sich mit den älteren Bewohnern anzufreunden, die ein ungeheures Bedürfnis haben, gebraucht zu werden? Jede Generation würde von der anderen lernen und in eine gegenseitige Sympathie und Wertschätzung hineinwachsen. Manche Pflegeeinrichtungen benutzen inzwischen kleine Hunde und Katzen, um das Leben ihrer Bewohner aufzuheitern. Warum eigentlich nicht auch Kinder?

Neue Nachbarschaften

Wenn das für ein ganzes Land eine zu große Herausforderung darstellen sollte, lassen Sie uns einen Gang zurückschalten und unseren Blick auf die Städte, Ortschaften und die direkte Nachbarschaft richten, in der wir leben, arbeiten, einkaufen gehen, Steuern zahlen und wählen. Was würde für Kinder hier das Leben zum Besseren verändern?

- Was wäre, wenn jede Freizeitmannschaft – sei es beim Volleyball, beim Fußball oder in einer anderen Sportart – einen enthusiastischen und engagierten Trainer hätte? Was wäre, wenn die Pfadfinder und Jugendgruppen Wartelisten von Erwachsenen hätten, die geradezu darauf versessen wären, ehrenamtlich Kinder zu trainieren und zu betreuen?

- Was wäre, wenn an Spieltagen die Zuschauerplätze nicht nur mit Eltern gefüllt wären, sondern auch mit anderen Einwohnern des Ortes, die aus keinem anderen Grund gekommen sind, als ihr Interesse an der kommenden Generation zu zeigen? Statt ein paar weitere Stunden vor dem Fernseher zu verschwenden, würden sich die Menschen entscheiden, eine Veranstaltung zu besuchen, die von Jugendlichen gestaltet wird. Keine schulische Aufführung sollte jemals in einem halb leeren Vortragssaal stattfinden. Kinder sollten spüren, dass Erwachsene sich für sie begeistern, egal, auf welchem Gebiet sie sich versuchen.

- Stellen Sie sich vor, die Zeitungen und die lokale Fernsehberichterstattung würden Tapferkeit, Freundlichkeit, Großzügigkeit oder Mut *als Eigenschaften von Kindern* ins Blickfeld rücken. Kinder würden mit Merkmalen in Verbindung gebracht, die über die Kategorie „süß" hinausgehen. Die Medien würden Kinder, die die Gesellschaft verändern, ins Scheinwerferlicht rücken.

- Könnten wir jemals die Tradition vergangener Jahre wiederbeleben, als Erwachsene sich frei fühlten, auch auf die Kinder anderer Leute zu achten und sie – falls nötig – in angemessener Weise zu ermahnen? Heute scheinen wir Angst davor zu haben, auch nur ein Wort zu sagen, wegen der möglichen

Gegenreaktion der anderen Eltern. Was wäre, wenn wir einander gegenüber zugäben, dass Kindererziehung ein komplexer Rund-um-die-Uhr-Job ist und dass wir uns alle gegenseitig dabei unterstützen müssen, um ihn gut auszuführen?

Eine erneuerte Gemeinde

Wenn für Gottes Volk Kinder wirklich von Bedeutung wären, so würde sich dies auf eine Vielzahl von Bereichen auswirken.

- Wir würden anfangen, anstelle von Dreijahresplänen Dreißigjahrespläne zu entwerfen. Wir würden mutige, langfristige Handlungsstrategien entwickeln und in die Tat umsetzen, die sich auf die nächsten Generationen auswirken würden. Wir würden uns fragen: „Welche Konsequenzen wird diese gegenwärtige Aktivität und Initiative zu der Zeit haben, wenn unsere Kinder erwachsen sind? Was sollten wir *jetzt* bereits tun, um den Weg für die Zeit *ihres* Dienstes zu bereiten?"

- Christliche Hochschulen und Bibelseminare, aber auch Regierungen und Kultusministerien würden ihre Studien- und Unterrichtsinhalte nochmals überprüfen unter dem Aspekt: „Sind Kinder berücksichtigt?" Pastoren beispielsweise dürften ihr Studium nicht beenden, ohne eine Reihe von kinderorientierten Seminaren belegt zu haben. Studienfächer wie unter anderem Mission, Sozialarbeit und Kommunikation würden sich gleichfalls mit der strategischen Position von Kindern befassen.

- Im Licht der fruchtbaren Ernte, die im Bereich der Jugendlichen zu erwarten ist, wäre es doch sinnvoll, wenn die Kirchenausschüsse vierzig Prozent oder mehr ihres Budgets bereitstellen würden, um Kinder und Jugendliche zu erreichen.

- Was wäre, wenn jeder Pastor an zwei Sonntagen im Jahr von der Kanzel fernbliebe, um den Kindergottesdienst zu halten? Wäre das nicht eine neuartige Botschaft an die Gemeinde!

- Was wäre, wenn alle Kinder der Gemeinde einen persönlichen Mentor oder Paten zur Seite gestellt bekämen, einen Erwachsenen, der sich verpflichtete an die Geburtstage der Kinder zu denken, sie ab und zu für eine besondere Leistung zu einem Eis einzuladen, sie zu besonderen gemeinsamen Ausflügen mitzunehmen und täglich für ihr Glaubenswachstum zu beten? Können Sie sich vorstellen, welche Auswirkungen es für einen zehnjährigen Jungen hat, wenn ein Mann zu ihm sagt: „Ich gehe nächsten Monat zu einem wichtigen Basketballspiel. Willst du mitkommen? Hast du Lust, ein oder zwei Freunde mitzubringen?"? Oder etwas wie: „Ich weiß nicht, was du werden willst, wenn du groß bist, aber ich bin Mechaniker. Würdest du gern einmal in meine Werkstatt mitkommen und einen Tag lang zuschauen, was ich mache? Ich habe Dinge zu erledigen, bei denen du mir helfen kannst." Heutzutage, wo es so viele Familien mit nur einem Elternteil gibt, kann der Einfluss eines gläubigen Erwachsenen auf einen jungen Burschen oder ein junges Mädchen durchschlagend sein. Wie viele Gemeinden würden sich durchringen, einen solchen Kontakt zur organisieren?

- Was wäre, wenn in unseren Gemeinden ein „Kindertag" einen ebenso hohen Stellenwert hätte wie der Muttertag? Wissen Sie überhaupt, an welchem Tag im Kalenderjahr der Kindertag stattfände? Die Vereinten Nationen benennen den 20. November, während andere Traditionen den zweiten Sonntag im Juni als Tag des Kindes ausweisen. Alles in allem bedeutet dies, dass wir überhaupt nicht darauf ausgerichtet sind, Kinder und Jugendliche zu ehren. Praktisch niemand feiert diesen Feiertag. Aber was für ein bedeutender Tag könnte das sein, wenn im ganzen Land die Pastoren darüber predigten, welchen Stellenwert Kinder im Reich Gottes haben. Mitarbeiter in der Gemeinde, die sich speziell um Kinder bemühen, würden mit Geschenkgutscheinen geehrt, und Berichte über die Erfolge der Gemeinde unter Kindern würden gefeiert. Eine besondere Kollekte für ein Kinderprojekt könnte eingesammelt werden. Wie wäre es mit einem gemeinsamen Mittagessen, zu dem jeder etwas mitbrächte, was besonders Kindern schmeckt?

- Was wäre, wenn Missionswerke sich entschieden, zu tun, was das Beste für die Söhne und Töchter ihrer Missionare wäre, selbst wenn es Auswirkungen auf ihr Gesamtkonzept hätte?

Gott erwartet nicht, dass seine Arbeit auf dem schmalen Rücken von vernachlässigten Kindern aufgebaut wird. Dieses Thema ist für mich – wie Sie wissen – eine Herzensangelegenheit. Die Tage, an denen erwartet wurde, dass Missionarskinder sich mit den Resten begnügen, müssen vorbei sein.

Neuer Schwung für Familien

Christliche Gemeinden und Missionsgesellschaften sind einflussreiche Einrichtungen, die Kindern zum Segen werden können. Aber für Kinder hat nichts mehr Bedeutung als ihr Zuhause. William Ross Wallace, ein Rechtsanwalt und Dichter des 19. Jahrhunderts, formulierte es einmal treffend so: „Die Hand, die eine Wiege schaukelt, ist die Hand, die die Welt regiert."

Stellen Sie sich einen Moment lang vor, wie das Leben von Kindern aussehen könnte, wenn in allen Familien unseres ganzen Landes Folgendes passierte:

■ Was wäre, wenn Mütter und Väter sich gleichermaßen unwiderruflich verpflichteten, sich – wenn die Kinder ins Bett müssen – Zeit zu nehmen für die zauberhaften Momente, in denen sie mit den Kindern die wichtigen Rituale zelebrieren können wie: das Erzählen von Gutenachtgeschichten, vertraute Zweiergespräche, Umarmungen, Küsse, Lieder und Gebete, welche die Beziehung zu ihren Kindern stärken? Kinder lernen zur Schlafenszeit mehr über das Herz ihrer Eltern und deren Werte als zu jeder anderen Stunde des Tages. Kein Kind ist zu klein, den vertrauten Tonfall und Rhythmus eines Gutenachtgebets mitzubekommen. Dieses Fenster an Gelegenheiten ist nur für ungefähr ein Dutzend Jahre geöffnet; wir müssen es weise nutzen.

■ Was wäre, wenn Eltern freiwillig ihre Freizeit im Hinblick darauf planten, dass sie die Abwesenheit von ihren Kindern zeitlich so gering wie möglich halten? Mütter und Väter brauchen Zeiten für sich selber, das ist klar. Aber warum sollte man diese nicht einschieben, wenn die Kinder in der Schule sind oder schlafen? Ein bisschen Vorausdenken und bewusstes Planen werden sich sehr hilfreich auswirken.

- Analog dazu: Was wäre, wenn Eltern sich weigerten, sich von Medien beiseiteschieben zu lassen? Kleine Kinder mögen lauthals nach Zeichentrickfilmen im Fernsehen verlangen, aber die Behaglichkeit und Sicherheit eines Kontaktes mit Mutter oder Vater von Angesicht zu Angesicht ist ein echter Schatz. Wenn wir nicht aufpassen, kann eine Spielkonsole auf dem Rücksitz der Großraumlimousine die Zeit beanspruchen, in der Eltern und Kinder über wirkliche Dinge in der realen Welt sprechen könnten, die von enormer Bedeutung sind. Liebe, die nicht ausgedrückt wird, ist allzu bald ein bloßer Schatten ihrer selbst.

- Das, was jetzt kommt, würden Sie von jemand wie mir ohnehin erwarten, aber ich sage es trotzdem: Was wäre, wenn jede Familie in der reichen westlichen Welt ein Kind in Armut unterstützte? Was für einen enormen Einfluss hätte dies auf das Kind *und* auf die Patenfamilie. Wann immer ich Compassion-Paten frage, warum sie jeden Monat das tun, was sie tun, bekomme ich Antworten wie: „Der kleine Junge in Kenia liegt uns wirklich sehr am Herzen, aber wir tun es auch für unsere eigenen Kinder. Vor allen Dingen möchten wir, dass unsere Söhne und Töchter zu mitfühlenden, fürsorglichen und warmherzigen Menschen heranwachsen. Wir wissen, dass sie das nicht aus unseren Worten allein lernen werden. Das bekommen sie nicht in der Einkaufspassage oder am Fernsehen mit. Sie lernen es dadurch, wie wir unser Geld nutzen, worüber wir im Gebet sprechen, und aus den Beziehungen, die wir aufbauen, aus den Briefen, die wir schreiben, und denen, die wir geschickt bekommen. Mit der Patenschaft prägen wir vor allem unsere eigenen Kinder."

  Die Patenschaft für ein Kind zu übernehmen ist sicherlich nicht alles, was wir für die Armen der Welt tun sollten. Aber es ist schwer vorstellbar, dass man noch weniger tut. Und der Vorteil liegt auf beiden Seiten.

- Was wäre, wenn jede christliche Familie sich einen Abend in der Woche freihielte, um einander durch die Einführung eines Familienabends Freude zu bereiten und ihren Kindern Werte zu vermitteln? Das klingt zunächst nach einer großen Verpflichtung, aber – mal ehrlich – was wäre wichtiger? Nichts, was wir unseren Kindern geben können, kommt dem Geschenk der Zeit gleich. Das ist es, wonach sich Kinder am meisten sehnen, und Familien, die das so handhaben, können bestätigen, welch große Auswirkungen dies hat. Glücklicherweise gibt es heutzutage jede Menge Bücher mit Vorschlägen oder Anregungen, die dabei helfen können, den Abend zu einer lebendigen und aufregenden Erfahrung zu machen.

Gottes Anteil, unser Anteil

Die Ideen, die ich hier ausgebreitet habe, sind nicht weit hergeholt und utopisch. Wir könnten zumindest einige von ihnen wahr werden lassen, wenn wir den Willen dazu aufbrächten. Wenn uns Kinder und die Welt, die wir ihnen übergeben, wirklich wichtig sind, dann können wir einige nennenswerte Verbesserungen erreichen.

Ich erinnere mich, dass ich als kleiner Junge im Dschungel Afrikas am Straßenrand einmal eine wilde Tulpe entdeckte. Offenbar war ein Betonklotz von einem LKW gefallen, die Böschung hinuntergerollt und am Rand des Dschungels liegen geblieben. Auf der Suche nach dem Tageslicht hatte sich der Stiel der Wildblume gedreht und gewunden, bis er schließlich die Kante des Blocks erreicht hatte. Von dort aus war er – nun befreit – so gerade er konnte emporgewachsen. Seine Anstrengung hatte eine Tulpe hervorgebracht, aber diese war vor Erschöpfung klein und schwach geraten. Durch ihren frühen Kampf, diesen Betonblock zu umgehen, hatte sie schon viel ihrer Stärke und ihres Wachstumspotenzials eingebüßt.

Wenn ich an die tragische Blume zurückdenke, erkenne ich heute, dass Gott seinen Anteil bereits eingebracht hatte. Er hatte in die DNA dieser kleinen Tulpe einen perfekten Entwurf zur Entwicklung ihrer schönen Farbe, ihrer typischen Größe und ihres unverwechselbaren Dufts hineingelegt. Die Bibel erzählt uns, dass Gott dasselbe getan hat im Leben jedes Kindes. Jedes ist wunderbar zusammengefügt im Leib seiner Mutter. Wenn manche Kinder auch mit Behinderungen geboren werden, die ihren Eltern das Herz brechen, so gibt es doch keine Kinder, in deren junges Leben Gott nicht hineinwirken könnte und aus deren Leben ihm nicht große Freude und Ehre erwachsen könnten. Gott macht keine Fehler!

Wie die Tulpe, so sind auch Kinder geschaffen worden, um heranzuwachsen, sich zu entwickeln, aufzustreben und sich auszustrecken nach der Fülle, die Gott in sie hineingelegt hat. Liebevoll sagte er in Jeremia 29,11: „Denn mein Plan mit euch steht fest: Ich will euer Glück und nicht euer Unglück. Ich habe im Sinn, euch eine Zukunft zu schenken, wie ihr sie erhofft" (*GNB). Unser Auftrag ist es, als Gottes Beauftragte, als seine Hände und seine Füße in dieser kranken Welt die Betonblöcke zu beseitigen, die unsere Kinder zu ersticken drohen, als da wären: Armut, Missbrauch, Vernachlässigung und Ungerechtigkeiten aller Art. Wir sind aufgerufen, für sie eine sichere, gedeihliche Umgebung zu bereiten und sie schon in jungen Jahren an ihren Weg zu gewöhnen; so werden sie auch nicht davon ablassen, wenn sie alt werden (vgl. Sprüche 22,6).

Mit guten Gewohnheiten kann sich Gottes Plan in ihrem Leben auf wunderbare Weise erfüllen.

So sehr ich mir wünsche, dass eine Pflanze wächst, so kann ich sie doch nicht einfach zwischen meine Finger nehmen und nach oben ziehen, damit sie schneller in die Höhe wächst. Ich kann nicht bitten, rufen oder drohen, um ihr Wachstum in Gang zu setzen. Wenn ich in meinem Eifer oder meiner Ungeduld zu sehr ziehe, könnten ihre zerbrechlichen Wurzeln ihren Halt in der lebensspendenden Erde verlieren. Der Entwurf und der Weg liegen letztlich in den liebenden und fähigen Händen Gottes, des Schöpfers jedes Kindes. Unsere Rolle ist es, eine förderliche Umgebung zu schaffen, sodass sie jede Gelegenheit, zu wachsen und zu streben, nutzen können.

Wir können das leisten, wenn wir wollen. Alles, was wir dazu brauchen, ist eine Vision und eine Portion Mut. Die Welt muss für unsere Kleinen nicht so sein, wie sie ist. Es gibt genügend unter uns, die sich sehr wohl dafür interessieren, dass Missstände nicht weiterhin die Oberhand behalten. Es liegt in unserer Verantwortung, den Missbrauch und die Vernachlässigung zu stoppen und zu teilnahmsvoller Zuwendung und Unterstützung anzuregen. Stellen Sie sich vor …

15 | „Nur" Kinder: ein Appell

Wir sind einen langen Weg gemeinsam gegangen auf der Pilgerreise durch dieses Buch. Hätten wir die ganze Zeit um das Lagerfeuer in Nielle herum gesessen, würden jetzt die letzten flackernden Flammen in den roten Kohlestücken tanzen. Stumm würden wir in die glimmende Glut schauen und beobachten, wie kleine Rauchfahnen nach oben steigen. Wir würden allmählich daran denken, nach Hause aufzubrechen.

Aber ich zögere, schon zu gehen. Vielleicht geht es Ihnen genauso. Mein Herz möchte noch einige Momente verweilen, um zu fragen: „Was werden wir also tatsächlich unternehmen?" Jetzt, wo wir wissen, was wir wissen. Nachdem wir das alles miteinander erlebt haben, können wir nicht einfach das Buch weglegen, seufzen und gehen.

Jesus hat klar und feierlich dargelegt: „Es wird von jedem, der viel bekommen hat, auch viel erwartet; denn wem viel anvertraut wurde, von dem verlangt man umso mehr" (Lukas 12,48; *Hfa). Normalerweise denken wir, dass sich dieser Vers auf Geld bezieht. Vielleicht tut er es, aber ich denke, er weist in seiner Bedeutung darüber hinaus. Genauso plausibel wäre es, ihn zu verstehen im Hinblick auf unser Wissen, unsere Erfahrungen, unsere Einsichten und unser aufgewühltes Herz. In diesem Buch sind wir zusammen zu einem Punkt gereist, von dem es kein Zurück mehr gibt. Wir können nicht da weitermachen, wo wir vorher waren.

Lassen Sie mich für mich selbst sprechen, bevor das Feuer ausgeht. Ich habe keine andere Wahl, als den Kampf für die „Geringsten unter ihnen", die Kinder, voranzutreiben. Auf meiner persönlichen Lebensreise habe ich sowohl die Schrecken der Armut als auch die zerstörerischen Auswirkungen von Kindesmissbrauch am eigenen Leibe gespürt. Ich habe erfahren, dass Armut und Missbrauch die gleiche Sprache sprechen. Sie haben die gleiche Botschaft, die da lautet: „Du bist nicht wichtig. Gib auf!" Beide stehen in völligem Gegensatz zu der wundervollen Botschaft des Evangeliums, die da lautet: „Du *bist* wichtig. Du bist von unermesslichem Wert. Du wirst von Gott selbst innig geliebt."

Viele Jahre lang habe ich davor zurückgescheut, mein Leben und meine Gedanken zu Papier zu bringen. Andere hatten mir schon lange gesagt, ich solle ein Buch schreiben, aber ich schob es immer wieder auf. Ich wusste, dass es mühsam werden würde. Meine größte Sorge war, dass ich mein Herzblut investieren müsste, ohne dass sich etwas ändern würde.

Wissen Sie, ich kenne dieses Gefühl. Ich hatte es schon einmal im Leben. Ich erinnere mich an eine Zeit, die ich in einem wirklich elenden Slum in Haiti verbracht habe. Er hieß ironischerweise „Cité Soleil", Sonnensiedlung. Aber es war ein schrecklich düsterer Ort. Eine Masernepidemie hatte sich in den Bretterbuden ausgebreitet und raffte die Kinder der Siedlung dahin, eines nach dem anderen. Die gequälten Schreie der Eltern gellten durch den Slum. „Ti chapes" wurden die sterbenden Kinder genannt: kleine Flüchtlinge. Alles in allem gab es zu wenig Geld, zu wenig Impfstoff, zu wenig Hoffnung.

An meinem letzten Tag dort hielt ich ein winziges sechs Monate altes Baby in meinen Armen. So klein, so verletzlich, so krank. Es trug keine Windeln, nur eine kleine blaue Unterhose. Ich schaute es an und bemerkte eine grausame Ironie: Das Höschen war mit gelben Smileys verziert. Ich versichere Ihnen, dass an diesem Tag niemand lächelte. Die Mutter hatte mir in ihrer Verzweiflung diesen kleinen ausgemergelten Körper in die Arme gelegt in der Hoffnung, etwas, irgendetwas, könne das Baby seinem sicheren Schicksal entreißen. Vielleicht die Berührung durch einen Fremden mit weißer Haut, die im letzten Moment noch das Schicksal aufhalten könnte.

Ich wiegte das Kind in meinen Armen, während ich betete und hilflos weinte. Ich sah, wie der kleine Brustkorb sich hob und senkte. Der schlaffe kleine Körper zuckte noch ein wenig ... und blieb dann still in meinen Armen liegen. Die Mutter, die besorgt zugesehen hatte, lehnte sich schluchzend an mich. Nie werde ich die Qualen in dem Schrei vergessen, der sich aus der Tiefe ihrer Seele löste. Am selben Abend musste ich von Haiti in den Bundesstaat New York fliegen, wo ich als Redner bei einem christlichen Musikfestival eingeplant war. Es war Sommer, und das Festival fand auf dem Gelände eines großen Vergnügungsparks statt. Ich war der erste Redner des Morgens.

Als ich die Bühne betrat, waren weniger als vierundzwanzig Stunden vergangen, seit ich erschüttert das kleine haitianische Baby in die Hände seines himmlischen Vaters übergeben hatte. Vor mir sah ich eine kleine, verstreute Menschenmenge, die auf dem Gras verteilt saß. Die meisten der Festivalbesucher schliefen sich noch aus, erschöpft von dem späten Konzert am Vorabend. Andere hörte ich quietschen und kichern, während eine Achterbahn über ihre Schienen sauste. Ein großes farbiges Riesenrad ragte über uns auf, von dem aus ein freundlicher Popcornregen niederging.

Der Übergang zwischen den zwei gegensätzlichen Welten war so krass, dass ich sprachlos vor dieser kleinen Gruppe von Menschen stand. Ich wusste nicht, wo ich anfangen sollte. Was sollte ich sagen? Wie konnte ich die Zuhörer und meine Erlebnisse vom Vortag unter einen Hut bringen?

Die Zeit, die ich schweigend dastand, wurde schon peinlich lang, während Tränen meinen Blick trübten. Ich hatte kaum Hoffnung, dass ich auch nur irgendwie die richtigen Worte finden würde, um meinen Zuhörern zu helfen, die Welt zu verstehen und ihren Platz darin. Wie konnten sie fühlen, was ich fühlte, und begreifen, dass es in unserer Welt nur ein Nachtflug war, der dieses Festgelände von den Slums in Haiti trennte? Eine außer Kontrolle geratene Frisbee-Scheibe landete vor mir auf der Bühne. Entmutigt ließ ich meinen Kopf hängen.

Ich erinnere mich nicht mehr genau, wie ich schließlich meine Ansprache begann oder was ich tatsächlich sagte. Die Worte fühlten sich in meinem Mund an wie Sägespäne.

Nachdem wir unsere Zeit gemeinsam mit diesem Buch verbracht haben, bitte ich Sie inständig, sich nicht auszuklinken. Ich hoffe, Sie werden tief in Ihrem eigenen Herzen forschen, sich an Ihre eigene Pilgerreise erinnern und sich in diesem Kampf für Kinder an meine Seite stellen. Wir brauchen eine ganze Armee Gleichgesinnter, die bereit ist, sich dem folgenden Ziel zu verschreiben, das in Sprüche 31,8 formuliert ist: „Du aber tritt für die Leute ein, die sich selbst nicht verteidigen können! Schütze das Recht der Hilflosen!" (*Hfa). Diese Schriftstelle prangt als Logo über dem Hauptsitz von Compassion in Colorado Springs. Sie erfasst, worum es in diesem Kampf geht. Egal, wie viel Leidenschaft, Energie oder Geldmittel Sie in diese Sache einfließen lassen – sie ist es allemal wert.

Einflussnahme zieht Kreise

Ich möchte Ihnen die Frage stellen: Welche Kinder hat Gott Ihnen in Ihrem Leben im täglichen Umgang anvertraut? Wen hat er Ihrer Betreuung und Ihrem Einfluss unterstellt? Nehmen Sie sich eine Minute Zeit, um diese tatsächlich auf einem Blatt Papier zu notieren. Dann schreiben Sie neben jeden Namen, was Sie sagen oder tun könnten, um das Kind bei Ihrer nächsten Begegnung ein bisschen höher zu heben und seiner Seele etwas Gutes zu tun. Wie wunderbar wäre die Welt, wenn jedes Kind geliebt, beschützt und ausreichend ernährt würde durch die Erwachsenen um es herum.

Jedes Kind braucht wenigstens einen Menschen, der es bedingungslos liebt. Es möchte nicht hören: „Wenn du nur ... wärest" oder „Ich mag dich, wenn du ..." oder „Ich liebe dich, weil du ...". Stattdessen braucht es jemand, der einfach sagt: „Ich liebe dich und werde das immer tun. Nichts, was du jemals sagen oder tun wirst, wird meine Liebe zu dir verringern."

Das ganze Konzept könnte fast wie eine Überforderung wirken, weil es so viele Kinder gibt und so viele Nöte. Leicht könnten wir abgeschreckt werden durch die Größe der Aufgabe und letztlich gar nichts unternehmen, weil wir einfach nicht alles leisten können. Einer der intelligentesten Männer, die je gelebt haben, Albert Einstein, sagte einmal: „Die Welt wird nicht bedroht von den Menschen, die böse sind, sondern von denen, die das Böse zulassen." Was gebraucht wird, ist eine Armee von uns, die wir das verstehen und uns zum Handeln verpflichten. Es braucht einen Plan und die tägliche Entschlossenheit, ein solcher Mensch zu sein.

Ich habe eine etwas sonderbare Art, mich selbst an meine Berufung, ein Anwalt der Kinder zu sein, zu erinnern. Seit ungefähr fünf Jahren leide ich unter Tinnitus, der sich in einem sporadisch auftretenden Klingeln in meinem linken Ohr bemerkbar macht. Er produziert einen ziemlich hohen Ton. Auf der Tonleiter ist es ein A. Manche Menschen sind durch so etwas schon dermaßen in Bedrängnis geraten, dass sie sich tatsächlich das Leben genommen haben, um dieser unausweichlichen Belästigung zu entfliehen.

Inbrünstig habe ich um Heilung von diesem „Dorn im Fleisch" gebetet. Ich habe versucht, Gott klarzumachen, dass ich auch ohne den Tinnitus bereits genügend Stress und Verantwortung in meinem Leben habe. Trotz all meiner Bemühungen um ein Heilmittel, Besuchen bei Spezialisten und flehentlicher Gebete hält der Zustand an. Wenn es ein gebrochener Arm wäre oder etwas Offensichtliches, könnte ich wenigstens Mitleid erhaschen. Aber es handelt sich um eine unsichtbare Krankheit, und ich muss mich in Unterhaltungen und Sitzungen normal benehmen, als würde nicht ständig ein Telefon in meinem Ohr klingeln.

Da Gott offenbar nicht vorhat, diesen Umstand zu ändern, habe ich beschlossen, ihn in meinem Leben als eine Art Weckruf zu nutzen. Wann immer ich mir des Klingeltons bewusst werde, werte ich das als Signal, mich nach einem Kind in meiner Nähe umzuschauen, dem ich segensreich begegnen kann. Dann sage ich ein freundliches Wort, irgendetwas Ermutigendes – einfach etwas, um das Kind ein bisschen höher zu heben. Sind keine Kinder in der Nähe, nutze ich den Moment, für die Kinder dieser Welt zu beten. Mein Handeln muss Satan irritieren; denn in kürzester Zeit lässt dann das Klingeln in meinem Ohr nach!

Ich weiß nicht, welche Erinnerungshilfe bei Ihnen funktionieren würde, aber ich fordere Sie heraus, etwas zu finden, das *Ihnen* regelmäßig die Kinder um Sie herum und auf der ganzen Welt ins Bewusstsein ruft. Es muss keine dramatische Aktion sein, nur ein kleiner Akt der Liebe. Wenn genügend von uns das täten, würde die Welt tatsächlich besser werden. Wie Mutter Teresa gern sagte: „Wir können nicht alle große Dinge tun, aber wir können kleine Dinge tun mit großer Liebe."

Wir zwingen uns damit selbst, Kinder gesondert zu betrachten, nicht nur als nebulöse Teilmenge der Gesellschaft. Eine meiner Lieblingsgeschichten über Jesus steht in Markus 8,22–26, wo er einen blinden Mann in Bethsaida heilte. Jesus strich etwas Speichel auf die Augen des Mannes und fragte ihn dann: „Kannst du etwas sehen?" Der Mann antwortete, dass er nur die verschwommenen Umrisse von Menschen sehen könne, die aber mehr wie Bäume in Bewegung aussähen.

„Da legte Jesus ihm noch einmal die Hände auf die Augen. Jetzt sah der Mann deutlich; alles konnte er genau erkennen" (Vers 25).

Für den Heiland, den Herrn der Herrlichkeit, war es nicht gut genug, dass Menschen wie verschwommene Bäume aussahen! Er hatte jedes menschliche Wesen in einzigartiger Weise geschaffen, und er würde nicht ruhen, bis der Mensch sagte, was er selbst sah: wertvolle, unterschiedliche Individuen, erschaffen mit Würde und nach dem Bilde Gottes.

So ist es mit Kindern in der heutigen Welt. Wir müssen sie einzeln betrachten. Wir müssen uns um sie bemühen – um *ein Kind nach dem anderen*. Wenn genügend von uns dies tun, kann Großes erreicht werden!

Jeder von uns hat einen Einflussbereich, Menschen in unserer unmittelbaren Umgebung, die wir mit unseren Worten und Taten beeinflussen können. Manche dieser Menschen haben beträchtliche Fähigkeiten, eine sehr fruchtbare, segensreiche Kinderarbeit zu leisten. Sie müssen sich dessen nur bewusst werden. Wenn wir aus ihnen Advokaten – Anwälte der Kinder – machen könnten, wäre vielen Kindern geholfen, die wir auf andere Weise niemals erreichen könnten, und das auf eine Art, wie wir es niemals fertiggebracht hätten.

Es ist der Auftrag der Kirche, das Salz und das Licht in der Welt zu sein, um Heilung und Hoffnung zu verbreiten. Wie ich bereits argumentiert habe, können soziale Veränderungen nur ganz unten in Gang gesetzt werden: im Leben eines Kindes. So glaube ich fest daran, dass man dieses Thema an die Spitze der Gesellschaft herantragen muss. Die Kirche – und das sind letztlich wir alle, die wir Jesus nachfolgen – muss an unsere Regierungen und

Kulturträger herantreten und sie herausfordern, ihre Verantwortung für das Wohlergehen ihrer jüngsten und am meisten vernachlässigten Bürger zu übernehmen. Stellen Sie sich vor, welche entscheidenden Verbesserungen im System zu erreichen wären, wenn die Einzelpersonen, die an den Schaltstellen der Macht sitzen – sowohl national als auch international –, motiviert werden könnten, ihren Einfluss zugunsten von Kindern geltend zu machen.

Um dahin zu gelangen, müssen die Leiter von Kirchen und Missionswerken erfassen, wie wichtig es ist, Kindern eine Priorität einzuräumen. Theologen und Missionswissenschaftler müssen Bibelseminare und andere christliche Bildungseinrichtungen beeinflussen und mit starken Konzepten ausrüsten für den Dienst an Kindern. Das wird mutige Initiativen hervorbringen, die das, was in unseren Gemeinden und auf dem Missionsfeld passiert, in die Welt hinaustragen und dort umsetzen. Sind Sie einer dieser Leiter? Sind Sie mit einem von ihnen verheiratet? Kennen Sie eine dieser Schlüsselpersonen? Dann können Sie diesen Prozess in Gang setzen.

Tritt Ihr Pastor für die Angelegenheiten von Kindern ein? Verstehen die Missionare, die Sie unterstützen, die strategische Wichtigkeit des Dienstes an Kindern? Nutzen die Fernsehsender, die Sie einschalten, ihre einflussreichen Medien, indem sie für Kinder Partei ergreifen? Scheinen die Fernsehsender, die Sie einschalten, zu begreifen, welchen Stellenwert Kinder im Reich Gottes einnehmen? Und nutzen Sie Ihre mächtigen Medien, um ihren Einfluss geltend zu machen zum Wohle von Kindern? Wie ist das mit den Radiosendern, die Sie hören, den Zeitschriften, die Sie lesen, oder mit den Organisationen, an die Sie spenden? Hier haben Sie einmalige Gelegenheiten – und gleichzeitig die große Verantwortung –, diese prominenten Persönlichkeiten, die Gott mit vielem betraut hat, in ihren Positionen zu erreichen und zu beeinflussen, sich in dem Kampf für Kinder zu engagieren.

Ebenso haben wir die heilige Pflicht, diejenigen, die bereits im Dienst für Kinder stehen, zu ehren und zu unterstützen, angefangen bei Mitarbeitern der Kindergottesdienste über Jugendgruppenleiter bis hin zu den Erzieherinnen, die christliche Kindergärten leiten. Von all diesen Personen wird der noch weiche Ton der kleinen Seelen zum Guten hin geformt. Die Mitarbeiter, die hier am Werke sind, müssen durch Gebet unterstützt werden. Außerdem gebühren ihnen Anerkennung und Dank für ihren langfristig angelegten Dienst. Was sie bereits haben, sind die Sympathien, die Herzen der Kinder, aber sie müssen auch von den Erwachsenen gelobt werden. Diese benötigen eine qualifizierte Schulung bzw. Ausbildung, eine entsprechende Ausstattung und Ermutigung – und gelegentlich eine Pause. Das bedeutet, dass man sich für sie einsetzen und ihnen behilflich sein muss, sodass sie einmal ein Wochenende oder einen Sommer lang freihaben, um ihre Visionen und ihre Leidenschaft wieder aufzufrischen.

Ich erinnere mich an einen einschneidenden Moment vor ein paar Jahren, als ich die Ehre hatte, an meiner Alma Mater, dem Moody Bibelinstitut in Chicago, zu sprechen. Als ich dort vor tausend Studenten im Torrey-Gray-Auditorium stand, bat ich die Fußballmannschaft, die in diesem Jahr recht erfolgreich gewesen war, aufzustehen. Schließlich war ich eines der Missionskinder in den späten Sechzigerjahren gewesen, als Fußball in Amerika noch nicht sehr weit verbreitet war, das Moodys erste Fußballmannschaft aufgestellt hatte. Wir waren als Missionskinder in unseren Dörfern alle mit Fußballspiel groß geworden.

An diesem Tag erhoben sich die Sportler. Der Saal brach in heftigen Applaus aus und jubelte. Einige Augenblicke lang badeten die Fußballer in der Begeisterung und Bewunderung ihrer Kommilitonen.

Als sie wieder Platz genommen hatten, bat ich alle diejenigen aufzustehen, die im Hauptfach „Christliche Pädagogik" studierten. Sie können sich fast denken, was die Menge dachte: *Was? Habe ich richtig gehört?* Die C. P.-Studenten sahen einander betreten an und standen dann ruhig und selbstbewusst einer nach dem anderen auf. Die Studentenschaft betrachtete sie mit Unbehagen. Ich musste um einen Applaus bitten.

Dann sagte ich zu der versammelten Studentenschar: „Das hier sind eure wahren Helden. Sie werden mit der demografisch größten Gruppe arbeiten, werden den dynamischsten Einsatz leisten und bleibende Eindrücke hinterlassen, da letztlich sie die große Ernte für Christus einbringen werden!" Jetzt spendeten die Studenten freiwillig stehende Ovationen für diese zukünftigen Diener der Kinder.

Meine Worte waren nicht bloß heiße Luft: Im Jahre 2004 ergab eine Studie, dass 43 % der Amerikaner, die Jesus Christus als ihren Retter annehmen, dies tun, bevor sie 13 Jahre alt sind, weitere 21 % noch vor ihrem 18. Lebensjahr und weitere 13 % bis zu ihrem 21. Lebensjahr. Somit bleiben lediglich 23 % übrig, die sich als Erwachsene entscheiden, Jesus zu folgen.[1] Wer hat also den größten Anteil daran, Menschen unter das Kreuz zu bringen?

Als die verwirrten Studenten der Christlichen Pädagogik sich wieder gesetzt hatten, sagte ich zu ihnen: „Es tut mir so leid, aber angesichts der durcheinandergeratenen Werte und Prioritäten dieser Welt und sogar der Kirche und der Missionsgesellschaften könnte dies das letzte Mal gewesen sein, dass ihr stehende Ovationen für das bekommt, was ihr tut – zumindest außerhalb des Himmels. Das eine sollt ihr wissen: Das, was ihr unter Kindern tun werdet, ist so nah am Herzen Gottes und so zentral für sein Königreich wie nichts anderes, was wir hier aufzählen könnten."

Bei dieser Gelegenheit fuhr ich fort mit einer Geschichte, die ich oft erzähle. Sie handelt von Dr. Tony Campolo, einem bekannten Autor und Soziologen an der Eastern University in Philadelphia. Er wuchs in dieser Stadt auf. Eines Tages, als er gerade in der Stadt war, hatte er die Idee, zu der alten Kirche aus seiner Kindheit zu fahren. Er wusste, dass sich die demografische Zusammensetzung seiner Nachbarschaft seit seiner Kindheit mehrfach geändert hatte. Die christliche Gemeinde war zunächst weiß gewesen, dann schwarz, dann asiatisch und jetzt ... gar nichts. Er fuhr zu seiner gewohnten Adresse und fand die Fenster des Gebäudes mit Sperrholzplatten vernagelt. Die Baufälligkeit war augenscheinlich.

Dr. Campolo war traurig – aber auch neugierig. Er begann nachzusinnen: *Was zerstört eine Gemeinde? Was bringt eine ehemals aufstrebende Gemeinde dazu, zu schrumpfen und schließlich einzugehen?* Er beschloss, an seiner früheren Kirche eine Fallstudie durchzuführen.

Er konnte die letzten Mitglieder des Ältestenrates ausfindig machen, stellte sich bei ihnen vor und sagte dann: „Ich interessiere mich für den Lebenszyklus dieser Gemeinde. Haben Sie noch die Unterlagen? Könnte ich sie einmal einsehen?"

Sie sagten ihm, wo die Archive zu finden waren – im Kellergeschoss des Gebäudes in einer Kammer hinter einer vernagelten Tür. Dr. Campolo kreuzte ein paar Tage später mit einer Brechstange wieder auf, und es gelang ihm, die Tür aufzustemmen. Er wischte die Spinnweben weg und starrte auf den Stapel mit Jahresberichten. *Wo soll ich anfangen?*, fragte er sich.

Ich weiß, sagte er zu sich selber, *ich werde in dem Jahr beginnen, in dem ich als Junge mein Leben Jesus anvertraut habe.* Er blätterte den Stapel durch, bis er den Bericht gefunden hatte. Er öffnete die vergilbten Seiten und begann zu lesen.

Es war kein besonders gutes Jahr für die Gemeinde gewesen, gab der Autor zu. Die Spenden waren seit dem Vorjahr zurückgegangen. Missionarische Aktivitäten waren zurückgefahren worden. Die Anzahl der Gottesdienstbesucher war rückläufig gewesen. Im Verlauf des gesamten Jahres hatte es nur drei Bekehrungen gegeben, und das waren „nur Kinder" gewesen.

Ungläubig und irritiert starrte Dr. Campolo die Seite an. „Moment mal!", sagte er laut. „Eines von den drei Kindern war ich! Und ich kenne die beiden anderen. Eines hat sein Leben im Missionsdienst in Afrika verbracht, während das andere Vorsitzender eines Bibelseminars hier in den Vereinigten Staaten geworden ist. Und ich habe mein Leben der christlichen Hochschulbildung gewidmet. Was soll das heißen, ‚nur' drei Kinder kamen in diesem Jahr zum Glauben an Jesus?"

Der Soziologe hatte die Antwort auf die Ausgangsfrage seiner Nachforschungen gefunden. Eine Gemeinde beginnt zu sterben, wenn sie sagt: „Es waren bloß Kinder." Wenn das die Geisteshaltung ist, sind Niedergang und Zerfall vorprogrammiert.

Einer der großen Professoren am theologischen Seminar von Dallas, Dr. Howard Hendricks, hat geschrieben: „Es ist meine tiefe Überzeugung, dass kein christlicher Einsatz unseren Glauben stärker oder nachhaltiger beeinflusst als das Engagement für Kinder." Francis Xavier, ein früherer Jesuit des 15. Jahrhunderts, ist weithin bekannt für seine kühne Behauptung: „Gib mir einen

Jungen, bevor er sieben Jahre alt ist, und ich werde dir den Mann zurückgeben." Die Grundlage hierfür ist die gleiche wie für den Kampf gegen Armut in der Welt. Kinder werden letztlich die Kirchen, in denen sie Gott verehren, verändern. Veränderte Gemeinden werden ihre Orte verändern. Mit der Zeit werden veränderte Gemeinden die Länder und schließlich die Welt verändern. Alles beginnt mit den Kindern.

Wenn man seinen Finger in nassen Beton bohrt, erhält man unmittelbar Ergebnisse. Man muss gar nicht so hart drücken. Die Einbuchtung ist da, für alle sichtbar. So ist es, wenn man den Eindruck von Jesus auf die Seele eines Kindes bringt.

Später, wenn der Beton fester wird, muss man härter drücken, um einen Eindruck zu hinterlassen. So ist das mit Glaubensunterricht für Teenager und Studenten. Die Tatsache ihrer besonderen Situation in der Pubertät schafft größeren Widerstand.

Hat man es erst mit Erwachsenen zu tun, ist der Beton so fest geworden wie Stein. Möchte man an diesem Punkt den Geist noch umformen, braucht man Hammer und Meißel.

Deshalb ist es sinnvoll, dass wir unsere Bemühungen auf die empfänglichsten Lebensphasen konzentrieren – nämlich die frühen. Anderenfalls verpassen wir die goldenen Gelegenheiten ... Was mich zu der letzten Geschichte führt, die ich Ihnen erzählen möchte, bevor wir dieses „Lagerfeuer" verlassen.

Die Wiedervereinigung

Es war im Jahr 1985; ich hatte ungefähr acht Jahre lang als junger leitender Angestellter bei Compassion International gearbeitet. Wir unterstützten zu jener Zeit ungefähr 100.000 Patenkinder. Es waren die tragischen Tage der Hungerkatastrophe in Äthiopien, die die Herzen der gesamten Welt gefangen nahm. Weltliche und christliche Musiker gleichermaßen schrieben Lieder und sammelten Spenden, um den Hungernden zu helfen.

Unser Präsident, Wally Erickson, bat einen anderen jungen Mann namens Mark Yeadon (inzwischen Vizepräsident unseres Kinderhilfswerks) und mich, in dieses Land zu reisen, um zu überprüfen, wie es dort mit unserer Hilfe vor Ort aussah. Kam das Geld an den richtigen Stellen an? Rettete es tatsächlich Leben? Und wurde alles getan – wie die Aussage unserer Organisation lautete – „in Jesu Namen"?

Da dies seit zweiundzwanzig Jahren meine erste Reise auf den afrikanischen Kontinent war, erhielt ich die Erlaubnis, auf meinem Rückweg einen Umweg über die Elfenbeinküste zu machen. Ich organisierte mir einen Laster, mit dem ich nach Nielle fuhr, um mein eigenes Dorf wiederzusehen. Als ich in den Ort rumpelte, konnte ich fast nicht wiedererkennen, wo ich war. Das Dorf war kein kleiner Haufen von Lehmhütten mehr; es war eine ausgewachsene Stadt. Unser kleines Missionsgebäude lag nicht mehr außerhalb des Ortes; die Stadt war darum herum gewachsen und hatte unser Haus eingekreist.

Ich fand unsere Einfahrt, und als ich mit dem Koffer in der Hand dort entlanglief, war ich hingerissen von den großen wunderschönen Bäumen. Das waren tatsächlich die kleinen Setzlinge, die Alezye und ich so liebevoll gepflanzt, gewässert, geschützt und genährt hatten, die jetzt zu einem üppigen tropischen Wald herangewachsen waren. Später erfuhr ich, dass Nielle ein so angenehmer Ort war, dass Missionare für ihren Urlaub hierherkamen, um sich auszuruhen und sich im kühlen Schatten unserer Bäume zu erholen.

Im Laufe der Jahre waren weitere Gebäude auf unserem Missionsgelände errichtet worden. Am Ende der Straße fand ich das kleine Haus, das mein Vater gebaut hatte, jetzt umgeben von Blumen, Büschen und Obstbäumen. Ich musste lächeln, als ich mich erinnerte, wie ich in meiner kindlichen Vorstellung der Überzeugung gewesen war, dass ich eine wesentliche Rolle beim Bau dieses Hauses gespielt hatte.

Die Missionare, die inzwischen in unserem Haus lebten, waren freundlich und gütig. Sie erlaubten mir, bei ihnen zu bleiben und sogar in meinem eigenen kleinen Zimmer zu schlafen. Niemals werde ich diese Nacht vergessen. Ich lag da und hörte wieder die Dorftrommeln. Über zwei Jahrzehnte lang hatte ich sie nicht gehört, aber es war so, als wäre die Zeit stehen geblieben. Sie klangen jetzt näher, da der Ort rings um uns herum näher gerückt war. Ich hörte die gleiche tropische Symphonie, die ich als Junge so geliebt hatte: das Zirpen der Grillen, das Quaken der Baumfrösche, die Klänge des Dorfes bei Nacht. Ich war wieder zu Hause!

Am nächsten Morgen beim Frühstück erzählten mir die Missionare, wie sich die Lage verändert hatte. Die Wüste Sahara war weiter in den Süden vorgerückt, sodass Sand und Wind die einst fruchtbaren Felder bedeckt hatten. Kleine Jungen mussten nicht mehr die Ernte gegen plündernde Affenbanden beschützen, weil selbst die Tiere auf der Suche nach einer verlässlicheren Nahrungsversorgung weggewandert waren. Niemand schoss mehr mit Schleudern, weil es keine Beute mehr gab, die groß genug war, um eine so mächtige Waffe zu rechtfertigen. Auch Schleudern, die kleinen Jungen um den Hals hingen, waren ein seltener Anblick geworden.

Unser kleines Sumpfland war seit Langem ausgetrocknet und hatte sich in ein nutzloses, staubiges Becken verwandelt. Es gab keine Fische mehr, und die Reisfelder waren seit mehr als zehn Jahren verschwunden. Die Armut war schlimmer, als sie jemals gewesen war, da die kleinen Jungen, die trainiert hatten, Jäger zu sein, nichts mehr zum Jagen hatten, die Fischer hatten nichts mehr zum Fischen und die Bauern konnten kaum ihre Familien ernähren; noch weniger hatten sie etwas übrig, um es auf dem Markt zu verkaufen. Es tat mir in der Seele weh zu sehen, wie hart das Leben für mein Volk geworden war.

Ich fragte nach den Senufo-Christen. „Wie geht es der Gemeinde hier inzwischen?", wollte ich hoffnungsvoll wissen.

Wiederum war die Nachricht trostlos. „Oh, es ist ein harter Ort zum Predigen", antworteten sie. „Wir kämpfen nicht nur gegen den Animismus, den Satanskult aus der Ära ihrer Eltern, sondern inzwischen haben sich die Moslems hierher ausgebreitet und großen Einfluss gewonnen."

„Wie groß ist die Gemeinde?", fragte ich.

„Sie ist immer noch ziemlich klein", antworteten sie. „Vielleicht 40 Personen."

„Wirklich? Nur 40 – mit Kindern?", fragte ich ungläubig.

„Na ja, wenn Sie die Kinder mitzählen, dann hat unsere Gemeinde wahrscheinlich annähernd hundert Besucher."

Ich musste unbedingt nach Alezye fragen. Zweiundzwanzig Jahre waren ins Land gegangen, seit wir einander bei den Armen gefasst hatten und uns geschworen hatten, Gott treu zu bleiben und uns selbst darauf vorzubereiten, zu Werkzeugen zu werden, die er gebrauchen konnte. Wir hatten danach einen oder zwei Briefe ausgetauscht. Aber wie bei den meisten jungen Männern ließ der Briefkontakt nach, und inzwischen hatte ich keine Ahnung mehr, was aus ihm geworden war.

„Kennen Sie Alezye?", platzte ich heraus.

„Oh ja. Er kommt übrigens heute her. Er weiß, dass Sie hier sind! Die Trommeln sind immer noch schneller als die Laster. Bevor Sie ankamen, wussten die Menschen bereits, dass Sie zurückkommen."

Ich war so aufgeregt, dass ich mich entschloss, unser Wiedersehen nicht zu verderben, indem ich schon im Voraus alle möglichen Fragen über ihn stellte. Ich war sicher, dass er inzwischen ein Pastor war oder vielleicht ein Missionsleiter. Ich würde ihn bald genug zu Gesicht bekommen, und er könnte mir alles selbst erzählen. Wie mein Herz hüpfte, als ich hinausging und mich inmitten von Bäumen und tropischem Blumenduft befand!

Ich überquerte das Feld und ging zu „unserem" Baum, der immer noch stand. Es war nicht mehr der größte Baum, aber als ich unter ihn trat und hinaufschaute in seine Zweige – da war noch unser Baumhaus! Im Laufe der Jahre war es von Termiten angegriffen worden, aber es bestand noch. Ich war überrascht, wie niedrig es in Wirklichkeit war. Soweit ich mich erinnerte, befand es sich in schwindelnder Höhe, so hoch, dass man hätte zu Tode stürzen können von dort oben. Jetzt, als erwachsener Mann, entdeckte ich, dass ich fast hinaufreichen und es berühren konnte. Mein Herz und mein Kopf füllten sich mit wunderbaren Erinnerungen.

Dann hörte ich ein Rascheln im Gras hinter mir … Schritte. Eine vertraute Stimme sagte: „Wesley …"

Tränen schossen mir in die Augen, als ich herumwirbelte, um meinen lieben Freund wiederzusehen. Aber vor mir stand ein alter Mann in gebeugter Haltung. Sein Haar war weiß geworden; seine Gesichtshaut runzelig und welk. Ich schaute tief in seine Augen. Ja, es war Alezye – in abgetragener Kleidung mit einer

Machete in seiner wettergegerbten Hand. Eigentlich war sie inzwischen, nachdem sie so viele Male geschärft worden war, nicht viel mehr als ein Dolch.

Ich fiel ihm in den Arm und drückte ihn fest an mich. Durch seine Kleidung konnte ich seine Rippen spüren. Aufgeregt sagte ich ihm auf Französisch, dass ich endlich nach Afrika zurückgekehrt war. Ich erzählte ihm, dass ich gerade in Äthiopien gewesen war und es extra so eingerichtet hatte, dass ich ihn wiedersehen konnte!

An seinem Blick konnte ich erkennen, dass er meinen Worten nicht ganz folgte. Er schüttelte seinen Kopf und sagte mir auf Senari, dass er nicht mehr sehr viel Französisch konnte.

Eine große Trauer befiel mich. Ich fühlte, wie mir die Knie weich wurden und mein Magen krampfte. Etwas war hier hoffnungslos schiefgelaufen. Lumpen … Machete … runzelige Haut … Französisch vergessen. Dieser Mann vor mir war ganz eindeutig kein Pastor. Es war Alezye, das stimmte, aber das Feuer war aus seinen Augen und aus seinem Wesen gewichen.

Wir ließen uns nieder und saßen gemeinsam am Fuße unseres Baumes. „Alezye", stammelte ich schließlich, „was ist geschehen? Was ist schiefgelaufen?"

Er schaute mich freundlich an: „Wesley", sagte er schließlich, „alles, was von unserem Traum übrig geblieben ist … ist, dass ich meinen Herrn immer noch liebe. Du kannst sehen, dass ich nicht Pastor von Nielle geworden bin. Es ist nicht so gekommen. Weißt du, was ich tue, um meine Familie zu ernähren?"

„Nein, mein Freund", entgegnete ich. „Was machst du?"

„Ich schlage Elefantengras ab auf diesem Missionsgelände – hiermit." Er hielt sein abgenutztes Messer hoch. Ich erinnerte mich, wie wir als Kinder gemeinsam das Gras abgeschlagen hatten, um das Pferd des Häuptlings zu füttern. Wir pflegten dabei zu klagen, wie wenig uns dieser Job gefiel … und dass unser Lebensweg uns einmal weit über diese lästigen, niedrigen Arbeiten hinausführen würde.

Aber hier stand jetzt mein bester Freund – ein einfacher Landarbeiter, der Gras abschlug. Stumm saß ich da, und wir beide weinten unter unserem Baum … um unsere Träume.

„Warum?", flüsterte ich schließlich. „Sag es mir …"

Er schaute in die Ferne mit einem abwesenden Blick in seinen Augen. So als spräche er über jemand anders, erzählte er mir, dass kurz nach unserer Abreise aus Afrika seine Familie harte Zeiten durchlebt hatte. Sein Vater war krank geworden und innerhalb eines Jahres gestorben. Die Ausgaben, die durch die Krankheit und die Beerdigung nötig waren, hatten den Verkauf des Grund und Bodens seiner Familie notwendig gemacht. Offensichtlich war kein Geld übrig gewesen für die bescheidenen Schulgebühren. Er war gezwungen gewesen, die Schule zu verlassen.

Von da an waren sie viele Jahre lang Bauern ohne Land gewesen. „Aber ich hatte Glück", fügte er hinzu, „dass ich wenigstens diesen Job hatte. Das bedeutet, dass ich wenigstens für meine Familie sorgen kann. Jetzt erzähl mir, was du machst."

Ich erzählte ihm von Compassion und davon, wie Gott mich in den Dienst an armen Menschen hineingeführt hatte, besonders Kindern in Armut. Er nickte und sagte, dass er wirklich stolz und froh darüber sei.

Aber nach wenigen Minuten seufzte mein lieber Freund und stand auf. „Ich weiß, dass du eine weite Reise gemacht hast, um mich zu sehen, und es tut mir so leid, dass du mich so sehen musst, aber ich muss jetzt wieder zurück an die Arbeit, Wesley. Dieser Job bringt nicht viel ein, aber er ist alles, was ich habe, und ich kann es nicht riskieren, ihn zu verlieren." Ich wusste, dass er nicht in Gefahr geraten würde, weil er Zeit mit mir verbrachte. Aber er machte sich dennoch Sorgen.

Wortlos umarmten wir einander ein letztes Mal. Er berührte meine Wangen mit seiner schwieligen Hand und ging langsam davon. Ich lehnte mich zurück und sank an der Rinde des Baumes hinunter. In meinem Kummer konnte ich kaum atmen, während ich diesen erstaunlichen Mann fortgehen sah. Bald bückte er sich in der Mitte des Limettengartens, den wir zusammen gepflanzt hatten, und begann in der heißen tropischen Sonne rhythmisch seine Machete zu schwingen.

Eine ganze Weile saß ich so, hilflos und in großem Schmerz. Das war so fürchterlich falsch! Hier war ich, Dr. Stafford, ein Manager mit einem großen, wunderbaren, internationalen, christlichen

Werk, während ein in jeder Hinsicht weit überlegener Mann gebückt unter den Bäumen Gras abschlug und kaum in der Lage war, seine Familie zu ernähren. Es war so ungerecht, so unfair. Plötzlich war ich wütend auf alles. Wo war dieser liebende Gott, dem zu dienen wir beide feierlich geschworen hatten? Wo war die Missionsgesellschaft, und wo war die Gemeinde, die hätte verhindern sollen, dass so etwas passieren kann? Warum war es er und nicht ich? Mein Kopf sank zwischen meine Knie, und ich gab meinem Kummer, meiner Wut, meiner Trauer und meiner Verwirrung Raum. Heftiges Schluchzen ergriff meinen Körper und raubte mir den Atem.

Mit gebeugtem Kopf und tränennassem Gesicht hörte ich plötzlich eine Stimme. Sie war so deutlich, als würde jemand direkt neben mir sitzen. *Wess, verstehst du nicht, was ich getan habe?*

Rasch schaute ich auf, um zu sehen, wer da gesprochen hatte. Niemand war da. Konnte das irgendwie die Stimme Gottes gewesen sein?

Sie müssen bedenken, dass meine Wurzeln bei den konservativen Baptisten liegen. Wir erwarten nicht, dass Gott direkt zu uns spricht – wenigstens nicht allzu oft und sicherlich nicht laut!

Als ich den ersten Schock überwunden hatte, begann ich die Worte abzuwägen. „Herr, wenn du das bist – nein. Ich kann hier nichts sehen, das du getan haben könntest. Alles, was ich sehe, ist Verwüstung und Zerstörung, Ungerechtigkeit und Böses. Nichts hier trägt deine Handschrift!"

Dann hörte ich einen zweiten Satz. Ich weiß nicht, ob ich ihn mit meinen Ohren hörte oder ob er einfach nur in meinem Kopf dröhnte. Jedenfalls lautete er: *Ich habe dir 100.000 Alezyes anvertraut.*

„Was? Was soll das bedeuten? 100.000 Alezyes?"

Dann traf es mich wie eine Welle, die sich am Strand bricht. Mein aktueller Dienst bestand zu genau dieser Zeit tatsächlich darin, 100.000 kleinen Kindern in der ganzen Welt zu dienen. Ich begann, über die Worte nachzudenken. Was wäre gewesen, wenn es Compassion hier in meinem Dorf schon gegeben hätte, als wir beide Kinder waren? Die Dinge hätten ganz anders laufen können. Als Alezyes Vater krank geworden war, hätte unser

Werk ihm geholfen, die Rechnung zu bezahlen. Als sein Vater gestorben war, hätte unser Katastrophenfonds die Familie intakt durch die finanzielle Krise geführt, und mein Freund hätte weiter zur Schule gehen können. Wir hätten ihn während seiner Zeit an der Highschool weiter unterstützt und wahrscheinlich auch noch während seiner pastoralen Ausbildung. Er hätte auf Kurs bleiben können, ein Pastor werden, wie es sein Herzenswunsch war. Alles, was die Träume meines besten Freundes zerstört hatte, hätte sich verhindern lassen. Diese Art von Arbeit fand weltweit statt, selbst in diesem Moment, für 100.000 Alezyes, während ich völlig niedergeschlagen dasaß in meiner Wut und meiner Trauer.

Ich sah den Berg hinunter zu meinem Freund. Dann antwortete ich, langsam und bewusst: „Okay … okay … ich glaube, ich verstehe. Wer bin ich, dass ich deine Wege anzweifeln könnte? Aber du hast den Falschen berufen. Statt Alezye sollte ich in der heißen Sonne mit der Machete arbeiten.

Eines weiß ich, Herr, dass ich mich, mein Herz, meinen Sinn, meine Energie, alles, was ich habe, ganz dafür einsetzen möchte, dass so etwas nicht noch einmal passiert. Ich möchte dieses Leben, das du mir gegeben hast, dafür nutzen, dazu beizutragen, dass es keine weiteren kleinen Alezyes mehr geben wird, die irgendwo auf der Welt in eine solch verhängnisvolle Lage geraten – niemals!"

Bis zum heutigen Tag empfinde ich eine gehörige Portion Verantwortung für Alezye und all die anderen Kinder, mit denen ich in Nielle aufgewachsen bin. Ich bekämpfe Armut und ihre zerstörerischen Auswirkungen um meiner damaligen Freunde willen. Traurigerweise habe ich inzwischen erfahren, dass die meisten Kinder meines Dorfes aus meiner eigenen Generation nicht mehr am Leben sind. Sie sind bereits an Altersschwäche gestorben. Das Leben dort ist so hart, dass die Lebenserwartung nur ungefähr fünfundvierzig Jahre beträgt.

Als ich später am Tag Nielle wieder verließ, hielt ich am Ende unserer hübschen baumbestandenen Straße an und schaute zurück. Plötzlich schoss mir durch den Kopf: Was wäre gewesen, wenn wir vor vielen Jahren in gleicher Weise in *Kinder* investiert hätten, wie wir uns um unsere jungen *Bäume* gekümmert hatten?

Wie anders könnte die Lage heute sein! Anstelle eines hübschen, tropischen Paradieses könnten wir eine starke, aufstrebende, pulsierende Gemeinde in meinem Dorf haben – mit Alezye als Pastor.

Als ich nach Amerika zurückkehrte, schickte ich meinem Freund aus Kindertagen umgehend etwas Geld über einen Missionar, der ihn gut kannte. Etwa einen Monat später tat ich dasselbe wieder. Aber dann begann ich über die afrikanische Kultur nachzudenken, und mir wurde klar, dass ich Alezyes Stolz als erwachsener Mann verletzen würde, wenn ich das ewig so weitertriebe. Er war kein Kind, dessen „Pate" ich sein konnte. Ich wagte es nicht, ihn zu kränken.

Seitdem sind weitere zwanzig Jahre vergangen. Nach dieser „Pilgerreise" nach Nielle bin ich nicht wieder dorthin zurückgekehrt. Stattdessen habe ich diese erschütternde Erfahrung von 1985 genutzt, um meiner Berufung treu zu bleiben. Viele Jahre lang habe ich die Zeitverschiebung von sieben Stunden zwischen der Elfenbeinküste und meinem Heim in Colorado im Auge behalten. Wenn ich aufstand, dachte ich an die Dorfbewohner und stellte mir vor, wie sie nach einem langen Tag von ihren Feldern zurückkehrten. Wenn ich am Abend ins Bett ging, wusste ich, dass Alezye aufstand, und sprach ein leises Gebet für ihn, während er in einen neuen Tag der Grasernte in der heißen Sonne startete. Egal, wo ich in der Welt war oder welche Herausforderungen der Tag für mich bereithielt: Ich ging alle meine Aufgaben mit Leidenschaft und Inbrunst an. Ich kann nur hoffen, dass ich mich mit dieser Haltung als meiner Berufung würdig erwiesen habe.

Im Jahr 2000 erfuhr ich dann beiläufig in einem Gespräch mit einem Missionar, dass Alezye gestorben war. Ich hatte es nicht einmal erfahren! Warum hatte es mir keiner gesagt?

Wieso hätte auch irgendjemand daran denken sollen, dem Präsidenten eines internationalen Entwicklungswerkes mitzuteilen, dass ein Landarbeiter in Westafrika, ein „Knecht", gestorben war? Für die meisten sah er aus wie jeder andere arme Arbeiter auch – dünn, abgearbeitet und in Lumpen. Aber für mich … Ja, ich kannte sein Herz, seinen Geist, sein Potenzial und seine Träume. Am Tage seines Todes glitt ein Edelmann im Gewand eines einfachen Arbeiters still in die Gegenwart Gottes hinüber, treu bis zum Ende.

Mein sehnlichstes Gebet ist es, dass auch ich eines Tages für treu befunden werde gegenüber der Berufung meines Lebens: denjenigen zu dienen, die in all den elenden Dörfern und Städten auf diesem Globus leben.

Was werden Sie tun?

Was denken Sie jetzt im Moment? Was geht in Ihrem Herzen vor? Jedes menschliche Wesen braucht einen Sinn im Leben, eine Passion. Wenn Sie in Ihrem Leben nichts haben, das Ihr Herz höher schlagen lässt, das Sie innerhalb von ungefähr 30 Sekunden entweder zu Freudentränen oder zu Tränen der Trauer rühren kann, dann, lieber Leser, sind Sie nicht ganz lebendig. Das Leben ist zu wertvoll, als dass man es im halb wachen Zustand weiterleben sollte. Sie sind zu mehr in der Lage. Sie verdienen Besseres.

Wenn Sie keine solche Aufgabe in Ihrem Leben haben, die Sie zutiefst bewegt, dann übernehmen Sie bitte meine! Ich beschwöre Sie, mit in diesem Kampf für Herz, Seele, Geist und Körper von Kindern einzusteigen. Mögen auch Sie anfangen, jede Gelegenheit zu nutzen, etwas zu tun oder zu sagen, das Kinder aufrichtet. Mögen Ihre Gebete sie täglich einschließen. Mögen Sie danach streben, den Müttern, Vätern, Lehrern und anderen Lob auszusprechen für ihr Bemühen, das Leben von Kindern zu lenken.

Einmal machte ich einer jungen Mutter an einer Autowaschanlage das Kompliment, wie nett sie mit ihrem kleinen Jungen umging. Während wir darauf warteten, dass unsere Autos trockneten, berührte ich ihren Arm und sagte: „Sie tun hier etwas ganz Wichtiges, wissen Sie. Und Sie machen das sehr gut. Ihr kleiner Junge hat wirklich Glück. Weiter so."

Sie hielt inne, schaute mich einen Moment lang an, und dann schossen ihr Tränen in die Augen. Plötzlich streckte sie mir ihre Hand entgegen und sagte: „Vielen Dank. So etwas hat noch nie jemand je zu mir gesagt. Sie haben keine Ahnung, wie sehr ich das gebraucht habe!"

Ich wünschte, ich könnte Ihnen versprechen, dass jede solche Geste in Bezug auf Kinder so herzlich angenommen wird. Es wäre eine schöne Erfahrung, wenn man nur Freude, Liebe, Akzeptanz und Dankbarkeit ernten würde. Aber das ist nicht das Wesen unseres Kampfes. Meiner Erfahrung nach macht das meiste dessen, was wir tun, um Kindern zum Segen zu werden, die Herren der Hölle wütend. Wir paddeln mit unserem Boot stromaufwärts gegen die rasche Strömung einer Welt, die viel an Herzenswärme verloren hat. Aber die Belohnung dafür wird ewig andauern: Jedes Kind, das die Himmelspforte durchquert, wird dort oben ein Feuerwerk von Jubel und Freude auslösen.

Ich freue mich darauf, einmal an dieser fantastischen, ewigen Feier teilzuhaben. Und ich freue mich darauf, Sie dort ebenfalls zu treffen – und sehen Sie bitte zu, dass Sie viele Kinder mitbringen!

Nachwort:
Der Rest der Geschichte

Die tragischen Erfahrungen, die ich in den Kapiteln 8 und 9 beschrieben habe, wären nicht vollständig, ohne dass ich Ihnen sagte, was sich letztlich daraus ergeben hat.

Eines Tages – drei Jahrzehnte später – wurde ich im Alter von 44 Jahren zum Präsidenten von Compassion International ernannt. Zu der Zeit erhielt ich einen Brief von einem meiner Freunde aus der Zeit in dem christlichen Internat in Bandulo. Er war inzwischen Pastor im Staate Illinois und schüttete mir sein Herz darüber aus, dass er seine Seelenqualen von damals einfach nicht überwinden konnte. Er erzählte mir von vielen weiteren gemeinsamen Klassenkameraden, die ebenfalls immer noch von den Erlebnissen heimgesucht wurden und unfähig waren, die schmerzliche Vergangenheit hinter sich zu lassen.

Sie waren inzwischen erwachsen und konnten nicht länger zum Schweigen gezwungen werden. Sie hatten angefangen, einander zu schreiben und Erinnerungen in Form von Briefen, Abhandlungen und Gedichten auszutauschen. Der Pastor informierte mich darüber, dass sie immer noch so verletzt und wütend waren, dass sie seitens der damaligen Klassengemeinschaft eine Klage gegen die Missionsgesellschaft anstrengen wollten, die damals Träger der Internatsschule gewesen war. Die Bandulo-Akademie war inzwischen bereits seit über zwanzig Jahren geschlossen, aber die Betroffenen hatten die Empfindung, die Rechnung sei immer noch offen. Irgendwie hatten sie von meinem Leben und Werk erfahren und sich daran erinnert, mit welcher Entschlossenheit ich damals die Geburtstagskerze festgehalten hatte. Nun wollten sie mich für ihre Sache gewinnen.

Ich hatte sehr lange Zeit keinen Gedanken mehr an diese Ereignisse verloren. Meine Gedanken wanderten zurück zu einem abendlichen Lagerfeuer auf der Woodbine Ranch, einem Camp in Colorado, wo ich als siebzehnjähriger Junge einen Vortrag über Vergebung gehört hatte. Natürlich war mir sofort Bandulo in den Sinn gekommen. Während der Sprecher in der frischen Bergluft der Rocky Mountains fortfuhr, dachte ich bei mir: *Nicht ein einziger dieser Menschen hat mich jemals um Vergebung gebeten. Sie würden nicht einmal zugeben, dass das, was sie uns angetan haben, falsch war.* Einige Minuten lang brütete ich über diesen Gedanken, aber dann traf ich eine wesentliche Entscheidung für mein junges Leben. Sie *werden mich nie bitten, ihnen zu vergeben. Also werde ich das einfach ohne ihre Entschuldigung tun,* sagte ich zu mir selbst. *Sie haben mir fast meine Kindheit ruiniert. Aber ich muss es nicht zulassen, dass sie auch noch mein restliches Leben ruinieren! Ich werde ihnen vergeben und sie für immer hinter mir lassen. Ich werde mich einfach darüberstellen.*

An diesem Abend entschied ich mich, von meiner Kindheit ausschließlich Nielle in Erinnerung zu behalten, mein wundervolles afrikanisches Dorf. Der andere Ort existierte für mich einfach nicht mehr.

Dieses Gedankenspiel hatte über Jahrzehnte ziemlich gut funktioniert. Jetzt auf einmal, 1993, bekam ich ein Päckchen mit Briefen und Gedichten meiner Klassenkameraden zugesandt, in denen sie ihrem Schmerz freien Lauf ließen. Sie schrieben über all die Dinge, die wir als Schüler in unseren wöchentlichen Briefen an unsere Eltern niemals erwähnen durften. Jetzt endlich waren die Schleusen geöffnet.

Eines Abends streckte ich mich auf meiner Wohnzimmercouch aus, um die ganzen Schriftstücke meiner Schulkameraden zu lesen, in denen deutlich wurde, zu welchen Spätfolgen der Internatsaufenthalt in ihrem Leben geführt hatte: Was zutage trat, waren Verbitterung, Fehlverhalten im Umgang mit ihren eigenen Kindern, zerbrochene Ehen und sogar Selbstmordversuche. Zum ersten Mal seit Jahrzehnten fühlte ich mich an diesen Ort der Schmerzen zurückversetzt. Tränen traten in meine Augen, bis ich nicht mehr weiterlesen konnte. Ich versuchte, das Schluchzen zu unterdrücken, das in mir aufstieg und herausbrechen wollte wie aus einem längst erloschen geglaubten Vulkan von Schmerzen und Kränkungen.

Ebenfalls im Zimmer saß meine Frau Donna friedlich lesend in ihrem Lieblingssessel. Sie sah über den Rand ihres Buches hinweg zu mir herüber und war besorgt, ihren Ehemann in solcher Verzweiflung zu sehen. Während ich vergeblich versuchte, mich zu beruhigen und weiterzulesen, legte sie ihr Buch weg und kam zu mir herüber. Sanft sagte sie: „Etwas Schlimmes, über das ich nichts weiß, stimmt's?"

Nun war der Damm gebrochen. „Donna", schluchzte ich, „ich dachte, ich hätte das längst hinter mir gelassen. Ich wollte nicht, dass es weiterhin ein Teil meines Lebens ist, und schon gar nicht deines Lebens. – Ja, Liebling, in der Kindheit des Mannes, den du geheiratet hast, gab es tiefe, tiefe Verletzungen."

In den folgenden Tagen las Donna selbst die Briefe und erfuhr den Rest meiner Geschichte. Schließlich war das Schweigen gebrochen. Während sie jahrelang nur Hinweise wahrgenommen hatte, verstand sie jetzt das ganze Ausmaß meiner herzzerreißenden Geschichte, und sie empfand großes Mitleid mit mir, meiner Schwester und meinen Freunden.

Während ich noch überlegte, ob ich den Freunden meiner Kindertage helfen sollte, diesen Kampf gegen die Missionsgesellschaft aufzunehmen, wurde die Gelegenheit bereits immer mehr publik. Zeitungen und Zeitschriften griffen das Thema auf. Angesichts des wachsenden Drucks sah sich die Missionsgesellschaft gezwungen, sich in ihrem Magazin gegenüber ihren Mitgliedern und Unterstützern zu rechtfertigen. Bedauerlicherweise war die Kernaussage ihrer Geschichte die, dass die Missionarskinder, die all diesen Ärger verursacht hätten, Versager seien und wahrscheinlich wenig anpassungsfähig, wo auch immer sie aufgewachsen sein mochten. Das war der Tropfen, der für mich das Fass zum Überlaufen brachte. Ich konnte es einfach nicht ertragen zu lesen, wie erneut den Opfern die Schuld zugeschoben wurde.

Ein peinliches Mittagessen

Ich bat den Leiter der Denomination und seine Missionsdirektoren zu einem Gespräch bei einem gemeinsamen Mittagessen. Sie kannten mich nur als den Leiter eines Kinder-orientierten christlichen Werkes. Ich fühlte mich wie Josef im 1. Buch Mose, als seine Brüder nach Ägypten kamen, um Essen zu kaufen, und nicht damit rechneten, auf ihren Bruder zu treffen. Meine Gesprächspartner hatten keine Ahnung von meiner Geschichte!

Sie schienen nicht zu ahnen, was das Thema unserer Zusammenkunft sein würde; denn als ich sie bat, für mich den Begriff des *Versagers* zu definieren, erwischte ich sie völlig unvorbereitet. Stammelnd suchten sie nach einer Antwort, bis ich erklärte: „Nun, ich muss es schließlich wissen; denn offensichtlich bin ich einer. Ich habe sechs Jahre lang die christliche Bandulo-Akademie besucht." Die Gesichter meiner Gesprächspartner wurden kreidebleich. Ich warnte sie eindringlich, nicht zu leugnen, dass der Missbrauch tatsächlich stattgefunden hatte, oder zu versuchen, den Opfern die Schuld zuzuschieben. Wenn sie fortfahren würden, dies zu tun, würde ich mich in die Sache einklinken, und sie würden ihren schlimmsten Albtraum erleben.

Kurz gesagt: Es gelang mir, klarzumachen, dass das Verfahren abgewendet würde, sofern die Mission eigene sorgfältige Untersuchungen durchführen und die Täter für ihre Verbrechen zur Verantwortung ziehen würde. Es wurde ein Untersuchungskomitee von unabhängigen Kinder- und Entwicklungspsychologen sowie Vorstandsmitgliedern der Denomination gebildet. Viele von uns Bandulo-Geschädigten unterbreiteten ihre leidvollen Geschichten in schriftlicher Form. Das Komitee lud außerdem ein Dutzend oder mehr von uns Betroffenen ein, um persönlich Zeugnis abzulegen – in Anwesenheit der Täter.

Meine Schwester Carol und ich reisten beide zur Aussage nach Florida. Niemals werde ich diesen Tag vergessen. Ich betrat den Konferenzraum des Hotels. Mit am Tisch saßen Herr und Frau Staber. Mein Magen krampfte sich zusammen, als wäre ich wieder sechs Jahre alt. Mir gegenüber saßen die Mitglieder des Komitees, Berater und Experten in Sachen Kindesmissbrauch. Annähernd zwei Stunden lang saß ich knapp zwei Meter von diesem älteren Ehepaar entfernt und erzählte noch einmal ausführlich, was ich durch ihre Hände erlitten hatte. Zu praktisch allem, was ich sagte, schüttelten sie ihre Köpfe. Sie schrieben wild mit und zischten bei jeder meiner Aussagen: „Oh, das ist gelogen. Das ist komplett gelogen." Das Gremium ermahnte sie viele Male vergeblich, sich ruhig zu verhalten.

An einem Punkt beschrieb ich die Größe und das Gewicht der Lastwagenreifensandalen, die sie benutzten, um uns zu schlagen. Frau Staber funkelte mich an und spottete: „Oh, sie waren nicht annähernd so groß!"

Ich hielt einen Moment inne, schaute diese winzige, immer noch wütende Frau an und sagte: „Wissen Sie, vielleicht haben Sie recht. In der Tat scheinen auch Sie mir heute nicht mehr so groß zu sein!"

Als ich mit meiner Zeugenaussage geendet hatte, war ich völlig erschöpft. Ich verließ den Raum, so ruhig ich nur konnte, und brach dann im Gang des Hotels zusammen. Im Nu lag mein gesamter 1,83 m langer Körper flach auf dem Boden. Erneut schluchzte ich haltlos wie ein kleiner Junge. Die Menschen versuchten mich zu trösten, aber alles, was ich herausbrachte, während ich nach Luft rang, war: „Es tut ihnen noch nicht einmal leid! Nach allem, was sie uns angetan haben, tut es ihnen noch nicht einmal leid!"

Kernschmelze in Dallas

An diesem Abend musste ich nach Dallas fliegen, um früh am nächsten Tag ein Grundsatzreferat vor der Amerikanischen Vereinigung christlicher Seelsorger (AACC) zu halten. Ich konnte in der Nacht kein Auge zutun, so aufgewühlt war mein Herz. Am nächsten Morgen betrat ich einen riesigen Festsaal, in dem 2400 Psychologen und Seelsorger saßen.

Dr. Gary Collins, der damalige Präsident der Vereinigung, stellte mich vor, und ich erhob mich, um meine vorbereiteten Statements abzugeben. Ich hatte vor, meine Zuhörer aufzufordern, in ihr tägliches Engagement zur Linderung der Sorgen und

Kränkungen der Menschen auch die Armen einzuschließen. Ich wollte ihnen sagen, niemand könne so gut wie sie die fatale Dynamik von Armut verstehen.

Mit einem Scherz auf den Lippen stürzte ich mich in meine Rede – aber mitten in der Anekdote brach mir fast das Herz. Ich musste aufhören zu sprechen. Der Raum wurde mucksmäuschenstill. Ich schaute in das Meer von Gesichtern und brachte schließlich heraus: „Ich habe heute für Sie eine wichtige Ansprache vorbereitet, aber ich bin nicht sicher, ob ich sie halten kann. Heute lastet einfach so vieles auf mir." Unter Tränen erzählte ich ihnen die Geschichte von Bandulo und meiner Zeugenaussage am Vortag.

Als ich an die Stelle gelangte, wo mich diejenigen, die mich missbraucht hatten, fortwährend der Lüge bezichtigt hatten, brach ich ab, ließ den Kopf hängen und ergab mich meinen Tränen. Im Festsaal herrschte völlige Stille. Die Zuhörer warteten, dass der Redner sich wieder fing.

Dann ertönte aus den hinteren Reihen des Raumes die Stimme einer Frau: „Ich glaube Ihnen!" Ihre Worte durchbrachen die Stille. Gleich rief auch eine Männerstimme von der anderen Seite des abgedunkelten Raumes: „Ja, wir glauben Ihnen!" Einer nach dem anderen erhoben sich die Menschen und riefen aus: „Wir glauben Ihnen!"

Bald war die ganze Versammlung auf den Beinen und stand dem Redner ihres heutigen Grundsatzreferates bei. Sie taten das, was Therapeuten am besten können: Sie nahmen Anteil. Das Programm des Morgens war unterbrochen. Niemand hatte jemals erlebt, dass der geladene Redner einer Versammlung solchermaßen *implodierte*. Dr. Collins kam zu mir nach vorne und betete ein Trostgebet. Für mich war dies ein sehr kostbarer Moment.

Als schließlich alle wieder ihre Plätze eingenommen hatten, begann ich erneut mit meinem Vortrag. Ich betonte, dass unser Gott großartig sei. Fünfunddreißig Jahre lang sei ich mit gebrochenem Herzen herumgelaufen und hätte nie auch nur eine einzige Stunde der Seelsorge in Anspruch genommen, und dennoch habe Gott mir an diesem Morgen, als ich das erste Mal öffentlich davon sprach und von meinen Gefühlen übermannt wurde, nicht nur *einen* Berater zur Seite gestellt, sondern gleich *zweitausendvierhundert* von ihnen! Der Saal brach in tosenden Applaus aus. Mein Publikum hatte genau das getan, worauf es spezialisiert war – und zwar zu einem Zeitpunkt, an dem dies am wenigsten zu erwarten war. Ich weiß nicht mehr viel von dem, was ich an diesem Morgen gesagt habe, aber selbst heute noch, Jahre später, bekomme ich Briefe von Seelsorgern aus der ganzen Welt, die diesen Moment als einen der bewegendsten in ihrem ganzen Dienst erlebt haben.

Seelenverwandtschaft der Verwundeten

Als der Untersuchungsausschuss im November 1997 seinen Abschlussbericht vorlegte, wurden insgesamt neun Menschen beschuldigt: sieben Mitarbeiter und zwei Studenten. Von diesen waren drei bereits gestorben, zwei weitere hatten die Denomination verlassen, und den übrigen vieren (einschließlich der Stabers) wurde ein scharfer Verweis erteilt. Vom Standpunkt des Gesetzes aus war die Verjährungsfrist längst abgelaufen, und außerdem waren die Verbrechen nicht innerhalb der Vereinigten Staaten begangen worden, sondern im Ausland. So konnte keine Anklage erhoben werden. Aber das Gremium verhängte über die vier die härtestmöglichen Sanktionen, die innerhalb ihrer Macht lagen, enthoben sie aller geistlichen Ämter und rieten ihnen, niemals mehr mit Kindern zu arbeiten. Dies war natürlich ein rein akademischer Ratschlag, da inzwischen alle Beschuldigten pensioniert waren.

Im Mai 1999 organisierte die Denomination eine Wochenendveranstaltung für alle Missionskinder, die in Bandulo gewesen waren, auf Kosten der Missionsgesellschaft, um sich förmlich zu entschuldigen und uns Unterstützung anzubieten. Eltern und Ehepartner waren in ein spirituelles Zentrum in Georgia ebenfalls mit eingeladen. Das war natürlich eine der stärksten und emotionalsten Erfahrungen unseres Lebens. Ungefähr achtzig unserer Klassenkameraden kamen hin, zusammen mit weiteren siebzig Elternteilen, Ehepartnern und Funktionären.

Nach und nach erkannten wir uns gegenseitig wieder – trotz der Falten und des ergrauten Haares – und fielen einander in die Arme unter Tränen, die aus der Tiefe unserer Seelen aufstiegen. Am Sonntagmorgen stellte sich der Präsident der Denomination vor uns hin und verlas eine offizielle Entschuldigung. Uns wurde angeboten, dass die Therapiekosten jedes Einzelnen übernommen würden, und die übrigen von uns wurden ermutigt, sich therapeutischen Beistand zu suchen, falls sie dies für nötig hielten. Dies sei gut gemeint. Eine völlig angemessene Maßnahme.

Der Missionsleiter, den eine ganze Generation von dem Desaster trennte, war der Einzige, der die Courage hatte, sich mit den verheerenden Geschehnissen auseinanderzusetzen und zu versuchen, die Dinge wieder ins Lot zu bringen.

Aber diejenigen Personen, von denen wir ehemaligen Internatskinder am allernötigsten Worte des Bedauerns gebraucht hätten, waren nicht für uns da, mit Ausnahme einer Krankenschwester der Schule. Sie hatte ein Video gedreht, auf dem sie ihre Schuld eingestand und um Vergebung bat. Dies hatte sie zu den Betroffenen nach Hause geschickt. Wir hatten ruhig dagesessen und der inzwischen älteren Dame zugehört, wie sie ihr Herz ausschüttete. Einer nach dem anderen hatten wir ihr vergeben.

Ansonsten herrschte weiterhin Schweigen.

Untereinander jedoch sprachen wir viel an diesem Wochenende. Wir versammelten uns in kleineren Gruppen, um zu erfahren, was in dem Leben der anderen inzwischen geschehen war. Es waren ernste und sehr traurige Stunden, in denen eine Lebensgeschichte nach der anderen vor den mitleidenden Freunden ausgebreitet wurde. Manche hatten Zehntausende Dollars an Therapierechnungen zu verzeichnen. Meine Jugendfreundin war bereits zum dritten Mal verheiratet. Sie hatte in der katholischen Kirche Zuflucht gefunden, die gerade zu dieser Zeit selbst mit grauenhaften Missbrauchsvorwürfen zu kämpfen hatte. Ein zerstörtes Leben nach dem anderen wurde offengelegt.

Paul, der mich vor langer Zeit wegen der Fingerabdrücke im Waschraum angeschuldigt hatte, war inzwischen ein Versicherungsvertreter. Er kam auf mich zu und sagte leise: „Ich war es." Ich schaute ihn verwirrt an, bis er fortfuhr: „Es waren meine Fingerabdrücke im Putz. Ich hatte jahrelang so großes Verlangen danach, dir das zu beichten. Es tut mir so leid, Wess." Ich nahm ihn in den Arm.

Erwachsene Frauen sprachen unter Tränen das erste Mal davon, was ihnen im stillen Kämmerlein angetan worden war. Geschichten brachen aus den Frauen hervor, aus uns heraus, und wir in dieser Runde waren die einzigen Menschen, die diese überhaupt verstehen konnten.

Die meisten von uns gehörten zwei Kategorien an: Auf der einen Seite gab es diejenigen, die einfach nicht über die Verletzungen hinwegkamen, die ihr Leben zerstört hatten. Dann gab es die anderen, die sich gedrängt gefühlt hatten, den Schmerz in Ehrgeiz zu verwandeln. Sie waren zu Spitzenkräften geworden, was – wie sie berichteten – auch eine Art von Gefängnis darstellte. Viele hatten ihr Leben lang zerstörerische Beziehungen geführt, und manche waren wütend, bitter, entfremdet von Gott und hatten das Gefühl, nichts übrig zu haben, was sie anderen hätten geben können. Der Schmerz stand ihnen ins Gesicht geschrieben.

Auf die eine oder andere Weise hatte der Schmerz das Leben eines jeden von uns beherrscht. Wie in meinem eigenen Fall war der Schmerz unter der Oberfläche ständig präsent gewesen.

Als ich an die Reihe kam, meine Geschichte zu erzählen, sah ich erwartungsvolle Blicke. Was um alles in der Welt war aus dem Jungen mit der Geburtstagskerze geworden? Ich schaute in die Runde meiner Freunde aus Kindertagen und sagte: „Ihr könnt es glauben oder nicht: Ich arbeite als Leiter eines evangelikalen Werks, das sich für Kinder einsetzt."

Stille breitete sich im Raum aus. Ich sah in die Gesichter meiner Schulkameraden, in deren Augen Tränen schimmerten. „Aber wieso?", fragten sie einer nach dem anderen. „Du schuldest niemand irgendetwas. Wir wissen noch genau, wie sie in der Schule versucht haben, dich kaputt zu machen. Warum kümmerst ausgerechnet du dich noch um andere?"

Diese Frage hatte ich bis dahin niemals jemandem beantworten müssen, nicht einmal mir selber. Ich empfand in diesem Moment solche Liebe für diese Menschen. Es war die tiefstgehende aller Fragen, die nur von einer Gruppe gestellt werden konnte, deren Leben durch dieselbe Grausamkeit und denselben Missbrauch erschüttert worden war wie mein eigenes.

Wieder musste auch ich mir die Tränen von den Augen wischen. Dann sagte ich zu meinen lieben Freunden: „Das liegt wahrscheinlich genau an diesem Mut und dieser Entschlossenheit, die mich so lange die Kerze festhalten ließen, bis sie mir aus der Hand geschlagen wurde. Ich habe mich einfach geweigert, unsere Peiniger erneut gewinnen zu lassen. Sie hatten mir die Freude meiner Kindheit gestohlen. Ich wollte es nicht zulassen, dass sie mir den Rest meines Lebens auch noch nahmen! Nennt es, wie immer ihr es wollt; ich habe einfach beschlossen, dem Ganzen ein für alle Mal ein Ende zu machen und alles zum Guten zu wenden."

Am Ende unserer Zusammenkunft nannten mich alle „Josef". Sie bezogen sich dabei auf die Geschichte im 1. Buch Mose, wo Josef zu seinen Brüdern sagt: „Ihr wolltet mir Böses tun, aber Gott hat Gutes daraus entstehen lassen. Durch meine hohe Stellung konnte ich vielen Menschen das Leben retten" (1. Mose 50,20; *Hfa). Dann sagten sie zu mir: „Gut für dich, wir sind so stolz auf dich und freuen uns für dich!"

Ebenso wie ich mich im Kampf gegen die Armut meiner Kindheitsfreunden von Nielle verbunden fühle, so halte ich jetzt auch noch engen Kontakt zu meinen Internatsfreunden. Beides treibt mich an in meinem Kampf gegen Kindesmissbrauch. Beide Lebensphasen sind für mich der Ursprung und die Motivation für alles, was ich bei Compassion tue. Durch Gottes Gnade habe ich beides überlebt.

Aber ich muss Ihnen noch erzählen, wie das Treffen am Sonntagmorgen weiterging. Die Denomination hatte einen Lobpreisgottesdienst geplant. Eine Handvoll von uns erklärte sich bereit, zu singen und den Lobpreis anzuleiten. Wir übten am Samstagabend und beteten, dass Gott uns irgendwie am nächsten Morgen benutzen möge, um betrübte Herzen zu trösten.

Der Raum wurde so hergerichtet, dass er uns 150 Personen aufnehmen konnte. Als die Zeit für den Gottesdienst heranrückte, war der Raum fast leer. Weniger als ein Zehntel meiner

Freunde aus der Kinderzeit hatten Interesse daran, den Gott dieser Missionsgesellschaft zu loben. Unsere verlorene kleine Gruppe sang trotz gebrochener Herzen. Eines der ausgewählten Lieder war: „Du bist mein alles, Herr", das die markanten Worte enthält: „Wenn ich hinfalle, hilfst du mir auf. Wenn ich mich ausgetrocknet fühle, füllst du mir den Becher."[1] Als ich auf all die leeren Stühle blickte, füllten sich meine Augen mit Tränen. Ich konnte nicht weitersingen. Mich schmerzten die verletzten Seelen der Freunde, die gestrauchelt waren und in ihren Herzen nicht die Kraft fanden, wieder aufzustehen.

Wie ist das bei mir?, fragte ich mich. *Was würde bei mir bewirken, dass ich diesen Gott aufgebe, den wir besingen?* Ich empfand nicht den Hauch einer Verurteilung für die Abwesenden. Nur allzu gut konnte ich ihre Gedankengänge verstehen. Ich hingegen hing weiterhin – wie ich es immer getan hatte – mit jeder Faser meines Herzens an dem Jesus, der die Kinder verteidigt und die Erwachsenen eindringlich warnt, diese nicht zu übervorteilen. Das war der reale Jesus, versicherte ich mir selber, und ich würde ihn lieben und ihm dienen, komme, was wolle.

Quellennachweise

Einleitung: Das große Versäumnis

1. The Council of Bishops of the United Methodist Church, Children and Poverty: An Episcopal Initiative (Nashville: United Methodist Publishing House, 1996), S. 1
2. Ernährungs- und Landwirtschaftsorganisation der Vereinten Nationen (FAO), „State of Food Insecurity in the World 2002", www.fao.org/docrep/005/ y7352e/y7352e00.htm
3. Ernährungs- und Landwirtschaftsorganisation der Vereinten Nationen (FAO, „Agriculture and Food Security", Welternährungsgipfel in Rom, 13.–17. November 1996, www.fao.org/documents/show_cdr.asp?url_file=/DOCREP/x0262e05.htm
4. The State of the World's Children 2005: Childhood Under Threat (New York: UNICEF, 2004)
5. Barna Group: „Evangelism Is Most Effective Among Kids", 11. Oktober 2004, The Barna Update, www.barna.org

Kapitel 2: Luftschlösser bauen

1. Dorothy Law Nolte: „Children Learn What They Live", 1972
2. Steve Brearton: „Fatherhood by the Numbers", TodaysParent.com, www.todaysparent.com

Kapitel 3: Es braucht wirklich ein Dorf

1. Dean Merrill: „Not Married-with-Children", Christianity Today, 14. Juli 1997, S. 34–36

Kapitel 6: Wann ist genug genug?

1. Kid's Money, „Kids' Allowances Stats", www.kidsmoney.org/allstats. htm#Amt
2. Linda Kulman: „Our Consuming Interest", U. S. News & World Report, 5. Juli 2004, S. 59
3. Marianne Szegedy-Maszak: „Where Size Matters", U. S. New & World Report, 5. Juli 2004, S. 60

Kapitel 7: Wenn Triumph zum Desaster wird

1. „Response to a Serenade", in Roy P. Basler, Hrsg., The Collected Works of Abraham Lincoln (Piscataway, NJ: Rutgers University Press, 1953)
2. George B. Leonard: „Winning Isn't Everything", Intellectual Digest, Oktober 1973, zitiert in George B. Leonard, „Winning Isn't Everything", Faith at Work, Juni 1974, S. 8–9, S. 32–33
3. Donald P. McNeill, Douglas A. Morrison und Henri J. M. Nouwen, Compassion: A Reflexion on the Christian Life (Garden City, NY: Doubleday, 1982), S. 6

Kapitel 9: Das Ende des Schweigens

1. C. B. Widmeyer: „Come and Dine", © 1907 S. H. Bolton, © 1914 Thoro Harris/Lillenas Publishing Co

Kapitel 11: Warum Armut nicht einfach verschwindet

1. U. S. Census Bureau's Small Area Income and Poverty Estimates, Annie E. Casey Foundation, www.aecf.org/kidscount
2. The State of the World's Children 2005: Childhood Under Threat (New York: UNICEF, 2004)
3. Ernährungs- und Landwirtschaftsorganisation der Vereinten Nationen (FAO): „Agriculture and Food Security", Welt-

ernährungsgipfel in Rom, 13.–17. November 1996, www.fao.
org/documents/show_cdr.asp?url_file=/DOCREP/x0262e/
x0262e05.htm
4. Keepkidshealthy.com: „Calorie Requirements", www.keepkids-
healthy.com/nutrition/calorie_reauirements.html

Kapitel 12: Der Fürsprecher der Kinder: berechtigter Zorn

1. siehe country-by-country epidemiological charts at www.un-
aids.org

Kapitel 15: „Nur" Kinder: ein Appell

1. Barna Group: „Evangelism Is Most Effective Among Kids",
11. Oktober 2004, The Barna Update, www.barna.org

Nachwort: Der Rest der Geschichte

1. Dennis Jernigan: „You Are My All in All" (Muskogee, OK:
Shepherd's Heart Music, Inc., 1991, verwaltet durch Word
Music, Inc.)

Kinder aus Armut befreien
Compassion®
im Namen Jesu

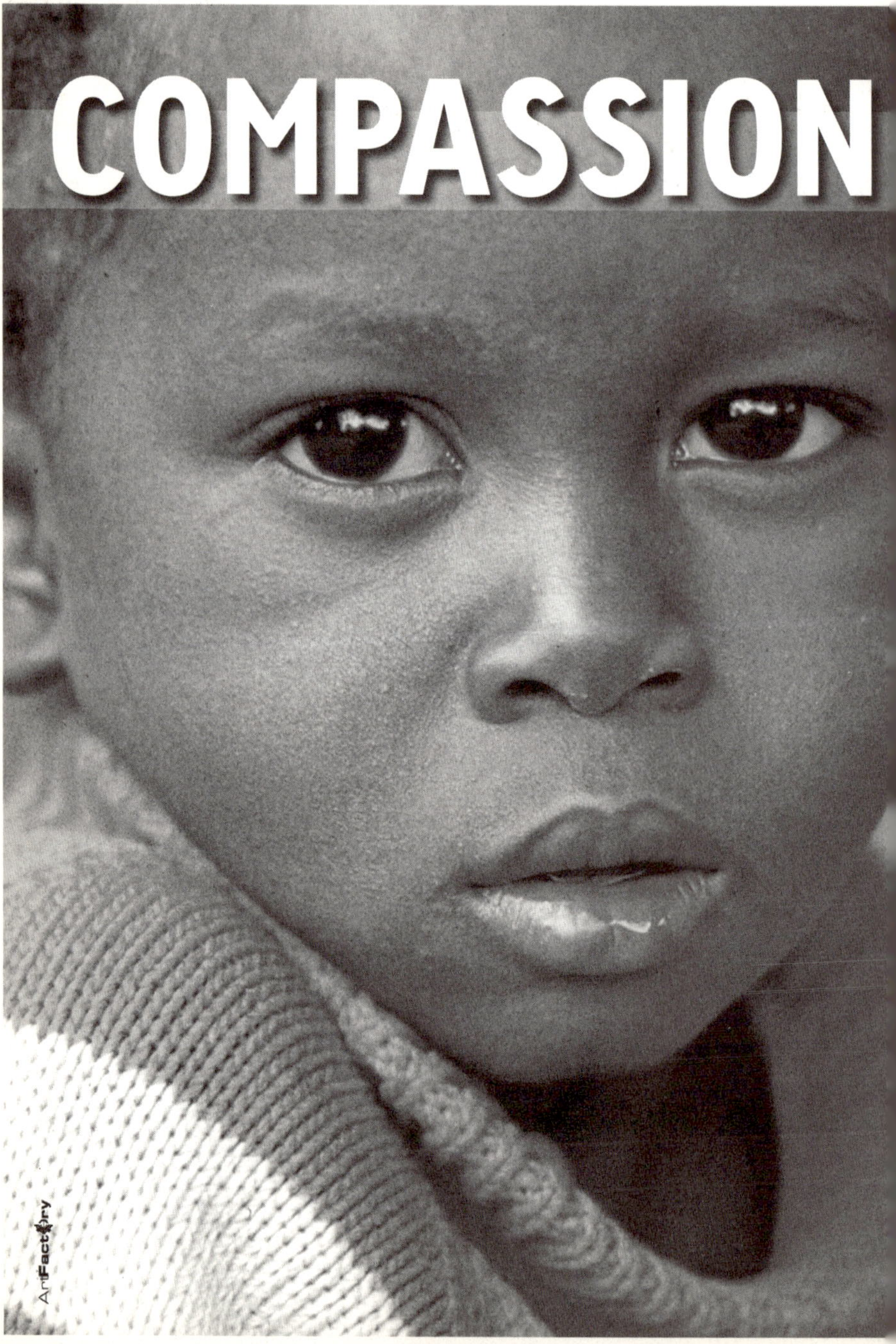

COMPASSION

ArtFactory